LA LIGNE DE DÉMARCATION

Du même auteur
en poche

Les Français au quotidien, 1939-1949, Paris, Perrin, tempus n° 267, 2009.

collection tempus

Éric ALARY

LA LIGNE DE DÉMARCATION

1940-1944

PERRIN
www.editions-perrin.fr

ISBN : 978-2-262-03236-4

tempus est une collection des éditions Perrin.

A Florence,
A Louis qui est né
pendant la rédaction de ce livre…
A Anne, Gabrielle et Pierre,
nés un peu plus tard.

Introduction

« *Je sais tout ce qui a été fait ici. Cela est d'autant plus méritoire que vous étiez ici en bordure du drame [...] sur cette blessure constituée à travers notre pays qu'on appelle ligne de démarcation*[1]. » Par ces mots, prononcés le 18 avril 1959, à Moulins-sur-Allier, à l'occasion d'un voyage en Auvergne, le général de Gaulle fit un spectaculaire résumé de la vie quotidienne de milliers de Français, riverains de la ligne de démarcation. Pour la première et unique fois, par la bouche du libérateur de la France, l'Etat reconnaissait la nature « *dramatique* » de la ligne de démarcation et, à travers elle, le partage du pays entre une zone occupée et une zone non occupée. De même, l'évocation de la ligne de démarcation dépassait la dimension sacrée de l'héroïsme des passeurs clandestins auxquels le général de Gaulle rendit un hommage peu appuyé dans ses *Mémoires*[2]. La lecture des vingt-deux volumes rédigés par le colonel Rémy[3] ne permet pas de dresser une histoire complète de la ligne de démarcation tant elle relève de l'hagiographie. Par ailleurs, il existe une véritable distorsion entre l'entrave que la ligne de démarcation a constituée pour la vie de millions de Français pendant l'Occupation, et sa place dans le champ de la mémoire nationale de la France de l'après-guerre, même si elle a été un thème de littérature et de cinéma.

Depuis son instauration par l'article 2 de la Convention d'armistice franco-allemande, le 22 juin 1940, jusqu'à sa suppression sur le terrain, le 1er mars 1943, la ville de Moulins fut un haut lieu du passage légal et clandestin de la ligne. Celle-ci fut la plus longue de toutes les limites imposées arbitrairement en France par le Reich, puisqu'elle parcourait environ 1 200 kilomètres, de la frontière franco-suisse jusqu'en Touraine, puis, s'infléchissant dans cette région, elle gagnait la frontière espagnole.

Pour autant, à y regarder de près, l'histoire de la ligne de démarcation ne saurait se résumer à celle, exclusive et fragmentaire, des passeurs clandestins. Cette histoire intéresse autant l'histoire économique et administrative que l'histoire de la vie quotidienne des Français. La coupure ne manque pas de susciter la gêne et la désorganisation des services de l'Etat et des administrations locales. Aux yeux des dirigeants allemands et français, mais aussi à ceux de la population des deux zones, a-t-elle suscité l'intérêt, le déni, l'adaptation ou la soumission ? Comment une limite militaire, censée être temporaire, dans l'attente d'un hypothétique traité de paix, a-t-elle pu devenir une quasi-frontière, durable, et un objet de chantage permanent, et quelle place a-t-elle eue dans les rapports entre occupés et occupants ? Sur ces problèmes, les historiens spécialistes de la Seconde Guerre mondiale accordent sans doute une place trop sommaire à la division majeure du pays et à ses conséquences. De même, dans les manuels d'histoire des classes de l'enseignement secondaire, la présente-t-on tout au plus sur une carte succincte comme une *frontière* schématique.

En juillet 1940, le « petit royaume méridional » espère avoir évité le pire aux Français, notamment la « *polonisation* » qui aurait permis à un gouverneur général allemand de régenter la France. Il faut d'ores et déjà rappeler que si le Reich n'a pas eu l'intention d'installer en France un régime d'occupation semblable à celui de la Pologne, c'est pour des raisons logistiques : un régime de force aurait nécessité des effectifs militaires et policiers trop importants. Dans un tel contexte, la France fut donc le seul pays de l'Europe allemande à connaître la partition de son territoire, pendant quatre années. L'instauration de la ligne de démarcation n'a pas eu que des avantages, mais elle a été, au début, un moindre mal pour Pétain et son gouvernement. D'ailleurs, le régime de Vichy a-t-il eu vraiment la possibilité de choisir ? La ligne de démarcation a changé bien des plans et des prévisions, car les services militaires et administratifs de l'occupation ont dû faire face à une situation imprévue dans leurs plans de guerre. L'anéantissement total avait même été envisagé. Il s'agira d'abord de savoir pourquoi les Allemands ont maintenu une ligne de démarcation, véritable frontière artificielle. Quels avantages en ont-ils obtenus ? Comment les Allemands en usèrent-ils pour faire chanter le régime de Vichy ? Quelle fut la place de la ligne dans la politique d'occupation ? De même, le régime de Pétain n'a-t-il pas utilisé la ligne de démarcation comme un écran protecteur, afin de mettre en œuvre sa politique de redressement national et ses vues idéologiques en matière d'exclusion ? La période a été exceptionnelle autant à cause du statut unique du territoire français dans l'Europe occupée[4] qu'en raison de la nature politique du gouvernement qui a rompu avec la pratique républicaine, en place depuis le début des années 1870. Les réponses aux questions initiales ne peuvent être univoques, tant elles sont liées à une évolution chronologique marquée par plusieurs tournants conjoncturels : la mi-décembre 1940, mai 1941, le 11 novembre 1942 et le 1er mars 1943.

A première vue, les limites chronologiques ne posent guère de problèmes majeurs, en ce qui concerne le début et la fin de l'histoire de la ligne de démarcation : son existence officielle s'achève au début de mars 1943 – et non le 11 novembre 1942, comme il est souvent écrit. Pour la date finale, il faut aller au-delà de mars 1943, tant la ligne de démarcation est encore présente dans le jeu des discussions politiques. Jusqu'en juin 1944, elle reste un formidable levier psychologique.

Aussi, si les deux dates extrêmes de l'histoire de la ligne de démarcation posent peu de difficultés, les ruptures chronologiques varient d'un thème étudié à l'autre, ce qui impose de découper le livre en quatre parties : l'instauration de la ligne de démarcation, une limite militaire difficile à gérer pour les Allemands, imprégnés de littérature pangermaniste, et dont les conséquences ont constitué une somme de servitudes tant sur la vie quotidienne des riverains que sur les simples voyageurs inter-zones ; l'univers enchevêtré des passeurs clandestins, puisque la seule présence d'une division territoriale pose la question des refus et des transgressions d'un ordre étranger en plein cœur de la France ; les répressions du passage clandestin, afin de mesurer les rapports entre surveillants français et allemands de la ligne, notamment par le contrôle des passages clandestins de prisonniers de guerre évadés, d'étrangers et de Juifs ; enfin, les contraintes économiques, administratives et politiques exercées par la séparation, en tenant compte des attitudes de l'opinion publique.

L'histoire de la vie quotidienne n'offre pas le même découpage chronologique que celle des passeurs et des répressions ni, moins encore, que celle des conséquences économiques et politiques. De même, il aurait été difficile et peu intelligible de consacrer une partie à chaque domaine touché par la ligne de démarcation.

La ligne de démarcation est un observatoire privilégié qui permet d'aborder la majeure partie des thèmes de l'histoire de l'Occupation, dans un espace géographique précis. Elle permet d'appréhender une partie des problèmes posés à la France par l'occupation allemande entre 1940 et 1944. On essaiera de brosser le tableau le plus vaste possible des difficultés provoquées par le compartimentage de la France. La ligne de démarcation est-elle toujours la meilleure lucarne d'observation ? N'est-elle pas parfois biaisée ou imparfaite ? Autant que faire se peut, il convient de s'appuyer sur des études de cas. Assurément, le risque aurait été grand de vouloir traiter une multitude d'exemples qui n'auraient peut-être rien apporté de plus à l'intelligence historique. Néanmoins, l'objet d'étude revêt une dimension géopolitique et géographique évidente. La ligne de démarcation a produit ses effets, par ricochets, à l'échelle nationale, aux échelons locaux et départementaux. L'analyse passe donc par plusieurs grilles de lecture. L'infiniment petit éclaire souvent le plus grand. La micro-histoire est au cœur de l'histoire de la ligne de démarcation.

Ce livre s'appuie essentiellement sur des archives écrites nombreuses et variées, eu égard à l'ensemble des domaines concernés par la ligne de démarcation. Les données sont inégales : certains services des administrations départementales ou centrales ont laissé peu de traces, notamment en ce qui concerne les chiffres des postes de surveillance français. Certains centres d'archives départementales – Indre-et-Loire[5], Saône-et-Loire, par exemple – ont consacré un fonds à la ligne de démarcation et sont plus riches qu'ailleurs en ce domaine. Dans le Loir-et-Cher, les archives sont pauvres sur cet aspect de l'histoire de l'Occupation.

Il a souvent fallu faire des choix pour ne pas se perdre dans une masse impossible à maîtriser, répétitive dans certains cas. Les archives du *MBF*, inventoriées aux Archives nationales de France et à Fribourg, en Allemagne (*BA-MA : Bundesarchiv-Militärarchiv* ; les archives militaires allemandes), ont beaucoup apporté. Elles ont donné un autre regard, face à celui de Vichy, sur une limite décidée et imposée par les occupants. D'autres papiers, détenus par les administrations d'origine, sont encore peu exploités ; ils ont parfois révélé une grande richesse pour notre travail : les archives du Ministère des Affaires Etrangères (MAE), les archives de la Banque de France, celles de la Gendarmerie Nationale (CAGN, Le Blanc) et du Service Historique de l'Armée de Terre à Vincennes (SHAT), du Centre de Documentation Juive Contemporaine (CDJC) et de l'Alliance Israélite Universelle (AIU) à Paris. D'autres fonds moins volumineux ont été exhumés[6]. Les types de documents analysés sont très divers et leur lecture a exigé parfois la prudence face au langage utilisé. Ce qui est le cas notamment des documents administratifs (rapports des préfets et des gendarmes, synthèses des contrôles techniques, notes des cabinets ministériels, lettres officielles entre services des administrations centrales, télégrammes) et des archives économiques (rapports des directeurs des succursales de la Banque de France, notes entre comptoirs de la Caisse des Dépôts et Consignations, statistiques allemandes et françaises, etc.).

Le livre a aussi été construit à partir de nombreux témoignages oraux qui ont apporté leur somme d'émotions, de sous-entendus, de doutes, de souffrances, de reconstitutions, de reconstructions et de colères. Les témoignages écrits ne sont pas non plus exempts de ces écarts et décalages entre le passé et le présent. Le choc des temporalités est permanent dans nombre d'extrapolations : le témoin généralise souvent une expérience vécue. L'apport est surtout utilisé pour l'étude des faits clandestins, qui n'ont pas toujours pu être élucidés dans toute leur ampleur, faute de source écrites, ce qui est somme toute classique dès lors qu'il s'agit d'explorer les phénomènes clandestins en histoire. Les témoins rencontrés ne sont pas exclusivement des « *grands témoins*[7] » même si Stéphane Hessel, Gilberte Brossolette, André Postel-Vinay ont bien voulu livrer une petite partie de leurs souvenirs.

Ce livre empruntera parfois des axiomes à la géographie des frontières et des éléments au droit international public. Il s'appuiera aussi sur des cartes géographiques – inédites pour la plupart – et des représentations graphiques (tableaux, histogramme), pour rassembler certaines données statistiques ou pour visualiser un thème précis étudié dans le temps et l'espace.

La ligne de démarcation est donc omniprésente tant comme objet que comme symbole. Elle est un marqueur de l'Occupation, même si elle apparaît comme le fruit d'une circonstance d'exception. Rien n'avait préparé la France à une telle séparation. Celle-ci a engendré des récits de vie originaux, essentiels à la compréhension de la vie des Français sous l'Occupation.

PREMIÈRE PARTIE

L'INSTAURATION DE LA LIGNE DE DÉMARCATION

1

Vassaliser la France

Première ébauche

Depuis septembre 1939, la France est en guerre, mais elle attend, retranchée derrière ses défenses. C'est ce que d'aucuns ont appelé la « drôle de guerre », une période de guerre sans combats. Le 28 mars 1940, conformément à une déclaration faite par le gouvernement britannique le 19 décembre 1939, la France et la Grande-Bretagne se sont engagées à ne pas conclure d'armistice ou de traité de paix avec le IIIe Reich sans un accord commun[1]. Après avoir occupé le Danemark en moins de quatre heures, la Norvège en quarante-huit heures, les Allemands prennent les Alliés de vitesse. Depuis le 10 mai, l'offensive allemande à l'ouest a commencé. Des millions de Français, de Belges et de Hollandais ont pris la route de l'exode vers le sud de la France. Malgré la prise de Narvik en Norvège, le 27 mai, la France connaît le début d'une déroute militaire sans précédent ; le 28 mai, des forces franco-britanniques sont rembarquées à Dunkerque. Le 6 juin, les lignes de défense françaises cèdent. Quatre jours plus tard, les Italiens entrent en guerre aux côtés de l'Allemagne. Le 12 juin, le général Weygand donne l'ordre de la retraite générale. Le 14, les troupes allemandes défilent sur les Champs-Elysées. Le 25, les groupes de panzers du général von Kleist ont atteint une ligne de front très méridionale, ce qui n'avait pas été le cas en 1870 et en 1914. Le territoire de la France est en partie occupé et, par la voix du maréchal Pétain, la cessation des hostilités est demandée sans l'accord de son alliée d'outre-Manche. La ligne de démarcation naît dans ce contexte de débâcle militaire, politique et morale. Frontière obligée pendant plusieurs années, elle a divisé la France en deux grandes zones, muselé le gouvernement en place, et démembré l'ensemble de la vie sociale et économique du pays.

Pourtant, dès le 20 mai, Hitler évoque un plan de paix avec la France. Le 16 juin, il affirme au chef d'état-major de l'armée espagnole que la France ne sera plus intéressante pour lui, une fois la guerre achevée[2]. Les Allemands commencent alors à travailler à un plan d'occupation de la France, dans la première quinzaine de juin. A l'*OKH*[3], von Brauchitsch et Halder étudient les conditions de l'armistice bien avant qu'il ne soit demandé. Il est prévu d'occuper tout le littoral français, afin de se prémunir contre un débarquement éventuel et de poursuivre la lutte contre l'Angleterre[4]. Il faut aussi consigner les troupes françaises entre le Rhône et la Gascogne, les désarmer, et obtenir la livraison des stocks d'armes et de munitions.

En parallèle, à l'*OKW*, le général Böhme est chargé le 15 juin par Keitel d'élaborer un plan d'occupation dans le cadre d'un armistice. Jodl, chef du bureau des opérations de l'*OKW*, a apporté également ses réflexions au projet. Selon l'historien allemand Hans Umbreit, Jodl aurait esquissé le tracé définitif de la ligne de démarcation, mais nous n'avons retrouvé aucune source qui permette d'attester cette allégation[5]. Keitel est le grand donneur d'ordres, Jodl intervenant dans les détails en tant que chef du bureau des opérations de l'*OKW*, car dans ce rôle il est chargé de diriger la *Wehrmacht*. Plus sûrement, il a influencé le découpage de la future organisation administrative de l'occupation militaire et du *MBF*. D'ailleurs, Jodl n'a pas respecté les consignes initiales de l'*OKH* qui exigeaient que le tracé de la future limite d'occupation épousât les contours des départements français, afin de ne pas désorganiser l'unité administrative[6]. Treize départements sont divisés *in fine*. Dans ses *Souvenirs*, le maréchal Keitel décrit la période qui conduit à la rédaction de la convention, de la mi-juin au 22 juin 1940, jour de la signature de l'armistice franco-allemand :

« *En prévision de l'effondrement de ce pays, les conditions à lui imposer avaient été étudiées par l'Etat-Major supérieur de la Wehrmacht placé sous mon autorité, et je leur avais moi-même donné la forme littérale que je jugeais la plus opportune. Elles étaient donc déjà prêtes lorsque les Français demandèrent qu'il leur en fût donné connaissance. Mais nous ne mîmes aucune hâte à les leur divulguer. Le Führer tenait au préalable à ce qu'un certain nombre d'objectifs opérationnels, notamment la frontière suisse, fussent atteints*[7]. »

Il prévoit donc une occupation de toute la France métropolitaine et une récupération de toutes les armes françaises[8]. Il est clair que si Hitler se moque du sort de la France dans l'immédiat, très enclin à se retourner très vite contre les Anglais – il espère encore une alliance –, l'*OKW* penche pour une occupation totale. L'*OKH* est plus modeste. Il n'est pas dans l'intérêt de Hitler d'occuper toute la France, en raison d'un coût exorbitant en hommes et en matériel. Il veut empêcher une fuite du gouvernement français et souhaite au plus vite neutraliser la marine française. Hitler et le commandement de l'*OKH* sont en désaccord sur le sort de la vallée du Rhône. Le 17 juin, Hitler intervient dans les plans de rédaction de la convention d'armistice. Il pense que l'occupation de la vallée du Rhône peut sûrement être considérée comme relevant des futurs intérêts italiens[9].

A cette date, les troupes du Duce n'ont conquis que quelques vallées frontalières et la moitié de la ville de Menton. Les Italiens ont été plus encombrants qu'utiles et efficaces pour la politique spatiale des nazis. Le 18 juin, une conférence a lieu à Munich entre Mussolini et Hitler ; les résultats militaires du premier sont catastrophiques. Hitler cherche alors à ce que le Duce soit le moins gourmand possible au moment du partage de la France. Pourtant, pour Mussolini, l'Italie doit occuper la France située à l'est du Rhône, mais aussi la Corse, la Tunisie, la côte française des Somalis, Alger, Oran, Casablanca et certains points stratégiques. Il exige que la flotte et l'aviation françaises lui soient livrées. Cependant, de telles exigences risquent d'anéantir tout espoir de signer un armistice avec les Français. Or, Hitler a besoin de Mussolini, en raison de son but de guerre au Nord-Ouest et parce que la flotte française, à l'abri dans les ports d'Afrique du Nord et de Grande-Bretagne, l'intéresse. Il faut donc empêcher le passage de la flotte dans le camp anglais. Ainsi Mussolini doit se raviser et se contenter de ce que Hitler veut bien lui accorder. Hitler convainc le Duce que la France doit garder un gouvernement avec lequel négocier un futur traité de paix, une fois l'armistice paraphé. Dès lors, les Italiens renoncent à la flotte. La Conférence de Munich s'achève sur une discussion entre les deux ministres des Affaires étrangères, allemand et italien, dirigée arbitrairement par Hitler et qui porte sur les territoires à occuper par les Italiens, soit une zone allant de Toulon jusqu'au Rhône[10]. Sur ce point encore, les Italiens se contentent de la médiation allemande et Mussolini abandonne ses prétentions. Une fois rassuré, Hitler rejoint son QG belge.

Le 19 juin, le Reich se dit prêt à faire connaître aux Français les conditions de l'armistice et leur demande de dépêcher des plénipotentiaires. Il est également signalé qu'il faut traiter et se mettre en relation avec les Italiens. En attendant la réponse allemande à la demande d'armistice, le ministère français des Affaires étrangères prépare de nombreuses notes et des listes d'instructions, dont nous ne connaissons malheureusement pas les destinataires. Sont-elles destinées au gouvernement français ou aux plénipotentiaires qui accompagnait Huntziger à Rethondes, ou bien les deux à la fois ? Parmi ces listes, l'une retient l'attention, celle « *des concessions qui ne pourraient être faites sans porter atteinte à l'honneur*[11] ». L'une des cinq concessions à ne pas octroyer était l'« *occupation du territoire sans laisser au gouvernement un espace libre* », reprenant les directives du ministre de tutelle. A l'évidence, l'occupation totale est redoutée par les Français. Les Allemands répondent favorablement à la demande française, mais les Français n'imaginent sans doute pas l'étendue des espaces occupés.

Un « mors dans la bouche d'un cheval[12] *»*

Le texte de l'armistice[13], composé de vingt-quatre articles et d'un préambule, est très succinct, et les précisions sur le tracé de la ligne de démarcation encore plus énigmatiques. Rappelons qu'il a été rédigé à la hâte et traduit tout aussi vite. Le haut commandement allemand a soigné une formulation qui, même retouchée par Hitler, ressemblait en partie à celle de 1918[14]. Aussi l'armistice de 1940[15] rassemble-t-il des conditions draconiennes. L'article 2 annonce bien l'existence de deux zones séparées par une limite militaire qui doit encore trouver ses contours précis, après les retraits ou les avancées des troupes allemandes liés aux positions atteintes après les combats. A la première lecture du texte de la Convention, les délégués français remarquent que Hitler laisse subsister une large zone où un gouvernement français a la possibilité de siéger « dans le territoire non occupé », au sud et à l'est d'une « *ligne tracée sur la carte ci-annexée* », carte originale qui n'a pas encore été retrouvée aujourd'hui. La ligne est présentée comme une limite d'occupation, conformément aux conventions internationales de La Haye de 1899 et de 1907. Elle a en théorie pour but d'« *assurer les intérêts du Reich allemand* ». La France ne sera pas entièrement occupée. Cette mansuétude n'est en rien gratuite puisque les Allemands occupent les trois cinquièmes du pays, les plus avantageux sur le plan économique. De son côté, le général Huntziger est stupéfait à la lecture de la carte, car elle apparaît comme une atteinte manifeste à la souveraineté territoriale. La ligne de démarcation ressemble à un garrot, ce qu'a bien compris un officier allemand dont nous ignorons l'identité :

« Cette ligne est un mors que nous avons mis dans la bouche d'un cheval. Si la France se cabre, nous serrons la gourmette. Nous la détendrons dans la mesure où la France sera gentille. »

Les bases du fonctionnement de la *Demarkationslinie* sont posées comme autant de leviers de chantage pour le Reich. Dans l'article 3, les Allemands mentionnent la possibilité pour le gouvernement français de « *transférer* » son siège à Paris. La ligne de démarcation est *ipso facto* un gage pour les Allemands au même titre que les prisonniers de guerre français. Cet article précise aussi qu'après la cessation des hostilités l'occupation du rivage atlantique sera « *réduite au strict minimum* ». L'article 22 crée une Commission d'armistice où une délégation française est censée « *recevoir les ordres d'exécution de la commission allemande d'armistice* ». Enfin, l'article 24 stipule que « *la présente convention d'armistice est valable jusqu'à la conclusion du traité de paix* ».

Le 21 juin, lors de la première journée des discussions de Rethondes, les Français posent de nombreuses questions sur la durée et l'ampleur de l'occupation, sur le sort réservé à la capitale et aux prisonniers de guerre. En vain, puisque Jodl esquive une réponse[16]. A 18 heures, en réaction au texte lu par Jodl, au nom de Hitler, Huntziger affirme que si certaines clauses peuvent être acceptées, d'autres sont « *implacables*[17] », au premier rang desquelles il place l'occupation « *de presque tout le territoire français* ». L'Italie, comme prévu par Hitler, est au centre des préoccupations françaises. Le général Huntziger corrobore cette réalité :

« *C'est considérable et c'est d'autant plus grave que, si nous avons été battus par l'Armée allemande (que nous avons d'ailleurs toujours estimée à sa valeur), on ne peut pas en dire autant de l'Italie, qui va, peut-être, vouloir occuper tout le reste de notre territoire, ce qui n'est pas admissible. Nous n'accepterons pas cela. S'il le faut, nous continuerons la lutte…* »

On décèle dans ces propos toute l'humiliation ressentie par le militaire qui parle au nom de son pays. Il est inquiet, car l'armistice franco-allemand ampute déjà considérablement le territoire national, alors que les négociations avec l'Italie n'ont pas commencé. Ce que ne connaissent pas les Français, ce sont les termes de la rencontre Mussolini-Hitler à Munich, le 18 juin précédent. Jodl dit comprendre l'émotion des Français, mais il rappelle que l'occupation est, pour l'heure, ponctuelle, « *si ceci amène à battre les Anglais plus vite* ». Il évite donc soigneusement de répondre avec précision aux questions posées. Huntziger enchaîne alors sur le sens à donner à l'article 3 : que faut-il entendre par « *au strict minimum* » lorsque l'occupation de la côte atlantique est évoquée ? Jodl esquive encore. Huntziger demande si

« *la ligne verte qui limite l'occupation [...] est intangible en tous ses points* ». Ce à quoi le général allemand répond par l'affirmative. Huntziger emploie l'expression « *ligne verte* » et non « *ligne de démarcation* », car cette dernière n'existe pas encore dans la terminologie allemande lors des pourparlers, pas plus que dans le texte d'armistice. Pour l'heure, les Allemands parlent de « *ligne tracée sur la carte* », laquelle est colorée en vert sur la carte jointe au texte d'armistice.

Plus tard, au cours de la journée du 21 juin, Huntziger reçoit une réponse plus détaillée de la part de Keitel, qui a remplacé Jodl, après une suspension de séance. Le compte rendu français des discussions a retenu les points suivants de l'intervention de Keitel :

« *La ligne verte : il ne peut être envisagé en principe aucune modification de son tracé général, mais la Commission d'armistice pourra tenir compte, sur des points de détail, des vœux dont elle sera saisie ; c'est d'ailleurs une ligne qu'on ne peut modifier à cause des exigences de la guerre contre l'Angleterre [...] Si le gouvernement français désirait par exemple s'installer provisoirement à Orléans on pourrait apporter des améliorations au tracé de la ligne verte*[18]. » La dernière allégation de Keitel est surprenante car, dans l'armistice, il est aussi question de Paris. Aucune modification de tracé n'est envisagée. La définition de la « *ligne* » est loin d'être clarifiée pour le gouvernement français qui devra négocier sans cesse avec le Reich. Plus tard dans la discussion, le choix de Paris est de nouveau abordé comme siège possible du gouvernement français. Les Allemands imposent donc une ligne, en laissant volontairement un maximum d'imprécisions, ce qui leur permet de disposer d'une marge de manœuvre plus importante pour imposer leurs vues. Le 21 juin, vers 20 heures, Huntziger est enfin autorisé à communiquer, par téléphone, à Bordeaux, les clauses de l'armistice et donne à Weygand les premières informations sur le tracé de la ligne de démarcation, trop générales pour que les vaincus aient confiance dans la Convention.

Dans la nuit du 21 au 22 juin, Pétain rédige un message à Hitler lui demandant de cesser l'avancée allemande sur Bordeaux et la possibilité pour le gouvernement de délibérer sur les conditions de la Convention. En réponse aux plénipotentiaires français, Keitel déclare qu'il n'a aucune réponse sur ce point, mais qu'une fois l'armistice signé Bordeaux ne sera pas occupé. Le 22 juin au matin, un Conseil des ministres se tient à Bordeaux. Un mémorandum y est rédigé, afin de demander aux Allemands des modifications au texte de la Convention d'armistice. Il tient en sept points, dont deux traitent de l'occupation territoriale et réclament notamment une réduction substantielle des espaces à occuper par l'armée allemande. Les ministres français exigent que Paris et les départements alentour[19] (ceux du Cher, du Loir-et-Cher et du Loiret) ne soient pas occupés. L'évacuation de Paris est demandée, afin de permettre au gouvernement de s'y installer. Un corridor est même suggéré pour permettre une circulation des dirigeants de la zone non occupée jusqu'à la capitale. Le cinquième point concerne l'article 17 de l'armistice qui impose au gouvernement français une autorisation allemande obligatoire en cas de transferts économiques à travers la ligne d'occupation. Les négociations se poursuivent sur un ton très dur et plus longtemps que ne l'a prévu Keitel. Le 22 au soir, à 17 h 50, Huntziger et Keitel paraphent l'armistice, après maints pourparlers sans résultat concernant les requêtes françaises.

Le 24 juin, Huntziger et le maréchal Badoglio, commandant en chef des troupes italiennes en opérations, signent à Rome la Convention d'armistice franco-italienne. La campagne de France prend alors officiellement fin le 25, vers 0 h 25. Les Italiens n'occupent pas la rive gauche du Rhône, pas plus que la Tunisie, Djibouti ou la Corse, mais finalement une quinzaine de communes le long de la frontière. Ils exigent la démilitarisation d'une bande de terrain de cinquante kilomètres et doivent enfin contrôler le désarmement de l'armée française en Afrique du Nord, en Syrie et en Somalie.

Le 25 juin, Pétain s'adresse à ses compatriotes et les informe de l'entrée en vigueur des armistices. Il rappelle notamment les errements militaires des Alliés, l'exode des réfugiés et « *le deuil national* ». Il ajoute que la France va entrer dans une ère nouvelle[20]. Selon lui, il ne faut pas attendre le traité de paix pour engager l'instauration d'un ordre nouveau. La ligne de démarcation n'est pas évoquée et la partition n'est pas posée comme un problème. Le Maréchal doit réunir au maximum les Français autour de sa personne. L'*unité* devient alors l'un des mots favoris de Pétain. Dans son *Appel* radiodiffusé depuis Bordeaux, il fait une synthèse du contenu de l'armistice et délivre de courtes informations sur les zones occupées :

« *Une grande partie de notre territoire va être temporairement occupée. Dans tout le Nord, et dans l'Ouest de notre pays, depuis le lac de Genève jusqu'à Tours, puis le long de la côte, de Tours aux Pyrénées, l'Allemagne tiendra garnison*[21]. »

Les Français n'ont pas connu les détails de l'armistice durant toute la guerre. Ces informations sur le découpage du pays se révèlent trop maigres lorsque les gardiens allemands de la ligne de démarcation installent les premiers postes de surveillance dans les treize départements divisés. De son côté, le 26 juin, le général de Gaulle affirme que l'armistice a provoqué une réaction de certains Français pour libérer « *la France pillée, la France asservie*[22] ». Dans l'asservissement, il faut sous-entendre également le partage de la France ; pourtant, pendant l'Occupation, le général de Gaulle n'évoque jamais directement la ligne de démarcation. Elle n'apparaît dans ses propos qu'après la Libération, lors de rares commémorations.

Pour les Allemands, le tracé de la ligne tient compte de plusieurs critères : la lutte contre l'espionnage allié ; des raisons économiques – même si elles sont encore nébuleuses à la fin de juin 1940 ; la poursuite du combat contre l'Angleterre ; l'utilisation d'un gouvernement français dans une zone non occupée, pour le retourner ensuite contre les Anglais ; la préservation d'un gouvernement pour lui faire abandonner sa flotte et l'Afrique du Nord et, enfin, l'impossibilité de gérer toute la France. Le découpage du pays est bien un *Diktat*, ce que confirme la formulation de l'armistice, avec l'abondance de verbes qui suggèrent la contrainte : « *empêcher* », « *cesser* », « *ordonner* ». Dès l'origine, l'espoir de conciliation est donc hypothétique pour les Français.

De la ligne de front à la ligne de démarcation

A partir de la signature de la Convention d'armistice, les Allemands ont multiplié les actes de mauvaise foi, fondés sur le sentiment de force et de puissance propre au vainqueur. Pendant les pourparlers de Rethondes et jusqu'à la signature de l'armistice franco-italien du 25 juin 1940, les troupes allemandes ont poursuivi leur progression en dépit des ordres. Déjà, le 19 juin, l'*OKW* a recommandé à l'armée allemande de ne pas franchir une ligne de front située au nord du Cher[23]. Pourtant, les Allemands s'emparent de Cherbourg, Nantes, Lyon, Strasbourg, Belfort et Toul. Par l'intermédiaire de l'Espagne, le ministre des Affaires étrangères français, Paul Baudouin, fait deux demandes : l'arrêt de l'avance des troupes allemandes et la préservation par la France d'une zone « libre » pour permettre à Pétain et à un gouvernement de s'y installer. A cette époque, les dirigeants français, réfugiés à Bordeaux, ont craint d'assister à une occupation totale du pays. Les exigences de Pétain se sont limitées au département des Basses-Pyrénées[24]. Bordeaux est évité momentanément et le gouvernement français y reste jusqu'au 29 juin. Halder a décrit la poursuite du mouvement des troupes allemandes dans son *Journal de marche* :

« *Les mouvements de nos troupes se sont faits méthodiquement. Là où nous avons atteint la ligne de démarcation, les troupes se sont dispersées et les armées ont été réorganisées. Kleist avec les siennes a fait mouvement vers les groupes désignés de la Loire inférieure. Le groupe List s'est déployé autour de Lyon. Hoth a fait glisser ses unités rapides, inutiles sur les côtes, vers le nord de la Loire*[25]. »

Halder emploie « *Demarkationslinie* » (« *Ligne de démarcation* ») pour désigner en fait ce qui est encore la ligne de front. Il a sûrement déjà eu vent des articles de l'armistice. Les préparatifs de mouvement des troupes, pour se placer en fonction d'un futur tracé, ont donc commencé, sans doute dès le 21 juin.

De leur côté, les services de Goebbels sont intransigeants ; les rapports *SD* sont formels : il faut anéantir la France. Il n'est pas question de lui donner une quelconque zone de libre exercice pour un gouvernement. Le 21 juin, Goebbels explique la non-occupation totale par une mansuétude allemande qui permettrait de donner une apparence de légalité aux futurs traités. Les Allemands sont convaincus qu'il faut éviter les erreurs du traité de Versailles.

Selon les cartes allemandes, la ligne de démarcation entre la zone occupée et la zone non occupée est grossièrement tracée. Elle suit en biais une direction sud-nord, entre la frontière espagnole et la région de Tours

– sans indiquer où autour de la ville –, puis, en se dirigeant vers l'est, elle doit rejoindre la frontière franco-suisse, non loin de Genève. L'article 2 de l'armistice désigne vaguement la suite des opérations qui incombent aux troupes allemandes : « *Les territoires qui ne sont pas encore aux mains des troupes allemandes seront immédiatement occupés après la conclusion de la présente convention.* »

Le 26 juin 1940, le général Halder écrit dans son *Journal de marche* que « *les annonces du front sont naturellement sans grand intérêt* ». Il ajoute que les mouvements pour occuper toute la côte atlantique « *doivent être à présent accélérés et exécutés, pendant le repli des zones acquises, et la frontière verte [ligne de démarcation]*[26] *doit être atteinte au plus vite*[27] ».

Les Allemands se retirent donc de régions conquises pendant la guerre et doivent désormais occuper des espaces gagnés par le *Diktat* de l'article 2. Plusieurs départements, occupés totalement ou partiellement par les troupes allemandes, sont alors évacués. L'Ardèche, la Drôme, la Haute-Savoie, l'Isère, la Loire, le Puy-de-Dôme, le Rhône et la Savoie, totalement ou partiellement occupés le 25 juin, sont libérés des troupes allemandes dans les jours suivants. Sept départements totalement occupés pendant les combats ne recouvrent la liberté de leur espace qu'en partie seulement : l'Ain, l'Allier (département où s'installe le nouveau régime), le Cher, l'Indre-et-Loire, le Jura, le Loir-et-Cher et la Saône-et-Loire. Le département de la Vienne, divisé par la ligne de démarcation, n'a pas été totalement occupé pendant l'avancée des groupes blindés allemands. Le tracé de la démarcation épouse quasiment la limite atteinte par le front dans ce département. A partir de la Charente et de la Charente-Inférieure, l'armistice impose l'occupation d'une bande côtière jusqu'à la frontière espagnole, dont la largeur n'est pas définie. L'article 2 accorde Bordeaux aux Allemands. Des départements qui n'ont pas vu l'ombre d'un char allemand pendant la débâcle de l'armée française ont été rejetés, totalement ou en partie, dans la zone gérée par le Reich : la Charente-Inférieure est totalement occupée ; les Basses-Pyrénées, la Charente, la Dordogne, la Gironde et les Landes occupées partiellement. Trois départements ont été découpés en deux zones de superficie à peu près égale : les Basses-Pyrénées, le Cher et la Saône-et-Loire.

Les premières contraintes de la ligne de démarcation se font déjà sentir ; en effet, on imagine bien les difficultés économiques locales et les désagréments pour l'organisation administrative des départements. Trois départements, l'Ain, la Dordogne et le Loir-et-Cher, auraient pu être totalement placés en zone occupée et non pas partagés de façon incohérente, laissant en zone non occupée quelques kilomètres carrés et privant certains cantons de liens traditionnels avec le reste du département.

Au total, à la fin de juin 1940, treize départements sont divisés ou amputés d'espaces plus ou moins importants par la ligne de démarcation (voir atlas en fin d'ouvrage) : l'Ain, le Jura, la Saône-et-Loire, l'Allier, le Cher, le Loir-et-Cher, l'Indre-et-Loire, la Vienne, la Charente, la Dordogne, la Gironde, les Landes et les Basses-Pyrénées. Au début du mois de juillet, les autorités françaises ignorent si treize ou quatorze départements sont garrottés par la *Demarkationslinie*. Il faut attendre plusieurs mois pour obtenir une réponse et apprendre que treize départements ont été finalement partagés. Certaines communes de Haute-Savoie ont failli être définitivement enfermées en zone occupée. En effet, dans ce département, des patrouilles allemandes circulent à plusieurs reprises dans des communes libres, afin de mieux contrôler la ligne de démarcation, notamment à Clarafond[28]. Les entrées vers la Suisse sont fermées dès que le Reich doute de la bonne foi helvétique en ce qui concerne le transfert de marchandises aux Anglais. Toutefois, quatre communes, Eloise dans l'Ain, Chevrier, Clarafond, Vulbens en Haute-Savoie, restent enfermées dans une sorte de labyrinthe franco-allemand jusqu'à ce que, au début du mois d'août 1941, les Allemands les libèrent pour remonter la ligne de démarcation plus au nord[29]. Les cas de modification du tracé de la ligne au profit de la zone non occupée ont été très rares.

Chacun de ces départements comprend une partie occupée et une autre non occupée, à l'exception du Jura qui compte une autre ligne délimitant la zone interdite. Le département est donc partagé en trois zones. Si nous comparons avec les occupations passées, en 1871 vingt-cinq départements ont été occupés par les Allemands, et sept en 1914. En 1940, la ligne de démarcation a rejeté en zone occupée cinquante-trois départements, dont quarante et un dans leur totalité. Trente-quatre autres sont situés en zone non occupée.

La zone rattachée au commandement militaire pour la Belgique et la zone annexée

Si les articles de l'armistice passent sous silence le statut exact de la ligne de démarcation – notamment sur les conditions de fermeture et d'ouverture d'une zone vers l'autre et sur l'avenir du tracé –, ils sont aussi totalement muets sur l'imposition d'autres lignes de démarcation qui ont pourtant partagé le pays (voir atlas). L'annexion de territoires n'est pas davantage mentionnée. Or, les nazis réservent un sort particulier à certaines régions de France, en découpant encore l'intérieur de la zone occupée. Dans un premier temps, avant même la rencontre de Rethondes, le Nord et le Pas-de-Calais sont rattachés à l'administration militaire allemande de Belgique (*Militärbefehlshaber in Belgium*)[30], dont le siège est à Bruxelles. Les Allemands justifient le rattachement de ces deux départements français par la poursuite des opérations menées par la Grande-Bretagne. Cette zone est maintenue en place au-delà de l'automne 1940, c'est-à-dire au moment où le Reich abandonne ses projets de débarquement sur l'île britannique. Le prétexte initial est donc des plus fallacieux. Les motifs invoqués par Hitler sont évidemment d'ordre militaire et technique, mais également économique. Par ailleurs, dans le futur traité de paix, les Allemands espèrent aussi créer un nouvel espace de semi-germanité réunissant la Belgique, le Nord français et peut-être les Pays-Bas. Il doit commencer à l'embouchure de la Somme et inclure les deux départements. Le général von Falkenhausen, nommé commandant militaire de la Belgique et du nord de la France, à l'été 1940, est des plus rigoureux dans la gestion de la partie française. Rappelons que la zone du Nord et du Pas-de-Calais est née des opérations militaires. Il n'y a pas de plan préparé à l'avance pour occuper ces espaces, mais l'état-major de l'armée de terre (*OKH*) ne souhaite pas être évincé par les *SS* comme cela fut le cas en Pologne. L'*OKH* a finalement mieux préparé l'occupation de l'ouest de l'Europe, notamment en reprenant à son compte l'idée du philosophe allemand et disciple de Kant, Johann Gottlieb Fichte (1762-1814), selon laquelle le nord de la France était une marche germanique. Le 15 septembre 1940, la douane française est supprimée à la frontière belge. La fracture est ainsi aggravée, transformée en une véritable frontière intérieure.

La France n'est donc pas seulement divisée en deux zones, occupée et non occupée. Le régime de Vichy est contraint de s'en accommoder, pris dans un étau qui ressemble souvent à un paradoxe politique : d'un côté, il tient absolument à revendiquer sa souveraineté sur l'ensemble du territoire tout en exigeant l'assouplissement ou la suppression de la ligne de démarcation, du moins en 1940 ; de l'autre, il tombe sans cesse sous la menace allemande d'annexion. Le régime de Vichy ne maîtrise en rien l'évolution territoriale de la France, contrairement à ses premières illusions. A ce sujet, l'annexion de l'Alsace et de la Lorraine est encore plus significative, à partir du 15 juillet 1940[31]. Les plans allemands sont dévoilés aux Français au compte-gouttes, et ce de façon imprécise. La germanisation des trois départements du Bas-Rhin, du Haut-Rhin et de la Moselle commence *ex abrupto*. Le vaincu ne réagit sans doute pas avec assez de fermeté contre les mesures très dures prises dans ces départements. A-t-il renoncé à obtenir des avantages ou bien est-il résigné ? Ce comportement risque de conforter les Allemands dans l'idée qu'ils peuvent faire ce qu'ils veulent en France.

Le *Gau* (district dans l'organisation du parti nazi) de Bade détient dans son ressort les deux départements alsaciens ; le département lorrain est entré dans le giron du *Gau* du Palatinat. Le rattachement au Reich n'a pas été formellement prononcé, même si les préfets et sous-préfets sont arrêtés[32] et que l'administration est dirigée par deux *Gauleiter*. L'annexion *de facto* est une violation flagrante de la Convention d'armistice[33]. Si l'Alsace et la Lorraine restent françaises en droit, elles deviennent en fait totalement administrées par le Reich. Les frontières françaises sont gommées. En témoignent les poteaux posés par les Allemands sur l'ancienne frontière franco-allemande du traité de Francfort (10 mai 1871)[34], avec l'inscription « *Deutsches Reich-Zoll* » (*Douane du Reich allemand*)[35]. L'Alsace et la Lorraine sont coupées de la France sur leur flanc occidental, isolées et séparées, mais entièrement ouvertes sur le Reich. Le trafic et la circulation des personnes y ont toujours été très restreints. Le franchissement de cette véritable « ligne-frontière » entre la *zone réservée* et les trois départements annexés est réglementé par plusieurs ordonnances, dont celle du 26 mars 1941, signée par le *MBF*[36]. Les conditions du franchissement sont contraignantes : seuls les Alsaciens et les Lorrains « *de sang allemand* » qui rentrent chez eux peuvent obtenir un précieux laissez-passer. Les Allemands du Reich ne sont pas soumis à cette rigueur. Pour les habitants proches de la ligne, appelés « *frontaliers* » par les Allemands et les autorités françaises – nous reprenons désormais cette appellation dans la suite de l'ouvrage –, qui veulent franchir la frontière, il faut réunir plusieurs conditions : effectuer l'aller-retour dans la même journée, être âgé d'au moins quinze ans, séjourner seulement au lieu indiqué sur le laissez-passer et franchir la nouvelle limite territoriale à des heures déterminées par avance. Une taxe de dix francs est aussi exigée.

La double zone interdite et réservée

A Wiesbaden, dès les premières réunions, la DSA évoque les « *lignes parasites*[37] » au sujet des limites infligées par les Allemands aux Français, c'est-à-dire celles qui ne sont pas inscrites dans le texte de l'armistice. Selon Hermann Böhme, dès la fin du mois de juin, des projets de tracé pour délimiter une zone au Nord-Est de la France sont échafaudés. Trois propositions sont suggérées par l'*OKW* (voir atlas[38]) :

— un tracé « extrême » qui prévoit une extension très à l'ouest, puis, vers le sud, d'inclure tout le département du Jura, en descendant jusqu'aux environs méridionaux de Bourg dans l'Ain ; Dijon et Dole ne sont pas en zone occupée, mais derrière la ligne Nord-Est. Dans ce projet, le Rhône intéressait les Allemands pour contrôler au maximum la Suisse ;

— une deuxième proposition de tracé, dite « *Eventual-Vorschlag*[39] », dont l'ambition est plus minimale, en conservant par exemple Laon en zone occupée et non dans ce qui sera la zone réservée. La Somme est délaissée et le projet s'appuie ensuite sur le cours et les côtes de la Meuse, accordant une large place à la délimitation topographique. Ensuite, en aval, le tracé épouse celui de la proposition précédente ;

— enfin, le troisième projet qui fut adopté comme la ligne du Nord-Est englobe la *zone rattachée* au *MBH* de Bruxelles, la *zone interdite* et la *zone réservée*. Le sort de l'Alsace et de la Lorraine, annexées, est déjà entendu.

Le territoire de la zone occupée a donc subi un coup de scalpel géographique assez brutal avec la création de la *zone interdite*[40], située au nord de la Somme et de l'Aisne, englobant Laon, mais laissant Amiens en zone occupée. Les deux départements sont divisés par une ligne qui laisse la *zone réservée* au sud ; la limite passe au Nord-Est de la Meuse, de l'Aisne et de la Saône. Bar-le-Duc et Belfort y sont intégrées, alors que Reims, Saint-Dizier, Chaumont, Langres, Dijon et Dole restent en zone occupée. Le tronçon sud-est de la ligne entre la zone occupée et la zone réservée constitue une seule limite, de Dole jusqu'à quelques encablures de Genève. L'expression « *zone réservée* » est très peu présente dans les archives militaires allemandes et dans les archives françaises. On ne retrouve quasiment plus cette appellation après la fin du rapatriement des réfugiés, c'est-à-dire après le mois de septembre 1940. Dans le langage courant de la population et de l'administration françaises, l'appellation « *zone interdite* » désigne, la guerre durant, à la fois la « *zone interdite* » de juin 1940 et la « *zone réservée* », au nord de cette dernière. On peut aussi lire dans certains rapports préfectoraux les termes de « *zone Nord-Est* », sans doute en référence à l'appellation de la ligne qui a séparé la zone occupée de la double zone interdite-réservée.

La « ligne Nord-Est », une ligne imprévue

La ligne, qui a délimité les zones occupée, non occupée et interdite, a connu plusieurs noms, dont celui de « *ligne Nord-Est* », plus fréquent dans les sources françaises que les désignations allemandes de « *ligne noire* » ou de « *ligne du Führer*[41] » (*Führerlinie*) ou encore, de façon plus surprenante, de « *ligne verte* » (*die grüne Linie*). Dans certains papiers officiels français, la confusion a pu se faire facilement, car « *ligne verte* » a aussi été employé pour désigner la *Demarkationslinie*. Il existe une incertitude en ce qui concerne le nom donné le plus sûrement à cette ligne par les Allemands, comme celle de son origine dans les projets des nazis et de leur Führer. En fait, selon toute vraisemblance, l'appellation « *ligne Nord-Est* » est une survivance des mesures prises par les Allemands, en août 1940, pour l'organisation du retour des réfugiés. Si l'on suit « *les instructions allemandes du 1er août, concernant les lignes de démarcation*[42] », quatre limites ont été tracées sur les cartes fournies aux autorités françaises : la « ligne-sud-barrage » (*Loirelinie*), la « ligne de démarcation » de l'article 2 de l'armistice, la « ligne médiane » (*Mittellinie* ou *Seine-Marne-Linie*) et la « ligne Nord-Est » (*Nordostlinie*). Ces lignes ont été mises en place par les Allemands, dès le 7 juillet 1940, afin de mieux contrôler les flux de réfugiés et les entrées en zone occupée.

Au départ, gardée par les soldats allemands, la ligne du Nord-Est fut beaucoup plus hermétique que la *Demarkationslinie*. Malgré cela, les Allemands n'ont pas pris en main la gestion administrative de la zone interdite. Le retour dans cette dernière est interdit aux réfugiés par les soldats allemands, jusqu'en décembre 1941, date à laquelle les postes de surveillance sont retirés. Les Allemands ont souhaité préserver cette zone des éléments non allemands. Des laissez-passer sont distribués aux « frontaliers », à savoir ses habitants les plus proches, pour franchir à volonté la ligne du Nord-Est, ce dans les deux sens. En revanche, pour les fonctionnaires, l'obtention est plus longue et difficile car tout est fait pour gêner les représentants d'un Etat vaincu[43]. Enfin, les clandestins sont soumis aux mêmes mesures répressives allemandes qu'au passage de la ligne de démarcation.

Après dix-huit mois de pourparlers, en décembre 1941, les Allemands décident pourtant de supprimer cette limite ou du moins de déplacer le plus gros des troupes. La surveillance est plus relâchée, après la période de quasi-interdiction entre juin et décembre. Cela soulage la logistique de guerre du Reich, fortement demandeuse en hommes et en matériels sur le front de l'Est. Des contrôles volants sont alors mis en place. Les passagers clandestins non juifs arrêtés s'acquittent seulement d'une amende de trois cents francs, avant d'être autorisés à poursuivre leur route. Ce n'est qu'au mois de mai 1943 que la « *ligne Nord-Est* » a été totalement supprimée. L'évolution de cette ligne a en fait largement suivi l'évolution des relations franco-allemandes.

La création des deux zones, *réservée* et *interdite*, n'a obéi à aucun schéma juridique prévu dans le droit international public d'avant guerre. Les nazis ont rêvé la renaissance territoriale de la Lotharingie et Hitler a peut-être suivi certaines des théories géopolitiques évolutives des années vingt et trente[44]. Le plus inquiétant pour le gouvernement français concerne la revendication allemande d'une « *germanité* », réelle ou mythique, risquant de conduire les huit départements (en tout ou partie) de la zone interdite à l'annexion pure et simple. La DSA s'en inquiète et redoute trois hypothèses : l'annexion pure et simple, le protectorat et la colonisation[45]. Les terres de la zone interdite sont en fait destinées à la colonisation dans l'esprit des Allemands. La société allemande *Ostland* a d'ailleurs travaillé dans ce sens.

La « zone côtière interdite » pour se protéger

Plus tard, à partir d'avril 1941, une dernière zone est instaurée par les Allemands : *la zone côtière interdite*. Le *MBF* décide de créer cette nouvelle zone de protection pour les troupes allemandes, en vue d'un éventuel débarquement allié. Une codification et une réglementation précises sont publiées le 20 octobre 1941. Entre avril et octobre 1941, cette ligne complique le travail de l'administration française qui ignore tout des règles en vigueur sur la nouvelle « frontière » militaire. Le 20 octobre 1941, les Allemands durcissent encore le statut de cette ligne, alors que les Français attendent plutôt un adoucissement.

La ligne est tracée de Dunkerque jusqu'à Hendaye, sur une faible largeur comprise entre vingt et trente kilomètres. Des écriteaux sont posés pour indiquer l'interdiction de franchissement de la nouvelle limite. Le littoral se trouve ainsi isolé du reste de la zone occupée. Les conditions d'accès sont très difficiles, sauf pour les Allemands et les non-Allemands qui appartiennent aux services militaires de l'organisation *Todt*. Pour les habitants qui souhaitent se déplacer à l'intérieur de la bande côtière ou qui reviennent de zone occupée, le franchissement est soumis à la détention d'un sauf-conduit. En revanche, pour ceux qui vivent en dehors de la zone littorale, les laissez-passer sont délivrés seulement en cas de décès, de maladie grave, de mariage ou de la naissance d'un proche. Les contrevenants à ces règles risquent les mêmes sanctions que sur la ligne de démarcation entre les deux zones principales, conformément à l'ordonnance du 28 avril 1941, c'est-à-dire des peines d'emprisonnement, les travaux forcés, voire la peine de mort dans les cas jugés les plus graves. En 1942, selon certains préfets, cette nouvelle zone est devenue « *une frontière plus difficile à traverser que la ligne de démarcation*[46] ».

Les Conventions de La Haye bafouées

L'instauration de sept zones en France entre 1940 et 1941 a été un détournement du droit international tel qu'il avait été défini dans plusieurs conventions internationales, dont celle de La Haye, en date du 18 octobre 1907[47]. L'article 42 de la Section III stipule notamment que « *l'occupation ne s'étend qu'aux territoires où cette autorité* [de l'armée ennemie] *est établie et en mesure de s'exercer*[48] ». Sur le terrain, la ligne de démarcation ne sépare pas militairement deux zones. L'objet initial de l'article 2 de l'armistice de juin 1940 a donc été violé. Les Français ont beau protester, leurs arguments sont jugés irrecevables par les Allemands, ces derniers prétextant la poursuite des opérations militaires. De leur côté, les Français mettent en garde contre un risque de désorganisation économique dû au rattachement. Le droit a peu de place dans les échanges. Selon les occupants, le Nord et le Pas-de-Calais restent une partie toujours intégrée à la France. De plus, ce découpage arbitraire montre le peu de cas que les Allemands font du texte de base imposé aux Français, le 22 juin 1940. Le terme « *souveraineté* » n'a finalement guère de sens dans un pays aussi émietté. Pour autant, Vichy s'accroche à cette notion pour justifier la légitimité de son pouvoir.

Juridiquement, la notion de « *ligne de démarcation* » existe bel et bien dans le droit international, depuis la fin du XIXe siècle, par l'intermédiaire des Conventions de La Haye de 1899. Cependant, en juin 1940, la Convention d'armistice est floue, voire ambivalente. L'article 17 indique que la limite militaire peut très bien prendre un sens économique en fonction du bon vouloir allemand. En théorie, l'armistice, écrit unilatéralement, donne l'impression que les Allemands respectent les définitions connues du droit international. Or, les occupants sont des plus retors dans leur façon de respecter les Conventions de La Haye, notamment les articles 42 et 43 (Section III) de celle du 18 octobre 1907 ; la lecture des articles montre que les Allemands sont en théorie respectueux du droit :

« *Article 42 : un territoire est considéré comme occupé lorsqu'il se trouve placé de fait sous l'autorité de l'armée ennemie [...]*

Article 43 : l'autorité du pouvoir légal ayant passé de fait entre les mains de l'occupant, celui-ci doit prendre toutes les mesures qui dépendent de lui en vue de rétablir et d'assurer, autant que possible, l'ordre et la vie publique en respectant, sauf empêchement absolu, les lois en vigueur dans le pays[49]. »

Dans le texte de l'armistice, le Reich est en conformité avec ces conventions internationales puisqu'il exerce dans la zone occupée « *les droits de la puissance occupante* ». La France doit apporter le concours de son administration. Le vainqueur ne dit évidemment pas par quels moyens. Les délégués allemands de Wiesbaden ne mentionnent pas ce texte du droit international. Il faut dire que ce dernier pouvait être facilement pris en défaut par les juristes français, ce qui aurait pu compromettre la signature et l'application de la Convention.

A l'origine, les Conventions de La Haye ont consacré plusieurs pages à l'« *Occupation militaire* » dans le règlement annexé à la Convention IV de 1907. L'occupation doit obéir à des règles juridiques très précises, mais les Conventions de La Haye n'ont pas tout clarifié. Les Allemands ont ainsi pu en profiter. En droit international de la première moitié du XXe siècle, l'occupation est indiscutable lorsque l'ennemi a imposé sa prépondérance sur un territoire. Les troupes d'occupation peuvent théoriquement rester sur ce dernier sans forcément contracter un traité, ce qui s'apparente dans ce dernier cas à une « *conquête*[50] ». L'occupant a aussi des devoirs à l'égard des occupés, définis par l'article 43 : il doit notamment assurer l'ordre et permettre une vie publique sans entrave. Pour le premier devoir, il est évident que l'occupant a tout intérêt à maintenir sa sécurité. Si le pouvoir de l'occupant est incontestable, en revanche, les Conventions de La Haye n'ont pas reconnu la légitimité de ce pouvoir, laissant finalement le champ libre aux Allemands. Le principe d'occupation ne doit pas non plus toucher au principe de souveraineté. Le pillage est interdit. A tous ces principes, les Allemands ont opposé la loi du plus fort et des règles arbitraires, notamment en ce qui concerne le compartimentage d'un territoire pour lequel les Conventions de La Haye sont muettes.

Le terme allemand *Demarkationslinie* est connu des militaires allemands bien avant la guerre, puisqu'il appartient au vocabulaire courant de leur enseignement géostratégique. Le général Halder l'emploie par exemple dans son *Journal de marche*, le 21 juin 1940, lorsqu'il décrit l'avancée des troupes allemandes. Dans les Conventions de La Haye de 1899 et 1907, ainsi que dans le texte de la Convention d'armistice signé le 22 juin 1940, le terme n'est pas utilisé, laissant une place à celui d'*Occupation*.

Dans les archives militaires allemandes de Freiburg, il existe plusieurs ouvrages d'enseignement militaire, des lexiques et des dictionnaires qui comportent les termes à utiliser à l'occasion d'une occupation territoriale. Par exemple, le terme *Demarkationslinie* apparaît dans un dictionnaire de 1901, de H. Frobenius, intitulé *Militär-Lexicon, Handwörterbuch der Militärwissenschaften (Dictionnaire militaire, Lexique de la science militaire)*[51]. La définition tend à donner les limites d'exercice de la souveraineté de chacun des belligérants, ce qui a été complètement transgressé de 1940 à 1944. La *Demarkationslinie* est définie comme étant « *la délimitation [Abgrenzungslinie] entre deux puissances belligérantes, au-delà de laquelle, d'un côté ou de l'autre, les pratiques guerrières et l'exercice de la souveraineté sont contenus* ». La définition est assez vague dans sa première partie, mais elle est plus précise ensuite : « *Lors de chaque armistice, au sens propre du terme Ligne de démarcation, il existe une zone neutre [neutrale Zone] étroite entre les deux* [traduction]. »

Lors des discussions entre Jodl et Keitel, par le biais de Huntziger, les Français ont utilisé à Rethondes l'expression « *ligne verte* » pour des raisons déjà expliquées. Toutefois, « *Ligne de démarcation* » est une appellation employée par les Allemands lors des premières négociations de Wiesbaden, puis reprise par les négociateurs français. Parfois, dans les archives allemandes, la contraction *Dema-Linie* – et même exceptionnellement *Dema* – désigne aussi la limite principale de l'occupation allemande en France[52].

Les racines pangermanistes du compartimentage de la France

On s'est déjà interrogé sur l'origine profonde du découpage de la France en deux grandes zones principales. Toutefois, le compartimentage de la France a pour origine l'idée que les nazis et à leur tête le Führer se faisaient de l'occupation d'un pays ennemi, et plus précisément de la France. Cette conception de la géopolitique puisait une partie de ses racines dans l'imaginaire des écrivains allemands qui ont élaboré l'argumentaire de l'Allemagne pangermaniste. Enfin, la revanche de la Première Guerre mondiale est aussi à prendre en compte. La ligne de démarcation est pour les nazis un puissant symbole et sans doute l'une des conséquences de la blessure morale du traité de Versailles.

En 1912, un certain Adolf Sommerfeld a publié *Le Partage de la France*[53]. Le sous-titre prévenait les lecteurs : « *Ce qu'on verra un jour* ». La version française retrouvée à la BDIC (Nanterre) est la vingt-deuxième édition en français ! Le livre n'a donc pas pu rester inaperçu. La carte de la couverture, en couleur, montre la France partagée par une ligne, dont le tracé épouse une partie de celui de 1940. On voit une très large partie de la France occupée par les Allemands (voir atlas). Calais est devenu la capitale de la Grande-Bretagne. Ce qui n'est guère étonnant, même s'il s'agit d'une fiction, à une époque où les Allemands pensaient réalisable une alliance germano-anglaise contre la France. Le Massif central est allemand, marquant la limite sud avec une zone italienne. Le Midi est italien, très au sud d'une ligne reliant Genève à Bordeaux. Dans l'avant-propos de l'édition française, on peut lire : « *Un jour va venir où, nous Allemands, nous vous rayerons complètement de la carte de l'Europe : plus de France, plus de Français ! Voilà la substance de cet ouvrage*[54]. »

L'ouvrage, écrit dans un style parfois grossier, est une construction fantaisiste. Cette fiction d'une France gommée de la carte ou partagée en plusieurs espaces n'est sans doute pas isolée au XIXe siècle, dans les cénacles du « *Petit Reich* » de Bismarck, et au début du XXe siècle, dans les cercles pangermanistes. Elle concerne le Nord-Est de la France et non les régions traversées par la ligne de démarcation en 1940. Entre le XIXe siècle et la fin des années 1930, des écrivains de tout poil ont ainsi rêvé et imaginé le sort futur de la France, celui d'une France démantelée. Au besoin, ils ont exploité les pangermanistes tels que le géographe allemand Friedrich Ratzel (1844-1904) : « *La guerre, qui constitue l'expérience décisive pour tant de questions politico-géographiques, révèle les rapports qui sont ceux de l'Etat et du territoire (Land). La guerre moderne a comme objectif de priver l'ennemi de la disposition de son territoire, le moyen le plus simple étant de mettre en déroute son armée. On dénie la particularité spatiale de l'Etat, on méconnaît ses frontières, on occupe son territoire et on le prive de tout moyen qui lui permettrait de maintenir sa puissance*[55]. »

Les militaires allemands connaissent le géographe et sa théorie qui sous-estime les théories stratégiques antérieures et repose sur le sol. Pour Ratzel, une frontière territoriale est une limite géographique flottante ; c'est l'idée maîtresse du « *Lebensraum* » (l'*espace vital*).

En juillet 1925, dans *Mein Kampf*, Hitler, qui récupère la prose de Ratzel, est davantage centré sur le *Lebensraum*, qui doit s'étendre sur les marges orientales de l'Europe ; il ne manque pas de préciser que « *la France est, et reste l'ennemi […] le plus à craindre*[56] », sans donner de limites territoriales à atteindre, s'octroyant une large marge de manœuvre en cas de conquête de la

France. La Rhénanie a été selon lui occupée de façon injuste. Hitler imaginait alors possible une alliance avec les Anglais. Il évoque dans un même développement le « *droit moral à acquérir des terres étrangères*[57] ». Dans un autre ouvrage, publié en 1926, il écrit que les frontières occidentales ne sont pas « *satisfaisantes*[58] ». Il ajoute que, « *à l'Ouest, les marches frontières ont la signification la plus importante pour l'économie allemande* » et que « *ces frontières étaient si défavorables que certaines puissances se sont groupées autour de l'Allemagne, avec une politique étrangère agressive et des moyens militaires imposants*[59] ».

Hitler ne connaît de la France que ce que certains ouvrages et récits – peut-être des auteurs comme Friedrich Sieburg, longtemps correspondant de la *Frankfurter Zeitung*[60] –, les articles, les rapports et autres notes que ses services ont bien voulu lui transmettre. Hitler ne s'est rendu en France qu'une seule fois, à savoir pendant la Grande Guerre. Il n'a pas de connaissances précises sur la France et ne la voit qu'en *ennemi héréditaire* et *mortel* de l'Allemagne (*Todfeind*). Autant dire que ses visions territoriales de la France sont fondées sur un maigre terreau de connaissances d'un pays qu'il conquiert facilement en juin 1940. Si Hitler est vague en ce qui concerne la France et son territoire, ainsi que sur la définition historique et géographique de la « *frontière* », sa ténacité à l'anéantir n'est pas démentie en 1940. Instaurer une ligne de démarcation permet de gagner du temps. Décomposer et écraser la France lui assure d'avoir les mains libres pour poursuivre le renforcement de ses intérêts en Europe orientale et éviter la menace permanente d'une attaque sur le flanc occidental. Après l'armistice, Hitler n'a pas changé d'avis sur la France. La ligne de démarcation en est un symbole infamant, maintenant les Français dans une position psychologique fort inconfortable.

2

Les contraintes d'une nouvelle frontière

L'instauration technique de la ligne de démarcation ressemble en tous points à l'établissement d'une frontière étatique traditionnelle. La rapidité de la victoire allemande et la mise en place de la ligne de démarcation prennent au dépourvu les occupants, obligés d'installer une frontière avec des moyens logistiques parfois modestes. Les conséquences de la non-préparation du statut territorial de la France révèlent une politique d'occupation pas toujours bien fixée, du moins au début. Les difficultés nées de la ligne de démarcation ne sont donc pas exclusivement éprouvées par les Français. Elle a exercé une somme de servitudes sur leur quotidien, même si sa matérialisation n'a pas été des plus dissuasive pour contrecarrer les passages clandestins.

Toute surveillance efficace des frontières passe d'abord par sa matérialisation, à la fois artificielle et naturelle. Celle de la ligne de démarcation symbolise physiquement la menace permanente qu'elle n'a jamais cessé de représenter, pendant plus de deux années, sur la maigre souveraineté du régime de Vichy. Un vaste ensemble signalétique et une scénographie spécifique sont mis en place par les gardiens allemands de la ligne. Le choc des drapeaux nazis au milieu du pays, pour distinguer deux France, lui confère toutes les apparences d'une frontière. Dès sa naissance, la ligne de démarcation possède une portée symbolique considérable.

Une frontière d'abord militaire puis douanière

Dans les huit premiers mois de l'Occupation, de juillet 1940 à février 1941, les soldats de l'armée allemande – des bataillons qui appartiennent à des régiments territoriaux – s'installent sur le tracé de la ligne de démarcation. Leur arrivée est progressive, entre juillet et septembre 1940. En ce qui concerne les effectifs, il est difficile de connaître les chiffres précis, faute de sources. Selon le général Halder, il aurait fallu quinze divisions allemandes pour surveiller au mieux la ligne de démarcation. Or, en septembre 1940, il constate que le Reich n'a pu en installer que deux.

L'armée allemande est épaulée par des groupes appartenant à la *Geheime Feldpolizei* (ou *GFP*, la police secrète de campagne). Leur répartition est structurée, afin de contrôler les passagers inter-zones. En septembre 1941, plusieurs commissariats de la *GFP* sont situés aux abords immédiats de la ligne de démarcation : Bourges, Chalon-sur-Saône, Moulins-sur-Allier, Lons-le-Saunier et Vierzon. En mars 1942, leur nombre a augmenté : aux cinq initiaux s'ajoutent ceux d'Angoulême, Bayonne, Bordeaux, Champagnole, Langon, Nevers et Tours[1]. La surveillance de la ligne de démarcation (*Überwachung*) fait partie des prérogatives des militaires de la *GFP*[2] qui travaille également avec la *Feldgendarmerie*. Cependant, ces deux organismes militaires sont fixes dans les postes de la ligne de démarcation et n'effectuent aucune patrouille systématique et professionnelle.

Officiellement, le 15 février 1941[3], les soldats de la Wehrmacht sont en grande partie relevés par les hommes du *Versträrkter Grenzaufsichsdienst* (*VGAD* ou, en français, *Service renforcé de la surveillance des frontières*). Peu à peu, au cours de l'année, seuls quelques vieux militaires restent en nombre restreint sur le tracé de la ligne. Selon Hans Umbreit, les premiers éléments de renfort de la douane allemande arrivent dès l'automne 1940. Le *MBF* a constaté que la *GFP* était insuffisante. Par ailleurs, Hitler prépare les plans d'invasion de l'URSS et a besoin de soldats jeunes. La fuite des prisonniers de guerre vers la zone non occupée inquiète également les services d'occupation.

La surveillance change donc de nature, ce qui ne manque pas d'être relevé à tous les échelons ministériels du régime de Vichy. A Londres, les services du BCRA rendent aussi compte de l'arrivée des douaniers allemands[4]. Ce qui a son importance pour les résistants désireux de franchir clandestinement la ligne de démarcation. Des agents du BCRA ont été chargés de s'informer sur les nouvelles techniques de surveillance. Les renseignements sont collectés, puis transmis à Londres, notamment ceux concernant les subterfuges à utiliser par les clandestins en cas de face-à-face avec les chiens des douaniers. Avec l'arrivée des services douaniers du *VGAD*, Hitler dispose enfin d'un service capable de répondre à ses intentions, développées en août 1940, au sujet d'une stricte surveillance des passages inter-zones à la *Demarkationslinie*[5]. L'arrivée des douaniers s'accompagne d'un net resserrement de la surveillance des passages clandestins – notamment des prisonniers de guerre, dans une première phase – et d'une restriction du passage du courrier. Les moyens logistiques sont mieux adaptés avec la présence de chiens, de patrouilles aguerries, à cheval, à bicyclette et en side-car. Les douaniers exercent des contrôles volants à l'arrière de la ligne, dans les gares importantes toutes proches, comme à Vierzon, Bourges, Nevers, Moulins-sur-Allier, Chalon-sur-Saône et Langon. Dès leur arrivée, les officiers des services douaniers allemands siègent et participent aux réunions de liaison avec les militaires allemands et français. Au cours de 1941, dans ces réunions, la douane allemande devient l'interlocuteur quasi exclusif des Français.

Selon les rapports allemands et ceux des préfets français, en mars 1942, vingt-cinq *Bezirkskommissariate* (commissariats de circonscription) sont en place sur la ligne de démarcation, avec chacun un ou deux *Zollinspektoren* ou *Zollbezirkinspektoren* (inspecteurs des douanes), dirigés depuis cinq organismes de commandement, les *Befehlsstellen* (postes de commandement) : Dax, Bordeaux, Bourges, Montceau-les-Mines et Besançon. Saint-Palais et Orthez (Basses-Pyrénées), Mont-de-Marsan (Landes) et Langon (Gironde) sont rattachés à Dax ; Castillon (Gironde), Montpont (Dordogne), Villebois-Lavalette et La Rochefoucauld en Charente dépendent de Bordeaux ; Poitiers, Gençay (Vienne), Montbazon (Indre-et-Loire), Saint-Aignan (Loir-et-Cher), Bourges et Vierzon (Cher), puis Nevers sont rattachés à Bourges ; Moulins (Allier), Paray-le-Monial, Buxy (Saône-et-Loire) et Seurre (Côte-d'Or) sont sous l'autorité du *Befehlsstelle* de Montceau ; enfin, Arbois, Champagnole, Dole, Morez (Jura) et Coupy (Ain) sont rattachés au commandement de Besançon[6].

Dès l'installation des douaniers, des incidents se produisent, notamment des coups de feu et des poursuites de passagers clandestins en zone non occupée. Par exemple, à Loches, en Indre-et-Loire, quelques jours seulement après leur arrivée, lors d'une patrouille, les douaniers arrêtent trois personnes en zone libre, « *à trois cents mètres de la ligne*[7] ». Dans les Basses-Pyrénées, le préfet rapporte que l'arrivée des douaniers provoque une recrudescence du nombre d'arrestations de clandestins, enfermés ensuite à la prison de Bayonne.

Le préfet remarque que les « *vérifications* » des individus, au poste d'Orthez, sont « *beaucoup plus minutieuses* ». D'autres préfets relèvent aussi que les postes allemands exercent parfois moins de contrôles et de fouilles qu'auparavant[8]. Cela n'est guère étonnant et nous pouvons faire le même constat sur l'ensemble du tracé de la ligne de démarcation. Les techniques de contrôle des douaniers sont différentes de celles des militaires. Les premiers sont beaucoup plus mobiles et se déplacent généralement par groupes de quatre. Ils effectuent des patrouilles sur le tracé, mais aussi très en arrière, n'hésitant pas à perquisitionner chez les habitants suspectés d'aider des passeurs et des passagers clandestins. Les seconds n'ont pas l'expérience de la garde des frontières. Ils sont plus statiques.

Au total, si la frontière intérieure doit protéger l'armée allemande en zone occupée, elle est toutefois difficile à maintenir totalement hermétique. Les Allemands ne sont jamais parvenus à faire de la démarcation le redoutable obstacle physique tant redouté par les autorités de Vichy, durant l'été 1940. Cette difficulté caractérise les frontières en général. Les Allemands sont souvent confrontés au dilemme de la frontière artificielle, tant sur le plan militaire que sur le plan administratif. Il s'est posé avec encore plus de force en ce qui concerne les échanges économiques. Pour la surveillance des passages clandestins, l'arrivée des douaniers rend moins facile le franchissement, à partir de mars 1941. Néanmoins, le dispositif est encore loin de satisfaire le *MBF*. En effet, en avril 1941, celui-ci compte deux hommes par kilomètre, c'est-à-dire près de deux mille cinq cents hommes de la *Surveillance des frontières* en poste sur la ligne de démarcation[9]. Une demande d'effectifs supplémentaires a été faite à Berlin, sans résultat. Les hommes en place sur la ligne ont amené ou réquisitionné des moyens logistiques plus ou moins importants, selon les régions, mais toujours insuffisants. Seul l'effet de dissuasion a permis d'empêcher en partie la clandestinité des passages inter-zones.

Signalétique et matérialisation de la ligne

Le 29 juin 1940, le gouvernement français quitte Bordeaux pour rejoindre Vichy, *via* Clermont-Ferrand. Dans le cortège de voitures officielles, François Charles-Roux franchit la ligne de démarcation et résume ses impressions : « *Ce fut ma première sensation matérielle de l'occupation ennemie, qui n'avait encore obsédé mon esprit qu'à titre d'abstraction*[10]. »

François Charles-Roux, alors secrétaire général du ministre des Affaires étrangères Paul Baudouin, exprime la pesanteur que laisse entrevoir la ligne à travers sa matérialisation et ses gardiens. Pour la première fois, il prend conscience concrètement du moyen de pression qu'elle représente sur les habitants, mais aussi sur les dirigeants politiques du pays. Sa crainte de voir une barrière plus pesante est réelle dans toute la première partie de son livre de souvenirs[11]. Il exprime un sentiment commun à des milliers de Français qui franchissent la ligne de démarcation. Dans les premières semaines de l'Occupation, la matérialisation de la démarcation choque les riverains, car elle est visible dans les villes et les villages traversés. Ailleurs, dans les campagnes, elle est beaucoup moins imposante, surtout lorsqu'elle s'appuie sur les reliefs et les rivières.

D'une façon générale, la mise en place d'une frontière respecte toujours quatre phases successives : la détermination, la délimitation, la démarcation et l'abornement à l'aide de jalons très visibles pour les voyageurs. Les phases de *détermination* et de *délimitation* de la ligne obéissent à des schémas inhabituels dans l'histoire des frontières, car elles n'ont pas été négociées entre les deux gouvernements. En revanche, pour les phases de *démarcation* et de pose de jalons identifiables dans l'espace, elles sont plus conformes à la fixation officielle des frontières politiques traditionnelles.

A la lisière des forêts, dans les champs, dans les chemins et les sentes, auprès des maisons, les Allemands plantent des poteaux d'une hauteur de 1 m à 1,50 m. Ils sont carrés (10 cm × 10 cm) ou ronds, recouverts des trois couleurs du Reich, rouge, blanc et noir. Les bandes de couleur sont obliques. Cependant, il arrive fréquemment aux Allemands ou aux habitants de déplacer la signalétique pour perturber le tracé détaillé. Des paysans perdent parfois quelques mètres de terrain à cause d'un poteau positionné arbitrairement au mauvais endroit. Dans d'autres cas, les occupants utilisent ce procédé pour tromper ceux qui prennent toujours les mêmes chemins pour franchir clandestinement la ligne.

Aux carrefours routiers, sur les ponts, aux entrées de certains villages, la matérialisation est généralement plus visible, avec des guérites peintes aux couleurs du Reich, des barrières mobiles actionnées par le bras des soldats allemands, des herses et des pancartes sur lesquelles les « voyageurs » inter-zones lisent : « *Demarkationslinie überschreiten verboten* » (« *Interdiction de franchir la ligne de démarcation* »). En certains points, comme à Champagnole (Jura) ou à Saint-Aignan-sur-Cher (Loir-et-Cher), les Allemands ont même fabriqué des panneaux qui indiquent aux voyageurs inter-zones la distance qui les sépare de la ligne de démarcation. Des entreprises locales sont réquisitionnées pour tailler les poteaux en bois, les guérites et même les cabanes utilisées comme salles de fouille ou bureaux. Des maisons sont également occupées. Tous les croisements routiers ne sont pas gardés systématiquement par des soldats en armes. Parfois, une simple herse indique que la ligne passe à cet endroit. Dans la majorité des régions découpées, des barrières en fil de fer barbelé sont tendues, après avoir été prélevées par arrachage sur les prairies environnantes, ce qui peut laisser penser à un manque flagrant de moyens logistiques des Allemands pour équiper la ligne.

En d'autres points de la ligne, la matérialisation est plus « originale » : un abri souterrain construits par les Allemands à Dun-sur-Auron (Cher), l'arrachage des traverses de chemin de fer sur la voie ferrée métrique entre Le Blanc (Indre) et Argent (Cher), à hauteur des gares de Chabris (Indre) et de Gièvres (Loir-et-Cher). Dans ce dernier cas, la voie ferrée est arrachée, puis déposée sur une centaine de mètres, à l'endroit où elle matérialise le passage de la ligne de démarcation. En janvier 1942, les Allemands reposent les voies afin de convoyer des pierres extraites des carrières de Varennes-sur-Fouzon (Indre).

La présence de mines en plusieurs points de la ligne de démarcation est plus inquiétante que celle des fils de fer barbelés, notamment dans le Jura, en Saône-et-Loire, dans le Cher, en Indre-et-Loire et en Gironde. Avec l'arrivée des douaniers allemands, les mines explosives deviennent des moyens de surveillance et de répression de plus en plus utilisés. Elles sont enfouies et constituent une matérialisation invisible beaucoup plus dangereuse pour la population que toutes les autres. En mai 1941, un chef d'escadron de gendarmerie de la Saône-et-Loire s'en plaint auprès de la DSA : « *Certains endroits où les Allemands paraissent soupçonner de nombreux passages clandestins ont été minés*[12]. »

Par ailleurs, le gendarme convient que des exploitations rurales et des chemins secondaires ont été subitement « *barricadés*[13] ». Des mines auraient même été posées en zone non occupée. Des accidents ont lieu, comme à Marcilly-les-Buxy, en février 1941, où l'explosion d'une mine provoque de graves blessures à deux individus. De nouveaux écriteaux sont plantés en terre en Saône-et-Loire, près du cours de la Saône, où les habitants peuvent lire cette formule brutale : « *ATTENTION. Danger de mort. Obus*[14]. »

La DSA fait plusieurs demandes aux Allemands pour savoir si des « *engins explosifs* » ont été cachés aux abords de la ligne[15]. Même si les occupants en nient la réalité, des rapports de gendarmerie en ont révélé l'existence dans les départements précités. Parfois, la rumeur colporte aussi de fausses indications sur la présence de mines. D'autres fois, les Allemands imposent des panneaux sur le danger des mines pour les candidats au passage frauduleux de la ligne, tel celui de Villebois-Lavalette (au sud-est d'Angoulême) :

Ligne de démarcation-Défense de traverser
Ne doit être passée qu'au point de contrôle,
autrement on tirera

Danger de mort à cause des mines.

Après enquête, les gendarmes français concluent qu'il n'y a finalement aucune mine dans la région. D'une façon générale, la multiplication des plaintes des habitants à propos des mines se situe majoritairement après l'arrivée des douaniers allemands, en février 1941, plus fréquemment dans le Cher (dans la région de Trouy et de Plaimpied) et en Saône-et-Loire (aux environs de Buxy et de Saint-Rémy). La pose des mines a sans doute compensé le manque d'effectifs sur la ligne.

La matérialisation artificielle de la démarcation gêne les habitants limitrophes, en particulier les cultivateurs. Dans tous les départements, préfets et sous-préfets notent les parcours des agriculteurs pour rejoindre des champs fermés par une barrière ou des fils de fer barbelés. Ainsi, le 20 août 1940, G. Guibert, un propriétaire terrien de Verteillac, en Dordogne, se plaint à la DFCAA du tracé et de la matérialisation de la ligne de démarcation. La lettre est écrite à une date clé pour un agriculteur, c'est-à-dire au moment des différentes phases de la moisson. Une partie des céréales aurait déjà dû être rentrée dans les granges, mais la guerre et l'Occupation retardent évidemment l'ordre normal des opérations agricoles. Guibert, dont la ferme est située en zone non occupée, mais dont certains champs sont dans l'autre zone, demande l'ouverture de « *routes transversales* » à travers la ligne, pour deux motifs : permettre aux troupeaux d'aller plus vite dans les champs d'une zone à l'autre et effectuer les travaux des champs plus facilement. Le propriétaire-exploitant dénonce la matérialisation allemande de la ligne par une énumération très suggestive : « *obstacles fixes, complétés par des travaux et matériaux souvent impressionnants, comportant barricades, tranchées, fils barbelés, mines explosives, cordons avec détonateurs, etc.* ». Malgré des papiers en règle, Guibert affirme enfin que les paysans ne peuvent pas franchir régulièrement la ligne de démarcation, d'où l'impossibilité d'écouler les stocks. Il est difficile de savoir si l'auteur de la lettre exagère ou non les conséquences de la matérialisation. Toujours est-il qu'il ne franchit pas facilement la ligne et que les Allemands la ferment de façon stricte en certains points. En 1941, ce genre de difficultés est encore le lot commun des agriculteurs. Par exemple, en mai 1941, dans le Jura, le 2e bureau de l'état-major envoie une lettre au secrétaire d'Etat à la Guerre au sujet de complications dues à la matérialisation dans la région d'Ounans (zone non occupée) et de Santans (zone occupée). Entre les deux villages, la rivière la Loue marque le tracé de la ligne de démarcation. Les cultivateurs d'Ounans doivent franchir le pont pour rejoindre les champs en zone occupée, mais la matérialisation est telle qu'elle empêche tout passage avec du gros matériel. En conséquence, les agriculteurs sont contraints de faire un détour de douze kilomètres afin de rentrer les récoltes. Pour protester, ils adressent une pétition au commandant de la 7e division militaire, à Bourg-en-Bresse, *via* la préfecture du Jura, de Lons-le-Saunier. Mais les militaires français n'ont aucun moyen de faire alléger le dispositif allemand[16]. Il serait facile de multiplier les exemples en d'autres points de la ligne ; dans les archives, ils sont plusieurs centaines, entre juillet 1940 et mai 1941. Comme à Barbezieux, en Charente, en avril 1941, où des champs en zone non occupée sont encore difficiles d'accès pour les propriétaires ou les exploitants situés en zone occupée. Il faut souvent emprunter un long détour, car les chemins sont entravés par les Allemands. Enfin, les autorisations de passage sont quasiment impossibles à obtenir régulièrement[17].

La ligne de démarcation ne s'appuie pas seulement sur des marques et des bornes artificielles, trop longues à équiper, tant en matériel qu'en hommes expérimentés. Les militaires allemands ont recours à un tracé « naturel », c'est-à-dire une matérialisation fluviale et forestière. Pour un homme de 1940, la frontière étatique est une notion bien précise avec ses postes de douane, ses policiers, ses passeports, ses rivières et ses lisières de démarcation, bref comme une limite classique entre plusieurs Etats souverains. Il en est de même pour la ligne de démarcation. Les obstacles naturels (rivières, crêtes et plateaux) sont utilisés au mieux pour délimiter sans moyens matériels importants, mais aussi pour contrôler l'horizon de la zone non occupée ou la voie ferrée en contrebas d'un talus.

Par exemple, dans le Jura, la ligne de démarcation est calquée sur le cours de la Loue, à partir de Chamblay jusqu'à la confluence avec le Doubs[18]. De là, elle sillonne les campagnes jusqu'aux confins du département de Saône-et-Loire, aux environs de Loys-sur-le-Doubs. La rive droite du Doubs est alors occupée. Ces rivières sont relativement encaissées et les Allemands bénéficient de la présence de points hauts pour observer au loin les allées et venues suspectes. A partir de l'embouchure du Doubs, la ligne rejoint Chalon-sur-Saône. A nouveau, le tracé épouse le cours de la Saône. Ainsi, sur quatre-vingts kilomètres, la démarcation repose sur une matérialisation naturelle, dès qu'elle quitte les villes et les villages. Ensuite, dans le département de l'Allier, la rivière éponyme constitue la matérialisation sur cinquante autres kilomètres. Dans le Cher, le Loir-et-Cher et l'Indre-et-Loire, de Vierzon jusqu'à Bléré, la rivière le Cher symbolise la ligne. Les rivières sont de bons supports naturels pour les Allemands, d'est en ouest, mais elles le sont un peu moins du nord au sud. Sur ce tronçon, pour l'occupant, l'essentiel est de préserver la voie ferrée jusqu'en Espagne et de se prémunir contre les attaques éventuelles venant de la côte atlantique. Les rivières sont généralement coupées par la ligne : la Vienne, dans la région de Chauvigny (Vienne), Le Clain et la Charente à Benest (Charente), la Dronne au nord de Ribérac (Dordogne), la Dordogne au sud de Libourne (Gironde), l'Adour à Saint-Sever (Landes) et plusieurs autres petits cours d'eau dans les Basses-Pyrénées. Au total, sur 1 200 kilomètres, près de 260 kilomètres de démarcation sont fluviaux. Le parcours de la ligne n'est pas ce

« *mur infranchissable* » décrit par René Belin dans l'un de ses comptes rendus au maréchal Pétain[19]. En effet, elle offre de nombreux interstices dans lesquels il est assez facile de s'engouffrer pour des postulants au passage en fraude. Pour les rivières, il faut seulement choisir le moment propice.

Une frontière intérieure ?

Le régime de Vichy cherche constamment à faire de la ligne de démarcation une sorte d'écran protecteur pour affirmer les limites territoriales de sa souveraineté. Cela est encore plus vrai à partir de 1941, lorsqu'il s'avère que les Allemands n'ont pas l'intention de supprimer ou d'assouplir sensiblement la séparation. Ce qui oblige l'Etat français à assurer une surveillance de la ligne de démarcation en face des postes allemands. Il s'agit d'éviter l'entrée massive ou, à tout le moins, de sanctionner des individus en infraction avec la loi française. Ce qui n'empêche nullement le IIIe Reich d'envoyer, sans préavis, des milliers d'Alsaciens-Lorrains, des étrangers et des Juifs allemands en zone non occupée. Nous y reviendrons. Toutefois, à partir de 1940, l'Etat français a-t-il les moyens de se « protéger » de façon efficace sur la ligne de démarcation ? Ses moyens militaires sont réduits à une armée d'armistice et à la gendarmerie territoriale. Curieusement, les Allemands n'ont pas dissous cette dernière, composée de quarante mille hommes environ. En revanche, l'autre partie de la gendarmerie, la Garde républicaine mobile, créée entre 1921 et 1927, a été dissoute en zone occupée. Seuls six mille gardes ont été autorisés en zone non occupée[20]. Les moyens policiers et douaniers ont-ils alors été également mis en œuvre, au risque de provoquer des luttes de compétences ?

Au mois de juillet 1940, la France de Vichy n'a plus d'armée digne de ce nom. Seule la flotte est épargnée par l'article 8 de l'armistice, afin d'éviter son ralliement aux armées de l'Empire britannique. L'armée française est démobilisée sous le contrôle des Allemands. Malgré tout, une armée d'armistice est autorisée afin d'exercer les missions d'une force de sécurité intérieure (article 4 de l'armistice)[21]. Les premiers postes militaires français sur la ligne de démarcation sont installés dès le 9 juillet 1940, afin de protéger les accès à la région de Vichy. Les régions militaires de l'avant-guerre sont devenues des Divisions Militaires (DM). Huit DM sont réorganisées, elles-mêmes sous la tutelle de deux groupes de divisions.

Parmi les missions de l'armée d'armistice, la quête du renseignement est privilégiée, afin de suivre l'évolution de la surveillance allemande sur la ligne de démarcation, ainsi que les mouvements de troupes en zone occupée. Le 2e bureau a contribué à aider certains passeurs clandestins de la ligne, afin de permettre à des prisonniers de guerre évadés de rejoindre la zone non occupée. On retrouve les hommes du 2e bureau dans les réunions de liaison avec les Allemands pour négocier l'assouplissement des règles en vigueur. Toutefois, les militaires se plaignent de la multiplication des missions économiques. Par exemple, dans la IXe DM (Châteauroux), le 14 octobre 1940, une lettre de l'état-major signale l'extension des missions imparties :

« *Il est bien évident que l'armée doit prendre en compte la surveillance de la ligne de démarcation au point de vue économique comme au point de vue militaire [...] Les hommes composant l'armée d'armistice sont peu qualifiés pour exercer une surveillance économique. Aucune instruction reçue. La réglementation est peu précise donc contournable*[22]. »

Les militaires français ont donc besoin de l'aide d'autres services, plus compétents en matière économique. Or, le gouvernement français éprouve des difficultés à recruter de nouveaux éléments au sein de l'armée d'armistice. Quand des démobilisés rejoignent celle-ci, il faut les former à la hâte pour surveiller la ligne de démarcation. Le matériel mis à leur disposition est désuet : cabanes en bois peu nombreuses, absence du téléphone et de l'électricité, aucune bicyclette pour se rendre d'un poste à l'autre, de rares barrières, mais toujours un drapeau français qui flotte au-dessus du poste[23]. Pour être ravitaillé, il faut parfois attendre de longues heures ; les automobiles manquent pour apporter la nourriture[24]. La proximité des postes allemands conduit parfois les occupants et les Français à se rencontrer épisodiquement pour échanger, voire trafiquer, au dire de certains témoins. L'armée d'armistice obtient progressivement le soutien des gendarmes et des douaniers, conformément aux consignes du ministère de l'Intérieur de la fin août 1940[25]. Les gendarmes sont déjà très sollicités pour la surveillance dans les cantons et les villages limitrophes. Les renseignements qu'ils recueillent sont exploités par le 2e bureau, puis adressés à Vichy et à la DSA. Des gendarmes sont aussi en place dans certains postes fixes pour contrôler les identités, mais aussi la nature des flux de marchandises interzones. Enfin, d'autres gendarmes des brigades motorisées effectuent des patrouilles.

Lors d'une réunion à la DSA, le 22 novembre 1940, l'interdiction d'employer des militaires comme des douaniers est réitérée[26]. Mais les solutions de remplacement sont assez tardives. Les douaniers arrivent bien après sur la ligne, à la fin de mai et tout au long du mois de juin 1941[27]. L'armée obtient près de sept cents douaniers, notamment une partie des mille deux cents expulsés par les Allemands des littoraux français et des autres espaces interdits. Darlan doit batailler ferme pour obtenir ce renfort, alors que la ligne est tournée vers un usage de plus en plus économique, à partir de 1941. Les douaniers ont une mission économique qui vise essentiellement à réprimer les trafics du marché noir.

Malgré la présence des gendarmes, dont le ressort est situé dans le monde rural, des policiers ont été chargés d'enquêter aux abords de la ligne de démarcation, notamment à l'occasion du passage des trains d'une zone vers l'autre. Dans des travaux antérieurs, nous avons déjà pu insister sur la rigueur des contrôles policiers à la gare de Bléré, en Indre-et-Loire[28], et à celle d'Issoudun, dans le Cher[29]. Le même type de contrôle policier a été relevé en Saône-et-Loire (Sennecey, Tournus, Chalon-sur-Saône) et en Gironde (Langon)[30]. A partir du mois de septembre 1940, avant l'arrivée des douaniers, une Police spéciale de la ligne de démarcation a déjà officié. Il s'agit d'inspecteurs et de commissaire détachés pour surveiller les passagers, pour assurer la police des étrangers, pour collecter des renseignements en zone occupée et pour lutter contre les « *menées antinationales* ». Les policiers « *spéciaux* » ont aussi l'habitude de travailler dans les gares, les ports et dans les postes de douane, sur les frontières extérieures de la France.

Les gendarmes, les douaniers et les militaires surveillent donc les passages et quand ils jugent un individu suspect en vertu des lois françaises, ils le remettent à la Police spéciale, pour interrogatoire. Ces policiers établissent des rapports et des statistiques sur les passages inter-zones qu'ils adressent ensuite aux préfets ou directement au ministère de l'Intérieur. Pourtant, en juillet 1941, l'inefficacité du dispositif oblige les policiers à se déployer différemment en fonction de l'importance des passages dans les postes. Chaque service en place continue de demander un renforcement des effectifs, obtenu ponctuellement. Par exemple, en octobre 1941, lors d'une réunion à la salle des conférences de l'hôtel Thermal de Vichy, le représentant des douaniers demande sept surveillants français au kilomètre, soit plus de sept mille hommes sur la ligne de démarcation. Or, ce chiffre n'a jamais été atteint. D'après nos investigations, en octobre 1941, du côté français, 5 460 hommes surveillent les flux inter-zones : quinze bataillons d'infanterie à deux compagnies (4 000 hommes), vingt-deux pelotons de gendarmerie territoriale (800 hommes), 600 douaniers et 60 inspecteurs de la Sûreté nationale. Deux points faibles ressortent de cette répartition : l'insuffisance des effectifs et la pluralité des autorités compétentes sur la ligne de démarcation. L'obsession du régime à se protéger le conduit même à maintenir en poste la Police spéciale de la ligne jusqu'en mars 1943, bien que les rares commissariats en place aient été interdits par les Allemands dès l'automne 1942.

Les soldats, seuls, sont peu efficaces dans le contrôle de la ligne de démarcation, et une coopération avec les gendarmes et les douaniers s'impose. Pourtant, dès 1940, les militaires français soulèvent des luttes de compétences avec les douaniers. Les premiers n'acceptent pas de se transformer en douaniers. Cela fait même l'objet d'une enquête interministérielle en novembre 1940[31]. Depuis le 22 octobre 1940, sur les axes routiers, les douaniers français commencent à établir des statistiques en plusieurs points de la ligne. Cependant, ce contrôle est effectué auprès des postes tenus par les militaires qui n'apprécient pas d'être sollicités par les douaniers, alors qu'ils font remarquer que le tracé de la ligne n'est pas encore très clair. Le lien de causalité entre la plainte et la raison n'est pas très probant. A la fin de 1941, les douaniers ne sont pas en reste lorsqu'ils se plaignent de leur rémunération jugée trop faible[32]. Parallèlement, ils doivent assurer eux-mêmes leur ravitaillement. Leur comportement à l'égard des gendarmes et des militaires est jugé bon, bien qu'ils admettent très mal d'être placés sous les ordres de sous-officiers de gendarmerie, alors qu'ils sont des fonctionnaires civils. Les frictions entre la Police spéciale et les douaniers sont parfois plus conflictuelles. Des accusations d'incompétence de policiers contre les douaniers ont même été retrouvées dans le département du Cher ; la principale accusation est : « *peu de conscience professionnelle : ces douaniers [...] fermaient les yeux sur le passage des marchandises d'une zone à l'autre*[33] ». D'autres rapports de gendarmerie attestent de trafics illicites aux postes de surveillance français, mais nous n'en apprenons jamais le détail.

La lutte entre Abetz et le MBF

A la fin de juin et au début de juillet 1940, le tracé de la ligne est loin d'être définitif et les soldats allemands n'ont pas encore tous rejoint leurs positions. Par exemple, le 30 juin 1940, plusieurs d'entre eux, isolés, traversent la ville de Vichy. Le même jour, dans toute la France occupée, la loi allemande entre en vigueur. Alors que Hitler s'emploie à visiter ses conquêtes, les militaires allemands se disputent sur les attributions et le ressort des services. Ils dotent la France occupée, on l'a vu, d'un commandement militaire de l'armée de terre, le *MBF*, et non d'un gouverneur général comme en Pologne ou d'un commissaire du Reich comme en Norvège et aux Pays-Bas ou, enfin, d'un chef de l'administration civile comme au Luxembourg. Ce n'est qu'à partir du milieu du mois de juillet 1940 que l'administration militaire est prête à se mettre au travail. La base de l'organisation est le département avec à sa tête un officier, le *Fedlkommandant*. Celui-ci, en poste dans les départements divisés ou dans des départements limitrophes, doit gérer directement le contrôle, la surveillance et les problèmes de la ligne de démarcation. Son rôle est éminent même si les services de l'ambassadeur du Reich, Otto Abetz, lient en partie le sort de la collaboration franco-allemande à un jeu de chantage autour des desserrements ou des allégements à la ligne de démarcation. Les Français (autorités et population) sont suspendus, pendant plusieurs semaines, aux premières décisions allemandes. La gestion du tracé exact dépend évidemment de celle de la zone occupée dans son ensemble et des desseins de l'armée allemande.

En ce qui concerne Hitler, la ligne ne l'intéresse guère dans le détail et il le confirme à Abetz, le 3 août 1940, au QG du Berghof[34]. Comme lors des précédentes rencontres, Abetz rapporte qu'il n'a reçu aucune consigne sur la politique à suivre en France, et notamment en ce qui concerne une éventuelle reprise des discussions avec Laval au sujet du traité de paix[35] :

« *A ce moment, Hitler laissait encore le temps à ses interlocuteurs de développer eux-mêmes dans un exposé prolongé leurs idées [...] Je profitai donc de l'occasion pour exposer à Hitler la politique franco-allemande, comme je l'envisageais [...] Les mesures les plus urgentes à prendre me paraissent être : la libération de tous les prisonniers de guerre français, l'admission du principe du libre passage à la ligne de démarcation par la population civile [...], le rétablissement de l'autonomie de l'administration française sur tout le territoire occupé...*[36] »

En réponse à Abetz, Hitler rétorque que les opérations militaires et la sécurité des troupes sont prioritaires en vue de conduire la guerre contre les Anglais et de maintenir l'ordre en zone occupée. Les discussions avec la France reprendront une fois l'Angleterre défaite.

Autant dire que la demande d'assouplissement du régime de la ligne de démarcation a bien peu de chance d'aboutir, pas plus que la libération des prisonniers de guerre français. Hitler a également la plus grande crainte du développement de l'espionnage que pourrait provoquer un assouplissement trop important de la circulation des hommes entre la zone occupée et la zone non occupée. Cependant, Abetz obtient, selon lui, l'instauration de « *"cartes inter-zones" et l'établissement de laissez-passer pour la ligne de démarcation dans des cas urgents de famille*[37] ». Abetz sait que Hitler et les grands dignitaires nazis n'ont aucune vision de la politique à mener par le Reich en France. L'ambassadeur allemand est persuadé qu'une France morcelée ne servira pas au mieux les intérêts du Reich. Pour affaiblir la France à l'intérieur, il faut un contrôle allemand dans un territoire qui préserve son unité territoriale. La France doit donc rester militairement et politiquement faible, « *à la disposition de l'Allemagne*[38] ». On est loin du mythe d'un Otto Abetz « *francophile* », comme il s'est présenté lors de son procès après la Libération. Il s'oppose aux vues du *MBF*, et notamment de Best, qui souhaite une partition de la France et une gestion militaire de la zone occupée dénuées de considérations politiques. Sa mise à distance des puissances étrangères est primordiale.

Les empiètements allemands

Les Allemands profitent du désordre des premiers temps pour occuper des positions qui ne sont pas prévues par la Convention d'armistice. Parfois, il s'agit d'erreurs au moment du retrait des troupes, mais souvent les soldats allemands empiètent volontairement sur la zone non occupée. Ils s'installent lentement sur le tracé et l'hostilité de certains habitants n'est pas un phénomène isolé, comme en témoignent les rapports préfectoraux dans les départements divisés. Autant l'armistice soulage la population française dans son ensemble, autant le démantèlement d'une propriété ou d'une commune est très mal accepté. L'image de la « *Korrektion* » des soldats de la *Wehrmacht* n'est pas toujours la réalité sur la ligne de démarcation. Des rapports de brigades de gendarmerie dans les Basses-Pyrénées, dans le Cher, en Gironde, en Indre-et-Loire, dans le Jura et en Saône-et-Loire ont dressé des constats de gestes de mauvaise humeur de soldats allemands face à des habitants réticents à reculer devant une guérite ou une herse récemment installée. Les faits les plus choquants pour les « frontaliers » sont les vols d'œufs, de poulets ou de lapins commis dans les fermes de la zone non occupée. Ces faits se répètent durant tout le temps de l'existence de la ligne de démarcation.

Parmi les empiètements, il y a ceux qui sont des égarements infimes de soldats allemands de l'autre côté de la ligne. Les habitants immédiatement logés du côté non occupé de la ligne ont tendance à paniquer en voyant des Allemands circuler. Ces « frontaliers » tiennent à leur position plus « privilégiée » que celle de leurs vis-à-vis de la zone occupée. Ces incidents, généralement minimes, sont amplifiés par la réaction d'habitants antiallemands. Pendant le mois de juillet 1940, les Allemands en poste sur la ligne de démarcation apprennent à connaître les régions occupées et surtout les astuces topographiques pour surveiller les allées et venues autour. Ils prennent aussi le temps de repérer les fermes pour s'approvisionner, y compris dans des écarts et des hameaux originellement placés du côté libre.

Les habitants connaissent mal le tracé lorsqu'il est dessiné en rase campagne, d'où l'importance des cartes publiées dans la presse nationale et locale, bien souvent trop approximatives. Le 22 juillet 1940, en Indre-et-Loire, *La Dépêche du Centre* publie une carte très lacunaire de la ligne. Certains habitants ne comprennent pas le décalage entre le tracé de la presse et celui que les autorités municipales et communales ont donné. Dans le département du Cher, le sous-préfet de Saint-Amand-Montrond (zone non occupée ; la partie non occupée du Cher était rattachée à la préfecture de Châteauroux) inscrit sur sa carte la commune du Subdray dans la liste des communes occupées[39]. Or, le maire a lu dans le quotidien *Paris-Soir*, édité à Clermont-Ferrand, que la ligne de démarcation passe en plein cœur de Bourges, laissant Le Subdray en zone non occupée. Le maire réagit alors vivement dans une lettre au sous-préfet, le 25 juillet 1940 : « *Vous croyez que la commune de Subdray est redevenue zone occupée [...] Non seulement mes administrés – tous ruraux – sont découragés [...], mais se voient "pillés" alors qu'ils se croient en zone non occupée*[40]. »

La population prend à cette époque toutes les rumeurs pour argent comptant, car Bourges est complètement en zone occupée, comme Le Subdray. L'empiètement-violation du tracé est réel et restera définitif.

Moins grave que dans le Cher par sa superficie, la modification de Saint-Sever, dans les Landes, est motivée par la recherche d'un tracé qui autorise la circulation frontalière des habitants. Le 30 août 1940, le maire de Saint-Sever reçoit une note informative de l'*Ortskommandant* Broecker, lui indiquant la modification du tracé[41]. Celui-ci est avancé en zone non occupée, à l'est de la route Saint-Sever/Mont-de-Marsan, jusqu'à la voie ferrée, et plus au sud, jusqu'à la bifurcation de la route de Saint-Sever à Eyres-Moncube. Cela permet aux Allemands de mieux contrôler Saint-Sever et la voie ferrée Mont-de-Marsan/Orthez. Saint-Sever est alors coupé de ses zones agricoles à l'est : Escalès, Loubart et Sainte-

Eulalie. Deux postes allemands sont placés au nord et au sud de la commune. La nouvelle ligne de démarcation est identifiée pour les habitants par des poteaux recouverts de papier blanc. Une carte blanche, délivrée à Mont-de-Marsan, permet aux agriculteurs d'éviter de longs détours pour rejoindre les champs.

Parfois, la presse et les autorités préfectorales sont mieux renseignées. Le 1er août 1940, *La Petite Gironde* publie un tableau détaillé des communes situées dans les deux zones et celles à cheval sur la ligne de démarcation. Un classement par arrondissement (Bordeaux, Libourne et Langon) est ajouté. Cette profusion de détails est exceptionnelle pour l'ensemble des treize départements divisés. Pourtant, le tracé girondin n'est pas détaillé au mètre près. Dans certains cas, les paysans qui ont des terres dans les deux zones les voient changer de zone, d'un jour sur l'autre.

A la recherche du « vrai » tracé

Le 21 juin 1940, lors d'une conversation téléphonique avec le général Weygand au sujet de l'article 2, Huntziger lui communique le texte suivant, différent de celui donné par les Allemands à Rethondes :

« *La ligne verte d'occupation est marquée d'une manière générale par Genève-Dole-Chalon-sur-Saône-Paray-le-Monial-Moulins-Vierzon, se dirige ensuite vers Tours, s'arrête à quelques kilomètres à l'est de Tours, puis est parallèle à la voie ferrée Angoulême-Bordeaux, et se poursuit jusqu'à Mont-de-Marsan et Saint-Jean-Pied-de-Port*[42]. »

Pendant plusieurs semaines, ce tracé est le seul donné par les Allemands et maintenu comme tel sur les cartes confiées à la presse. Il paraît simple. Mais dans la réalité, il en est tout autrement. Les autorités et la population françaises ne peuvent se satisfaire de limites approximatives à l'échelon local. Ainsi, les gendarmes, les maires, les préfets et sous-préfets, les agriculteurs, les industriels, les facteurs, les parents, qui envoyaient leurs enfants dans l'école communale la plus proche, les employés des eaux et forêts et les juges avaient tous besoin de connaître le tracé exact de la ligne et les conditions de son franchissement, simplement pour savoir où ils se trouvaient. Etaient-ils en zone occupée ou bien en zone non occupée ? Cette question va occuper les autorités françaises pendant plus d'une année.

La logique géostratégique allemande pour le tracé est assez simple. D'est en ouest, ce dernier englobe dans la zone occupée des régions économiques importantes pour les fabrications d'armement et de matériel lourd : Le Creusot de la famille Schneider, Chalon-sur-Saône, Montceau-les-Mines, Montchanin, Moulins-sur-Allier, Nevers, Bourges, Vierzon et Tours. Des voies ferrées importantes sont incluses en zone occupée : une partie de l'axe Lyon-Nantes, par exemple. Les considérations militaires et économiques se conjuguent pour ce tronçon. Du nord (région sud-est de Tours) au sud (Saint-Jean-Pied-de-Port), le tracé est plus rectiligne, suivant la direction de routes nationales et départementales, parfois de petites rivières. Sur les deux grands tronçons de la ligne de démarcation, des dizaines de villages sont divisés, parfois de façon absurde. Des aménagements sont nécessaires, à condition que les chefs locaux allemands soient disposés à les consentir. Par exemple, en Indre-et-Loire, la commune de Civray chevauche les deux rives du Cher ; le hameau de Thoré est inclus en zone non occupée, séparé du bourg commerçant situé sur la rive occupée. Les médecins sont également dans le bourg. Pour les habitants, pendant plusieurs mois, il faut parfois se rendre dans une autre commune pour se soigner, sinon s'en dispenser. Cela rappelle le cas des cinq quartiers de Vierzon séparés par la ligne de démarcation.

Au début du mois de juillet 1940, en Dordogne, dans la région de Ribérac, le préfet Jacquier attend des réponses de la part du ministre de la Guerre au sujet des espaces à occuper par les Allemands. A l'origine, les occupants doivent se positionner à vingt kilomètres à l'est de la voie ferrée Bordeaux-Libourne-Coutras-Angoulême. Du moins, est-ce l'information donnée par les Allemands. De ce fait, Ribérac aurait dû être en zone non occupée. Le 3 juillet, le préfet affirme le contraire. Il doit savoir assez vite quelle est la vérité du tracé, d'une part pour répondre aux habitants inquiets, d'autre part pour la gestion de ses services administratifs et l'organisation des échanges économiques dans le département. De surcroît, comment les liens économiques régionaux avec Bordeaux, dans le département voisin, peuvent-ils être rétablis, alors que l'essence et les camions de transport de marchandises manquent ? Il pose alors la question de savoir si les Allemands ont changé d'avis et décidé *in fine* d'occuper les communes à proximité de la ligne « *pour leur "commodité"* ». Il attire l'attention sur dix mille quintaux de blé stockés dans un silo à grains de Ribérac, prévus pour être distribués à l'ensemble du département. Comment le transit des marchandises a-t-il été prévu ? Nul ne le sait. On le voit, les questions sont importantes et un certain flottement existe en Dordogne comme dans les autres départements proches de la ligne au sujet du tracé. Quelques semaines plus tard, Ribérac est définitivement englobé en zone non occupée, même si les premières cartes de l'IGN hésitent encore sur sa position : sur une carte administrative de la France (modèle 1876), la ligne de démarcation, tracée grossièrement en surimpression, place Ribérac sur le trait de crayon, de telle façon qu'il est impossible de connaître sa situation. Si bien que sur les cartes de 1942, Ribérac apparaît clairement en zone non occupée.

En 1940 et 1941, plusieurs préfets réclament au ministre de l'Intérieur des cartes détaillées à l'échelle 1/200 000, en vain. Pour les Français riverains de la ligne de démarcation, le problème majeur est le suivant : le tracé n'est pas linéaire et il ne s'appuie pas forcément sur une rivière. Entre Vierzon et Bléré, la rivière le Cher délimite la ligne et les habitants savent fort bien, dès le début, que la rive gauche est située en zone non occupée et l'autre rive en zone occupée. En Saône-et-Loire, il en va de même pour certaines communes du bord de la Saône, entre Verdun-sur-le-Doubs et Chalon-sur-Saône, ou celles des rives du Doubs, entre Verdun et Molay (Jura). Les premiers tracés officiels et approximatifs dont dispose le préfet, et par conséquent l'historien, sont envoyés par le ministère de l'Intérieur, le 24 septembre 1940. Toutefois, la connaissance du tracé à l'échelon local n'est pas encore exacte à la fin de 1940. En 1941, des échanges épistolaires, avec cartes à l'appui, ont été effectués entre le ministère de l'Intérieur et la plupart des préfectures des départements divisés. Le 17 juin 1941, les services de l'amiral Darlan, alors chef du gouvernement, ont adressé une lettre aux préfets et sous-préfets. Ces derniers affirment rechercher les contours définitifs du tracé, opérant aussi une critique sur les rattachements de communes effectués d'office par les Allemands : « *Depuis l'établissement primitif de la ligne de démarcation, et sans que l'administration centrale en ait toujours été informée, certaines communes ou portions de communes ont fait l'objet de rattachement à la zone occupée ou à la zone libre*[43]. »

La lettre invite ensuite les préfets à envoyer au ministère des cartes de leur département avec le tracé de la ligne de démarcation à l'échelle 1/200 000. Les préfets de la Dordogne, de l'Indre-et-Loire, du Cher, du Loir-et-

Cher et de la Saône-et-Loire ont envoyé de telles cartes, avec retard souvent, entre la fin août et le début de septembre 1940. La réalisation des cartes a été très difficile car les Allemands n'ont jamais voulu coopérer. Ce n'est qu'en avril 1942 que l'Institut Géographique National (IGN) imprime et diffuse une carte simplifiée convenable de la ligne de démarcation, sur deux feuilles. En janvier et décembre 1941, l'IGN avait déjà fourni un premier jeu de cartes, ensemble de surimpressions de tracés souvent erronés sur une carte administrative de la France, à l'échelle 1/1 400 000. Sur la carte d'avril 1942, les communes limitrophes de la ligne sont clairement identifiées. Les cours d'eau et les limites départementales ont été ajoutés.

L'exode à rebours

En août et septembre 1940, les habitants de la ligne de démarcation ont croisé des millions de Français, de Belges, de Hollandais et de Luxembourgeois désireux de retourner en zone occupée pour retrouver une maison et une partie de leur famille[44]. Auparavant, il a fallu un mois aux Allemands pour donner des consignes précises afin d'organiser le passage des réfugiés à la ligne de démarcation. Les autorités françaises et les réfugiés ont ainsi dû attendre l'installation des occupants sur la ligne de démarcation pendant tout le mois de juillet 1940. Le 29 juin, Roger Martin du Gard raconte son arrivée en zone non occupée : « *Nous quittons Vaux à la première heure, rejoignons les Ferréal à Royan, et partons vers la France libre, par de petites routes. Et si bien que nous atteignons Périgueux sans avoir rencontré aucun poste allemand. Nous sommes en France !*[45] » Le voyage de la zone occupée vers la zone non occupée est simple et permet de constater que, si la ligne existe en théorie sur le terrain, des individus peuvent encore la franchir facilement en juillet.

Alors que des flux de personnes circulent toujours de zone occupée vers la zone non occupée, l'organisation de l'exode à rebours n'est pas simple. Il faut trouver des moyens de transport et les utiliser de façon rationnelle. C'est la tâche du Commissariat général de la Reconstitution nationale, du ministère de la Défense et du sous-secrétariat aux Réfugiés[46]. Mais le tracé de la ligne de démarcation est encore assez mal connu des fonctionnaires du ministère de la Défense. Le 8 juillet, à Paris, une réunion s'est tenue entre le Commissariat général, le préfet Marlier et le délégué du Grand Quartier général de l'armée allemande. Ce dernier s'est montré particulièrement critique à l'égard du désordre sur les routes que les autorités françaises n'ont pas su contenir. Avaient-elles d'ailleurs réellement les moyens de le faire ? Le délégué allemand impose alors un partage de la France en quatre grandes régions, numérotées du sud au nord. Les régions les plus au nord doivent être réoccupées lorsque la région limitrophe immédiatement au sud est remise en état. En juillet-août, le Commissariat général de la Reconstitution rédige une synthèse des pratiques allemandes dans les départements de la Vienne, de l'Indre-et-Loire et du Cher. Les indications empiriques relevées sont considérées avec une grande prudence, car il y a eu plusieurs fois des décalages entre le contenu théorique de la Convention d'armistice et la pratique allemande sur le terrain : les Allemands violent le tracé à plusieurs reprises, car la ligne est encore mal matérialisée. A Vichy, peu à peu, tout est prévu pour préparer le retour des réfugiés : le classement chronologique des opérations à effectuer, la distribution des missions dans chaque zone, le projet de commissions mixtes de transit franco-allemandes pour contrôler le débit des itinéraires, des plans pour franchir la ligne de démarcation par voie ferrée ou par la route, l'établissement de garages avec des stocks d'essence et de gîtes d'étape, le ravitaillement en vivres, etc. Cependant, tous ces plans sont suspendus un temps aux résultats des négociations à Wiesbaden. Finalement, ils sont repris en grande partie.

Des centaines de milliers de réfugiés sont bloqués dans les villages de démarcation, essentiellement dans le Sud-Ouest, secteur dans lequel l'avancée des troupes allemandes a repoussé les réfugiés, ce malgré les plans français de repli décidés avant guerre. Pendant le mois de juillet 1940, en zone non occupée, la presse française s'évertue à renouveler les consignes de patience aux réfugiés, dont le problème majeur est une nourriture de plus en plus rare[47]. Un certain nombre de fonctionnaires, ainsi que les soldats démobilisés, ont pu rentrer en zone occupée, munis d'un ordre de mission et d'une autorisation allemande de passage inter-zones[48]. Les agriculteurs ont été peu à peu autorisés à retourner en zone occupée, à partir de la dernière semaine de juillet. Dans l'Allier, le passage d'employés et d'ouvriers s'est heurté à l'intransigeance allemande qui en limitait le nombre ; pourtant, le 9 juillet, des employés de la Banque de France de Bar-le-Duc ont pu franchir la ligne de démarcation, ainsi qu'une partie des ouvriers des usines Schneider du Creusot. Le même jour, deux à trois cents voitures belges sont autorisées à franchir la ligne aux ponts de Vierzon (Cher) et de Saint-Aignan-sur-Cher (Loir-et-Cher). Ce flux reste continu pendant au moins deux mois.

Fin juillet, la circulation frontalière est encore très réduite, autorisée seulement dans un rayon de cinq kilomètres autour de la ligne de démarcation, exclusivement pour les personnes qui ont élu domicile à l'intérieur de cette bande de terrain. Les premiers laissez-passer spéciaux pour les « frontaliers » font leur apparition, dans le Sud-Ouest notamment – Basses-Pyrénées, Charente, Gironde et Landes. Le 28 juillet, les Allemands interdisent brutalement et provisoirement le passage vers la zone occupée, afin de ne pas se laisser déborder pour l'organisation de l'occupation et l'installation de leurs infrastructures de surveillance sur la ligne. Parallèlement, dans la partie sud-ouest, sur la ligne de démarcation, ils ouvrent six gares de contrôle pour le passage inter-zones ferroviaire : La Rochefoucauld (Charente), Montpon (Dordogne), Castillon, Langon (Gironde), Mont-de-Marsan (Landes) et Orthez (Basses-Pyrénées).

Le 1er août 1940, les autorités militaires allemandes donnent aux Français des instructions précises pour l'organisation de l'exode à rebours[49]. Consignées dans un livret intitulé *Lignes de démarcation et dispositions générales*, avec une carte délimitant plusieurs limites à franchir par les réfugiés, classés en plusieurs catégories, elles reprennent les exigences du délégué allemand présent à la réunion du 8 juillet. Dans la zone centre et la région parisienne, tous les réfugiés peuvent rentrer. En revanche, les Allemands interdisent tout retour au-delà de la ligne du Nord-Est. Pour la première fois, les Français prennent connaissance de l'existence d'une nouvelle limite, non prévue par l'armistice. Deux cent cinquante mille réfugiés des zones « nord » et « est » sont bloqués en zone non occupée et cinq cent mille autres en zone occupée non interdite. Pour le nord de la Seine, jusqu'à cette dernière ligne, seuls les agriculteurs, les fonctionnaires et les agents des services publics, accompagnés de leur famille, peuvent être rapatriés, à titre officieux. Certains peuvent rentrer lorsqu'ils sont métallurgistes, soldats démobilisés ou propriétaires d'entreprises agricoles, mais au compte-gouttes. Les militaires, notamment les gendarmes, ne sont pas autorisés à revenir.

Globalement, le retour en zone occupée est permis aux Belges, aux Hollandais, aux Luxembourgeois, aux réfugiés originaires de la zone située au sud de la ligne « Somme-Canal de l'Aisne à l'Oise-Aisne » et à l'ouest de la ligne « Vouziers-Dole », et enfin aux Alsaciens et Lorrains. *Le Figaro* daté du 1er août 1940 indique aux réfugiés les points de passage officiels : Chauvigny (Vienne) pour ceux qui se rendent en Bretagne et en Normandie ; Villefranche-sur-Cher (Loir-et-Cher) pour ceux de Normandie et de la région parisienne ; Vierzon pour d'autres réfugiés de Paris et ses environs ; Bourges pour Paris et la Picardie ; Digoin (Saône-et-Loire) pour ceux de la Champagne et du Nord, et enfin Chalon-sur-Saône pour ceux du Nord et de l'Est. Une fois ces zones respectées, il faut tenir compte des possibilités ferroviaires – très entamées par les bombardements – et routières. Pour les réfugiés à pied, à bicyclette ou en voiture hippomobile, la détention d'une carte d'identité ou d'un passeport est obligatoire. Par voie ferrée et automobile, un « *certificat de rapatriement* » français est exigé ; il est distribué par le maire de la commune de repli. Les fonctionnaires doivent être munis d'un ordre de mission, signé par les ministères repliés à Vichy. Au passage de la ligne de démarcation, les réfugiés rencontrent des postes mixtes franco-allemands. Le désordre est souvent immense au moment du passage. Selon le ministère de la Défense, entre août et septembre 1940, dans l'Indre, 700 000 réfugiés ont attendu l'autorisation de retourner en zone occupée, 150 000 autres dans l'Allier, 40 000 en Saône-et-Loire, 180 000 dans la Vienne, 250 000 en Dordogne et 395 000 en Charente[50]. Des centaines de trains de réfugiés convergent vers la ligne, puis vers la zone occupée, pendant tout le mois d'août 1940, malgré des fermetures de la ligne de démarcation, de courte durée en certains points, ou sur des tronçons plus longs ailleurs. Celle du 20 août, en Indre-et-Loire, le même jour que la fermeture de la frontière franco-espagnole, en est une illustration[51]. Le 28 août 1940, *Le Journal* annonce que « *1 600 000 réfugiés sont déjà rapatriés*[52] ».

La mise en marche des retours est donc laborieuse. La carte de l'exode montre les limites géographiques atteintes par les réfugiés. Certains remontent lentement vers la ligne de démarcation et n'ont pas le temps de rentrer dans les délais imposés par les Allemands, c'est-à-dire avant la fin de septembre. Entre le début et la fin du retour des réfugiés, les Allemands ont affiné la réglementation du passage inter-zones. A la mi-septembre 1940, des listes de réfugiés non autorisés à franchir la ligne de démarcation sont envoyées aux autorités françaises. On trouve les officiers et les hommes de troupe de l'armée belge, les militaires français en activité. « *Alsaciens et Lorrains qui ne sont pas de race allemande* », « *Indigènes Nord-Africains et coloniaux des possessions françaises*[53] ». Les Juifs peuvent franchir la ligne, munis de papiers en règle, mais certains postes allemands les refoulent sans fournir aucune explication. Les gendarmes ont désormais la possibilité de passer. Les réfugiés qui rentrent en zone occupée ne peuvent pas espérer faire un aller et retour. Seuls les habitants proches de la ligne de démarcation en ont le droit, après la délivrance par les maires, une fois l'autorisation allemande obtenue, de cartes de « frontaliers » valables un mois. Les raisons de l'obtention ne peuvent être que professionnelles. Les cultivateurs sont ici concernés au premier chef. Avec cette carte, ils peuvent se déplacer dans un rayon de dix kilomètres de part et d'autre de la ligne de démarcation, ce dès la mi-septembre. Ils peuvent aussi obtenir un laissez-passer de la part des autorités allemandes locales pour un aller et retour inter-zones unique. Ces laissez-passer font partie de ce que les Allemands appellent « *la grande circulation aller et retour*[54] ». Pour les obtenir, il faut remplir un très long dossier.

A partir d'octobre 1940, le réfugié qui veut retourner en zone occupée est désormais en retard par rapport au calendrier fixé par les Allemands : la mi-septembre a été établie comme date limite du retour de l'exode. Pour autant, les retours en groupes sont tolérés jusqu'au 1er novembre. Dans le sens nord-sud, le réfugié est considéré comme n'importe quel autre postulant au passage inter-zones. Certes, le franchissement de la démarcation, en dehors des points fixés par le *MBF*, n'est pas encore puni. Mais les autorités françaises ont été plusieurs fois mises en garde contre de tels agissements. A partir du 1er novembre 1940, les certificats de rapatriement sont remplacés par le laissez-passer allemand (*Ausweis*). La réunion du 8 juillet a donc ouvert les voies du retour à une cadence de plus en plus élevée d'août à fin octobre 1940. Au 1er novembre, cinq à six millions de réfugiés sont rentrés chez eux. Après cette date, les Allemands ferment la ligne de démarcation aux hommes ; le gouvernement de Vichy doit batailler ferme pour faire encore rentrer des milliers de réfugiés bloqués en zone non occupée.

La contrainte des laissez-passer

L'*Ausweis* appartient au vocabulaire militaire allemand. Le laissez-passer ne peut pas être comparé trait pour trait au passeport. Un *passeport* permet de passer d'un Etat à un autre. La zone non occupée et la zone occupée forment un Etat uni. Il n'a jamais été question d'apposer quelque visa que ce soit pour voyager en France. Cela aurait été contraire à la politique de collaboration. Le *laissez-passer* est un permis de circuler, un sauf-conduit. Pourtant, le terme insiste sur l'aspect éphémère et conditionnel du passage entre deux régions à statut différent. La permission de franchir la frontière entre deux entités d'un même pays est délivrée par l'autorité occupante, afin de séjourner un certain temps et de revenir librement, sans crainte d'être arrêté au retour. Autant dire que les Allemands ont contrôlé les déplacements des Français aux points de passage officiels.

Avec le retour des réfugiés, les premiers laissez-passer allemands sont apparus progressivement, au cours du mois de septembre 1940. Peu à peu, le *MBF* a organisé et perfectionné la réglementation et, à la demande des Français, a apporté des précisions par écrit. Pendant plusieurs semaines, c'est le flou, car les Allemands n'ont pas encore consacré beaucoup de temps à la gestion de la ligne de démarcation. Il n'y a donc pas de date précise qui marque une instauration officielle des laissez-passer, cette instauration est progressive. En fait, c'est essentiellement la nécessité de « sécurité » des troupes d'occupation en zone occupée qui a contraint les Allemands à pratiquer un filtrage des passagers inter-zones. La réglementation des laissez-passer a été évolutive et rigoureuse. Comme pour la connaissance du tracé exact de la ligne de démarcation, les Français en général, mais davantage encore les « frontaliers » – qui travaillent dans les deux zones ou qui ont besoin d'aller enterrer un proche dans l'autre zone –, ont dû attendre plusieurs mois avant de pouvoir se procurer un guide explicatif et de connaître les conditions d'obtention du précieux laissez-passer. Les Allemands délivrent les informations au compte-gouttes, car ils adaptent la législation à leur politique d'occupation. Au début d'octobre 1940, il n'est plus possible de franchir la ligne de démarcation sans laissez-passer ; en cas de clandestinité, les Allemands ont promulgué une ordonnance qui sanctionne le passage illégal (*Vobif gegen das unbefugte Überschreiten der Demarkationslinie : Ordonnance (du MBF) sur le franchissement illicite de la ligne de démarcation*). La mort est prévue dans les cas les plus graves. D'ailleurs, à Wiesbaden, la DFCAA a évoqué plusieurs cas de décès à la ligne de démarcation, comme cet habitant de Sabazan (Landes), tué par des soldats allemands après son passage en zone occupée sans *Ausweis*. Il n'a pas entendu les sommations, a reçu une première balle dans le bras, puis a été achevé d'une balle dans la tête. La DFCAA a reconnu que le défaut de laissez-passer était une violation de la réglementation en vigueur, mais n'a pas accepté « *l'acharnement* » des Allemands sur le vieillard[55].

Pour le public, un *Guide pratique des relations interzones*, de vingt-trois pages, édité par les Presses Universitaires de France, est mis en vente à l'automne 1941. De nombreux schémas pédagogiques illustrent les paragraphes réglementaires. Bien entendu, les règles sont en partie déjà connues tacitement par les habitants, mais on y apprend que les Français peuvent obtenir le laissez-passer pour plusieurs motifs dûment justifiés : l'inhumation ou l'exhumation d'un proche parent, la naissance d'un enfant ou d'un petit-enfant – seulement en cas de naissance prématurée –, la maladie grave d'un familier, la visite à un mari ou à un fils gravement blessés de retour de captivité, le mariage d'un enfant, etc. Il existe en fait deux types de laissez-passer : les laissez-passer « *grande frontière* » et « *petite frontière* ». Dans le premier cas, l'obtention ressemble au « parcours du combattant » dans les bureaux allemands. A partir de 1941, ce laissez-passer est à demander dans cinq *Prüfstellen* (Offices de contrôle) du *MBF* qui ont leurs bureaux centraux à Angers, Bordeaux, Dijon, Paris et

Saint-Germain-en-Laye. Des bureaux français de liaison sont installés à Bordeaux, Dijon et Moulins-sur-Allier (créés le 28 avril 1941).

Pendant l'Occupation, les ministres du régime de Vichy ont toujours obtenu le laissez-passer avec difficulté. Seuls Pierre Laval et l'amiral Darlan, grâce aux faveurs d'Otto Abetz, ont possédé un laissez-passer permanent, sans limitation de durée de validité. D'autres ministres ont reçu des laissez-passer dits « *permanents* », mais pour trois mois seulement[56]. Ce fut une difficulté considérable pour un régime qui concentrait ses ministres à Vichy et l'essentiel des services des administrations centrales à Paris. Le passage des hautes personnalités françaises à la ligne de démarcation a donc suscité des manœuvres difficiles de la part des ministères. Chaque passage a été négocié avec les Allemands, aussi bien celui du général Huntziger, le 28 octobre 1940, que celui de l'épouse du maréchal Pétain, trois jours plus tard.

Pour les « frontaliers », les laissez-passer sont attribués aux habitants de la ligne de démarcation qui travaillent dans une zone et résident dans l'autre ou aux paysans qui détiennent des terres à cheval sur les deux zones. Il leur faut requérir le « sésame » inter-zones dans les *Feld-*, les *Kreis-* ou les *Ortskommandanturen* les plus proches du lieu d'habitation. Dans tous les cas, le demandeur fournit au préalable une demande manuscrite, un certificat du maire qui confirme le lieu de la résidence ; ensuite, les gendarmes transmettent la demande à un poste de surveillance français qui le fait suivre jusqu'à un poste allemand inter-zones. A Wiesbaden, les délégués français ont demandé des allégements de la procédure d'obtention, en vain. A chaque crise politique entre Vichy et le Reich, elle est même renforcée, voire arrêtée momentanément. En janvier 1941, presque un mois après le renvoi de Laval, les relations politiques entre Vichy et les Allemands sont au point mort. Le général Huntziger s'est vu notifier la fermeture de la ligne de démarcation, dans les deux sens, pour « *tous les membres du gouvernement* », les « *politiciens* », les « *membres de la DGTO* », les préfets et les hauts fonctionnaires des ministères[57]. Par ailleurs, pour la période comprise entre avril 1941 et avril 1942, la DSA se plaint de la réduction drastique du nombre de laissez-passer distribués. La ligne est ainsi devenue plus difficile à franchir pour les hommes au moment où elle s'ouvrait plus largement aux transferts économiques. Il y a bien eu une amélioration des délais d'obtention à partir du 15 avril 1941, mais les laissez-passer ont été le plus souvent accordés pour un aller, et non pour un retour vers la zone de départ. Les autorités françaises sont restées suspendues à l'autorisation allemande pour permettre des voyages familiaux, des voyages scolaires ou des voyages professionnels entre les deux zones. Par exemple, le 17 octobre 1940, le préfet de la Sarthe a reçu un message téléphoné lui confirmant l'autorisation faite aux professeurs du Prytanée de La Flèche de prendre le train le dimanche suivant pour la zone non occupée[58]. Le 1er septembre 1941, à titre exceptionnel, les Allemands ont délivré un laissez-passer spécial aux industriels et aux commerçants qui voulaient visiter la Foire de Paris, du 16 au 18 septembre.

Plus anecdotique, mais plus surprenante aussi, est l'autorisation exceptionnelle accordée par les Allemands en poste à Bourges, le 9 octobre 1941. Dans le Cher, à Sancoins (zone non occupée), alors que la circulation inter-zones est ouverte jusqu'à vingt heures pour les cultivateurs – au lieu de dix-huit heures pour les autres « frontaliers[59] » –, le commissariat spécial de police expose une mesure allemande de première importance pour la vie quotidienne des agriculteurs : « *Les autorités allemandes de Bourges nous ont informés qu'elles ne voyaient aucun inconvénient à ce que les maires des communes avoisinant la ligne de démarcation effectuent des battues aux sangliers, de part et d'autre de la ligne, pour remédier aux dommages causés aux récoltes*[60]. » La vie rurale ne peut à l'évidence s'affranchir ni du rythme des saisons ni des dates à respecter pour ensemencer et bonifier les terres ni même des aléas du grand gibier sur les récoltes. Pour éviter l'absurde qui aurait consisté à n'autoriser les battues aux sangliers que de chaque côté de la ligne de démarcation, il a tout de même fallu attendre près d'une année et demie l'obtention d'une confirmation écrite de la mesure d'assouplissement.

Au tournant de 1941-1942, les Allemands sont moins sévères, car ils maîtrisent mieux la surveillance et les consignes du commandement supérieur les encouragent à plus de souplesse. Par exemple, le 15 octobre 1941, une note du colonel Hans Speidel, chef d'état-major du général Otto von Stülpnagel (*MBF*), affirme « *tolérer* » le passage nocturne de la ligne, mais en des cas d'exception[61]. Certains paysans en profitent aussitôt, ce qui leur permet de « travailler » jusqu'au coucher du soleil. Cependant, nous ignorons dans quelle proportion les Allemands ont accordé de telles autorisations nocturnes. Cela en dit beaucoup sur le comportement des chefs allemands, variable d'une région à l'autre, et qui peut soit simplifier soit compliquer la délivrance des laissez-passer accordés à un échelon plus élevé. Néanmoins, ce type d'arrangement dans le Cher reste exceptionnel sur l'ensemble de la ligne.

Le régime de Vichy lutte contre les laissez-passer allemands, mais il demande cependant aux Allemands de les contrôler, afin de ne pas en délivrer aux Juifs, à partir de l'été 1941. Le 8 juillet 1941, un rapport français « [estime] *qu'aucun laissez-passer pour la zone libre ne doit être accordé à un Israélite étranger, quelle que soit sa nationalité, sans l'accord préalable du gouvernement français* ». La ligne de démarcation, à travers une sélection des laissez-passer à accorder, sert les desseins idéologiques et racistes du régime vichyssois. Le 23 octobre 1941, Vichy ferme aussi les points de passage français réservés aux étrangers, préalable à une réglementation très sévère imposée en décembre pour le passage des étrangers en zone non occupée.

« Voyageurs » inter-zones

Bien qu'il soit impossible de dénombrer avec exactitude les laissez-passer inter-zones distribués pendant l'Occupation, les archives permettent d'affirmer que des dizaines de milliers de laissez-passer ont été accordés. Le nombre de détenteurs de laissez-passer a été inférieur au nombre de demandeurs. Pour les ressortissants allemands et étrangers de certains pays, l'ambassade d'Otto Abetz se charge d'établir des demandes de visas français, afin de les autoriser à passer en zone non occupée. Ce point est l'objet d'une discorde permanente à Wiesbaden, de septembre 1940 jusqu'en décembre 1941. En avril 1941, dans une lettre à Brinon, l'adjoint d'Abetz, Schleier, donne des chiffres significatifs : du 1er décembre 1940 jusqu'au 20 avril 1941, six mille cinq cents laissez-passer ont été octroyés à des ressortissants allemands ou étrangers pour le passage de la ligne vers la zone non occupée[62]. Schleier explique aussi que 20 % des laissez-passer ont été délivrés à des Allemands qui se rendaient en zone libre pour les besoins du service (organismes de liaisons et commissions de contrôle), 45 % à des Italiens (dont 16 % qui ont regagné leur pays ; dans ce cas, le laissez-passer servait de visa de transit), 10 % à des Suisses, 10 % à des Espagnols et 15 % à des individus de nationalités diverses qui retournaient dans leur pays. Le laissez-passer pour un passage unique était toujours retiré par les Allemands à leur détenteur, aussitôt la ligne de démarcation atteinte. Les Allemands ont donné des laissez-passer à des étrangers qui ne détenaient pas de papiers d'identité français. Ils circulaient ainsi en zone non occupée sans pièce d'identité française, ce que n'acceptait pas Vichy. Celui-ci l'a fait savoir aux Allemands par l'intermédiaire de la DGTO à Paris. Schleier a d'ailleurs répondu à une plainte française en affirmant que ces délivrances aux étrangers étaient minoritaires par rapport au nombre de laissez-passer distribués aux Français[63].

Après le renvoi de Pierre Laval, le 13 décembre 1940, les Allemands arrêtent ou restreignent la distribution des laissez-passer, tout en essayant de dissuader au maximum les déplacements inter-zones des Français, jugés « incessants ». En 1941, la délivrance des laissez-passer suit le rythme des crises et des périodes d'embellie des relations franco-allemandes. Cela apparaît à la lecture des *Bulletins de la DSA*, bien qu'aucun chiffre ne soit officiellement livré. A l'échelon local, dans le département du Cher, au poste français de Levet, de mai à août 1941, le nombre de passagers arrivés en zone non occupée a atteint jusqu'à 8 256 personnes, avec une progression constante (1 644 en mai, 2 241 en juin et 2 451 en août), sauf en juillet (1 920 passagers)[64]. Mais les chiffres comptent indistinctement les passagers légaux (français et étrangers), les passagers clandestins et les expulsés. Pour la période du 10 mai au 22 novembre 1941, 11 019 personnes ont pénétré en zone non occupée du Cher[65]. Ce sont des passagers dits « *légaux* ». Cependant, les « frontaliers » ne sont pas pris en compte par ces chiffres. Entre-temps, pendant le mois de juin 1941, la durée de validité d'un laissez-passer a été portée de trois à six mois, après une demande de la DFCAA à Wiesbaden. Dans certaines familles, il y avait parfois plusieurs laissez-passer[66]. Pour la même période, 442 clandestins sont enregistrés par le poste berruyer. On constate une chute des passages légaux en octobre-novembre 1941, mais une augmentation légère des passages clandestins. Cela s'explique sans doute par l'accroissement des mesures antijuives en zone occupée. A partir de l'arrivée au pouvoir de Darlan, les Allemands accordent de nouveau un peu plus facilement des laissez-passer aux Français, sauf en Gironde, où les autorités locales d'occupation refusent souvent de transmettre les demandes au *MBF*.

En 1942, à regarder de plus près les rares listes et chiffres conservés dans les fonds des archives départementales – essentiellement dans le Cher et la Saône-et-Loire –, étayés par des fonds des Archives nationales[67], la majorité des demandes établies dans les bureaux français pour aller en zone occupée[68] est satisfaite. Par exemple, en Saône-et-Loire, du 10 janvier au 19 juillet 1942, 49 536 Français et 130 étrangers ont pu se rendre à pied d'une zone à l'autre dans les deux sens[69]. Pour autant, il reste impossible de connaître la proportion de « frontaliers » par rapport au nombre de « voyageurs » qui habitent loin de la ligne de démarcation. Une augmentation du nombre de passages est indéniable, en mars-avril, avant le retour de Pierre Laval au pouvoir, puis un léger fléchissement intervient, de mi-avril à mi-juin. Il est encore difficile d'interpréter ces résultats, car nous ignorons la proportion de laissez-passer accordés par les Allemands par rapport au nombre de demandes. En revanche, le calcul de la proportion du nombre de passages en fonction de leur direction dévoile une nette supériorité des passages vers la zone occupée (64 % contre 36 % de passages vers la zone non occupée)[70]. Le bureau français d'Issoudun note que sur 8 787 demandes, dites « *Cas normaux* », faites entre septembre 1942 et février 1943, 8 361 aboutissent et, sur 5 662 demandes de laissez-passer dits « *Cas urgents* » (décès, maladie grave d'un proche parent, mariage d'un proche), 5 476 conduisent à la délivrance de laissez-passer[71]. D'après la réglementation, les bureaux français des demandes de laissez-passer ne doivent pas envoyer aux Allemands plus de trente demandes par jour. Or, à Issoudun, leur nombre est supérieur de quarante à cinquante par rapport aux quotas imposés par les Allemands. Pour le mois de septembre 1942, pour les « Cas normaux », la moyenne journalière s'élève même à quatre-vingt-un[72].

La rupture du réseau ferroviaire

On le sait déjà, la ligne de démarcation était franchie à pied, à bicyclette, en voiture hippomobile, en automobile et en train. Ce dernier moyen de locomotion a été très emprunté, une fois le réseau ferroviaire remis à peu près en état, même si le tracé de la ligne de démarcation a coupé les grandes voies nord-sud ainsi que les réseaux locaux. Souvent, les trains des petites lignes de la zone occupée s'arrêtent avant la démarcation et ne la franchissent pas. De nouvelles règles de circulation imposent de véritables périples aux voyageurs retardés par d'incessants arrêts et contrôles au moment du passage inter-zones. Parallèlement, les lignes d'autobus continuent leur activité sans pouvoir assurer un meilleur flux que les trains, ce en dépit des accords locaux entre les préfets et les militaires allemands[73]. Les Français et les Allemands contrôlent dans les trains en marche ou lors d'arrêts interminables dans des gares réservées à cet effet, avant la poursuite du voyage inter-zones. Le 27 juillet 1940, les Allemands annoncent l'arrêt du trafic ferroviaire entre les deux zones, dans les deux sens, et ce jusqu'au 2 août 1940, afin de préparer de nouvelles mesures de sécurité et organiser le retour des réfugiés (voir atlas)[74]. Ensuite, de nombreux trains sont réquisitionnés pour rapatrier une partie des réfugiés en zone occupée, entre août et septembre 1940[75]. A partir du 15 août 1940, le nœud d'étranglement se desserre peu à peu avec l'installation de points de contrôles ferroviaires allemands à Orthez (Basses-Pyrénées), Mont-de-Marsan (Landes), Montpon (Dordogne), Mignaloux (Vienne), Vierzon (Cher), Moulins (Allier), Paray-le-Monial et Chalon-sur-Saône (Saône-et-Loire). Les habitants de certaines régions de zone occupée, éloignées de la ligne, effectuent parfois de nombreux détours pour se rendre dans une localité de la zone non occupée. Le nombre des gares de démarcation allemandes est très réduit et il évolue à la hausse ou à la baisse ; certaines gares, plus petites, ont été ouvertes à l'occasion, puis refermées, pour des raisons économiques. Les trafics de marchandises et de voyageurs de la SNCF subissent de plein fouet le chantage allemand. Aussi, une délégation technique de la SNCF est créée par l'Etat français pour prendre des mesures urgentes, en cas d'abus allemands en matière ferroviaire. Cette délégation a fait plusieurs demandes aux Allemands pour faciliter le transfert de certaines marchandises en direction de la zone non occupée. Le 14 février 1941, la gare d'Allerey (Saône-et-Loire) est ouverte pour un unique transport de betteraves. Le 17 mai suivant, la SNCF obtient l'autorisation de faire transférer des marchandises par plusieurs gares fermées depuis le début de l'Occupation, dont celles de Gièvres (Loir-et-Cher) et La Haye-Descartes (Indre-et-Loire), en zone occupée. La ligne de démarcation a donc bien constitué une frontière ferroviaire, même si les Allemands ont nié cette évidence, dès juillet 1940, en prétendant que « *la ligne de démarcation ne constituait et ne pouvait constituer une frontière ferroviaire*[76] ».

Une « frontière » postale

Outre la difficulté très contraignante à se rencontrer, la vie quotidienne des Français fut encore plus morose en raison de l'interdiction ou de la limitation de se raconter par le biais des échanges épistolaires. Toutefois, cette restriction, si elle a été sévère, a duré un peu moins longtemps que pour les laissez-passer. Le geste simple d'écrire à quelqu'un, en temps de paix, s'est révélé compliqué, voire impossible à certaines périodes, alors qu'il s'agissait du mode d'expression quotidien le plus utilisé par les Français. De juillet 1940 jusqu'en mai 1941, les relations postales, télégraphiques et téléphoniques subissent d'abord un blocage, puis un desserrement progressif, entrecoupé de fermetures. Les Allemands commencent par soumettre les Français à un quasi-cloisonnement dans toutes les zones, entre juillet et octobre 1940. Dès le premier mois de l'Occupation, le 18 juillet, ils produisent une ordonnance très sévère sur « *les services des postes, télégraphes et téléphones dans les territoires occupés de la France*[77] ». En réalité, sur le terrain, le trafic est interrompu, dès le 16. En deux lignes, les Français se voient signaler une interdiction fort contraignante : « *Le service postal au-delà des limites du territoire occupé reste interdit, toutefois sous réserve d'exceptions*. » La ligne de démarcation ressemble alors à une brimade pour les Français des deux zones.

L'ordonnance du 18 juillet 1940, signée par von Brauchitsch, menace de mort tout contrevenant, dans les cas les plus graves. La nature des délits qui peuvent conduire à cette peine n'est pas explicitée. On pense évidemment à l'espionnage. A Wiesbaden, les six premiers mois de négociation sont en grande partie consacrés aux demandes d'assouplissement pour le courrier, mais plus encore pour le courrier commercial. Les banques et les entreprises ont en effet besoin d'une large ouverture de la ligne aux passages postaux, car un certain nombre d'opérations financières sont effectuées par cette voie. L'administration française est aussi privée d'un moyen essentiel pour son bon fonctionnement. Les Allemands exercent ainsi une pression importante sur la vie administrative du régime de Vichy.

L'ordonnance a prévu des exceptions comme l'ouverture de la ligne de démarcation au courrier administratif, le 1er août 1940, pour un nombre limité de plis. Le gouvernement de Vichy a pu de cette façon transmettre des plis à la DFCAA de Wiesbaden, ainsi qu'aux services ministériels restés à Paris, dans la limite de cinq cents lettres par jour. A partir du 29 juillet, un service quotidien automobile est organisé entre Paris et Vichy ; un bureau de passage du courrier officiel allemand s'installe à Bourges. Les automobiles sont conduites par des chauffeurs allemands, entre Paris et Bourges, puis dans l'autre sens[78]. Au total, mille correspondances par jour sont autorisées à franchir la ligne de démarcation pour les besoins administratifs et économiques. Le régime de Vichy a dû départager des contingents pour chaque ministère. Le contingent de plis le plus important a été donné au ministère de la Production industrielle (215), puis aux Finances (150), aux PTT et à l'Agriculture/Ravitaillement (100 pour chacun), etc.[79] Ainsi, du 27 septembre jusqu'au 3 octobre 1940, 3 464 plis ont été expédiés entre les deux zones[80]. La moyenne journalière était de 497, soit la moitié des mille correspondances accordées par les Allemands. Les préfectures ont disposé d'un très faible quota journalier de plis, ne dépassant pas les douze unités. Pour organiser ces passages, un service du courrier officiel fut créé à Vichy et à Paris. A partir de la fin août, une valise de courrier (cinq à sept sacs plombés) entre Vichy et la DGTO à Paris a été convoyée, tous les deux jours, par un garde républicain[81]. A Moulins-sur-Allier, en guise de contrôle, les Allemands ont parfois ouvert les sacs. Entre-temps, il y a eu plusieurs réductions, puis augmentations du quota de plis, en fonction de l'état des relations politiques franco-allemandes : en janvier 1941, 3 000 plis ; en avril 1941, 1 000 plis ; 1 200 plis en juin ; le 1er novembre 1941, le contingent du *Briefprüfstelle* de Paris[82] (service du contrôle du courrier dépendant de l'*Armeefeldpostmeister*, le colonel Müller) est porté à 8 000 correspondances officielles et celui de Bordeaux à 2 000. En avril 1942, le nombre de plis autorisés est toujours de 10 000.

Le 29 septembre 1940, les liaisons postales sont rétablies entre les deux zones en ce qui concerne la correspondance privée, sauf pour les habitants des départements annexés du Haut-Rhin, du Bas-Rhin et de la Moselle. Toutefois, cette ouverture est cynique puisque les Français ne peuvent envoyer à travers la ligne de démarcation que des « *cartes inter-zones* » sur lesquelles il faut biffer des mentions pré-imprimées, sèches, dont la plus absurde était « *Je ne suis pas tué* ». On peut facilement imaginer le drame des parents qui apprenaient sans autres précisions qu'un fils était mort. D'autres formulations télégraphiques imposées peuvent être biffées : « *en bonne santé* », « *prisonnier* », « *sans nouvelles* », « *la famille… va bien* », « *a été reçu* », « *va entrer à l'école de* », « *affectueuses pensées. Baisers* ». De toutes les conséquences de l'instauration de la ligne de démarcation, celle-ci est la plus mal vécue dans la vie privée des Français.

La presse fait un large écho aux mesures postales, rappelant aux Français les règles à respecter : le recto des cartes – roses ou jaunes – est divisé en deux parties, l'une pour l'adresse de l'expéditeur et l'autre pour celle du destinataire ; le verso est consacré aux « nouvelles » ; la carte est vendue dans les bureaux de poste, au prix de 0,90 franc l'unité ; pour les départements de la Seine, de la Seine-et-Oise et de la Seine-et-Marne, cette carte est mise en vente dès le 26 septembre ; pour les autres départements il faut attendre plusieurs jours, en raison des délais d'impression et de répartition dans les bureaux des PTT. Les rajouts manuscrits, à côté du texte préimprimé, sont permis sur deux lignes laissées libres à la fin de la carte ; ils ne doivent donner que des nouvelles familiales, sinon la carte n'a aucune chance de parvenir au destinataire. A la mi-octobre, la presse imprime des rappels à l'ordre, car des Français se moquent de ces cartes absurdes. Par exemple, certains écrivent à côté des mentions imprimées : « *reçu au certificat d'études*[83] ». *Le Figaro* du 15 octobre 1940 titre en gros caractères, « *Ne jouez pas sur les mots en rédigeant la carte postale familiale* », et en caractères plus petits, « *... ou elle vous sera retournée* ». Le quotidien annonce par ailleurs le « succès » des cartes, puisque près de deux millions et demi ont « *circulé* ».

Le 15 octobre 1940, des cartes commerciales interzones ont été imprimées et utilisées par les banques et les entreprises françaises. Au mois de novembre 1940, il faut désormais régler le transfert des registres et les actes d'état civil d'une zone à l'autre, éparpillés au moment de l'exode[84]. Cela s'effectue sans trop de difficulté dans les semaines suivantes. Les Allemands autorisent la mise sous le même pli de plusieurs actes d'état civil. Beaucoup plus tard, à partir de janvier 1942, les PTT ont eu la permission d'adapter des cartes postales administratives, créées à la fin de 1941, en imprimant au dos des textes avec des blancs à remplir, afin de les transformer en actes d'état civil.

Pendant l'Occupation, à plusieurs reprises, des périodes de tension politique ont conduit à la fermeture de la ligne de démarcation au courrier comme aux hommes et aux marchandises. L'une est intervenue après le renvoi de Laval, en décembre 1940, et à l'arrivée de Darlan, en février 1941. Le 7 février 1941, le *MBF* notifie même à toutes les préfectures que les relations postales d'ordre administratif, entre les deux zones, sont suspendues ; de même, l'organisation d'un service privé de relations postales est prohibée. Avec la reprise de la politique de collaboration, au printemps 1941, la situation se détend. Le 5 mai, Darlan demande à Abetz des assouplissements pour le courrier[85]. Une semaine après, Abetz lui donne satisfaction, en échange de renoncements français démesurés au Moyen-Orient. Lors de son interrogatoire, après la Libération, Abetz a affirmé qu'il avait dû arracher cette concession à Hitler[86]. Les Français des deux zones ont donc dû attendre assez longtemps pour espérer voir l'étau se desserrer, avec l'annonce qu'ils pourraient rédiger sept lignes de texte libre sur des « cartes familiales » ; celles-ci ont été imprimées, mais n'ont pas eu le temps de circuler beaucoup[87]. En juin 1941, des « cartes ordinaires », c'est-à-dire des cartes-lettres sans contenu restreint, sont autorisées. Enfin, à partir du mois d'octobre 1941, les Français ont la possibilité d'envoyer des cartes postales vierges de texte pré-imprimé et non limitées par le nombre de lignes. De plus, l'envoi des lettres est autorisé, sous certaines conditions. Malgré une consultation de nombreuses archives françaises et allemandes, il est difficile de connaître le nombre d'envois postaux inter-zones, sûrement autour de plusieurs dizaines de millions. Il aurait été intéressant de retrouver les archives des *Briefprüfstellen* (les *services allemands du contrôle des correspondances*), afin de quantifier et de mieux comprendre les mécanismes de transmission des directives entre tous les acteurs allemands en France, en ce qui concerne l'utilisation de la ligne de démarcation[88].

Pour les échanges téléphoniques et télégraphiques inter-zones, les Allemands ont été plus rigoureux dès l'ordonnance allemande de juillet 1940. En avril 1942, la DSA note, dans un rapport secret, que les facilités téléphoniques et télégraphiques ne se sont pas beaucoup améliorées depuis 1940, en raison des mesures de protection prises contre la circulation de renseignements militaires ; les ministres et les hauts fonctionnaires à Vichy ont dû limiter le nombre des appels inter-zones. Depuis le mois de décembre 1940, seuls les télégrammes officiels inter-zones sont autorisés par l'occupant, mais sous son contrôle[89]. En revanche, les télégrammes de santé, autorisés jusqu'alors à traverser la ligne de démarcation, sont interdits. En juin 1941, au moment d'un léger assouplissement en ce qui concerne le courrier inter-zones, les Allemands menacent le régime de Vichy de suspendre les télécommunications inter-zones. Des contrôles d'écoutes allemands constatent en effet que des fonctionnaires en poste à Vichy tiennent des propos antiallemands, lors d'appels en zone occupée. Pour les appels téléphoniques inter-zones, les Allemands ont donc sans cesse exigé des garanties et n'ont que très rarement desserré l'étau des contraintes.

Au détriment des Français, tous les moyens étaient bons pour « *tenir le mors* », le relâcher ou le tendre entre les deux France. Comme l'ensemble des contraintes liées à la ligne de démarcation, il y a eu « *un temps pour apprivoiser*[90] » ces désagréments quotidiens, ce par d'autres voies que celles de la légalité. En mars 1941, le président de la CAA demande au président de la DFCAA de mener une enquête sur des fonctionnaires du gouvernement français en zone occupée ou en Allemagne qui auraient aidé à faire passer des lettres de zone libre vers la zone occupée, ou de l'Allemagne vers la zone libre et la zone occupée, et inversement[91]. Des chauffeurs de personnalités françaises officielles sont également suspectés de passer clandestinement du courrier. Six mois plus tard, le ministère de l'Intérieur demande à Darlan de le renseigner sur les résultats de l'enquête, car les Allemands ont menacé d'aggraver le contrôle, au cas où de « *nouvelles infractions aux règles sur le passage de la correspondance à la ligne de démarcation*[92] » se produiraient. Des centaines de passeurs de courrier, anonymes, ont également contourné les interdictions postales inter-zones. Ces passages illicites montrent, à tous les échelons de la société et de l'Etat, que la frontière postale est inacceptable. La volonté allemande est à la fois tournée vers la surveillance des communications officielles et vers l'utilisation d'une régulation inter-zones, considérée comme un excellent moyen de chantage. Après l'occupation totale de la France, le 11 novembre 1942, les Allemands autorisent néanmoins le passage de cinq cent mille cartes familiales par jour, ainsi que toutes les cartes entre les chambres de commerce. La limitation postale inter-zones a totalement disparu en 1943, une fois la ligne de démarcation définitivement supprimée sur le terrain. A dire vrai, les allégements de mai-juin 1941 sont les plus importants obtenus par le régime de Vichy, ce jusqu'au 11 novembre 1942.

Le blocage des chéquiers et des retraites

Pour un certain nombre d'habitudes quotidiennes, ordinaires en temps de paix, des milliers de familles des deux zones ont souffert de la ligne de démarcation autant que les « frontaliers ». Par exemple, la limite d'occupation, en partie à cause des restrictions postales, a obstrué considérablement les transactions financières inter-zones. Cela a beaucoup joué sur une opinion déjà privée de communiquer librement par courrier. Le préfet charentais en témoigne, en août 1940, en dénonçant « *l'interruption de toutes communications postales avec la zone non occupée* » comme une porte fermée aux transferts de fonds bancaires. Ceux-ci sont en effet bloqués à Limoges[93].

Les banques se font régulièrement l'écho de ces désagréments, de juillet 1940 jusqu'à juin 1941[94]. Chacune des banques françaises s'est réorganisée de part et d'autre de la ligne de démarcation. Par exemple, à la Société Générale, nombre de documents sont imprimés en double, puis répartis entre les deux zones jusqu'en 1942[95]. De même, la Caisse des Dépôts et Consignations (CDC) a établi un service de liaison à Clermont-Ferrand, afin de traiter des opérations de la zone non occupée. Toutefois, pendant l'été et l'automne 1940, les transferts de fonds de la zone occupée vers la zone non occupée sont quasiment impossibles en raison des interdictions allemandes. Par conséquent, la CDC ne sait plus très bien comment organiser et répartir les prêts aux communes et aux départements[96]. Parallèlement, en août 1940, la CDC est dans l'impossibilité de payer les arrérages de rente et de pension, de même que le service de Clermont-Ferrand ne peut plus verser les fonds de retraite des sociétés de secours mutuels, les assurances sociales, les assurances décès et diverses primes, ni assurer les opérations sur les titres en dépôt à Paris. Le Crédit Lyonnais n'est pas mieux loti ; le siège social de la banque est situé à Paris, mais elle a installé un deuxième centre à La Bourboule (Puy-de-Dôme) pour traiter les affaires des clients de la zone non occupée. Les banques sont pressées de connaître les règlements allemands en ce qui concerne les franchissements financiers inter-zones, mais ils ont tardé et ils ont été trop souvent volontairement imprécis[97]. Les échanges commerciaux sont privilégiés par rapport aux transferts privés. Les clients se plaignent et les banques cherchent à ne pas les perdre. Par ailleurs, une ordonnance allemande du 18 septembre interdit les transferts de comptes.

Afin de récupérer des chéquiers restés en zone occupée, les clients de la zone non occupée sont contraints d'attendre jusqu'à la fin octobre 1940. C'est une conséquence de l'entrevue de Montoire. Les transferts de fonds privés inférieurs à deux mille francs sont possibles vers la zone non occupée, mais avec l'autorisation allemande. Les chèques payables en zone non occupée sont encore interdits. Pourtant, le nombre des opérations entre les deux zones s'accroît assez vite, sauf pour les plus spécifiques, comme l'envoi de carnets à coupons émis pour le compte de titulaires de pensions qui habitent en zone non occupée. La raison n'est pas liée directement à la législation bancaire imposée par les Allemands, mais plutôt aux difficultés du trafic postal inter-zones.

Le 20 octobre 1940, le directeur de la Caisse des Dépôts évalue à huit mille le nombre de retraités de la zone non occupée qui ne peuvent pas bénéficier de leur principale source de revenus. Il demande au secrétaire d'Etat aux Finances de Vichy que les Allemands acheminent eux-mêmes les carnets à coupons en zone non occupée. Ensuite, cinq cents coupons doivent être envoyés chaque semaine. Au début de décembre 1940, plus de cinq mois après l'instauration de la ligne de démarcation, les Allemands apportent enfin une réponse favorable à la Caisse des Dépôts, mais dans des conditions toujours contraignantes. C'est ce que rapporte un inspecteur général du secrétariat d'Etat aux Finances :

« *[...] L'envoi en territoire français non occupé de pièces et documents officiels, en vue d'assurer le bon fonctionnement des services de la CDC, est autorisé à condition qu'il s'agisse de circulaires imprimées [...] Nous attirons votre attention sur le fait que l'envoi de sommes d'argent du territoire occupé au territoire non occupé est soumis à une autorisation [...] Les demandes d'autorisation doivent être adressées au MBF, à la section "Economie"*[98]. »

L'opinion face à la ligne

La ligne de démarcation a brisé un cadre d'existence ancien, celui d'un village, d'un canton, d'un département et d'une nation. Vivre autour de la ligne a exigé de la part des habitants une adaptation à des contraintes très immédiates, imposées par le passage de milliers de réfugiés, dans le sens du retour, puisant des vivres sur l'économie locale, et par la réglementation allemande du passage inter-zones. La vie de ceux que les Allemands ont appelés les « frontaliers » – c'est-à-dire les Français qui résident dans une bande de dix kilomètres de large, de part et d'autre de la ligne de démarcation – a changé brutalement, dès la fin du mois de juin 1940. Autant à l'échelle locale qu'à celle du pays, la ligne de démarcation a été *contrainte*, car elle a séparé physiquement des groupes humains qui appartenaient à la même entité nationale. Les « frontaliers » sont majoritairement antiallemands, mais il est difficile de savoir s'ils le sont davantage et plus rapidement que les autres Français, plus éloignés de la ligne de démarcation. Effectivement, les rapports directs occupants/occupés, du fait de la présence de cette ligne, se radicalisent-ils plus vite qu'ailleurs en France ? Est-elle à l'origine d'une certaine exacerbation du refus de l'occupant ?

Sans aucun doute, elle a provoqué un fort choc émotionnel, ce dont témoignent les survivants rencontrés. Le quotidien des « frontaliers » est réglé par les Allemands en poste sur la ligne, tant pour les habitants de la zone occupée que pour ceux de zone non occupée. Dans un espace géographique restreint, la proximité des Allemands est réelle. D'après les archives françaises, les « frontaliers » ne sont pas plus antiallemands que les autres, mais ils le sont sans doute plus tôt que dans nombre de régions de la zone non occupée. En effet, à la présence physique de l'Allemand pour les « frontaliers » de la zone occupée s'ajoute la marque géographique de l'occupation. Celle-ci concerne également les « frontaliers » de la zone non occupée. Ce dernier ensemble d'habitants n'est pas devenu une catégorie à part de Français à l'intérieur même de la zone gérée directement par le régime de Vichy.

A l'origine, la majorité des Français – les « frontaliers » ne font pas exception – approuve la signature de l'armistice et se raccroche à l'espoir que représente le maréchal Pétain. Dans les sources consultées, la ligne de démarcation n'est pas rejetée en tant que telle. De juillet jusqu'à décembre 1940, ce qui revient le plus souvent dans les rapports préfectoraux et les « synthèses », ce sont les plaintes à propos des effets néfastes de la ligne, au premier rang desquels figure l'interdiction d'envoyer du courrier d'une zone à l'autre. De juillet à décembre 1940, les échanges postaux interdits inquiètent les administrations, mais aussi les Français, à la recherche de nouvelles récentes des membres de la famille, éparpillés dans l'ensemble du pays. Le préfet de la Nièvre (département occupé proche de la ligne de démarcation), Luca, relaie « *les inquiétudes à cause des incertitudes des relations postales, télégraphiques, téléphoniques*[99] ». Cette angoisse se retrouve un peu partout en France, mais avec une acuité plus forte dans les départements limitrophes de la partie orientale de la ligne. A partir de septembre-octobre 1940, l'importance de cette dernière dans les soucis des Français a pris le relais de la bonne entente avec l'occupant. Pour la même période, cette évolution est corroborée par le rapport de Friedrich Grimm, conseiller de l'ambassade du Reich à Paris. Grimm évoque la ligne comme l'un des griefs majeurs exprimés par les Français, au même titre que le manque de nourriture[100].

En décembre 1940, il y a peu d'évolution par rapport au début de l'automne. La ligne reste une gêne pour les Français, même si les réactions hostiles s'atténuent un peu, selon les préfets du Cher, du Doubs, de la Dordogne et du Jura, ce malgré certaines craintes ; le courrier reste une préoccupation prioritaire, ce que remarquent les « *synthèses des interceptions* » hebdomadaires et mensuelles[101]. Près de la ligne, les autorités préfectorales du Cher redoutent toujours « *une sorte d'isolement moral particulièrement sensible aux populations de la zone occupée*[102] ». Dans tous les cas, il apparaît que c'est moins la ligne de démarcation qui est décriée que sa conséquence la plus immédiate sur la population limitrophe, à savoir l'absence de courrier inter-zones. L'occupation s'installe progressivement et la ligne est de mieux en mieux matérialisée sur le terrain. Pour la majorité des habitants, il y a une forme de résignation qui s'installe autour de la ligne. Et puis Pétain dit connaître les raisons de la défaite, dont la démarcation est l'une des conséquences visibles et, implicitement, un stigmate imputable à ceux qui l'ont précédé au pouvoir.

Pendant les six premiers mois de l'existence de la ligne, une majorité de « frontaliers » subit sans réagir. Beaucoup pensent ou espèrent que la séparation est provisoire. La ligne est impopulaire, mais elle ne suscite jamais la révolte collective. L'apathie et la passivité des habitants relevées par Pierre Laborie[103] sont également des attitudes rencontrées aux abords de la ligne, dans les deux premiers mois de l'Occupation. Que peuvent-ils faire de plus que d'éprouver le malaise ? Pourquoi une limite militaire, *a priori* condamnée, aurait-elle davantage suscité le soulèvement qu'ailleurs en France ? Les « frontaliers » sont écrasés par la défaite et par la situation de désordre dû aux flux et reflux de réfugiés. Les « frontaliers » de la zone non occupée n'ont pas enfreint les règles allemandes, par peur, mais aussi par confort psychologique d'être du bon côté. Beaucoup n'ont pas voulu irriter les Allemands ni compliquer l'œuvre de Vichy. Il y a aussi ceux des autres Français, plus éloignés de la ligne, qui se sont montrés indifférents face à cette dernière. Une consultation de rapports préfectoraux de départements distants de la ligne en atteste sans peine. En revanche, des incidents existent aussi, lorsque des réfugiés décident de franchir la ligne aux points de passage allemands. Cela est manifeste dans le Jura où il est interdit aux réfugiés de retourner dans la zone interdite. C'est dans ces régions orientales et frontalières, où deux lignes de démarcation et la frontière avec la Suisse sont proches, que les passages illégaux se développent le plus rapidement et avec ampleur. Parallèlement, l'opinion exprime le désir d'un retour du gouvernement à Paris. Avant la rencontre Pétain-Hitler à Montoire, le régime de Vichy sait parfaitement ce que l'opinion demande. Les familles de la zone occupée réclament des « *nouvelles familiales* » inter-zones et le retour à une circulation inter-zones des fonds financiers, car certaines sont sans ressources. Pour les Français de la zone non occupée, des problèmes croissants se posent aussi en ce domaine de la vie quotidienne. L'étude du courrier par le « contrôle technique » a noté les « *plaintes*[104] » qui « *se multiplient au sujet de l'impos-*

sibilité de recevoir de l'argent de la zone occupée[105] ». La DGTO a signalé que « *la population de la zone occupée a l'impression d'être abandonnée. "Le Maréchal est vieux et loin", dit-on*[106] ». La mise en place des cartes postales inter-zones, très récente, ne satisfait donc pas totalement l'opinion de la zone occupée. Une grande partie des cartes envoyées ne parviennent jamais à leur destinataire.

D'une façon générale, la photographie montrant Pétain qui serre la main à Hitler, le 24 octobre 1940, à Montoire, a eu tendance à gommer la coupure entre les deux zones. Les Français ne sont pas convaincus des retombées positives de la rencontre, même si celle-ci a montré des effets immédiats et positifs dans l'opinion « frontalière » de la ligne. Au premier rang des espoirs, il y a souvent le retour des prisonniers de guerre. Pour les « frontaliers », la suppression de la ligne de démarcation est attendue, sans doute plus qu'ailleurs. Hitler promet des assouplissements à Pétain. Celui-ci y compte et la DFCAA de Wiesbaden négocie pour atténuer « *la rigueur excessive de la ligne de démarcation*[107] ». Le préfet du Lot-et-Garonne (département non occupé proche de la ligne), en novembre 1940, se fait l'écho des espoirs de la population, après Montoire : « [L'opinion] *espère notamment que le sort des prisonniers en subira des conséquences heureuses et que les difficultés économiques et morales dues à la ligne de démarcation seront atténuées*[108]. »

On retrouve ces sentiments dans des départements limitrophes, comme les Basses-Pyrénées, la Charente, la Gironde, l'Indre-et-Loire, le Jura, la Nièvre et la Saône-et-Loire[109]. Sur tous ces points, l'attente s'est prolongée. Le 11 décembre 1940, le préfet du Doubs signe un rapport dans lequel il suggère un allégement des servitudes sur les lignes de démarcation, dont celle du Nord-Est, afin d'améliorer l'état de l'opinion. Le régime de Vichy doit convaincre les Français que le redressement du pays est possible en collaboration avec l'Allemagne, moyennant des compensations sur la ligne de démarcation, comme les facilités plus grandes de son franchissement[110]. Mais le mois de novembre 1940 montre bien l'attente des Français, « frontaliers » ou non, de voir la ligne assouplie « *jusqu'à Paris, éventuellement même jusqu'à la Somme*[111] ».

Le renvoi et l'arrestation de Pierre Laval, le 13 décembre 1940, bloquent les négociations franco-allemandes et la ligne de démarcation est rigoureusement fermée. L'opinion française en général ne réagit pas. Cependant, à mesure que l'instauration de la ligne se prolonge, ses effets se dévoilent, tant à l'opinion qu'aux hommes de Vichy et aux Allemands. Pour ces derniers, il s'agit de ne pas céder sur une limite qui devient un excellent moyen de chantage. A la déception de voir la ligne rompre les relations postales, s'est ajouté pour l'opinion « frontalière » le souci de réorganiser l'économie et le commerce, malgré la séparation et grâce aux concessions allemandes éventuelles, à l'échelon départemental. L'accès à la zone occupée est le souhait le plus exprimé par les commerçants et les agriculteurs. L'obtention des laissez-passer par les « frontaliers » est toujours aussi difficile et mal perçue par l'opinion. Pour autant, les préfets du Jura et de la Dordogne s'étonnent curieusement de ne pas voir la situation économique s'aggraver à la ligne de démarcation[112]. Au mois de décembre 1940, dans les rapports préfectoraux des treize départements divisés, l'impatience d'un assouplissement du régime de la ligne est très nette. Enfin, après le 13 décembre, les mesures restrictives sur la ligne inquiètent les « frontaliers », mais elles font naître aussi des supputations sur la suite de la guerre. Par exemple, dans le Lot-et-Garonne, le préfet rapporte que la population croit que « *les Autorités allemandes préparent quelque chose contre l'Angleterre*[113] ». Mais ces réactions figurent en fait dans toute la zone occupée au tournant des années 1940 et 1941.

Au fil des mois de l'Occupation, la ligne ne pose pas de nouveaux problèmes, une fois l'effet de surprise passé et le tracé mieux connu. Le courrier interdit ou limité continue de mécontenter, car son absence freine les affaires économiques de milliers de particuliers[114]. D'autres restrictions, celles de la nourriture, conjuguées à l'attente du retour des prisonniers de guerre, se mêlent aux signes visibles de l'Occupation, à savoir la présence des Allemands et des lignes de démarcation. Les effets de celles-ci sur l'opinion ont inquiété les dirigeants politiques de Vichy, alors que les Français s'y sont faits, peu à peu, et plus particulièrement les « frontaliers ». D'ailleurs, on peut se poser cette question : les Français dissocient-ils toujours, dans leurs attentes ou leurs rejets, les origines des maux ? Les attentes sont le plus souvent simultanées. La ligne apparaît donc comme un élément du paysage avec lequel il n'y a pas d'autre choix que de transgresser ou de s'accommoder. Les vainqueurs sont les plus forts et ils ont imposé leur tracé, mais leur présence est jugée responsable de toutes les restrictions survenues à la démarcation. Devant l'absence d'amélioration sensible des conditions de passage d'une zone à l'autre, les rapports entre l'opinion et les soldats allemands se sont tendus, ce que relève un rapport de janvier 1941, issu des services du *MBF*, dans la partie « *physionomie* » (*Stimmung*). La ligne fait partie des maux que les Français souhaitent voir éliminer[115]. La paralysie du commerce inter-zones « frontalier » est de plus en plus insupportable, ce qui réduit les chances d'une approbation croissante de la politique de collaboration engagée par le régime de

Vichy. Par exemple, cela est exprimé dans les départements des Basses-Pyrénées, de la Dordogne et du Jura, en février 1941. L'arrivée des douaniers est désignée par le contrôle technique comme « *une surveillance* » *[...] plus sévère*[116] ».

Pourtant, la vie autour de la ligne n'est pas inerte. Les activités économiques locales, même restreintes, existent encore. Les « frontaliers » ont sans doute l'impression de pouvoir se déplacer plus librement que les autres Français grâce aux laissez-passer spéciaux. Il n'y a pas de sentiment de lassitude. La vie en commun autour et à travers la ligne existe encore ; il est alors impossible de distinguer une opinion divergente entre les « frontaliers » occupés et les « frontaliers » non occupés. Les intérêts locaux sont bien entravés, mais pas supprimés par la ligne. Peut-être cette dernière permet-elle de prendre conscience de l'intérêt de vivre sur un territoire unifié, où les habitudes se croisent sans cesse librement.

A partir de la mi-1941, les « frontaliers » rejettent majoritairement la collaboration comme l'ensemble des Français, ce qui rejoint les conclusions de Pierre Laborie lorsqu'il évoque le « *détachement* » de l'opinion à l'égard de la politique de Vichy[117]. La rencontre Darlan-Hitler du 13 mai apporte, comme Montoire, de nouveaux espoirs de concessions territoriales allemandes. Les Allemands assouplissent considérablement le régime de la ligne pour les échanges économiques inter-zones, majoritairement à destination de la zone occupée. Cela est assez bien perçu par la population, malgré une interrogation posée par le contrôle technique, le 6 juin 1941 : « *La question angoissante pour les indécis reste celle des contreparties. Qu'a-t-on promis en retour pour la libération des prisonniers et l'assouplissement ou le report de la ligne de démarcation*[118] ? »

Mais la ligne de démarcation n'est plus au premier rang des préoccupations des « frontaliers » du Jura et du Doubs, par exemple. Certes, chaque promesse d'amélioration sur la ligne provoque quelque apaisement, mais le retour des prisonniers et les pénuries alimentaires prennent de plus en plus de place dans le lot des inquiétudes quotidiennes, à cause d'un hiver très dur, d'une collaboration aggravée et du flottement des négociations franco-allemandes sur un éventuel traité de paix qui mettrait fin à l'émiettement de la France et à la captivité des pères, des époux et des frères. En zone occupée, l'opinion éloignée de la ligne de démarcation se sent toujours plus abandonnée par le régime de Vichy et « *elle se replie sur elle-même avec le sentiment qu'elle est oubliée par ceux qui ne subissent pas l'invasion*[119] ». De plus, l'opinion française en général, et celle de la ligne en particulier, n'est pas dupe des discours unitaires du maréchal Pétain. Personne ne souhaite la division du pays, mais tant qu'il y a une frontière intérieure qui barre la route aux Français, il est difficile pour la propagande vichyste de faire croire aux succès diplomatiques à Wiesbaden et aux promesses de la Révolution nationale. Cela est d'autant plus vrai que la propagande reste confinée dans la partie non occupée de la France. Les Allemands interdisent l'entrée en zone occupée des titres de presse de la zone non occupée.

Après l'échec des « Protocoles de Paris » et, jusqu'en février 1943, date à laquelle Pierre Laval a pensé obtenir une suppression définitive de la ligne de démarcation, les mentions de celle-ci dans les rapports préfectoraux et les « synthèses » du contrôle postal sont très rares. Seul le retour de Pierre Laval aux affaires a suscité un bref espoir[120]. Dans les rapports des préfets, les maux qui touchent les intérêts personnels immédiats sont dénoncés par l'opinion. Le *ravi-*

taillement est le thème le plus développé[121]. A l'automne 1941, la haine de l'Allemand est croissante. En zone non occupée, la population prend conscience de la chance relative de ne pas être occupée[122]. Les autorités vichystes sont inquiètes des éventuels refus et des réactions violentes de l'opinion à l'égard de leur politique. Globalement, dans les rapports préfectoraux, les « *synthèses des interceptions* », ainsi que les rapports du *MBF*, la ligne de démarcation n'est pas un sujet omniprésent dans les préoccupations des Français. Ils en ont beaucoup d'autres ; la ligne n'est qu'un problème parmi d'autres. Néanmoins, elle est bien présente dans l'esprit de tout voyageur et dans celui d'une majorité de Français séparés. On a parfois l'impression que, dans les premiers temps, en état de choc, les « frontaliers », comme le reste des Français, n'ont pas pris conscience de la signification d'une telle instauration. De plus, la confiance en Pétain aveugle un temps l'opinion. Par la suite, les maux quotidiens ne sont pas toujours clairement distingués dans leurs origines. Pour la zone non occupée, Vichy a sans cesse cherché l'assouplissement, promis à la population des deux zones, tout en donnant l'illusion aux habitants non occupés que la ligne était finalement un « bouclier » protecteur contre la présence allemande. Présentée comme transitoire, la ligne de démarcation a appartenu au discours vichyste de manipulation de l'opinion. Celle-ci, parfois myope en 1940, a eu tendance à rechercher des refuges dans les discours ou les mesures du régime. Le programme n'est pas tenable dans le moyen terme, car des familles sont séparées, des entrepreneurs et des hommes d'affaires sont privés de marchés et d'approvisionnements, etc.

De fait, il y a davantage un renforcement des solidarités inter-zones que des divisions haineuses entre les habitants des deux versants de la ligne. Celle-ci a moins divisé qu'elle n'a renforcé l'union d'opposition aux douaniers et aux soldats allemands de la démarcation. Elle a été un point de rencontre des opinions des deux zones, même si une part insaisissable et irrationnelle a existé. Ce constat est fréquent dès que l'on aborde l'étude des attitudes et des modes de pensée collective pendant l'Occupation. Les « frontaliers » croisent, partagent ou distinguent les opinions des deux France. Les habitants du versant occupé vivent avec l'occupant, mais ont la possibilité de rencontrer souvent un Français du versant non occupé. Cela contribue sans aucun doute à faire du « frontalier » un individu plus et mieux informé que l'ensemble de la population française qui reste loin de la ligne et qui ne la traverse jamais. De fait, il existe plusieurs opinions face à la ligne de démarcation, qu'elles soient ou non à proximité : l'attentisme, la collaboration et le refus de la ligne par l'action clandestine. Les opinions changent aussi d'orientation en fonction des événements. Sous une forme ou une autre, elles convergent toutes vers le même espoir, le retour à l'unité territoriale et nationale, démantelée injustement par le *Diktat* de Rethondes.

Enfin, le facteur géographique a sans doute compté. Etienne Dejonghe l'a montré pour le nord de la France, beaucoup plus cloisonné que la France des deux zones principales[123]. Le zonage de la France a pesé jusqu'en 1942-1943, avec plus d'acuité pour les riverains de la ligne, au contact des Allemands et de Vichy. Pour les populations plus reculées de la zone non occupée, la présence de l'Allemand ne fut réalité qu'à partir de novembre 1942. La ligne a été une préoccupation très secondaire. Par exemple, les Français de Marseille, de Toulon, de Nice ou de la France la plus méridionale en général, qui n'ont aucune raison de franchir la ligne, sont sans doute trop lointains pour s'intéresser à elle.

Celle-ci est pourtant dessinée sur les cartes diffusées par la presse de zone non occupée. L'absence des Allemands autour d'eux a logiquement donné un air irréaliste aux nouvelles que la presse transmettait parfois sur la réglementation du voyage inter-zones.

DEUXIÈME PARTIE

L'UNIVERS ENCHEVÊTRÉ DES PASSEURS CLANDESTINS

Comme toutes les frontières ou les limites, la ligne de démarcation a connu d'abord une phase technique et passive, par son instauration et sa délimitation. Toutefois, après cette période initiale très courte, la vie sur la ligne a déployé une double activité, légale et clandestine. La dernière a été le plus souvent une riposte aux privations quotidiennes et à la présence de l'occupant. En marge, l'accommodation et l'adaptation aux contraintes quotidiennes ont été majoritaires. La réaction de rejet de la ligne de la part des « frontaliers », en prise directe avec une France sans Allemands et une France allemande, n'est-elle pas plus précoce qu'à l'arrière de la ligne de démarcation ?

Les études consacrées à la Résistance laissent une faible place à l'action des passeurs clandestins et à la nature de leur engagement. Traditionnellement, le passage clandestin est ramené à un acte « humanitaire » ou à un acte « d'entraide ». Cette désignation est schématique, laissant les passeurs absents des typologies de la Résistance. Or, les attitudes ont été plus variées et le sens du passage clandestin doit être étudié précisément, même si certains comportements peuvent être jugés plutôt ambivalents. De plus, une vision historienne doit être prudente face au discours des anciens résistants qui attribuent facilement ou non les titres de « vrais » ou de « faux » résistants aux passeurs. Il faut sans cesse repérer les principales motivations des passeurs, les liens, parfois complexes, qu'ils entretiennent avec la population, les Allemands et le régime de Vichy.

Le passage clandestin de la ligne n'est ni un épiphénomène ni une manifestation nouvelle en 1940. Pour exemple, il suffit de penser aux passages clandestins le long des frontières franco-suisse et franco-espagnole, depuis le début des années trente. L'activité clandestine sur la ligne de démarcation a constitué une véritable rupture dans la vie quotidienne de plusieurs milliers de Français.

3

L'activité clandestine sur la ligne de démarcation

L'absence de sources est souvent paralysante pour la recherche sur les faits clandestins. En effet, le résistant ne laisse pas de documents derrière lui, afin de ne pas être repéré ou de ne pas mettre en danger ses camarades en cas d'arrestation. Mais cela ne prive nullement l'historien d'élaborer des hypothèses, des évaluations du phénomène clandestin. Comme dans l'histoire des frontières fermées ou très contrôlées, la ligne de démarcation a suscité la quête de solutions pour transgresser, contourner et passer coûte que coûte. Jamais auparavant, dans leur histoire, les Français n'ont subi une limite qui avait toutes les caractéristiques d'une frontière, sans pour autant en connaître l'exacte définition logistique, juridique et politique. Il faut rappeler qu'en Europe occupée la situation territoriale de la France est spécifique. Aucun autre pays n'a été compartimenté par les Allemands. Comment des populations habituées à circuler librement dans leur village, dans leur canton ou leur pays, ont-elles pu, à défaut de s'accommoder de la loi allemande, répondre à l'instauration d'une limite unique et sans précédent ? Le passage clandestin a pu être une réponse parmi d'autres.

Derrière le vocable « *passeur* » se dissimulent des réalités très distinctes, parfois opposées. La prudence est donc de rigueur quand il s'agit d'étudier des activités secrètes. Autant le dire d'emblée, une étude exhaustive sur le passage clandestin de la ligne de démarcation est quasi impossible. En conséquence, nous appuyons l'analyse sur des études de cas et des comparaisons entre plusieurs régions traversées, lorsque les sources et/ou des recherches parallèles l'autorisent.

A l'évidence, nous ne pouvons pas recenser toutes les filières de passage, pas plus d'ailleurs que toutes les techniques et grandes voies clandestines empruntées. L'histoire du passage clandestin est multiforme, complexe, difficile à saisir dans toute son ampleur, délicate à dominer en raison de la multiplication des actes isolés clandestins et de l'absence d'archives, à l'exception de celles de la répression[1]. D'après celles-ci, les passeurs et les passagers de la ligne de démarcation sont recensés ou verbalisés, lorsqu'ils ne sont pas arrêtés ou tués par les Allemands. La surveillance allemande est un observatoire non négligeable du fait clandestin sur la ligne. De son côté, la surveillance française permet d'approcher avec plus de précisions une part importante du passage clandestin, notamment la fuite inter-zones des Juifs persécutés de la zone occupée. Il existe bien des exemples de passagers imprudents qui, une fois passés en zone non occupée, adressent une lettre de remerciement chaleureuse à leur passeur, le mettant ainsi en grand danger[2]. Deux grandes familles de passeurs clandestins se détachent : les passeurs qui travaillent seuls, occasionnellement ou non, et ceux des filières.

L'image des passeurs est ambivalente : les témoignages oraux sont tantôt élogieux, tantôt tenant des propos peu amènes à l'égard du travail du passeur, présenté parfois comme un bandit de grand chemin. Les témoignages oscillent entre « légende noire » et « légende dorée ». La ligne de démarcation est l'objet d'une mémoire très complexe et la place qu'elle occupe dans l'imaginaire des témoins n'est pas toujours intelligible. Rares sont les témoignages qui permettent de prendre une mesure concrète et précise du passage clandestin de la ligne. L'image est souvent faussée, biaisée, déformée et reconstruite par la littérature romanesque, autobiographique ou dite « historique », mais également par l'intermédiaire des légendes véhiculées au gré des rumeurs, souvent entretenues, voire amplifiées dans les villages, ce depuis la Libération. Ces pratiques sont bien connues des historiens, qui n'y ont porté qu'un intérêt secondaire pour le sujet qui nous intéresse[3]. La méthode historique doit alors être rigoureuse, la mémoire étant sélective et parfois tronquée. Trop souvent, dans les romans, l'histoire du passage clandestin est arrêtée et construite au fil d'une fiction, entre légende et réalité, laissant une place écrasante à l'anecdotique.

Nous en connaissons peut-être moins sur ces hommes, ces femmes et ces adolescents qui ont consacré une partie de leur vie au passage interdit de la ligne de démarcation, que sur ceux des mouvements de résistance[4]. La dynamique spontanée d'entraide et de liens, noués entre les fugitifs et les habitants *frontaliers* de la ligne de démarcation, est parsemée de drames, de petites histoires de la vie quotidienne. Le passage clandestin de la ligne est également décrit soit comme une aventure fabuleuse et à rebondissements, soit comme une formalité. Or, le phénomène du passage est souvent un acte de refus, individuel ou collectif. Pour les Allemands, c'est un délit, un défi à l'Occupation. Il concerne des milliers de personnes. Ainsi, les acteurs du passage clandestin, passeurs et passagers, acquièrent une signification historique.

Comment faut-il définir les passeurs ? Les passeurs sont-ils les « *soutiers de la gloire* » de Pierre Brossolette, c'est-à-dire d'obscurs sans-grade ? Peut-on parler de passeur-résistant ? Est-il un clandestin à part entière ou un demi-clandestin, et existe-t-il une dynamique clandestine propre à la zone de démarcation ? En effet, celle-ci ressemble-t-elle à un interface entre la Résistance de la zone occupée et celle de la zone non occupée ?

Le passeur vu par les Allemands

Les archives de la répression policière française (police et gendarmerie), les rapports des préfets et les témoins rencontrés sont unanimes à désigner par le terme de « *passeurs* » tous ceux des Français qui traversent clandestinement la ligne de démarcation, qui avec des passagers, qui avec des marchandises ou des renseignements. Au premier abord, la définition apparaît assez simple. Pourtant, celle des autorités allemandes et vichystes n'est pas aussi évidente. La terminologie n'est pas arrêtée avec autant de précision que nous le pensions à l'origine[5].

Pas plus qu'ils n'emploient l'expression *Demarkationslinie* dans le texte de la Convention d'armistice de juin 1940, les Allemands ne réservent de commentaires à la législation du franchissement légal de « *la ligne tracée*[6] » en deçà de laquelle les troupes allemandes doivent se retirer. D'ailleurs, le terme allemand *Fluchthelfer* – traduction littérale de « *passeur* » – n'est jamais présent dans la terminologie administrative des services allemands en France. Plus fréquemment, les expressions « *die illegale Überschreitung*[7] » (« *le franchissement illégal* ») ou « *Überwachung des Personenverkehrs*[8] » (« *la surveillance des flux de personnes* ») reviennent dans le jargon des militaires du *MBF* et des services du ministère des Affaires étrangères du Reich.

L'ordonnance allemande promulguée par le *MBF* le 18 juillet 1940, et publiée le 29, signale aux Français tentés par le passage clandestin d'informations et de courrier que les peines encourues peuvent aller jusqu'à la peine de mort : « *sera puni de travaux forcés ou de prison celui qui, en contravention à l'ordonnance présente, échange des informations, contribue à les transmettre. Dans les cas particulièrement graves, un arrêt de mort pourra être prononcé*[9] ». En fait, à l'origine, rien n'est arrêté par les occupants. L'improvisation l'emporte souvent. La répression porte en premier lieu sur le passage clandestin des renseignements, puis sur les flux économiques illicites, et s'attaque ensuite aux hommes et aux organisateurs de tous les trafics. Le passage des personnes n'apparaît pas ainsi immédiatement dans la palette des actions réprimées par le droit allemand. Certes, les préoccupations initiales de l'instauration de la ligne de démarcation sont militaires. Mais progressivement, la volonté du *MBF* est aussi de limiter à tout prix le passage inter-zones, sous toutes ses formes. Il est urgent d'empêcher la divulgation d'informations qui risquent d'entraver et de menacer la conduite des opérations militaires contre l'Angleterre. La seule instauration d'une limite de démarcation ne suffit pas à protéger ses arrières. Il faut un arsenal juridique qui succède à une série d'observations sur la ligne, rapportées par les postes allemands à la Commission allemande d'armistice de Wiesbaden. Les occupants sont donc soucieux d'étendre aux hommes le strict contrôle du passage entre les deux zones, comme le dévoile une directive de Keitel, datée du 12 août 1940, après un entretien avec Hitler[10]. Celui-ci exige le blocage des flux économiques inter-zones, mais aussi la restriction des passages humains. Dès l'origine, les surveillants allemands savent donc que la ligne n'est pas hermétique et tentent de réglementer le passage clandestin, afin de le réprimer au mieux, à défaut de l'arrêter totalement.

Il faut attendre l'ordonnance du 4 octobre 1940 pour voir naître une législation allemande contre le passage clandestin de la ligne de démarcation. Le terme « *passeur* » y est encore absent. Mais pour la première fois, l'ordonnance du *MBF* évoque la répression du passage clandestin de la ligne de démarcation : « *Sera punie toute personne qui franchit sans autorisation la ligne de démarcation ou qui transfère dans la zone inoccupée des marchandises ou des moyens de paiement sans l'autorisation prescrite*[11]. »

Cette ordonnance sanctionne exclusivement ceux qui font passer des individus démunis de laissez-passer. Les complices des passeurs, qui contribuent à l'organisation de la chaîne de certaines filières de passage clandestin, ne sont pas visés par le texte. Ils sont concernés par une ordonnance antérieure, du 20 juin 1940[12], qui prévoit de juger devant les tribunaux allemands tous les individus qui aideront des militaires non allemands ou des civils à rejoindre les territoires non occupés. L'ordonnance du 10 octobre reprend les termes de celle du 4, en précisant cette fois-ci la nature des peines : la mort en cas d'aide aux prisonniers de guerre en fuite ou à des militaires qui appartiennent à une armée ennemie. La peine de mort est une condamnation très peu prononcée pour les passeurs. La condamnation aux travaux forcés est moins rare : par exemple, à la fin de septembre 1941, six Nantais sont condamnés à trois années de travaux forcés pour avoir « *facilité l'évasion vers la zone libre de plusieurs prisonniers français*[13] ». Les occupants, obsédés par la sécurité des soldats en zone occupée, considèrent en effet ces comportements comme une aide directe apportée à l'« étranger » et aux Alliés. En réalité, sur le terrain, les premières conséquences massives de l'ordonnance apparaissent à partir du mois de novembre 1940, au moment de l'interdiction du retour des démobilisés en zone interdite. La ligne est alors de plus en plus souvent transgressée, notamment dans le département du Jura.

Le 28 avril 1941, une ordonnance plus claire abroge celle du 4 octobre 1940 et distingue deux types de délits clandestins sur toutes les lignes de démarcation et frontières extérieures françaises. Elle retranche encore plus l'Etat français dans un rôle de vaincu. Les incessantes demandes d'assouplissement formulées directement par Darlan ou par l'intermédiaire de Wiesbaden n'y changent rien : le régime de Pétain n'a plus aucun droit de regard sur ses propres frontières. Les sanctions prévues par l'ordonnance sont lourdes et renforcent cette idée :

« *Sera puni d'emprisonnement ou de travaux forcés, à moins que d'après d'autres dispositions une peine plus élevée ne soit encourue :*

1) quiconque franchira sans autorisation les frontières du territoire occupé ou les lignes militaires interdites marquées dans ledit territoire,

2) quiconque sans autorisation du MBF ou d'une autorité désignée par lui exportera des marchandises du territoire occupé ou les fera transiter, une peine d'emprisonnement allant jusqu'à six semaines ou une peine d'amende pourra être prononcée. La tentative est punissable[14]. »

Le statut de la *Demarkationslinie* est aligné sur celui des limites de la zone annexée, de la zone interdite et des frontières extérieures. La législation est perçue comme très sévère par le régime de Vichy qui à cette date considère comme une limite ponctuelle la plus longue des lignes de démarcation, en prévision d'un effacement rapide du paysage, dès la signature du traité de paix. L'Etat français n'est plus maître du territoire national, jusque sur ses marges hexagonales. Il n'est plus en mesure de fixer les règles et de déterminer l'étendue de sa souveraineté, même s'il croit le contraire.

Au total, il faut retenir le caractère très général des mesures allemandes à l'encontre de ceux qui pratiquent le passage clandestin. Ce qui laisse à la répression allemande davantage de liberté d'interprétation des textes sur la ligne de démarcation : une ordonnance du 4 février 1942 étend ainsi la peine de mort non seulement à ceux qui aident les fugitifs en les logeant par exemple, mais également à tous les individus qui les aideront « *d'une autre façon*[15] ». En 1942, la répression sur la ligne s'est encore affermie. La dernière formule confère aux juges allemands des moyens illimités pour tenter de réduire le nombre de passages clandestins. La subjectivité du choix des peines en est augmentée.

Ainsi, il n'existe pas d'ordonnance allemande consacrée exclusivement et spécifiquement aux passeurs, toujours intégrés à un ensemble plus vaste de mesures répressives. Ils sont assimilés à un monde criminel aux contours assez imprécis. Pour l'essentiel, il s'agit de punir des clandestins, tous considérés comme des ennemis du Reich. Le passeur existe à travers les passagers qu'il convoie ou à cause de ce qu'il transporte d'une zone à l'autre, mais aussi par les aides qu'il reçoit par ailleurs. Au regard du droit allemand, le franchissement illégal de la ligne de démarcation appartient donc au champ du désordre. La nature du passage fonde par elle-même la gravité de la peine. Le recoupement des ordonnances allemandes permet ainsi de cerner globalement les risques du passage clandestin, tant pour les passeurs que pour les passagers ou pour ceux qui contribuent de près ou de loin au secours inter-zones des fugitifs.

Les ambiguïtés de Vichy : le cas du Jura[16]

Rien n'oblige Vichy à réprimer les passeurs, puisque la ligne de démarcation est allemande. Vichy a profité de cette situation territoriale singulière dans l'Europe allemande pour inciter certaines catégories de passeurs à travailler pour son compte, quitte d'ailleurs à changer de doctrine. De 1940 à 1943, il perçoit le passeur comme un délinquant uniquement lorsqu'il est en rupture avec le droit pénal français, c'est-à-dire lorsqu'il profite de la ligne de démarcation pour lutter contre la Révolution nationale ou qu'il trafique avec les Allemands dans le cadre des activités du marché noir. En revanche, le faux passeur ou le passeur-trafiquant est toujours la cible des autorités en poste sur la ligne de démarcation.

Le régime de Pétain accorde exceptionnellement une existence presque légale au passage clandestin, du côté non occupé de la ligne de démarcation. Ainsi, les passeurs qui signalent leur activité aux postes français de contrôle de la ligne de démarcation n'ont pas maille à partir avec la justice de Vichy. En effet, le plus souvent, ils habitent dans le canton divisé par la ligne et ne font pas l'objet d'une surveillance particulière. Des habitants, passeurs occasionnels ou plus fréquents, pensent alors agir en toute impunité. Toutefois, les passeurs les plus mystérieux – ceux qui ne veulent avoir aucun contact avec les surveillants français – ou les plus inconnus – les passeurs venant de très loin pour acheminer des fugitifs – suscitent la méfiance. Pour une efficacité maximale du passage clandestin, certains passeurs pensent qu'il n'est pas utile de se faire connaître. Cependant, les surveillants français de la ligne n'hésitent pas à en aider certains, lorsqu'ils les aperçoivent à travers champs en zone occupée, provoquant ainsi la colère des autorités allemandes.

Le régime français se montre assez souple en ce qui concerne certains types de passages clandestins de la ligne de démarcation. Son dessein n'est pas de reconnaître la division de la France et donc l'illégalité du passage, mais de maintenir sa souveraineté au moins théorique sur l'ensemble du territoire national. Effectivement, de 1940 à 1942, aux yeux du régime de Vichy, la ligne apparaît comme « *une brimade*[17] ». Non seulement, il ne peut compter que sur une armée d'armistice réduite, mais il a perdu aussi nombre de soldats, faits prisonniers et détenus par les Allemands. Certains s'évadent ou errent depuis la fin des combats entre le nord de la France et les abords du Jura et du Doubs. Par conséquent, le régime pétainiste en vient à recruter lui-même des passeurs clandestins dans la partie jurassienne, plus délicate à traverser en raison des deux lignes de démarcation – celle qui sépare la zone interdite de la zone occupée et la ligne entre la zone occupée et la zone non occupée – et de la topographie de moyenne montagne, rendue dangereuse en période hivernale.

Le Jura est le seul département connu où les passages clandestins « officiels » de prisonniers de guerre et de soldats démobilisés ont été repérés. Toutefois, l'indulgence de Vichy à l'égard des passeurs est quasi générale sur la ligne de démarcation, car quel gendarme, quel policier ou soldat de l'armée d'armistice peut affirmer qu'il n'aura pas besoin un jour de l'aide des passeurs clandestins, qui pour voir la famille ou des amis, qui pour profiter de quelque trafic alimentaire et améliorer le quotidien de ses proches ? L'Etat français sait pourtant que derrière cette reconnaissance du passage massif de ses représentants se cachent des fraudes et des trafics.

Après la frontière du Reich, pour un prisonnier de guerre évadé, le village jurassien de Chamblay, situé en zone non occupée, à quelques kilomètres au sud-est de Dole (zone occupée), est le premier rencontré en zone non occupée. La commune devient ainsi rapidement un site d'hébergement pour les passagers en provenance de la zone interdite, d'un autre point de la zone occupée ou de l'Allemagne. En 1940-1941, la ligne de démarcation, qui ouvre l'accès à la zone interdite, reste hermétiquement fermée. Pour les familles égarées en zone non occupée, le passage clandestin dans le Jura est souvent le seul recours possible pour retrouver une maison, un emploi et des parents restés en zone occupée au moment de l'exode. Chamblay est bien sûr un refuge pour les passeurs, ce qui permet des replis en catastrophe lors de passages dangereux. L'écrasante majorité des passages clandestins s'effectue dans le sens nord-sud. A Chamblay, on ne note pas d'exemples de prisonniers de guerre et de démobilisés qui demandent les services d'un passeur pour repasser en zone occupée. Au reste, il est probable que Vichy aurait refusé, car son dessein initial était de récupérer un maximum de soldats pour reconstituer une armée dans le cas d'une reprise de la guerre.

De 1940 à 1943, Arbois, Champagnole, Montbarrey, Parcey et Pupillin en zone occupée, ainsi que Buvilly, Chamblay, Chaussin, Poligny et Valempoulières en zone non occupée, forment une plaque tournante du passage clandestin des prisonniers de guerre évadés, structurée en partie par le régime de Vichy à la demande du maréchal Pétain en personne[18]. Les passeurs qui répondent aux demandes de Vichy ne passent pas exclusivement des prisonniers de guerre, mais ce passage représente sans doute le plus rémunérateur. Pour certains, c'est la première fois que l'argent est au centre de leur activité clandestine. Une somme de cent cinquante francs par passage effectué est allouée aux passeurs de prisonniers de guerre évadés. Nous ignorons tout de l'origine et du mode de calcul de la « prime », mais elle vise sans doute à couvrir les frais engagés par les passeurs pour nourrir, héberger et convoyer les évadés. L'aide financière de Vichy s'applique donc au passage exclusif des soldats. Dans la région appelée « le Val d'Amour », qui s'étend de Mouchard à Dole, les chemins du passage sont nombreux et interchangeables, en fonction des horaires irréguliers des patrouilles allemandes.

Certes, le régime de Pétain a besoin d'hommes acquis à sa cause, mais il veut aussi contrôler les clandestins qui arrivent dans son espace territorial. L'angoisse principale des fonctionnaires de Vichy est de voir partir les évadés vers les Alliés ou vers le général de Gaulle. Pour autant, les militaires français en poste sur la ligne de démarcation ne sont pas explicitement autorisés à la faire franchir à leurs camarades fugitifs. L'état-major français des armées multiplie les mises en garde contre les soldats en poste qui passeraient clandestinement des militaires et des civils sur la ligne de démarcation, en raison d'incidents possibles avec les autorités allemandes. Effectivement, la pratique est courante et elle a déjà provoqué des échanges de tirs entre les soldats allemands et français. Une lettre du chef du 1er bureau de l'armée de terre française datée d'octobre 1941 et destinée aux généraux français le rappelle :

« *Il m'a été signalé qu'en plusieurs circonstances des militaires français en service à la ligne de démarcation avaient prêté leur assistance, souvent rétribuée, à des personnes civiles qui cherchaient à passer clandestinement d'une zone à l'autre. De tels agissements ont été déjà à l'origine d'incidents regrettables. Ils doivent cesser immédiatement…*[19] »

En décembre 1940, les Allemands, après plusieurs demandes des autorités françaises à Wiesbaden, ont accordé des facilités de passages aux soldats démobilisés : désormais, la présentation de la fiche de démobilisation et des papiers d'identité suffit à ceux de la classe 1938 pour franchir la ligne de démarcation en direction de la zone non occupée. Mais des militaires français, soutenus par l'Etat, ont continué à commettre des entorses au droit allemand en vigueur sur la ligne de démarcation. Des surveillants français (gendarmes et membres de l'armée d'armistice), très mal rémunérés, ont trafiqué sur la ligne de démarcation et ont parfois demandé de fortes sommes d'argent pour favoriser un passage clandestin. Le 13 octobre 1941, après d'autres mises en garde, la hiérarchie militaire s'en est plainte et a menacé de sanctions les soldats en faute.

Les cas d'« aide » rétribuée n'ont pas été isolés. Ils se sont répétés sur le tracé de la ligne, afin d'améliorer le quotidien personnel du passeur ou celui de sa propre famille. Des soldats français en poste sur la ligne ont vendu le passage vers une pseudo-liberté pour des sommes équivalentes à vingt ou trente francs, ce qui est peu par rapport à ce que des passeurs clandestins ont demandé à des Juifs à partir de 1942, c'est-à-dire plusieurs milliers de francs. Pendant toute l'existence de la ligne de démarcation, les passeurs ont bénéficié de la complicité d'une partie des services français en poste sur la ligne de démarcation, uniquement dans le sens nord-sud. Ces services connaissaient parfaitement l'identité d'une grande partie des passeurs. Par exemple, entre le Jura et le Doubs, le passeur Paul Koepfler, qui a monté sa filière dans la nuit de Noël 1940, à titre personnel, était parfaitement connu des surveillants français. Parfois, ils ont même travaillé ensemble

Dans le Jura, l'Etat français organise des postes spéciaux pour recueillir les rescapés du passage, notamment durant l'hiver 1940-1941. Des centres d'hébergement complètent ainsi l'organisation « officielle » du passage clandestin. A Chamblay, trois cafés et une boulangerie sont utilisés pour la distribution de nourriture et de boisson chaude. Des registres de passages sont ouverts, ce qui permet à Vichy de disposer d'un moyen de contrôle sur les clandestins. A partir de février 1941, et à la demande des autorités de Vichy, les tenanciers du café Aigrot à Chamblay ont tenu quatre cahiers d'écolier, en guise de registres, qui détaillent, sur plusieurs colonnes, la date du passage en zone non occupée, le nom, le prénom, la date et le lieu de naissance, le grade, le régiment ou la formation, la profession, les lieux du départ et de destination, et enfin, le paraphe du passager[20]. Au total, 1 841 personnes ont été déclarées sur les cahiers des postes de Chamblay, contrôlés par les gendarmes français. Les postulants au passage clandestin ont parcouru de longues distances jusqu'à la ligne de démarcation : ils venaient par Arras, Bar-le-Duc, Belfort, Besançon, Laon, Mézières, 6 % d'entre eux s'étaient évadés des *Stalags* 12B (Sarreguemines), 12D (Trèves), 12 F (Forbach), 7A et du *Fronstalag* 190 (Charleville).

Selon l'ordonnance allemande du 20 juin 1940[21], Vichy est largement hors la loi en aidant ces passages, mais au cours des négociations de Wiesbaden aucune intervention allemande ne lui fait reproche de son soutien à une quelconque activité clandestine sur la ligne de démarcation. Est-ce le souci de laisser à Vichy un semblant de souplesse ou une soupape sur les limites imposées par l'Occupation ? L'affirmative est difficile à envisager tant il est vrai que les Allemands sont obnubilés par la sécurité de leurs troupes. Rappelons seulement que chaque prisonnier de guerre, chaque passager clandestin est un danger potentiel, car il peut transporter avec lui des informations importantes sur l'implantation des troupes et le stockage du matériel de guerre ennemi.

Il est difficile de cerner la motivation des passeurs rémunérés par Vichy. Sont-ils animés par l'appât du gain ou par la préoccupation d'aider leur prochain ? Les maires des villages font silence sur ce point dans leurs courriers aux préfets et aux sous-préfets. Certains maires du Doubs et du Jura, ainsi que leurs employés, sont sérieusement inquiétés en 1941, car soupçonnés de braver l'ordre allemand sur la ligne de démarcation. Le Doubs, situé en zone interdite, est l'une des bases avancées du passage clandestin vers le territoire administré par Vichy. En mars 1941, l'arrivée des douaniers allemands sur la ligne de démarcation complique la tâche des passeurs et des autorités vichyssoises. Les arrestations de passeurs et de leurs complices se multiplient alors. Pour autant, en ce qui concerne le passage clandestin sur les lignes de démarcation, l'indulgence de Vichy à l'égard des prisonniers de guerre n'est pas extensible à toutes les autres catégories de passagers.

A la fin de 1941, les registres n'indiquent plus que la date du passage, l'identité, le camp de détention et le numéro de matricule. La destination n'est plus mentionnée. L'enregistrement des passagers clandestins passés par le café Aigrot se prolonge jusqu'au 24 février 1942. Par la suite, les registres sont réduits à leur plus simple expression et n'indiquent plus que la date du passage, le nom, le prénom et la signature du passager. En effet, mieux vaut que les pages ne renferment pas trop de renseignements pour le cas où les Allemands s'en saisiraient. Les dernières mentions de passagers datent du 10 février 1943. L'occupation totale de la France ne permet plus une telle organisation et les prisonniers de guerre sont contraints désormais à une évasion plus risquée à travers le territoire français.

Dès lors, Chamblay n'est plus l'étape de secours. Les cahiers du café Aigrot sont enterrés, puis enfermés dans une boîte métallique, pour être exhumés après la Libération[22]. Les passeurs n'ont évidemment conservé que leur témoignage et cela rend difficile tout recoupement avec le contenu des cahiers. Cependant, ces derniers révèlent la volonté de Vichy d'exercer au mieux ses fonctions de puissance régalienne sur ses soldats, sur l'ensemble du territoire national, au risque de légaliser partiellement une forme de clandestinité sur la ligne de démarcation et donc de s'attirer les foudres du Reich. Pendant plusieurs semaines, des passeurs, dont nous ne pouvons malheureusement pas évaluer le nombre, sont donc devenus des « salariés » de l'Etat français. Nous ne connaissons pas la somme totale déboursée par Vichy pour les rétribuer, d'autant que personne n'évoque officiellement ceux que toute la population appelle les « *passeurs* ». Les guillemets sont de rigueur dans les documents émanant des services de la police et de la gendarmerie. Vichy a plutôt esquissé une définition ambiguë et modulable, en fonction des circonstances, de la nature des relations politiques avec le Reich et selon les buts du programme moral et idéologique de la Révolution nationale.

Les premiers réfractaires de la ligne

Le passage clandestin est une façon d'être et de lutter contre la présence de l'occupant, en lui échappant par un réflexe de contestation et d'amour-propre. Cependant, il existe bien d'autres motivations, dont certaines sont proches de la délinquance. Les passeurs paraissent partir de rien ; ils sont majoritairement apolitiques. Pourtant, à y regarder de plus près, la réalité n'est pas si simple et si tranchée que cela. Dès l'avant-guerre, des éléments appris préparent sans doute des passeurs à se lancer dans l'exercice de transgression de la loi de l'occupant : l'éducation, les récits des rescapés de la Grande Guerre sur les Allemands, désignés comme ennemis héréditaires, le poids des traditions locales, l'attachement à la liberté de circuler et de travailler sur un même terroir et enfin, parfois, la pratique de la contrebande, même à petite échelle. Pour certains passeurs, il reste le facteur de l'imprévu et du hasard des rencontres, au nom de solidarités plus ou moins profondes. L'esprit d'aventure, lié à la jeunesse, s'accompagne de sentiments patriotiques et « *humanitaires* », issus d'une éducation familiale. Il n'est souvent qu'un renfort à des motivations premières dont l'origine se situe dans le giron culturel de la famille. Certains ont agi par devoir, même si des freins à l'engagement ont joué.

Une minorité d'habitants estime que le passage clandestin n'est qu'un acte civique et qu'il ne peut donc pas être assimilé à un acte de résistance. En 1940, le récit des souvenirs de l'occupation des régions du nord de la France en 1914-1918 pèse encore lourdement sur l'imaginaire des Français, même ceux de la ligne de démarcation qui n'ont pas vécu directement ces événements. Au soir du 25 juin 1940, les « frontaliers » se sentent aussi démunis que leurs compatriotes situés plus au sud ou plus au nord de la séparation. Il n'y a chez eux aucun signe de vagues centrifuges, séparatistes et antirépublicaines. Effectivement, les départements divisés sont assez éloignés des bastions traditionnels du régionalisme radical. Le civisme, le patriotisme et le désarroi face à l'éclatement du territoire et de l'identité nationale ont fait pourtant réagir certaines franges de la population. La ligne de démarcation n'est ni un obstacle infranchissable ni une barrière totalement perméable. Cette prise de conscience est immédiate pour une minorité de Français riverains et de passeurs qui entendent ainsi lutter contre l'envahisseur. La démarcation est une fracture territoriale et psychologique qui n'est pas acceptable pour une partie d'entre eux. Ils rejettent notamment les servitudes quotidiennes que les Allemands leur imposent ou infligent à d'autres individus qui cherchent à échapper à l'Occupation et à son lot de persécutions. Parfois, entre le refus psychologique et le passage à l'action, il s'écoule plusieurs semaines, voire plusieurs mois.

Dès 1940, certains décident de rejeter la « *frontière* » germanique, marque infamante de l'occupation allemande. Parmi eux figurent des anciens poilus. Ces hommes d'âge mûr ont une expérience des combats antiallemands et la défaite de 1940 leur semble une catastrophe. Cependant, nous ignorons la proportion d'anciens combattants devenus passeurs. La plupart des témoins racontent qu'il n'était pas rare de croiser d'anciens combattants, employés ou exploitants agricoles le jour, transformés en passeurs la nuit. Sur la ligne de démarcation, le combat peut reprendre sous d'autres formes, sur le pas des maisons ou aux abords des guérites allemandes. L'éclusier de Bléré, Blaise Guérinault, le confirme : « *Mon père, qui avait combattu dans les tranchées, ne supportait pas l'idée de voir les Allemands à sa porte. Il ne savait pas comment lutter. Pour lui, seules les armes pouvaient permettre de reprendre la lutte et de repousser l'Allemand hors de la région tourangelle. Un jour, il me dit : "Mais qui sont-ils ces Boches pour oser nous infliger une frontière au cœur de nos champs. Qu'on fait nos soldats ? Et toi, Blaise, tu ne peux rien faire ?"*[23] »

Blaise Guérinault a profité de sa position d'éclusier sur le Cher pour faire passer d'une rive à l'autre, grâce à sa barque, des piétons clandestins. Si son père ancien combattant ne l'a pas aidé, il a bénéficié cependant de la participation très active de son épouse. Cette réaction de l'ancien combattant Guérinault est fréquente chez d'anciens gendarmes à l'esprit militaire bien marqué. Beaucoup d'anciens de la Grande Guerre mettent leur espoir dans le double jeu que le maréchal Pétain paraît incarner. En attendant le départ des Allemands, le passage clandestin de la ligne peut constituer une première forme de reprise du combat pour refouler les occupants de l'autre côté du Rhin. On peut penser que certains des démobilisés et des prisonniers de guerre passés par

Chamblay ont rejoint les anciens combattants restés dans les villages et confortés dans leur opinion antigermanique. Il faut dire enfin que les anciens combattants et les militaires en général jouissent d'une certaine popularité dans les campagnes. On le sait, les premiers passagers de la ligne ont souvent été des prisonniers de guerre à qui une aide gratuite a été accordée pour rejoindre l'une ou l'autre zone. Les anciens combattants ont vu arriver chez eux des prisonniers de guerre qui ont connu un sort commun dans les combats. Parfois, le prisonnier en fuite rappelait un fils encore en captivité dans un *Stalag*. Dans ce cas, l'aide au passage a donc été plus spontanée que pour d'autres catégories de passagers.

L'aggravation des restrictions sur la ligne de démarcation ne peut que faire croître le nombre de passeurs clandestins. Les mesures répressives en zone occupée, à l'encontre des Juifs essentiellement, ont mis sur les routes de plus en plus de passagers en fuite. Mais le sentiment patriotique n'est pas l'apanage des seuls anciens combattants de la Grande Guerre. Il anime aussi la plupart des *habitants-passeurs* qui refusent d'abord la présence de l'Allemand, puis revendiquent soit la défense du régime – du moins au début – soit la volonté de recouvrer l'unité perdue. Cela dit, nombreux sont les anciens combattants à être entrés dans une longue période d'inertie, faisant confiance à leur chef historique et quasi légendaire, le maréchal Pétain.

Ce qui est défini par les témoins comme « *banal* » est au contraire exceptionnel au regard des circonstances territoriales et politiques du moment. En revanche, il existe bien une réelle banalisation du passage clandestin à mesure que l'Occupation se prolonge. Seule, de temps à autre, une arrestation par les douaniers allemands vient rappeler aux habitants les plus proches du passeur captif que la ligne de démarcation reste un stigmate dangereux et qui n'appartient pas à l'ordinaire des temps de paix. Le rôle de passeur ne se joue pas sans risque.

Peu à peu, et bien davantage encore à partir de l'arrivée des douaniers allemands, au printemps 1941, les occupants équipent la ligne de démarcation d'une importante logistique, ce qui réduit les possibilités d'ignorer l'existence d'une frontière, même au tracé imprécis. Lorsqu'un paysan laboure ou travaille dans un champ à cheval sur les deux zones, il lui est facile d'observer les mouvements des gardiens allemands, mais aussi ceux des passagers en quête de la bonne route à suivre. Des poteaux-frontières signalent le tracé approximatif et trompent régulièrement les passagers. Les Allemands ne se gênent pas pour avancer des poteaux plus avant en zone non occupée, profitant d'un tracé vague dans ses détails. Le gardien allemand de la ligne de démarcation doit garder un œil ouvert sur tous les travailleurs qui exercent d'une zone à l'autre. En général, il n'a pas assez de moyens et d'effectifs pour les surveiller tous. Par exemple, à Athée (Indre-et-Loire) et dans la région de Plaimpied, Saint-Just et Le Subdray (Cher), les Allemands occupent des bandes de terrain situées en zone non occupée, depuis l'armistice, afin de rendre plus difficile l'accès entre les deux zones. Dans la commune d'Athée, à l'endroit où la ligne de démarcation fait un coude vers le sud, il suffit de traverser le Cher à la nage pour se retrouver en zone dite « libre ». Dès le mois d'août 1940, les militaires allemands de la région ont arbitrairement choisi de repousser le tracé de la ligne de démarcation plus au sud, sur la rive gauche, obligeant les fugitifs à courir plusieurs centaines de mètres supplémentaires pour accéder à la zone non occupée. Cela afin de laisser plus de temps aux gardiens pour intercepter les candidats à l'évasion inter-zones.

En conséquence, à Wiesbaden, les négociateurs français ont demandé avec insistance le retour de Plaimpied, Saint-Just, Le Subdray, Bléré et Selles-sur-Cher dans la zone non occupée. En vain. Les habitants ont également adressé sans succès des dizaines de lettres aux maires, préfets et sous-préfets, dont certaines sont conservées dans les archives départementales. A l'incompréhension du tracé local, certains habitants ont donc réagi par des actes de désobéissance. Selon eux, ils devaient être libres de circuler sur des terres qui formaient, depuis des décennies, un ensemble homogène, seulement encadré par les limites d'une clôture. L'incompréhension a rapidement laissé la place à la colère, puis au déni des règles allemandes.

Le passage clandestin de la ligne de démarcation a pu également faire office d'exutoire à une population limitrophe, finalement pas si mécontente d'être aux abords de deux portions de France aux statuts si différents. Les perspectives de trafics économiques inter-zones sont facilement et rapidement perçues par certains. Par ailleurs, la survie économique locale dépend beaucoup de la fluidité des communications entre les parties d'un village, d'un canton ou d'un département. En de multiples points, le passage clandestin forme une sorte de charnière vitale entre les deux zones. La fraude compense l'absence de distractions et permet sans doute d'oublier un peu les pénuries. La séparation des familles et la désarticulation des propriétés constituent d'autres raisons aux pratiques illégales de franchissement. Il s'agit de contre-attaquer l'ordre allemand. Toutes les lignes de démarcation ont connu le passage clandestin, devenu assez rapidement une utile respiration à travers le territoire national. Sous l'Occupation, les flux secrets, les flux risqués, les traversées dramatiques appartiennent à l'histoire d'un pays occupé qu'une main étrangère ne peut pas parvenir à paralyser intégralement.

Des prêtres en première ligne

Les prêtres sont des personnages éminents de l'organisation du passage clandestin du monde rural. Plusieurs exemples de *prêtres-passeurs* dans le Cher, l'Indre-et-Loire, le Loir-et-Cher et la Saône-et-Loire – ce qui n'exclut pas qu'il y ait d'autres cas ailleurs sur la ligne – ont été identifiés. Traditionnellement, le prêtre exerce une fonction sociale et bénévole importante dans les campagnes françaises. Le fugitif ne risque pas la dénonciation ou le vol d'un passeur malveillant. Le prêtre peut également compter sur l'aide d'un réseau important de fidèles, mais il doit aussi rester très discret, car il n'est pas à l'abri d'une dénonciation. En temps de paix, les prêtres travaillent déjà en étroite relation avec les milieux médicaux : le docteur Cliquet à Vierzon, le vétérinaire Goupille à Descartes, les médecins de Bléré et Chenonceaux, etc. Ces réseaux socio-médicaux, tissés bien avant guerre, vont aussi être utilisés à des fins clandestines.

Le colonel Rémy a consacré des dizaines de pages aux *prêtres-passeurs*, tel l'abbé Louis Farcet à Vierzon, qui a exercé son sacerdoce à l'église Notre-Dame[24]. Les archives départementales du Cher, les témoignages de Gustave Sillard[25], un ancien passager qui a emprunté la « filière de Vierzon[26] », et de Marcel Demnet[27] permettent de mieux connaître l'activité de cet ecclésiastique[28]. Ce dernier apporte d'utiles précisions :

« *Je connaissais l'abbé Farcet puisqu'il exerçait son ministère à l'église Notre-Dame, l'archiprêtre Pinson étant son supérieur. J'ignorais ce qu'avait pu être sa participa-*

tion dans le passage de la Ligne de démarcation. Au moment de son arrestation, à la mairie nous avions appris qu'il profitait des enterrements de personnes décédées dans le quartier du Bourgneuf (zone non occupée) pour faire passer des gens, mais sans plus. Ce n'est qu'à la Libération que nous avons eu connaissance de tout ce qu'il avait fait[29]. »

En effet, le curé Farcet habille des prisonniers de guerre évadés avec des vêtements civils et les fait passer en zone non occupée. A Thénioux, avec l'aide des frères Toupet, il leur fait traverser le Cher avec les cortèges funéraires qui se rendent de la rive droite du Cher (à Vierzon-Ville, en zone occupée, où l'église est située) à la rive gauche (dans le district de Vierzon-Bourgneuf, en zone non occupée où le cimetière est localisé). Les cortèges sont autorisés par les Allemands qui gardent la ligne sur le pont enjambant le Cher. Les surveillants reçoivent systématiquement une liste des personnes présentes dans le cortège, rédigée par le curé. Celui-ci mélange les noms des candidats au passage avec les membres de la famille du défunt. Cependant, les occupants s'aperçurent vite de la supercherie. L'abbé Farcet reçut l'ordre de réduire les cortèges. Après des avertissements répétés, l'abbé est arrêté le 11 juin 1941, interrogé à Bourges, enfermé à Vierzon, puis condamné à un an de prison, le 12 juillet suivant. Il est libéré en janvier 1942, puis il est nommé dans une paroisse près de Sancerre (Cher).

L'abbé Péan de Draché – une commune de moins de mille habitants relativement isolée, à une quarantaine de kilomètres au sud de Tours – fait partie des passeurs qui organisèrent, convoyèrent et recrutèrent sans relâche, de 1940 jusqu'en 1943. L'abbé a beaucoup travaillé dans le sud du département d'Indre-et-Loire et aux confins de l'Indre et de la Vienne. Il sillonnait le terrain à bicyclette, à la recherche de passagers perdus. Sa fonction lui a donné accès à tous les milieux sociaux du canton. Les passagers sont ensuite dirigés vers le vétérinaire de Descartes, André Goupille, à La Brémaudière, dans la commune du Grand-Pressigny distante de quelques kilomètres, où ils sont pris en charge pour être conduits vers la frontière espagnole, en passant par Toulouse. Le curé de Draché travaille aussi avec une comtesse, qui cache des aviateurs alliés en fuite dans son château de La Roche-Ploquin, à Sepmes, avant de les faire partir en zone non occupée. L'abbé Péan a poursuivi son activité jusqu'en 1943, même après la suppression matérielle de la ligne de démarcation, pour aider les réfractaires du STO. Les sites d'étape utilisés depuis 1940 comme autant de points de chute pour passeurs et passagers ont encore rendu service en vue d'une évasion vers l'Espagne, pour rejoindre la France Libre, par exemple. L'abbé Péan n'est pas tombé à cause de la ligne de démarcation, mais à la suite d'une dénonciation : le 13 février 1944, il est arrêté à la sortie de la messe, à La Celle-Saint-Avant. Il fut torturé par la Gestapo de Tours et abattu. Il a été inhumé au cimetière de Tours. A Ligueil, un village situé à l'est de Draché, l'abbé Dupont a également organisé des passages clandestins de la ligne avec l'aide de fermiers et d'un facteur. Il fut lui aussi arrêté, déporté, mais est revenu vivant des camps de la mort en 1945[30].

Si le prêtre vierzonnais Louis Farcet a connu l'aide croissante des fidèles et une arrestation sans conséquences majeures pour sa vie, d'autres ecclésiastiques, comme l'abbé Péan, ont connu un sort beaucoup plus tragique. L'abbé Marcel Lacour d'Athée-sur-Cher appartient à cette catégorie de passeurs qui ont connu la torture et la mort pour avoir refusé la ligne de démarcation et, à travers elle, l'occupant. L'abbé Lacour était vosgien d'origine. Ordonné prêtre le 5 juin 1909, à Dijon, il est nommé vicaire à Bléré, le 11 janvier 1912, puis prêtre à Bournan, dans le canton de Ligueil, de 1912 à 1922. Entre-temps, il fut aumônier du front pendant la Grande Guerre. Pendant sa mobilisation, il apprend des rudiments de la langue allemande. Après un passage dans les paroisses de Perrusson et de Véretz, il s'installe à Athée-sur-Cher en août 1935[31]. En juin 1940, la commune d'Athée est scindée en deux parties par la ligne de démarcation. Les surveillants allemands sont logés dans un château à la sortie du village (au lieu-dit La Chesnaye). Très vite, l'abbé Lacour entretient des relations courtoises avec les occupants. Il les invite souvent à boire un verre de sauvignon, afin de les mettre en confiance. Parallèlement, il se renseigne sur les horaires de passage des patrouilles et sur leurs habitudes quotidiennes dans le village. Pendant qu'il boit avec les Allemands, des réfugiés, cachés dans le grenier du presbytère, en profitent pour franchir la ligne de démarcation, selon un plan fourni par l'abbé. Celui-ci a aussi utilisé les services d'un chauffeur, Charles Van Laere, un réfugié belge. Le prêtre a caché des lettres sous le siège de la voiture pour les passer discrètement vers la zone non occupée. Il franchit facilement et régulièrement la ligne grâce à un laissez-passer spécial sur lequel a été inscrite la mention « *Service des églises*[32] ». Très rapidement, des villageois ont connu l'activité du prêtre ; certains ont craint une réaction allemande sévère, en cas d'arrestation. L'évêché de Tours l'a mis en garde à plusieurs reprises, car les risques qu'il prend ont été dénoncés et suscitent la curiosité de la *Kommandantur* de Tours.

A partir de 1941, le chanoine Robin, le recteur de la basilique Saint-Martin-de-Tours, ancien interné du camp de Tessé, près de Bagnoles-de-l'Orne, envoie à Lacour de nombreux évadés de ce camp. Le chanoine crée par ailleurs une filière au départ de Granville où sa sœur, hôtelière, confie les évadés à un professeur de lycée. De là, ils se dirigent vers l'Indre-et-Loire. Après le passage de la ligne, des gendarmes assurent la réception des passagers. Marcel Lacour est arrêté plusieurs fois, emprisonné trois mois, avant d'être dénoncé une dernière fois. Arrêté le 13 avril 1944, après l'office, il est torturé par Otto Neugebauer dit « *Michel* »[33], le recruteur des indicateurs de la Gestapo à Tours. Pendant sa déportation, il raconte à un autre *passeur-résistant*, Lucien Marchelidon, qu'il a passé plus de deux mille personnes. Nous ne pouvons pas vérifier la véracité de ces chiffres. Marcel Lacour est déporté à Buchenwald et y meurt le 20 novembre 1944, affecté par un œdème aigu aux poumons. Comme pour l'abbé Péan, la poursuite d'activités clandestines bien après mars 1943, date de la suppression de la ligne de démarcation, lui a coûté la vie. Ce n'est pas le passage clandestin d'individus en fuite qui l'a mené à la mort, mais le passage de renseignements. Autour des prêtres, plus qu'autour des gendarmes, s'agrègent un ensemble de villageois qui peuvent tous apporter une aide déterminante, qui pour contribuer au passage clandestin de lettres grâce aux migrations inter-zones de travail, qui en hébergeant des Juifs confiés par un rabbin – par exemple, le père Fleury en Charente et plusieurs pasteurs[34] qui aident le rabbin Elie Bloch à cacher et à convoyer des Juifs en zone non occupée –, qui en fournissant des faux papiers. Cette activité est voyante et elle est connue de tous dans les limites d'un petit village.

L'opinion locale est très hostile à l'arrestation des prêtres, personnages considérés comme intouchables au sein des communautés villageoises, le plus souvent sur dénonciation. Les rapports des préfets et des gendarmes l'attestent en Indre-et-Loire comme dans le Cher, le Jura et le Doubs. A deux reprises entre janvier et avril 1941, le préfet évoque l'émotion provoquée dans l'opinion, après l'arrestation, à Dole, de tous les membres du clergé pour avoir organisé le passage clandestin de la ligne de démarcation. Pourtant, cela ne freine en rien la poursuite des passages inter-zones illégaux.

Portrait-robot du passeur

Premier constat, prévisible : le passeur est un jeune homme, au plus trentenaire[35] et donc vraisemblablement célibataire, si l'on suit les statistiques de l'âge au mariage à cette époque, vingt-huit ans et demi. Au cours de nos recherches, nous avons rencontré des témoins âgés d'une dizaine d'années en 1940 et qui se souviennent parfaitement d'avoir passé également clandestinement la ligne de démarcation, pour aller chercher des œufs dans une ferme et nourrir les passagers, voire les autres membres de leur famille. D'une façon générale, il est alors plus facile, pour un homme jeune, non marié et sans profession encore bien établie, de se livrer à l'activité clandestine. En outre, de bonnes qualités physiques sont requises, même si le passage de la ligne est beaucoup moins « sportif » que celui des Pyrénées, par exemple. Dans le Jura, il existe certaines difficultés, lors du franchissement des rivières qui matérialisent la démarcation, où le passeur doit aider avec méthode les passagers, ce qui exige aussi une bonne santé. La majorité des passeurs interrogés a révélé un goût pour l'aventure, dès avant le déclenchement de la guerre. Cela s'explique par une éducation qui, dans les années trente, exalte le courage des combattants de 1914-1918 et les aventures des Français engagés dans la conquête coloniale, ou encore par une nette volonté d'émancipation[36] par rapport au milieu familial et notamment de la banalité d'un quotidien rythmé par les travaux agricoles.

L'âge moyen des passeurs en 1942

	Enquête 1[1]	Enquête 2[2]	Enquête 3[3]	Enquêtes 1 + 2 + 3[4]
15-19 ans	18 %	41,46 %	14,50 %	(43[5]) 20,60 %
20-29 ans	56 %	48,78 %	34,20 %	(88) 42,30 %
30-39 ans	22 %	9,75 %	26,50 %	(46) 22,11 %
40-49 ans	4 %	0 %	12,80 %	(17) 8,17 %
50-59 ans	0 %	0 %	8,50 %	(10) 4,80 %
60 ans et plus	0 %	0 %	3,40 %	(4) 1,90 %
Total	100 %	100 %	100 %	(208) 100 %

1. **Enquête 1 :** nos cinquante entretiens ont servi de support à l'élaboration de ces proportions.

2. **Enquête 2 :** le fichier des RG de Tours a été dépouillé pour l'enquête : seulement quarante et une fiches de passeurs avérés ont été extirpées sur près de mille.

3. **Enquête 3 :** enquête menée par Thierry Bonnot pour la Saône-et-Loire, sur un total de 117 passeurs.

4. Les proportions de cette colonne sont calculées à partir d'un total de 208 passeurs, c'est-à-dire à partir de la somme de tous les passeurs recensés dans les trois enquêtes de référence. Nous avons bien conscience que notre échantillon est beaucoup moins significatif que ceux des études portant sur les mouvements de résistance, tels que Défense de la France, Franc-Tireur et Libération-Sud, par exemple.

5. Entre parenthèses, nous avons donné le nombre de passeurs.

Au demeurant, ce constat recoupe d'autres enquêtes : Franc-Tireur compte un gros tiers de « jeunes »[37], et ce n'est rien à côté de Libération-Sud (60 %)[38] ou de Défense de la France[39] (72 %). En 1944, plus de la moitié des résistants du réseau Cohors sont âgés de trente à quarante ans[40]. Les plus jeunes des passeurs, le plus souvent célibataires, peu ou pas engagés dans la vie professionnelle, avaient moins de contraintes que leurs aînés. Mais ceux qui dirigeaient ou construisaient les filières de passage clandestin étaient mariés, à moins qu'ils ne fussent prêtres : André Goupille à Descartes (Indre-et-Loire), le docteur Cliquet à Vierzon ou Louis de la Bardonnie en Dordogne. Pourtant, le mariage ou la profession ne sont pas des obstacles insurmontables pour participer au franchissement illégal de la ligne de démarcation. Tout au plus constituent-ils des freins[41]. L'illégalité du franchissement clandestin par les plus jeunes a donc été certainement motivée par des raisons entrecroisées, comme le goût de l'aventure et l'impression de ne pas être attentistes comme nombre d'aînés dont la culture politique, héritée des années trente, avait atténué sans doute leur volonté de s'engager dans le chemin difficile de la clandestinité.

Composition par sexe de la population des passeurs clandestins[42]

	Enq. 1[43]	**Enq. 2[44]**	**Enq. 3[45]**	**Enq. 4[46]**	**Total[47]**
Hommes	86 % (43)	90,2 % (37)	82,8 % (116)	76,9 % (90)	82,2 % (286)
Femmes	14 % (7)	9,75 % (4)	17,14 % (24)	23,1 % (27)	17,8 % (62)

Affaire d'hommes jeunes, avons-nous écrit ; cela ne signifie pas une exclusion féminine. Dans la majorité des cas, elles ont hébergé des passagers et sont restées à la maison ou elles ont accompagné leur époux ou leur fiancé lors des passages de la ligne. Plus rarement, elles ont agi seules. Dans ce cas, il s'agit de célibataires, de veuves ou de jeunes filles qui vivent encore chez leurs parents ; c'est le cas de Paulette Peyrefiche en Dordogne ou de Raymonde Sergent en Indre-et-Loire, des femmes le long de la rivière la Loue, à Salins (Mlle Tourbin), à Arbois (Marie-Louise Lauzerie, femme de gendarme, déportée à Ravensbrück d'où elle est revenue vivante), Mme Barthélemy, à Dole (elle a pris le relais de son mari, capitaine de gendarmerie, déporté en 1941), Mme Dejeux et sa fille (condamnée par les Allemands à six ans de travaux forcés) du café de La Vieille-Loye, etc.

Un autre constat s'impose : chez les passeurs *stricto sensu*, les femmes occupent une place importante. Cela tient à la nature même d'une activité où l'homme a besoin de la femme pour couvrir les arrières, dissimuler les preuves laissées par l'époux, ainsi que pour chercher et apporter de la nourriture aux passagers. Elles prennent des risques importants, telle Raymonde Sergent, tenancière d'un café à Saint-Martin-le-Beau, qui cache les candidats à l'évasion dans l'arrière-boutique et attend la nuit pour les acheminer vers la ligne de démarcation. Il faut noter que Raymonde Sergent exerçait un métier, ce qui n'est pas le cas de l'écrasante majorité des femmes-passeurs ou des femmes de passeurs.

Sur les écluses du Cher, entre Saint-Aignan-sur-Cher et Chisseaux, les éclusiers, qui coulent des bateaux le jour et les écopent la nuit pour faire passer les passagers sur la rive gauche non occupée, ont eu sans cesse recours à leurs épouses pour faire le guet, embarquer les évadés ou même ramer. A Bléré, l'une des plaques tournantes du passage clandestin en France, l'éclusier

Les femmes dans les mouvements Libération-Nord, Libération-Sud, Défense de la France, Franc-Tireur et dans le monde des passeurs

	Libération-Nord[1]	**Libération-Sud**[2]	**Défense de la France**[3]	**Franc-Tireur**[4]	**Passeurs**[5]
Hommes	90,0 % (728)	87,32 % (682)	83,1 %	90 % (416)	82,2 % (286)
Femmes	9,9 % (80)	12,67 % (99)	16,8 %	9,95 % (46)	17,80 % (62)

1. Pourcentages calculés à partir des chiffres retrouvés par Alya Aglan – entre parenthèses dans le tableau –, *La Résistance sacrifiée*, *op. cit.*, p. 335, annexe n° 10.
2. Les proportions de cette colonne ont été calculées à partir d'un tableau produit par Laurent Douzou, dans sa thèse, publiée en 1995, dans la partie des Annexes, *La Désobéissance, op. cit.*, pp. 435-454.
3. Olivier Wieviorka, *Une certaine idée de la Résistance…, op. cit.*, pp. 164-165. Les chiffres sont valables pour l'année 1943. Dans ce mouvement de la zone occupée, les chiffres oscillent entre 15,28 % et 16,89 %, selon les sources chiffrées retenues par l'historien.
4. Dominique Veillon, *Franc-Tireur…, op. cit.*, pp. 253-254.
5. Nous reportons ici nos résultats précédents.

Blaise Guérinault et son épouse recherchent les passagers pendant la journée et, la nuit, ils leur font franchir le Cher en amont de l'écluse, en face d'une cave coopérative vinicole qui marque la fracture territoriale entre les deux zones. D'autres témoignages révèlent que certains passeurs masculins ont refusé la participation de leur épouse, considérant qu'elle risquait de trop parler. Pourtant, on imagine sans peine qu'un passeur nocturne ne peut pas dissimuler longtemps ses activités clandestines à celle qui partage sa vie. La répartition traditionnelle et sexuelle des tâches entre l'homme et la femme, en temps de paix, a sans doute influencé la distribution des rôles lorsqu'il a fallu s'organiser dans la clandestinité. Les hommes dirigent et les femmes suivent leurs recommandations. L'inverse est alors très rare.

Qui et comment recruter ?

Le recrutement des passeurs de la ligne de démarcation se fait selon deux ensembles clairement identifiables : celui du milieu professionnel et celui des relations amicales et familiales. Pour effectuer un passage clandestin, outre l'atout indispensable de la jeunesse, il faut souvent compléter ses chances de réussite par des compétences, liées généralement à celles du métier exercé. Du moins, c'est ce qui ressort des rares éléments statistiques regroupés. L'étude des origines socioprofessionnelles des passeurs est un des aspects les plus difficiles de notre travail. Nous avons croisé trois séries de chiffres pour apprécier, même imparfaitement, les origines socioprofessionnelles des passeurs clandestins de la ligne de démarcation. A quelques exceptions près, presque toutes les couches sociales de la population française sont présentes, y compris les membres des professions libérales qui n'apparaissent pas dans les échantillons du tableau. Nous avons compté un médecin et un vétérinaire. Il n'y a cependant ni professeur d'université ni ingénieur. Les couches populaires et moyennes[48] ont fourni le plus gros des effectifs. Au regard de la colonne des totaux, nous pourrions penser que les professions agricoles ne viennent qu'en troisième position, alors que la ligne de démarcation traverse essentiellement le monde rural et coupe une multitude d'exploitations agricoles et forestières. Nous pourrions également conclure à une large représentation du monde ouvrier. Les paysans seraient certes en nombre, mais pas majoritaires. Or, cela n'est pas si simple. Disons d'emblée que le type de profession exercée dépend beaucoup du tissu économique local. Plusieurs profils de passeurs se dégagent et se répètent alors d'une région à l'autre de la ligne de démarcation, alors que le monde des passeurs n'est régi par aucune stratégie d'ensemble comme c'est le cas des mouvements de la Résistance.

Ainsi, dans les trois départements de l'actuelle région Centre (Cher, Indre-et-Loire, Loir-et-Cher), trente-neuf des cinquante anciens passeurs rencontrés appartiennent au monde agricole. Aux chiffres des passeurs agriculteurs, il faut ajouter les épouses, les enfants, des parents en retraite ou des garçons de ferme. Ils aident le chef de famille, le plus souvent agriculteur. Dans ce cas, le recrutement est à la fois professionnel et amical. Les paysans ont une connaissance parfaite de la topographie et des régions traversées. L'économie terrienne dominait largement l'espace traversé par la ligne de démarcation : on compte entre 55 et 70 % de ruraux. Plus de la moitié des propriétés agricoles situées entre la frontière suisse et la Vienne sont de petite taille ; elles dépassent rarement les dix hectares de superficie. La résistance politique qui a recruté ses chefs au sein de l'élite urbaine a dû, à un moment ou un autre, avoir recours au monde rural et à sa connaissance de l'esquive, de la transgression et de subterfuges divers pour passer entre les deux zones principales.

Prenons deux exemples : le passage clandestin est plus facile lorsque la vigne est plantée dans une zone et le pressoir situé dans l'autre. Les allers et retours au moment des vendanges ont ainsi facilité ces passages[49]. En Indre-et-Loire, d'après les statistiques de l'ancien

Les origines socioprofessionnelles des passeurs[1]

	Enquête 1[2]	Enquête 2[3]	Totaux[4]
Cadres et employés[5]	9 % (4)	0 %[6]	3,14 % (4)
Ouvriers	5 % (3)	48,62 % (53)	44,09 % (56)
Commerçants, artisans[7]	18 % (9)	13,76 % (15)	18,99 % (24)
Armée (dont gendarmerie)	4 % (2)	0 %	1,57 % (2)
Agriculteurs	52 % (26)	2,75 % (3)	22,83 % (29)
Clergé	2 % (1)	0 %	0,78 % (1)
Sans profession et autres[8]	10 % [5]	21,42 % [6]	8,66 % (11)

1. Entre parenthèses, nous avons reporté le nombre des passeurs.

2. **Enquête 1 :** notre enquête orale, 50 passeurs.

3. **Enquête 2 :** enquête de Thierry Bonnot, *op. cit.*, p. 81 : 109 passeurs étudiés pour les origines socioprofessionnelles.

4. Les proportions de cette colonne sont calculées à partir d'un total de 127 passeurs. Il s'agit du pourcentage calculé par rapport à la somme des effectifs des deux enquêtes.

5. On retrouve dans cette catégorie les employés de bureau (dans les mairies notamment) et de commerce, les cheminots et les employés des PTT. Nous incluons aussi les instituteurs.

6. Dans ce chiffre, figurent trente-deux mineurs, à savoir 29,35 % du total des passeurs recensés par Thierry Bonnot.

7. Parmi eux, il y a des patrons de la petite industrie.

8. Dans cette catégorie, nous avons classé une majorité de jeunes adolescents de moins de 16 ans, des femmes, des retraités et des « indéterminés », c'est-à-dire des individus, certes peu nombreux, mais pour lesquels nous ne disposons d'aucune information sur la profession exercée.

préfet de la Libération de Tours, Robert Vivier, les cultivateurs des cantons d'Amboise, de Bléré et de Loches[50] ont largement composé le flot des internés des prisons de Tours, telle l'école Michelet, transformée en lieu de détention pour passagers, passeurs et aides-passeurs, tant leur nombre a gonflé à partir de 1941[51]. En 1942, l'abbé Sesmat est arrêté et enfermé à l'école Michelet de Tours ; il confirme notre hypothèse de travail dans un récit autobiographique non publié : « *Sur trente-cinq compagnons, lors de mon arrivée, ma salle abritait [...] une dizaine de cultivateurs raflés récemment pour actes d'indicateurs et de guides*[52]. » Un autre exemple conforte l'estimation : les bûcherons et les gardes forestiers du Jura ont bénéficié d'un laissez-passer pour aller travailler en forêt qui « ignorait » les frontières. Dans la région de Crotenay, aidés par des jeunes des Chantiers de Jeunesse, des gardes forestiers ont organisé le passage clandestin de la ligne de démarcation. Sur leur « ordre de mission », qui a souvent fait fonction de laissez-passer, les Allemands ont imprimé la formule suivante : « *Autorisé à circuler en dehors des routes publiques dans les forêts de...*[53] ». Grâce à ce document, Jean Gamelon, garde forestier, a exercé ses activités de passeur dans les forêts de Poligny et d'Arbois, en déguisant parfois les passagers avec des képis et des tenues de garde.

La ligne de démarcation a été perçue comme un obstacle important au bon déroulement du labeur quotidien des paysans et a provoqué indiscutablement un fort mécontentement, dans les premiers mois de l'Occupation. En 1940, les plaintes des paysans sont multiples. Par ordre décroissant d'importance, on dénonce les interdictions du passage du courrier, les problèmes du ravitaillement et les difficultés pour exploiter les terres divisées, sans oublier la vente des produits qui en sont issus. Les rapports des brigades et des légions de gendarmerie se font sans cesse l'écho des déceptions paysannes dues au passage de la nouvelle « frontière », tel celui-ci daté du 1er octobre 1940 : « *Côté économique, les fermiers placés sur ou à proximité de la ligne de démarcation désireraient que, leurs débouchés normaux (Vierzon-Bourges) étant fermés, des mesures soient prises (création de centres de ramassage, ouverture de marchés) pour leur faciliter l'écoulement de leurs produits en zone libre [...] Il faut noter qu'une bonne partie des cultivateurs préféreraient vendre en zone occupée où les prix offerts permettent de réaliser des bénéfices bien supérieurs*[54]. »

Nombre de paysans n'attendent pas longtemps les aménagements hypothétiques de Vichy ou les souplesses allemandes délivrées au compte-gouttes. La voie clandestine a été la plus sûre et beaucoup ne s'en sont pas privés, avec l'accord tacite des gendarmes. Alors que le programme de la Révolution nationale élevait le « *Travail* » au Panthéon des trois valeurs fondamentales avec la « *Famille* » et la « *Patrie* », les paysans de la ligne de démarcation ont parfois douté de sa véracité, même s'ils éprouvaient de la sympathie, voire de l'admiration, pour le vainqueur de Verdun. Pour un agriculteur, le passage clandestin n'était pas nécessairement incompatible avec le soutien au régime vichyste. Ainsi, un habitant de la ligne de démarcation a pu être agriculteur, passeur, et favorable à la Révolution nationale bien que certains n'aient pas osé dévoiler cette association, de peur de détruire une patiente construction légendaire commencée dès la fin de la guerre. Leur définition du « *bon*[55] » passeur exclut toute référence à Vichy. Parfois, des témoins ont exprimé à notre égard méfiance ou rejet, nous reprochant de méconnaître une période que nous n'avions pas vécue, et pour cause ! Le trouble de certains passeurs-agriculteurs est en partie lié à l'ambivalence de leurs motivations, enchevêtrées de refus et de raisons aussi simples que le désir de faire comme si la guerre et la démarcation n'avaient jamais existé. Cependant, une autre frange de la population agricole a trouvé l'inféodation du régime de Vichy au IIIe Reich inacceptable, lui reprochant de ne pas tout faire pour supprimer la ligne de démarcation. Sa présence a provoqué chez certains le sentiment du dessaisissement de la terre. Les assouplissements locaux et nationaux consentis par les Allemands n'ont pas toujours suffi à freiner l'engagement dans l'activité clandestine inter-zones.

La contrainte horaire a également pesé sur le travail des paysans, même si les Allemands ont accordé des délais supplémentaires pour franchir la ligne et rentrer à la ferme, le soir venu. D'après de nombreux rapports de brigades de gendarmerie, au printemps de 1941, le travail inter-zones devient plus difficile à cause de l'arrivée des douaniers allemands sur la ligne. Certains paysans critiquent moins les difficultés de se déplacer que les audaces de la surveillance allemande. Par exemple, en Gironde, dans la section de gendarmerie de Bazas, la brigade de Langon rapporte que : « *Au début de l'arrivée des douaniers allemands, à Langon, le franchissement de la ligne de démarcation a été rendu plus difficile aux cultivateurs qui ont leur propriété à cheval sur la ligne de démarcation [...] Les douaniers exécutent presque journellement le matin et le soir, en zone libre, des patrouilles allant jusqu'à 300 mètres de profondeur*[56]. »

Les cultivateurs ont dénoncé aux gendarmes les intrusions et les violations allemandes, lesquelles ont été répercutées à Vichy, puis à Wiesbaden. Le désarroi des paysans est nourri par les conséquences néfastes sur les travaux des champs. Cela peut expliquer le choix de montrer une opposition et un refus précoces en décidant de traverser et de faire traverser, hors la loi, la ligne de démarcation et de franchir ainsi le pas entre une vie attentiste, essayant de construire de nouveaux cadres de vie autour de la démarcation, et la double vie, nouvelle et exceptionnelle, du paysan-passeur. Très longtemps avant l'implantation des maquis dans l'espace rural, à partir de 1943, des réflexes clandestins sont donc déjà nés dans certaines campagnes françaises. On ne peut pas non plus nier que certains paysans ont trouvé dans le passage clandestin une occasion de trafiquer entre les deux zones, afin d'améliorer le contenu des assiettes ou de s'enrichir facilement et rapidement. Vichy a d'ailleurs dénoncé l'individualisme paysan et l'a sanctionné. Cependant, le repli sur soi supposé de certains paysans de la ligne a parfois masqué leur activité clandestine.

Pour autant, les ouvriers tiennent leur place dans ce « grand jeu », principalement dans les départements du Cher et de la Saône-et-Loire, et dans une moindre mesure dans l'Allier, l'Indre-et-Loire et les Landes. Parmi les treize départements divisés, la Saône-et-Loire est de loin la région la plus industrielle : par exemple, en 1940, elle est au cinquième rang des régions productrices de combustibles minéraux (houille et charbon), derrière le Pas-de-Calais, le Nord, la Moselle et la Loire. Autun est un important centre textile, alors que le bassin houiller, comprenant Chagny, Chalon-sur-Saône, Montceau-les-Mines, Montchanin, Le Creusot et Blanzy, fait travailler et nourrit des milliers de familles ouvrières. Dans le Cher, à Vierzon, en milieu urbain, la cohorte des passeurs comprend des commerçants, des artisans, des médecins, des religieux, des ouvriers et une majorité d'agriculteurs. Les vallées du Cher sont des régions forestières et de polyculture, reliées par des voies ferrées d'importance, comme celle de Paris-Limoges. Les passagers clandestins y accèdent facilement, trouvant rapidement des relais dans les fermes ou les hôtels les plus proches de la ville, connus pour héberger des candidats au passage clandestin. Ce qui n'a pas empêché des ouvriers de la ville de venir prêter main-forte aux ruraux. Dans le Jura, l'industrie artisanale, l'élevage et l'activité forestière dominent l'économie, mais il s'agit d'une région de petites villes, dont Morez et Saint-Claude, qui végètent depuis le début du XXe siècle. Le tracé de la ligne de démarcation passe par les plateaux ou la pleine forêt, ce qui a favorisé un recrutement plus rural qu'urbain. Champagnole, un centre local métallurgique actif, n'était pas assez important pour gonfler les rangs ouvriers du monde du passage. En revanche, ce fut un carrefour très prisé pour tous les passeurs et les passagers désireux de rejoindre le Sud-Est français ou la Suisse.

On ajoutera enfin les commerçants et les artisans : cafetiers, membres des professions de l'hôtellerie, imprimeurs (qui couplent le passage clandestin avec la réalisation de faux laissez-passer) ou marchands de bétail. Par leurs relations personnelles, au même titre que les fonctionnaires municipaux ou les instituteurs, ils ont eu des facilités pour obtenir des laissez-passer inter-zones, valables sur de courtes distances, ce qui leur a donné les moyens de convoyer des renseignements soigneusement dissimulés et, parfois, des passagers. On peut estimer leur nombre de 14 à 18 % des passeurs suivant les départements[57].

Les roturiers de la Résistance

Même si le monde des résistants représente toutes les couches de la société, il est plutôt composé, on l'a dit, de membres des couches moyennes. Dans le Var, Jean-Marie Guillon a calculé que les couches supérieures et moyennes ont représenté une majorité écrasante des dirigeants de la Résistance[58]. Doit-on considérer que les passeurs seraient comme les « roturiers » de la Résistance ?

Pour les classes sociales les plus modestes, le passage clandestin a été le moyen de transgresser les lois interzones nazies par des moyens matériels limités nécessitant essentiellement une connaissance du terrain et de la force physique. Le rapport des passeurs à la politique a été également assez maigre, à l'exception de ceux des villes ouvrières comme Vierzon ou Montchanin dans lesquelles des ouvriers ont eu l'habitude de militer dans les syndicats. En revanche, comme pour les résistants, l'écrasante majorité des passeurs s'est activée dans les régions où elle résidait et où elle exerçait une profession. Nous estimons à 95 % le nombre de passeurs qui ont agi dans leur région de naissance[59]. Aucun métier ni aucune situation historique antérieure n'ont préparé concrètement les habitants de la ligne de démarcation à mener une double vie, professionnelle et clandestine, rarement militante cependant. Il leur a fallu apprendre à être discrets, à cacher, à trouver des complices qui prêtaient une grange ou un chariot, à compter sur le silence d'un voisin, à trouver des vivres pour les passagers et à chercher de nouvelles ruses pour passer entre les patrouilles.

Si l'on établit la comparaison avec les passeurs de la frontière espagnole, plusieurs conclusions se dégagent. Les passeurs sont recrutés parmi les professions locales ou les activités traditionnelles : cent guides de haute montagne, cinquante contrebandiers, soixante-dix bergers et quarante-cinq hôteliers[60]. Cela répondait aussi aux besoins du passage, c'est-à-dire la fourniture de vêtements, d'hébergements sûrs et de nourriture. Les origines sociales et régionales ont donc été déterminantes pour tous les passeurs, aussi bien ceux des Pyrénées que ceux des lignes de démarcation plus généralement. Cet élément est sans doute plus important que l'âge ou la profession exercée dans les choix opérés, pour la plupart, dès 1940. Enfin, les préoccupations politiques n'apparaissent pas vraiment, sauf pour ceux qui ont exercé par la suite une autre activité résistante.

4

Un monde clandestin bien organisé

Les passeurs ne forment pas un monde figé. Pourquoi un habitant qui menait une vie paisible avant la guerre décide-t-il de devenir un passeur occasionnel ou durable ? Qui sont les passeurs ? Comment sont-ils recrutés et comment opèrent-ils, seuls ou en filières ? Les grandes routes du passage clandestin ont-elles les mêmes points de départ et des destinations similaires ? Comment déterminer ce qui, dans un mouvement ou un réseau de résistance, est spécifiquement et exclusivement lié, de près ou de loin, à l'organisation du passage clandestin ? Un passeur qui n'a pas conscience que ses actes gênent les Allemands, ou qui fait franchir clandestinement la ligne de démarcation sans la motivation de lutter contre l'occupant, peut-il être considéré comme un résistant ? Le plus souvent, le passeur apparaît comme un « sous-traitant » de la Résistance ; ce terme n'a rien de péjoratif, mais il permet d'établir une hiérarchie des actes de refus au sein de la Résistance française. Saisir la réalité d'un tel phénomène n'est pas toujours facile.

Les complicités nécessaires et les relais privilégiés

A l'origine, l'organisation matérielle du passage clandestin n'obéit à aucune règle écrite. Les passeurs doivent tout créer, tout organiser en faisant appel à leur ingéniosité, à leurs moyens matériels et à leur connaissance du terrain. Le passage clandestin laisse peu de place à l'improvisation. L'apport de complicités est primordial, même s'il est réduit à l'aide d'une épouse ou d'un autre parent. A mesure que la guerre se prolonge, les passeurs deviennent des clandestins expérimentés. Des habitants se font une spécialité de repousser des passagers égarés en zone occupée vers la ligne de démarcation, en les attendant dans les cafés et en proposant leurs services, gratuits ou payants. La répression française est sévère à leur encontre ; dans les rapports de police et de gendarmerie, le terme de « *rabatteurs*[1] » est parfois employé pour les désigner. Ce terme est très péjoratif et général : les « *rabatteurs* » sont-ils uniquement ceux qui favorisent le passage clandestin des Juifs, moyennant finance, ou tous ceux qui appartiennent à une filière éloignée de la ligne ? Au sens strict du terme, cette expression utilisée par l'administration de Vichy viserait plutôt la première catégorie d'individus ; au sens propre, le « *rabatteur* » est celui qui est chargé de rabattre le gibier sur les chasseurs ; au sens figuré, il s'agit aussi de celui qui fournit des marchandises à un acheteur. Ce deuxième sens désigne des passeurs que Vichy considère comme ceux qui attirent les « clients » potentiels au passage vers la ligne de démarcation. Ceux qui aident honnêtement les passagers à trouver le bon chemin de la ligne ne peuvent pas être qualifiés de « *rabatteurs* », mais plutôt de « relais ». C'est à dessein que Vichy confond plusieurs catégories d'individus dans celle des « *rabatteurs* », afin de tromper sans doute la vigilance allemande, mais également pour se donner une marge de manœuvre aussi large que possible en matière répressive. D'une façon générale, les « relais » du passage clandestin sont difficiles à cerner et à comptabiliser, car ils agissent de façon ponctuelle. Pour gagner de l'argent ou en faire gagner, certains « *rabatteurs* » dirigent les passagers clandestins vers les hôtels proches de la ligne, dès leur descente des trains ou des bus. Des passagers ont parfois été trahis par de faux « *rabatteurs* » et envoyés directement vers les patrouilles allemandes. Il existe donc deux sortes de « *rabatteurs* », dont les objectifs diffèrent radicalement.

Les dirigeants vichystes – et plus particulièrement Joseph Rivalland, secrétaire général à la Police – sont très attentifs aux rapports de gendarmerie en provenance de la ligne de démarcation. Dans une circulaire datée du 15 décembre 1941, Rivalland demande aux forces policières françaises d'arrêter purement et simplement les passages clandestins à la ligne – une mission impossible – et de surveiller les trains et les gares avec la plus grande attention. En Indre-et-Loire, le 2 janvier 1942, dans une lettre au préfet, un chef d'escadron de gendarmerie départementale répond *ipso facto* à la circulaire de Rivalland et suggère un resserrement de la surveillance aux abords des gares et des hôtels :

« *Les brigades de gendarmerie de la ligne intensifieront la surveillance de la ligne de démarcation, en particulier les brigades limitrophes par patrouilles spéciales de jour et de nuit [...] Une surveillance spéciale est à envisager aux abords des gares où des rabatteurs proposent leurs services aux voyageurs dans certains trains de Paris en particulier et pour leur donner des adresses d'hôtels ou de "passeurs". La Police à Tours, la Gendarmerie dans les campagnes, seront chargées de cette surveillance*[2]. »

Dans ce cas précis, les « *rabatteurs* » sont considérés comme de petits délinquants. Néanmoins, derrière cette appellation, les forces policières rangent tous ceux qui sont susceptibles de faire commerce du passage clandestin. Paris fournit l'essentiel des flux de passagers clandestins sur le tronçon tourangeau de la ligne. Les gares limitrophes (Chalon-sur-Saône, Issoudun, Langon, Moulins-sur-Allier, Nevers, Tours, etc.), en zone occupée comme en zone non occupée, sont de véritables carrefours sur la route de cette dernière. L'hôtel est souvent l'étape suivante, après la gare. Enfin, le chef d'escadron prend soin de préciser le territoire de compétence des policiers et des gendarmes. En effet, pour la surveillance de la ligne de démarcation, policiers et gendarmes sont parfois sortis de leurs zones de travail traditionnelles et les rivalités ne sont pas rares.

Il faut recueillir et transporter les passagers. Les maisons n'y suffisent plus et nombre de passeurs veulent cacher à leurs proches leurs activités clandestines. L'aide des hôteliers, restaurateurs et cafetiers est alors déterminante. Les exemples abondent dans tous les départements traversés par la ligne de démarcation. A Saint-Martin-le-Beau (Indre-et-Loire), Raymonde Sergent, militante communiste, propriétaire du café de l'Union, a hébergé gratuitement des dizaines de fugitifs qu'elle convoyait la nuit vers la ligne. Elle a ainsi convoyé des Polonais, des Juifs et des prisonniers de guerre évadés. Elle a fait passer un par un les candidats à l'arrière du café, en prenant soin de leur demander le mot de passe « *Bonjour ma cousine* ». La nuit venue, des voisins l'ont aidée pour le passage du Cher. Lorsque les complices annonçaient la phrase « *Le temps est couché à l'horizon* », cela signifiait qu'il fallait reporter le passage à une autre date, car les patrouilles allemandes surveillaient de trop près les ponts du Cher.

A Besançon, Bourges, Chalon-sur-Saône, Descartes, Langon, Nevers, Saint-Amand-Montrond et Vierzon, les rapports des préfets signalent l'activité débordante de certains hôtels, complets tous les soirs. Des fugitifs ne savent pas où aller ni où passer pour rejoindre la zone non occupée. Ils ont entendu parler de tel ou tel hôtel et s'y rendent pour obtenir un lit et des informations sur les passeurs à contacter. Les villes de la ligne de démarcation sont évidemment mieux dotées en hôtels que les villages. Pourtant, quand toutes les places sont prises, les hôtels citadins renvoient les passagers vers d'autres établissements hôteliers, situés dans un rayon de plusieurs kilomètres dans les campagnes environnantes. Autour de Bourges et de Vierzon, avant la guerre, les hôtels des communes environnantes travaillaient beaucoup avec ceux de la ville, en raison d'une forte présence ouvrière. Les usines de la région vierzonnaise constituaient le plus gros centre industriel et ouvrier de la région avec la fabrication de machines agricoles, d'engrais chimiques, de conserves alimentaires et de porcelaine. En raison de sa situation géographique privilégiée, au carrefour ferroviaire des grandes lignes Paris-Toulouse et Nantes-Lyon, Vierzon a connu un développement industriel qui a débordé dans sa lointaine banlieue, vers Foëcy et Mehun-sur-Yèvre (Cher). Ainsi, nombre d'hôtels existent déjà et n'ont donc aucune peine à absorber les afflux parfois importants de passagers, en provenance de la zone occupée.

Cependant, l'activité des hôtels est strictement contrôlée par les forces policières françaises et allemandes. L'activité débordante de ces lieux publics est connue et parfois trahie par des voisins ou d'autres habitants du village. Raymonde Sergent, par exemple, a été dénoncée, arrêtée à trois reprises (le 6 juin 1941, en avril 1942 et le 23 septembre de la même année), puis déportée à Auschwitz, où elle mourut le 30 avril 1943, âgée de trente-neuf ans. Une arrestation a pu conduire directement à un hôtel et à d'autres arrestations en chaîne, dont les propriétaires de l'établissement. Dans les moments les plus durs de la répression antijuive, entre décembre 1941 et septembre 1942, des maires et des préfets se sont plaints de la trop forte affluence dans les hôtels de leur commune, nommant sans hésiter les « *israélites* » comme responsables d'une certaine forme de malaise et d'insécurité. Par exemple, des rapports préfectoraux de l'Indre, un département situé en zone non occupée qui permet un accès très rapide en Indre-et-Loire après quelques kilomètres de trajet, dénoncent l'afflux de Juifs. Ceux-ci sont accusés d'acheter toutes les provisions dans les fermes à des prix prohibitifs, mais aussi de remplir les hôtels, soit en attente d'un passage, soit après l'avoir effectué. Les comportements de la population et des autorités à l'égard des Juifs passagers varient beaucoup d'un département divisé à l'autre. Par exemple, le maire de La Réole (Gironde) leur interdit l'accès des hôtels[3]. A partir du début de 1942, à Tours, les gendarmes et les policiers effectuent des relevés des fiches d'hôtel, afin de « *refouler ceux qui ne pourront se prévaloir de relations précises de famille ou d'intérêt dans la région où ils sont de passage*[4] ». Les gendarmes remarquent que des voyageurs s'arrêtent parfois plusieurs jours dans les hôtels tourangeaux, légèrement en retrait des abords immédiats de la ligne de démarcation, ce qui leur laisse le temps de chercher des contacts en ville pour éventuellement les conduire à un passeur sûr.

A la recherche de moyens de locomotion

Les passeurs recherchent toujours activement des habitants possédant un tracteur ou un gazogène pour transporter lettres ou individus. Les meilleures aides viennent de ceux qui font quotidiennement le trajet inter-zones grâce au précieux laissez-passer « *Petite frontière* » pour le petit commerce frontalier. Aucune filière de passage très organisée n'a pu se passer du service des professionnels qui travaillent aux abords de la ligne de démarcation. La motivation est le plus souvent double pour toutes ces professions en contact avec la clientèle, à savoir l'entraide et l'appât du gain. Des patrons d'hôtels et de cafés en ont profité ainsi pour s'enrichir, en accord avec les transporteurs clandestins et les « *rabatteurs*[5] ». Pendant plusieurs nuits ou pendant plusieurs heures, en pension complète, à la table d'un café et d'un restaurant, en attendant l'arrivée d'un passeur libre, les passagers ont laissé beaucoup d'argent sur les comptoirs. Souvent, ils n'ont pas eu le choix. Venant de régions parfois éloignées, ils ne savaient pas où se rendre et où passer en zone non occupée. Les cafés ont permis de s'informer et d'attendre un passeur, en se reposant, après des voyages en train et/ou à pied.

Les cheminots et les contrôleurs français dans les trains ont exercé une profession clé dans le secteur des transports inter-zones, légaux et illégaux. Ces professions ont été utilisées par les filières de la Résistance. Les agents de la SNCF ont été nombreux à passer clandestinement du courrier d'une zone à l'autre. A l'exception de témoignages oraux[6], les archives manquent pour apprécier l'évolution et l'organisation des passages clandestins inter-zones au moyen des caches dans les trains ou des renseignements donnés sur le tracé de la ligne. La mythologie, servie par le film *La bataille du rail*, ne donne pas une vision critique suffisante du passage clandestin organisé par les cheminots. Les stéréotypes ont vieilli et les images ont été érodées. Nous nous efforçons d'identifier les formes les plus habituelles de l'activité clandestine sur la ligne, en essayant de déceler certaines des motivations des cheminots. En premier lieu, bénéficiant de laissez-passer spéciaux, les membres de la SNCF ont eu la possibilité de circuler dans les deux zones et de rendre nombre de services. Par ailleurs, de jour comme de nuit, les cheminots, les contrôleurs de trains, les contrôleurs d'exploitation sont présents dans les gares. En zone occupée, c'est pour eux un avantage de taille alors que toute la population subit le couvre-feu. L'habitude de la lutte syndicale a peut-être aussi prédisposé certains cheminots à l'action clandestine sous toutes ses formes. Des gares situées en bordure de la ligne ont joué un rôle important dans la nouvelle organisation ferroviaire et dans l'histoire des communications entre les résistants de chaque zone. Elles sont devenues des carrefours de rencontres. Citons quelques exemples de gares placées en première position, après le franchissement de la ligne de démarcation : Issoudun, dans l'Indre, la première gare en zone non occupée pour les passagers du centre de la France ; Tournus, une petite ville qui occupe la même situation dans le département de Saône-et-Loire, ainsi que La Réole, en Gironde. Dans ces gares secondaires, un contrôle français est parfois effectué dans le train et sur les quais. Dans certains cas, la SNCF a refusé de modifier les grilles horaires malgré la demande des Allemands[7]. La mise en place de contrôles « volants » dans les trains en marche par les militaires allemands, d'une part, et par les policiers et gendarmes français, d'autre part, est venue compléter le dispositif de surveillance inter-zones.

L'ancien résistant Paul Durand, fonctionnaire à la SNCF, a livré le témoignage de cheminots qui ont caché les passagers sous des capots, à côté des moteurs, sous des grillages de sécurité. Jusqu'à sept fugitifs pouvaient y être dissimulés. Par exemple, Henri Laville (pseudo : *Mercure*) rapporte sans équivoque les techniques de passage des cheminots de l'Allier, à Moulins :

« *Tous les stratagèmes furent alors employés, une multitude d'agents des trains, hommes d'équipes, facteurs, mécaniciens, chauffeurs, etc., improvisés, aux uniformes et brassards réglementaires, passèrent ainsi à la barbe et au nez des boches ou de la Gestapo, d'autres passagers étaient, soit cachés sur les soufflets des voitures, sur les toitures des wagons, dans les coffres des machines, dans les véhicules à marchandises plombés, voire dans la niche à chiens ou dans le charbon et dans les caisses, beaucoup montaient aussi en marche, aidés et conseillés par nous : le mécanicien au courant ralentissait au départ, et provoquait presque toujours un brouillard artificiel par l'ouverture des purgeurs de la locomotive, des groupes entiers de douze et quinze, dont de nombreuses femmes, profitaient de ces quelques instants de marche ultra-lente pour filer*[8]. »

Partout, des agents de la SNCF ont falsifié des papiers, diminué le temps d'arrêt en gare ou ralenti le train en rase campagne pour laisser sauter des passagers en marche. Dans les gares de zone occupée de Nevers, Bourges, Chalon-sur-Saône (la seule gare autorisant les passages inter-zones pour les voyageurs venant du nord, du Nord-Est et du sud-est de la France), Moulins et Vierzon (deux gares essentielles pour les passagers du Nord, du Nord-Ouest, de Paris et du Sud) et enfin d'Orthez (gare de contrôle officielle de la zone occupée pour les passagers du Sud-Ouest), des agents organisent des départs vers la zone non occupée, en récupérant les candidats au passage, dès leur descente du train. Ils les convoient ensuite vers un refuge en ville ou dans les fermes environnantes. Tous les échelons de la hiérarchie participent à la mise en place de véritables messageries clandestines inter-zones, depuis l'ingénieur et l'inspecteur, détenteurs d'informations importantes, jusqu'au chef de train, au contrôleur d'exploitation et au conducteur de train. Par exemple, les lettres sont attachées dans les toilettes par un fil invisible tendu. Le cheminot attend d'être passé en zone non occupée pour les récupérer. Il les distribue ensuite, parfois en les affranchissant lui-même.

Le colonel Rémy a multiplié les histoires de cheminots dans ses nombreux volumes consacrés aux lignes de démarcation, surévaluant sans doute leur rôle par rapport à d'autres catégories professionnelles de la société française. Dans *Sept fois sept jours*, Emmanuel d'Astier de la Vigerie, de retour à Paris, a raconté comment, à la gare de Chalon-sur-Saône, avec ses compagnons cachés dans un wagon de chaussures, il a échappé à la fouille des Allemands, effectuée à l'aide de baïonnettes. Dans un train, les vides transformés en caches sont nombreux. Les cheminots utilisent leurs uniformes et leurs brassards pour vêtir des passagers et tromper la vigilance allemande, lors d'un déplacement à l'intérieur d'une gare et pour en sortir. L'atout majeur des cheminots est leur connaissance des heures des passages des trains en gare et de leur destination. Parmi de nombreux exemples, les réseaux Cohors-Asturies et Comète ont largement profité des services des cheminots, notamment lors d'évasions de pilotes alliés entre la Belgique, Paris et la frontière espagnole[9].

D'autres agents n'ont jamais passé la ligne de démarcation ni organisé le passage clandestin, mais ils ont plus modestement surveillé les transports dans les gares de démarcation, pour renseigner les réseaux de renseignement, tel cet agent d'exploitation de Chalon-sur-Saône, Debachy, qui a connu ses premiers contacts avec la Résistance en octobre 1942[10]. Il a appartenu au réseau Chrysanthème, créé à Chalon, un sous-réseau d'Andromède, qui travaillait avec Gallia[11]. Selon Debachy, le sous-préfet de Chalon en aurait été membre. Celui-ci veillait à noter les numéros des trains qui franchissaient la ligne de démarcation et essayait de s'informer sur leur contenu, lors des longs arrêts techniques pour échanger les machines de tête. En parallèle, quand il en avait la possibilité, il renseignait son réseau sur les résultats concrets des sabotages des voies ferrées. Peu à peu, des agents de la SNCF ont donc agi à la demande des réseaux de renseignements et d'évasions alliés, et de façon plus systématique à partir de 1942 : en cachant des fugitifs dans les trains pour leur faire franchir la ligne de démarcation ou en les recueillant dans les gares, avant de les diriger vers d'autres sites de la filière de passage. De part et d'autre de la ligne, des cheminots frontaliers ont aussi opéré des passages payants ou ont cherché des produits frais à des prix intéressants. Beaucoup ont sans doute tenté d'améliorer la vie quotidienne de leur famille.

De 1940 à 1942, des cheminots français sont arrêtés par les Allemands pour passage illégal de courrier et de voyageurs, en infraction avec la loi allemande sur la ligne de démarcation : le 15 novembre 1940 à Orthez ; le 1er octobre à Langon ; les 9, 16, 23, 26 et 27 octobre suivants dans la gare de Montpon, le 15 avril 1941 à Morez. A partir du 13 novembre 1940, la direction de la SNCF revendique le droit d'être informée sur l'arrestation de ses agents, afin d'enquêter sur leur culpabilité ou non. L'action clandestine des cheminots a continué bien au-delà de mars 1943, c'est-à-dire après la suppression de la ligne de démarcation sur le terrain. Le passage clandestin de cette dernière a sans nul doute constitué une part importante de la résistance des cheminots avec l'organisation des sabotages des voies ferrées. Le passage du courrier et des hommes par les membres de la SNCF fait partie d'une résistance civile non armée. Certes, le passage clandestin a été risqué, mais moins que les sabotages de voies ferrées, rendus possibles grâce à la connaissance des transports allemands de troupes, de marchandises et de matériel.

Sans aucun doute, le passage clandestin a demandé moins de moyens que l'organisation d'un grand réseau ou d'un mouvement. Cela explique aussi sans doute sa précocité. Il peut se développer sur des superficies beaucoup plus réduites que sur un réseau national ; il exige moins de relais et limite le nombre des possibilités de trahisons. Le monde du passage de la ligne apparaît comme un monde de petits subterfuges quotidiens, de complicités intelligentes et de ruse permanente, mêlés au goût du jeu de braver l'autorité, sans risquer de perdre la vie. Il s'agit d'une forme de refus de l'occupant. Le passage clandestin appelle plus facilement les vocations que le sabotage ou le combat armé. En 1940, les passeurs sont beaucoup plus nombreux que les Français libres, ultraminoritaires dans un pays traumatisé par la défaite et très pétainiste dans les premiers temps. Lorsque les grands mouvements prennent racine – avec plus de facilités en zone non occupée où le risque est moindre –, avec lenteur, tout au long de 1941, les passeurs sont déjà des acteurs du refus très aguerris. Ils sont utiles et doivent être récupérés pour faciliter les contacts inter-zones. On le voit, plusieurs professions ont développé une nouvelle culture, celle du passage clandestin, non sans ambiguïté parfois.

Les filières de passage locales et nationales

Le passeur travaille seul ou avec des complices répartis sur un village, un canton, un département, une région ou l'ensemble de la France. Si certains privilégient le noyau familial ou amical, d'autres souhaitent agir en dehors. Par ailleurs, les réseaux comme les mouvements de la Résistance française se structurent et se développent essentiellement à partir de 1941. Un certain nombre d'équipes de passeurs, qui agissaient seules depuis 1940, trouvent alors une occasion de rendre encore plus efficaces leurs initiatives, en se greffant à des organismes mieux charpentés. Si, en 1940, la « filière », comme entité de la première résistance en France, est une chaîne d'entraides, généralement familiales et amicales, qui associe des moyens humains et techniques faits de bric et de broc, en revanche, à partir de 1941, elle peut trouver un socle, le réseau, « *une organisation en vue d'un travail militaire précis, essentiellement le renseignement, accessoirement le sabotage, fréquemment aussi l'évasion de prisonniers de guerre et surtout de pilotes tombés chez l'ennemi...*[12] ». La définition du résistant Claude Bourdet embrasse une partie seulement des organisations collectives du passage clandestin.

Certaines équipes de passeurs offrent leurs services à toutes les catégories de passagers, afin d'aider ou de gagner de l'argent, parfois les deux à la fois. Le passage clandestin n'est pas un but pour les *réseaux*, ni même pour les *mouvements* ; pas plus un acte de résistance de premier ordre à l'occupant. Il s'agit plutôt d'une nécessité, dont les réseaux et les mouvements se passeraient bien si la ligne de démarcation était supprimée. En outre, les réseaux se surajoutent à des créations collectives précoces. Ils sont nés pour prolonger les activités de structures créées à l'extérieur des frontières, à la demande des FFL et des services secrets anglais[13]. La partie la plus active du passage clandestin, celle dont les membres sont conscients d'agir contre l'occupant et pour les individus menacés ou à la recherche d'un contact dans l'autre zone, représente une forme de connivence et de solidarité avec la Résistance.

Enfin, si des *mouvements* sont nés à l'intérieur de chacune des deux zones, leur dessein est plus politique que militaire, puisqu'ils ont vocation à sensibiliser la population. L'histoire des *réseaux* et des *mouvements* est difficile à évaluer dans toute sa complexité. Celle des *filières* d'évasion et des relais constitués autour de la ligne de démarcation ne l'est pas moins. Les réseaux ne sont pas exclusivement composés de personnes mystérieuses, comme l'a parfois laissé croire le colonel Rémy. Dans le monde de l'évasion, les équipes clandestines réparties sur près de 1 200 kilomètres de long n'ont-elles pas créé, en fin de compte, une identité spécifique ? Quoi qu'il en soit, la ligne de démarcation est davantage un obstacle pour les mouvements que pour les réseaux. En effet, les mouvements n'ont pas les moyens de s'étendre sur les deux zones. Ils sont dans une logique d'occupation alors que les réseaux sont nettement dans une logique de guerre. En fait, l'une des interrogations porte sur le type de structuration de la Résistance entre les deux zones par la ligne de démarcation. La ligne semble avoir eu une incidence avant tout matérielle.

Certains passeurs clandestins ont souvent ignoré à quelle partie d'une chaîne d'évasion ils appartenaient. Ils n'ont pas toujours su qui les relayait ou les précédait. Par exemple, Etienne Bauer (pseudos : *Courtois* et *Patrick*), membre de Libération-Sud[14], qui est passé plusieurs fois d'une zone à l'autre et qui a ainsi fait passer des collègues de la Résistance, confie que la filière de passages clandestins n'est pas « *une machine aussi bien huilée qu'on le prétend*[15] ». Il poursuit avec des mots assez précis et pénétrants :

« *On a fait tous les métiers. On ne devenait pas un "pro" du passage pour toujours. J'ai passé la ligne aux côtés d'hommes importants. Un jour, un aviateur américain s'était écrasé ; il avait son mouchoir de poche avec la carte de France et le tracé de la ligne de démarcation*[16]. *Un avocat parisien, que je ne connaissais pas, me dit de le convoyer dans un "bordel", près de la Bibliothèque nationale, pour organiser ensuite son passage vers l'Espagne, via la ligne de démarcation. Le passage clandestin en filières était donc fortuit et non prémédité*[17]. »

D'autres témoins affirment ignorer les étapes de la filière ; ils ne se sont préoccupés que de leur seule mission. Cela complique évidemment le travail de lecture critique de l'historien. Or, la *filière* se définit aussi par la continuité des relais entre les premiers contacts, la préparation du voyage (le prix du passage, les faux papiers à se procurer), le lieu de départ des passagers clandestins, les étapes du périple (franchissements de frontières, de rivières, de lignes de démarcation, de villages, etc.) et la destination finale. La hiérarchie des tâches et des hommes n'est pas absente non plus. Au sens propre du terme, la *filière* a une origine et une fin. Ajoutons que les résistants et les passeurs rencontrés n'emploient pas le terme « *filière* ». Ils lui préfèrent celui d'« *organisation* ». Plusieurs types d'organisations collectives du passage clandestin de la ligne de démarcation ont existé : des chaînes *ponctuelles* et très localisées, le plus souvent aux abords de la ligne de démarcation – qui devient un point de chute et un point de départ –, les filières de *longue distance*, exclusivement consacrées à la fuite clandestine à travers la France, et enfin les *filières organisées* par les réseaux et les mouvements, de façon inopinée et intermittente en fonction des besoins de communication entre les deux zones. L'organisation du passage clandestin, en filières plus ou moins longues, obéit, au premier abord, à des règles plus strictes que celles de l'organisation individuelle, car elle implique plus d'acteurs. Il est essentiel de constituer des réseaux de complicités, propres à centraliser et à unifier les ordres et les directives, afin d'envoyer un aviateur abattu ou un résistant dans la zone non occupée. Selon les passeurs, l'organisation technique et géographique du passage clandestin peut se révéler très simple ou plus sophistiquée, en fonction de l'efficacité des patrouilles allemandes. L'improvisation sous-tend les velléités individuelles clandestines à travers la démarcation. De cette façon, une construction très patiente et originale se perfectionne avec les mois. Le principal danger réside dans l'éparpillement de l'activité ou les indiscrétions des proches et des voisins. Pour un convoyage sur de longues distances, qui nécessite de recourir à plusieurs intermédiaires, il faut être plus structuré et plus rigoureux dans l'organisation. Les premières filières sont donc nées à proximité immédiate de la ligne de démarcation. Elles ont formé la première base d'une organisation plus vaste qui a pu étendre ses ramifications à l'ensemble des zones. Les passages s'effectuaient dans les deux sens, mais très majoritairement dans le sens nord/sud ou ouest/est, suivant l'orientation du tracé et des destinations choisies *in fine* par les postulants au franchissement illégal.

Les *filières* nationales et les *équipes* locales sont les pionnières d'une forme d'action collective dans la France occupée de 1940. Elles précèdent la création des réseaux d'action et constituent en quelque sorte l'une des premières formes de résistance organisée dans les deux zones. Elles constituent soit des points de chute pour des filières, dont les racines se perdent dans le nord et le Nord-Est de la France, soit des étapes entre la zone occupée, la zone non occupée et les frontières étatiques. Il existe sans doute d'innombrables exemples, mais nous n'en connaissons qu'une minorité, faute de sources écrites ou de témoins. Pour la plupart des participants à l'activité collective sur la ligne de démarcation, ce sont des mois et des années qui marquent une rupture avec le quotidien du temps de paix. Car le passage clandestin est un phénomène spontané qui s'est organisé, dès 1940, autour de personnes inconnues jusqu'alors, même au cœur des villes et villages limitrophes.

Le 24 mai 1997, Thénioux, petite commune du Cher, a célébré l'ensemble des passeurs en érigeant un imposant monument sous la forme d'une moitié de barque renversée et orientée vers le ciel. L'assistance y était fort importante, avec la présence d'un sénateur, de conseillers généraux et régionaux, d'associations, de familles de passeurs, de passagers et de nombreux anonymes. A travers cette cérémonie, d'anciens passagers et des habitants ont voulu se souvenir de Raymond Toupet, abattu dans sa barque au moment d'un passage difficile, et de Joseph le Cam, mort en déportation[18]. Le petit village de Thénioux constituait le point final d'une filière de passage clandestin qui commençait sa course en Normandie.

En 1940, alors âgé de dix-neuf ans, Gustave Sillard est ouvrier dans le bâtiment. Il est originaire de Ducey (Manche), près de Saint-Lô. Fortement commotionné psychologiquement par le passage de milliers de réfugiés et par le bruit des avions de la *Luftwaffe*, il décide d'agir contre l'occupant. Il diffuse notamment des tracts clandestins, confiés par un ami, Maurice Richard. Le 25 mars 1941, la mairie de Ducey lui adresse un avis allemand qui lui demande de se tenir à disposition. Sa position dans la région devient difficile, ses activités sont connues des Allemands. Maurice Richard organise l'évasion de Gustave Sillard grâce à la « *filière de Vierzon*[19] ». Il se rend alors chez le maire de Champeaux (Manche), Julien Quemerais, point de départ de la filière. Le maire a déjà fait partir son fils en zone non occupée. La filière ne travaille pas de façon permanente, mais en fonction des demandes les plus urgentes. Le périple n'est pas de tout repos. Le 8 avril 1941, Gustave Sillard s'éloigne pourtant de la Normandie par ses propres moyens, dans un bus qui part pour Avranches.

Il prend ensuite le train pour Paris. Il loge une nuit chez des amis et rejoint Vierzon le 9. Le maire de Champeaux lui a recommandé de se rendre au presbytère de Vierzon. Le prêtre sait ce qu'il doit faire. Gustave Sillard raconte son arrivée et évoque l'abbé Farcet.

« *Je sonne, une femme vient m'ouvrir.*

— Pourrais-je voir Monsieur l'abbé Farcet ? [...] Je suis son neveu !

— Bon, il en a donc bien des neveux celui-là, s'exclame la femme.

Quelques minutes plus tard, le prêtre entre dans la pièce. Il se présente :

— Louis Farcet ! Que me veux-tu ?

Je lui dis :

— C'est Julien Quemerais qui m'envoie.

— Bon ! Tu es un clandestin ? Oui ! tu veux faire ça ?

Et de son index il coupe sur une carte qui se trouve au mur la ligne de démarcation[20]. »

Le prêtre commence par désaltérer le passager clandestin et sort de sa soutane un petit carnet dans lequel il inscrit le nom de ses contacts et des passages les plus sûrs. Il n'est pas question de passer la ligne de démarcation dans Vierzon même. La surveillance allemande est très présente avec les guérites, les herses, les chiens et les patrouilles. Passer dans la campagne est beaucoup plus sûr. Le prêtre envoie alors le jeune Normand vers Thénioux où il doit trouver les frères Marcellin et Raymond Toupet. Celui-ci opère des passages de personnes, mais aussi de renseignements, pour le compte du 2e bureau de l'armée. Il est rapidement au cœur d'une vaste enquête menée par la Gestapo.

Une fois Raymond Toupet contacté, le passager doit prononcer la phrase : « *Poste française*[21] », le nom de code choisi pour cette seule journée du 9 avril 1941. Les frères Toupet attendent le passager, car ils correspondent avec Yvonne Cérède de Paris, qui assure le relais des informations entre la Normandie et le Cher ; Raymond Toupet, serrurier, membre du parti communiste, travaillait dans la clandestinité avec des amis et des membres de sa famille. Toupet conduit Gustave Sillard dans les vignes où cinq passagers sont déjà en attente. Raymond Toupet leur aurait dit : « *Cette nuit, nous serons tous libres ensemble ou tous morts*[22]. » Par ailleurs, il suggère aux passagers de se rendre à la mairie de Méreau, dans le Cher non occupé, où ils pourront trouver de faux tickets d'alimentation nécessaires pour se procurer de la nourriture et poursuivre leur chemin jusqu'à Marseille. La nuit venue, Toupet doit passer sept personnes en deux fois : cinq personnes, puis deux, car la barque qui permet de franchir le Cher ne peut pas porter plus de six individus à la fois. La technique est bien rodée ; Gustave Sillard témoigne :

« *Comme nous allons traverser la route de Vierzon-Tours, un geste de notre passeur nous donne l'ordre de nous allonger sur le sol, derrière une haie, dix secondes plus tard, à quelques mètres de nous, passe lentement une patrouille à bicyclette […] L'attente paraît ne pas devoir finir. Raymond Toupet s'avance seul au bord de la route […] ; il nous donna l'ordre de nous relever, rapidement, la route fut franchie et le canal du Berry atteint. Le pont était relevé et cadenassé. Le passage entre les deux piliers du pont n'était pas large, mais il ne pouvait être question de le franchir sans aide. Soudain, un homme sorti de l'ombre glisse une planche posée entre les deux piles du canal. Très vite, nous passâmes en équilibre sur cette passerelle improvisée, ensuite ce fut la course vers la rive droite du Cher*[23]. »

Arrivé sur la berge, Raymond Toupet sort une barque de l'eau, puis transporte les fugitifs de l'autre côté de la rivière, en zone non occupée. Les chiens des patrouilles allemandes ont bien repéré les passagers, mais trop tard. Pour finir, les passagers se séparent, car leurs destinations en zone non occupée diffèrent selon leurs projets.

L'exemple révèle l'isolement de la filière locale sur la ligne de démarcation. Celle des frères Toupet a fonctionné avec l'aide de vieux amis d'avant guerre, et sans demander aucune rétribution aux passagers. Apparemment, elle n'a pas non plus opéré avec d'autres équipes locales. De plus, si la filière a son point de départ en Normandie, elle ne forme pas une chaîne continue de relais humains jusqu'à Vierzon. Aussi, le passager doit-il être jeune et débrouillard pour affronter les premières centaines de kilomètres, en zone occupée, jusqu'à la ligne de démarcation. A Thénioux, l'organisation collective du passage est le fruit d'un rejet de l'Allemand, très apparent pour le prêtre Farcet de Vierzon et le communiste Raymond Toupet. L'activité clandestine de ce dernier a été arrêtée dramatiquement le 6 février 1942, au lieu-dit « La Lœuf », à Vierzon, lors du passage en barque d'une famille. Il a reçu plusieurs balles allemandes avant de décéder. Avec son frère Marcellin, il était traqué par la Gestapo depuis sa convocation publique devant le tribunal de la *Feldkommandantur* de Bourges, le 3 juillet 1941. D'ailleurs, la convocation, avec la photographie des deux frères Toupet, a été affichée par les Allemands à Bourges. Nous ignorons ce qui a conduit les policiers allemands à découvrir l'équipe clandestine de Thénioux, mais une dénonciation n'est pas impossible. Le monde des passeurs est un monde aux contours imprécis et, au bout de plusieurs mois d'activités clandestines, il est fort possible que des habitants ou des patrouilles aient remarqué les agissements des frères Toupet.

Des organisations familiales structurées

Dans la très grande majorité des exemples rencontrés, le recrutement des membres des équipes de passeurs clandestins s'effectue dans le village ou dans les hameaux alentour. Les motivations premières visent à refuser la loi territoriale allemande. Les passeurs ne se posent pas de questions sur la validité du mot « libre » lorsqu'ils aident au passage vers la zone non occupée. Pour eux, la zone dite « libre » est bien lue comme un espace de liberté, et ce sans restriction. Puis, à mesure que les mois défilent, les passeurs affinent leurs méthodes et diversifient leurs missions clandestines inter-zones, le plus souvent requis par les organisations très structurées comme les services secrets anglais en Indre-et-Loire. Jean Leloup, ses amis et sa famille en sont de bons exemples.

En 1940, Jean Leloup habite Bléré, sur la rive gauche occupée du Cher près du lieu-dit « Les Canaux », à proximité de la zone non occupée. Le chef-lieu de canton est situé sur le coude de la ligne de démarcation, à l'endroit où le tracé s'infléchit par un angle à quatre-vingt-dix degrés, pour plonger ensuite vers le sud-ouest de la France. La plupart des évadés sont passés par cet itinéraire en provenance de la gare de La Croix-en-Touraine ou d'Amboise, au nord de la ligne de démarcation. A partir de juillet 1940, Jean Leloup, son oncle Albert et son père Louis circulent avec un laissez-passer inter-zones pour le commerce frontalier, ce qui permet à l'entreprise familiale de charpente et de couverture « Leloup Frères » de travailler dans les deux zones – dans un espace d'une dizaine de kilomètres. A l'aide d'un camion à gazogène, les Leloup transportent une dizaine d'ouvriers sur les chantiers des deux zones et profitent de ce moyen de locomotion pour faire passer nombre de fugitifs. Le passage d'une zone à l'autre permet également de nouer des contacts avec d'autres passeurs, comme l'abbé Lacour à Athée-sur-Cher, l'adjudant de gendarmerie Pinault à Bléré. Ce dernier fournit aux Leloup les heures des patrouilles et le nom des chemins empruntés. Jean Leloup parle du « *devoir de civisme* » pour expliquer l'engagement de sa famille. Deux cousins des Leloup, Jean et Robert Boutet, charrons à La Croix-en-Touraine, leur envoient parfois des aviateurs abattus plus au nord de la ligne de démarcation. Le passage de renseignements et d'officiers du 2e bureau est effectué par leur intermédiaire. Par prudence, les équipes Boutet et Leloup travaillent sur des circuits différents. Les Boutet sont surtout tournés vers le village de Saint-Martin-le-Beau, à dix kilomètres à l'ouest de Bléré. Ils travaillent avec Raymonde Sergent que nous avons déjà vue. Le passage était plus facile sur le pont de Saint-Martin et beaucoup moins surveillé que sur celui de Bléré. Par la suite, les Leloup bénéficient de la complicité de l'instituteur de l'école libre de La Croix, Ernest Villeminot. Ce dernier agit toujours seul depuis 1940, mais lentement sa tâche se complique car il a peu de facilités pour l'acheminement en zone non occupée. Il a donc recours aux moyens de transport de l'entreprise Leloup. Une chaîne de solidarités se monte progressivement. A la différence de l'équipe de Thénioux, celle de Bléré-La Croix connaît moins bien le nombre et la date d'arrivée des passagers clandestins. A l'origine, les Leloup ne pensaient pas passer autant d'individus[24] mais, devant les demandes répétées de Villeminot, ils n'ont jamais refusé. Le père de Jean Leloup décide toujours de l'heure et de l'endroit des passages qui ont lieu la nuit. Les passagers sont cachés dans une maison et attendent parfois plusieurs jours avant que le moment soit opportun pour suivre le passeur Leloup. De son côté, la mère de Jean Leloup cherche de vieux vêtements et de la nourriture pour les donner ensuite aux candidats au passage. L'itinéraire clandestin emprunte des chemins de terre, longeant des vignes et des bois, passant par deux hameaux (La Touche et Les Ouches, à l'est de Bléré). Les fermes sont soigneusement contournées pour éviter d'attirer l'attention. Au bout du chemin, les Leloup remettent les passagers au chef du poste français de surveillance. Une partie du passage s'effectue alors dans des champs situés dans le *no man's land*. Cependant, les Leloup savent fort bien que les Allemands n'hésitent pas à poursuivre les évadés jusqu'en zone non occupée, si besoin est. La peur est toujours la compagne des passeurs, lors des franchissements. Les Leloup n'ont jamais été arrêtés. A la différence de leurs cousins, Jean et Robert Boutet qui, enfermés à la prison du Cherche-Midi à Paris, ont échappé à la déportation. A la fin de 1943, Jean Leloup rejoint les maquis du Lochois.

Outre le site des Ouches à Bléré, l'Indre-et-Loire a vu se déployer d'autres grands axes du passage clandestin, notamment dans le sud : à Cussay, Dolus-le-Sec, Reignac-sur-Indre et dans la région de Ligueil. Au sud de l'Indre-et-Loire, à La Haye-Descartes, se situe un haut lieu du passage clandestin français. Il se démarque des exemples précédents par le nombre important d'acteurs impliqués. Les archives départementales d'Indre-et-Loire détiennent une importante collection de cinq cent trente-deux lettres écrites par des passagers ou des demandeurs à la famille Goupille, entre mars 1941 et septembre 1943 : cinquante-deux, entre octobre 1940 et février 1941, deux cent huit, entre mars et avril, et cent vingt-deux, entre mai 1941 et septembre 1943[25]. La majorité des lettres ont été rédigées en 1941. Pour 1942, il n'en reste que quinze. Cela étant, il convient de rester prudent, car cent cinquante lettres sont sans date. 90 % remercient les passeurs pour une lettre bien arrivée ou pour un passage sans dommages. Les lettres ont été adressées depuis la zone non occupée. Un vieil agenda qui a servi à inscrire le nombre de personnes passées chaque mois a été également conservé[26]. En 1940 et en 1941, cent quatre-vingt-quinze passages ont été comptés. Les lettres décrivent aussi le soulagement des passagers, heureux de se retrouver en zone dite « libre ». Elles offrent ainsi des lucarnes d'observation – dangereuses pour le passeur si elles sont découvertes par les Allemands – sur la perception de la zone non occupée dans l'imaginaire collectif : la ligne de démarcation apparaît comme une porte assurée vers la liberté, grâce à la protection supposée de Vichy.

Si dans nombre de cas l'organisation d'une équipe locale est réduite, dans la petite ville de Descartes on recrute des passeurs dans un rayon d'une quarantaine de kilomètres[27]. Après l'instauration de la ligne de démarcation, les passeurs de Descartes ont travaillé essentiellement seuls, à l'exception de rares familles, comme celle du vétérinaire André Goupille. En juin 1940, André Goupille est âgé de quarante-trois ans[28]. Vétérinaire à La Haye-Descartes depuis 1922, il a tissé un réseau important de relations à l'intérieur et hors du canton. Il a la réputation d'être un homme affable. En 1940, les époux Goupille ont trois garçons et une fille, âgés de treize à seize ans. Dans les premières semaines de l'Occupation, Descartes est en zone occupée, mais à vingt kilomètres à l'ouest de la ligne de démarcation. En décembre 1940, le tracé subit une modification importante et rapproche Descartes à seulement un kilomètre de la zone non occupée. L'organisation du passage clandestin commence alors presque par hasard. Les Goupille refusent l'occupation de leur ville par les vaincus de 1918. Un soir de juillet 1940, le vétérinaire trouve dans sa grange un soldat nord-africain. Il le transporte vers la ligne de démarcation et le confie à l'un de ses clients qui le fait passer en zone non occupée. André Goupille décide d'aider d'autres évadés. Les candidats au passage affluent durant tout l'été 1940 et le bouche à oreille a tôt fait de faire connaître les passeurs de Descartes. Dans ses mémoires non publiés, André Goupille se remémore les premières « aventures » inter-zones :

« *Second semestre 1940 : Descartes est loin de la ligne, mais les premiers prisonniers évadés arrivent. Ce furent des soldats algériens et marocains qui arrivèrent les premiers, à Descartes, venant d'un camp de Saumur [...] 15 décembre 1940 : la ligne fut ramenée au sud immédiat de Descartes [...] Pour quelques Juifs logés cette nuit du 14 au 15 décembre, dans un hôtel du Grand-Pressigny, et qui attendaient avec angoisse le lendemain matin pour franchir cette frontière, le déplacement de la ligne pendant cette nuit fit qu'ils eurent la chance de la franchir en dormant, sans même le savoir*[29]. »

Jusqu'à l'arrivée des douaniers allemands, pendant le printemps 1941, tous les subterfuges sont employés par les habitants de La Haye-Descartes pour traverser la ligne en fraude. Le vétérinaire poursuit : « *Le terrain de foot de La Haye, situé à cette époque derrière le poste de garde de Ribault, jouxtait par son extrémité sud le ruisseau du même nom qui délimitait la frontière. Les jours de matchs, il y eut des "joueurs" en surnombre qui profitèrent de l'occasion pour sauter le pas*[30]. »

Assez vite, il s'organise en demandant d'abord des coups de main à son épouse Jeanne. Il reçoit également l'aide de la femme de ménage, Odette Métais-Marchelidon, âgée de dix-huit ans, et de son futur époux Lucien Marchelidon. D'autres complicités se nouent dans les communes de Draché et de Ligueil, par l'intermédiaire des prêtres. Les lettres de remerciement envoyées à la famille Goupille après le passage réussi montrent plusieurs types de passagers : en 1940, on repère des aviateurs anglais, des Nord-Africains, des prisonniers évadés, des individus qui ne supportent plus de vivre en zone occupée ; à partir de 1941, des Juifs et des agents de renseignement français. Certains passagers ne donnent pas leur véritable nom au moment du passage, afin de se protéger. Il est donc possible que d'autres types de fugitifs se soient glissés parmi eux. Dans ses mémoires, André Goupille évoque des passages faciles, parfois burlesques, mais il n'oublie pas pour autant les dangers. En 1940, son fils Louis âgé de seize ans se fait arrêter sur la ligne de démarcation. Il est emprisonné pendant huit jours. Louis raconte que « *le passage était un jeu, une escapade et* [qu']*il voulait se prouver qu'il pouvait passer seul la ligne de démarcation sans l'aide de l'équipe*[31] ». Toutefois, les fréquents passages clandestins sont quasiment tous réussis. André Goupille analyse avec modestie et quelque réserve l'action des passeurs dans leur diversité :

« *Tous ceux qui avaient un semblant de courage, ou pour qui l'appât du gain faisait surmonter la peur, guidaient ceux qui voulaient passer en zone sud [...] Parmi les passeurs, il y avait ceux qui imposaient un tarif et qui, par exemple, ne passaient pas une lettre si elle n'était pas accompagnée d'un billet de cinq francs. Il y eut ceux nombreux, il faut le reconnaître, qui firent payer très cher à des Juifs un passage qu'ils décrivaient difficile et dangereux*[32]. *Enfin il y eut quelques-uns qui n'acceptaient rien de ceux qu'ils avaient aidés*[33]. »

Goupille ne cache pas qu'il connaît l'existence d'individus qui vivent du passage. La classification des passeurs en trois groupes reste très générale et ne rend pas compte de toutes les réalités du passage clandestin, même si l'existence de profits réalisés avec le passage des Juifs est confirmée. Dans le dernier groupe, Goupille classe ceux que ses anciens équipiers appellent les

« *vrais passeurs* ». Une concurrence est apparue entre les différents types de passeurs. Les Goupille, comme d'autres, avaient beaucoup à craindre de la part d'autres équipes aux buts peut-être moins avouables. Assurément, un marché et un trafic ont existé sur la ligne de démarcation, tirant profit de la persécution antisémite dans les deux zones. D'autre part, il fallait des techniques de passage irréprochables pour limiter au maximum les risques d'arrestation ou de fusillade. André Goupille a donc sans cesse affiné ses méthodes et a étudié les meilleurs sites de franchissement et d'hébergement. Dès 1940, il remarque que les surveillants allemands n'ont pas encore reçu d'ordres précis et n'ont pas une connaissance exacte du tracé de la ligne de démarcation. Il convient que « [les soldats français] *ne connaissaient même pas leurs consignes et faisaient quelques patrouilles pour s'occuper. Les soldats allemands et français sympathisèrent : tel Allemand a même prêté son appareil photo à un soldat français afin de prendre le poste allemand...*[34] ». Avec l'instauration de la ligne de démarcation, nombre de ses patients sont désormais localisés en zone non occupée, ce qui fut finalement un atout. Les patients ont pu être des aides utiles car le vétérinaire disposait du laissez-passer permanent « *Petite frontière* ». Il restait à trouver les relais nécessaires pour recueillir les fugitifs de part et d'autre de la ligne de démarcation. Il possédait enfin des rudiments de la langue allemande, ce qui l'autorisait à nouer des rapports plus étroits avec les occupants, afin de mieux brouiller les pistes.

La stratégie et la tactique du passage sont immuables. Les passagers venant de Paris sont d'abord envoyés vers Descartes. Avec une carte Michelin de la région, ils doivent ensuite se rendre dans une ferme au lieu-dit « La Gerbaudière ». Pour entrer dans la maison où des passeurs les attendent, les consignes sont strictes. André

Goupille les a notées dans son agenda : « *Ne pas passer par-devant, couloir sur la gauche, frapper trois coups en cadence si vous êtes seul, si la Gestapo est avec vous, vous ajoutez deux coups secs*[35]. » Les fugitifs lui présentent alors la moitié d'un billet de cinq francs. L'autre moitié est dans les mains du passeur. Il s'agit d'un code commode puisque le passeur a rencontré le relais plusieurs heures auparavant pour lui donner ce morceau de billet. Dès lors, il sait que le passager a été envoyé par l'un des membres de l'équipe. Lorsque le passager n'a pas la moitié de billet, la méfiance et parfois l'ignorance sont de rigueur. Mais les comparses d'André Goupille utilisent aussi d'autres tactiques.

Pour le passage du courrier, les dangers ne sont pas moins grands. Assez souvent, Goupille voit arriver des individus qui connaissent son adresse grâce à des amis qui ont eu recours dans le passé aux services du vétérinaire-passeur. Certains courriers en attestent. Par exemple, une lettre postée à Valence, envoyée le 3 janvier 1941, pose cette question sans détours : « *Une amie, venue d'Angers, grâce à votre aide bienveillante, nous dit que nous pouvons avoir recours à vous pour correspondre avec un de nos fils qui habite dans les environs d'Etampes […] Je joins un timbre. Pouvez-vous mettre à la poste la lettre ci-jointe*[36] *?* »

D'autres lettres demandent à André Goupille d'« *avoir l'obligeance* » de déposer des paquets en zone non occupée, de faire poster « *des lectures*[37] », de passer des mandats. Les bureaux de poste de la zone occupée sont en effet engorgés par un afflux de lettres qui dépendent de la législation allemande inter-zones. Enfin, une dernière série de lettres veut seulement informer. Par exemple, celle du 14 février 1942 est écrite dans la ville de Vichy par des évadés : « *Remerciements. Nous sommes arrivés aujourd'hui à Vichy à 5 h 30 du matin après une très mauvaise nuit […] Nous allons maintenant nous diriger sur Marseille*[38]. » Deux jours plus tard, dans une autre lettre, en provenance de Casablanca, un homme remercie André Goupille pour avoir fait passer une lettre à sa fiancée restée en métropole. Le passeur est connu dans les deux zones et même hors des frontières. Le 16 juillet 1941, un candidat au passage écrit de Paris : « *J'ai obtenu votre adresse de la part des sœurs franciscaines de Paris*[39]. » On le voit encore, les passagers ignoraient le danger qu'ils faisaient courir aux passeurs. Poster une lettre en zone non occupée pour la zone occupée n'était pas autorisé par les Allemands. Seules les cartes interzones, avec des affirmations à biffer, pouvaient traverser la ligne de démarcation[40]. De plus, les Français n'étaient pas dupes. Beaucoup savaient que le courrier pouvait être lu par les services du régime de Vichy (notamment les services des contrôles techniques) et par les Allemands. On remarquera que, pour formuler une telle demande, la personne qui a écrit la requête était très bien informée.

A partir du second semestre 1941, les passages du courrier, dissimulé dans la voiture du vétérinaire, sont rendus plus difficiles en raison du rationnement de l'essence. Les passages deviennent plus « sportifs ». Chaque membre de la famille en effectue, mais le père se charge du plus grand nombre. Les témoins rappellent l'épuisement d'André Goupille lorsque, chaque nuit, après une journée de travail, il parcourait cinq à dix kilomètres à pied pour convoyer les passagers. Quand le vétérinaire partait longtemps en tournée médicale, son épouse prenait le relais avec l'aide des enfants et des amis. En décembre 1941, les fils sont envoyés dans un collège de Poitiers, ce qui permet de les mettre à l'abri de leurs imprudences. Louis Goupille est déjà l'objet d'une attention particulière de la part des douaniers allemands.

A la fin de 1941, les Allemands ont commencé à s'intéresser de plus en plus à la famille Goupille, dont la maison est située à une centaine de mètres de l'*Ortskommandantur*. Le 19 janvier 1942, André Goupille est arrêté en passant au poste de douane allemand, après avoir été vraisemblablement dénoncé par des voisins. Les Allemands trouvent de nombreuses lettres cachées dans la voiture. Le passeur est envoyé à la prison de Tours, puis à celle d'Angers. Après enquête, – les lettres découvertes n'étaient que celles de familles en mal de nouvelles de proches –, l'inculpation pour espionnage est levée. Les occupants espéraient sans doute trouver des messages à destination des Alliés et de la France Libre. André Goupille rentre libre à Descartes. Cependant, les douaniers, stupéfaits de cette libération, lui retirent aussitôt son laissez-passer permanent. Le vétérinaire décide alors de contourner la difficulté et de s'installer seul en zone non occupée, au Grand-Pressigny. Entre-temps, son fils Pierre est passé en zone non occupée sur les conseils de sa mère. Celle-ci poursuit les passages clandestins. Elle doit assez vite rejoindre son époux en zone non occupée, car elle voit venir à elle plusieurs passagers étrangers qu'elle soupçonne être des policiers allemands déguisés en passagers clandestins. Après l'occupation totale de la France, le 11 novembre 1942, les Goupille ont maintenu en place leur organisation pour continuer à héberger des fugitifs, des réfractaires du STO, et leur trouver d'autres relais plus au sud, pour qu'ils puissent rejoindre la frontière espagnole. A partir de l'été 1943, André Goupille organise des terrains d'atterrissage clandestins. En février 1944, les Goupille sont déportés, non pas pour leurs activités de passeurs, mais pour leurs activités de résistance ultérieures, qui ont remplacé les passages clandestins[41].

Les organisations conçues par Raymond Toupet, les familles Leloup et Goupille n'ont donc pas eu pour mission d'assurer un continuum entre le lieu de départ du passager et son arrivée à la ligne de démarcation. Elles sont des filières de passage à moyenne échelle géographique qui limitent le convoyage à une cinquantaine de kilomètres autour de la ligne de démarcation. Les relais dans les deux zones ne sont jamais très éloignés. En quelque sorte, ces filières sont « incomplètes » et n'ont pas pour rôle d'accompagner les candidats au « voyage » clandestin inter-zones. Elles avaient assez peu de moyens. De plus, pour des raisons évidentes de sécurité, la nécessité de travailler en petits groupes a limité le champ d'action d'équipes qui ont fait ce qu'elles pouvaient, dans un contexte de pénurie et de danger accrus. En revanche, il existe d'autres organisations qui ont convoyé et relayé à l'échelle nationale pour le compte de la Résistance et de la France Libre, dont celle du colonel Rémy.

Rémy et la Confrérie Notre-Dame

Parmi les filières de passage les plus vastes et les mieux connues, il y a le réseau de Gilbert Renault, plus connu sous le pseudonyme de *colonel Rémy*. L'organisation n'est pas née du néant et le chef n'en est pas toujours le premier organisateur. Nombre de réseaux et de filières ont émergé d'abord à partir d'une petite équipe locale qui a fait franchir la ligne aux fugitifs, dès 1940. Il a fallu du temps et beaucoup de hasards pour créer une structure d'envergure, capable d'irriguer le renseignement à travers toute la France, puis vers l'Angleterre.

Entre toutes les grandes structures organisées du passage clandestin au sein de grands réseaux de renseignements, les équipes de passage liées au colonel Rémy sont parmi les plus imposantes, mais peut-être aussi les moins sûres dans la durée, puisqu'elles concentrent sans doute trop de relais. Au sein du réseau de renseignements militaires Confrérie Notre-Dame (CND), Rémy[42] a sans cesse recherché la meilleure façon de travailler sans obstacle à travers toute la France, au-dessus des lignes de démarcation et des frontières. Depuis la fin du mois de juillet 1940, Winston Churchill a demandé au colonel Passy de structurer une nouvelle organisation de renseignements. Plusieurs missions sont alors envoyées en France, dont celles de Pierre Fourcaud (alias *Lucas*) et de *Roulier*, par exemple[43]. Le 17 octobre 1940, Rémy envoie un message au BCRA, en réponse à une série de câbles sur les points de passage clandestins :

« *Nous serons très intéressés de vous lire au sujet des points de passage que vous aurez pu vous assurer entre zone libre et zone occupée, de même qu'entre Espagne et France. Je n'ai, du reste, pas l'intention de passer clandestinement de zone libre à zone occupée. Je vous signale toutefois qu'à Loches (Indre-et-Loire) les laissez-passer s'obtiennent facilement*[44]. »

Pendant toute l'instauration de la ligne de démarcation, la ville de Loches est effectivement l'une des plaques tournantes du passage clandestin, au même titre que Besançon, Bléré, Bourges, Chamblay, Chauvigny, Mont-de-Marsan, Moulins-sur-Allier, Orthez, Poligny et Vierzon. Pourtant, le colonel Rémy n'est pas passé dans ces régions, même s'il a compté sur d'efficaces relais pour d'autres membres du réseau qu'il construisait en zone occupée. Dans ses écrits, le colonel Rémy ne s'attarde pas sur l'étape fondamentale de la naissance des premiers maillons de son futur réseau[45]. Il est peu disert sur les équipes qui ont formé un premier socle sur lequel il posera ensuite une armature plus élaborée. Or, rien n'aurait été possible sans une base départementale. Pour la constitution d'un réseau de grande taille ou de dimension plus moyenne, toutes les équipes locales et familiales de passeurs peuvent constituer autant de tentacules pour tisser la toile entière. Le réseau du colonel Rémy doit ainsi beaucoup à un aristocrate de la Dordogne, Louis de la Bardonnie.

A partir du mois de juillet 1940, Louis de la Bardonnie, propriétaire du château de la Roque à Saint-Antoine-de-Breuilh, en Dordogne, forme un petit groupe qui servira plus tard d'appui au colonel Rémy dans la construction de son réseau[46]. Louis de la Bardonnie (pseudo : *Isabelle*), né en 1902, est père de huit enfants ; sa famille est solidement implantée en Dordogne depuis plus de six siècles[47]. La vue des Allemands lui a été insupportable. Il se définit comme un patriote monarchiste, un catholique de droite, très antiradical et très anticommuniste. Abonné à *L'Action française*[48], dès 1938, il s'est opposé aux accords de Munich. En 1940, il ne comprend pas l'attitude de Pétain et prend donc du recul par rapport aux écrits de Charles Maurras, à qui il a reproché ses propos en faveur du vainqueur de Verdun. Avec son épouse Denyse (pseudo : *Ninette*), il décide alors d'entreprendre une action, d'abord à petite échelle, afin de braver l'ordre de l'occupant. Après avoir sans doute entendu l'appel du 18 juin, l'occasion lui est donnée de s'engager grâce à sa proximité avec la ligne de démarcation et à son réseau d'amis : « *J'ai ensuite parlé de cet appel à un petit groupe de très bons amis que j'ai réunis chez moi, précisément le jour de la signature de l'armistice. Nous étions sept, tous des propriétaires de la région, plus ou moins fortunés. Je leur ai dit : "Il faut faire quelque chose. Mais quoi ?" La ligne de démarcation était à huit kilomètres*[49]. »

Avec plusieurs amis, Paul Armbruster (un paysan alsacien favorable aux thèses de Maurras replié dans une ferme de la zone non occupée, à Sainte-Foy-la-Grande, à vingt kilomètres à l'ouest de Bergerac, en Dordogne non occupée), Pierre Beausoleil, Jean Esbrach, le docteur Pailloux et Jean Fleuret, les premiers objectifs sont simples et essentiellement orientés vers un espace départemental. Après la Libération, La Bardonnie a précisé les desseins initiaux du groupe, passé en trois mois de huit à une trentaine de membres[50] :

« *1 – Etablir des points de passages* sûrs[51] *de la ligne de démarcation qui était à dix kilomètres de chez moi.*

2 – Saboter au maximum, mais prudemment [...]

3 – Etablir des points d'observation aux endroits importants : port de Bordeaux [...], frontière suisse avec Dungler [...] Ligne de démarcation par Beausoleil qui en était voisin presque immédiatement, etc. »

Aux mois d'août et septembre 1940, l'équipe de Louis de la Bardonnie réalise ses premières missions en transportant du courrier à l'ambassade de Grande-Bretagne en Suisse. En voyage à Londres, l'abbé de Dartein (ancien précepteur du comte de Paris et ami de La Bardonnie) donne les coordonnées du châtelain à Gilbert Renault. L'abbé écrit alors à Renault – qui revient en France en août 1940 *via* le Portugal – une recommandation qu'il doit remettre à Armbruster. Celui-ci accompagne Rémy chez La Bardonnie. Gilbert Renault a besoin de trouver un couloir clandestin sûr pour passer la ligne et se rendre en zone occupée, tisser les premiers fils de son réseau de renseignements et trouver un opérateur-radio.

La rencontre Rémy-La Bardonnie a lieu fin novembre 1940. Très vite, Rémy montre de réels talents d'organisateur et des « *aptitudes de découvreur*[52] ». Il sait parfaitement imbriquer toutes les formes d'actions clandestines. Le passage de la ligne de démarcation est l'un des rouages de la « machine » clandestine de Rémy, même si ce n'est pas sa préoccupation exclusive et prioritaire. Les négociations avec les autres membres de la

Résistance l'occupent beaucoup. Il sait cependant qu'un mauvais maillon peut casser toute la chaîne. Les passeurs doivent donc être de grande qualité et capables de discrétion absolue. La collecte du renseignement n'est efficace qu'à condition d'établir un système de communication rapide à travers les obstacles dressés par les occupants.

La recherche de filières clandestines est impérative au bon déroulement des activités de Rémy et de ses adjoints. En Dordogne, il trouve une petite organisation d'une trentaine de personnes, déjà en place avec des relais implantés dans plusieurs villes (Bayonne, Bordeaux, La Rochelle, Pau, Toulouse, Vichy, etc.) sur la frontière espagnole et dans les villages de la ligne de démarcation[53]. Rémy reprend en main l'armature et étoffe ses ramifications grâce à ses relations et à l'installation de « boîtes aux lettres » sur l'ensemble du territoire occupé. Il effectue un premier passage clandestin grâce à Pierre Beausoleil (habitant de La Mothe-Montravel), en zone non occupée, et à un vigneron, Marcel Ramband, installé dans une ferme de la zone occupée, près du poste allemand de Capitourlan. Il est accueilli au final par le docteur Pailloux. Entre février et juin 1941, afin d'étoffer encore son réseau, Rémy utilise sans relâche l'un des deux points de passage clandestin, dont l'un est appelé par les passeurs « *passage Moineau-Beausoleil* », du nom de deux passeurs, Edouard Etourneaud, dit *Moineau*[54], et Pierre Beausoleil (pseudo : *Pierrot*)[55], deux agriculteurs, complices de La Bardonnie. Ils possèdent l'*Ausweis für den kleinen Grenzverkehr* (le laissez-passer pour le petit commerce, c'est-à-dire la circulation « *Petite frontière* »), ce qui leur permet de franchir légalement la ligne de démarcation et donc de se renseigner dans les deux zones, afin d'établir des contacts ou de passer du courrier. Le « passage » est situé sur l'axe Libourne-Bergerac, entre Gironde et

Dordogne, aux environs de la Route nationale 136, dans un triangle Saint-Antoine-de-Breuilh/Saint-Michel-de-Montaigne/Castillon[56]. Chaque passager qui a emprunté cette voie a dû franchir à pied la Lidoire, une petite rivière de cinq à dix mètres de large, affluent de la Dordogne, qui fait la séparation entre les deux zones. Rémy la franchit souvent, dans les deux sens et, parfois, dans des conditions plus difficiles que la première fois, lorsque la rivière est quasiment à sec. Quand les eaux de la Lidoire gonflent, il passe nu. En zone occupée, il est un infatigable voyageur entre Bordeaux, Vannes – d'où il est originaire – et Nantes. Il utilise parfois un autre point de passage monté par *Espadon* (Jean Fleuret) et son fils. Pour se consolider, les premières équipes de passage ont besoin de Rémy, car il apporte le soutien du général de Gaulle et donc des moyens considérables que ne possède évidemment pas l'équipe de la Dordogne. Enfin, la personnalité de Rémy a convaincu nombre de passeurs de travailler avec lui. Cet homme de contact attire rapidement la sympathie et la confiance de la majorité de ses interlocuteurs[57].

Grâce au « système » de couverture territoriale perfectionnée par Rémy, de nombreux résistants ont fait des navettes entre Londres et la zone occupée. Parmi eux, Pierre Brossolette a passé la ligne de démarcation grâce à la filière de la Dordogne. Le « passage Moineau-Beausoleil » est franchi par Brossolette à deux reprises, entre le 4 et le 12 avril 1942[58]. Durant l'été 1942, il fait plusieurs allers et retours entre les deux zones[59]. Il passe notamment la ligne de démarcation avec André Philip, de nouveau au « passage Moineau-Beausoleil », comme le fait sa famille, le 13 juillet[60]. Mais *Espadon* reproche à Brossolette d'utiliser trop souvent ce « passage ». Cependant, il s'en sert une dernière fois pour aller à Paris, les 22-23 juillet 1942. Auparavant, Pierre Brossolette a utilisé le « passage » pour sa famille et celles d'André Philip, Louis Vallon[61] et Charles Vallin[62]. Le passage vers la zone non occupée devient nécessaire dès que les résistants sont « brûlés ».

Dans la première quinzaine de septembre 1942, Pierre Brossolette rejoint Londres *via* Gibraltar. Depuis la capitale de la France Combattante, il obtient de Rémy qu'une citation soit attribuée à ses passeurs habituels, Moineau et Beausoleil. En guise de rémunération, ils perçoivent, en plus des mille francs mensuels alloués par la France Combattante, une rétribution supplémentaire, car leur activité sur la ligne ne leur permet pas de cultiver leurs terres à plein temps. Le cumul des activités professionnelle et clandestine sur la démarcation n'est pas une simple formalité. Il faut en effet trouver sans cesse de la nourriture et de quoi compenser la perte de production et de revenus personnels.

Les filières internationales du Nord-Est

A partir de 1941, les initiatives individuelles des habitants du nord de la France pour aider les prisonniers de guerre français et anglais, mais aussi pour convoyer plus au sud les aviateurs perdus, ne suffisent plus. Le passage du courrier exige toujours plus de subterfuges ingénieux. Des filières s'organisent alors, afin de trouver des vêtements civils, des sites d'hébergement, de la nourriture, des complices dans les administrations françaises, pour obtenir des laissez-passer, vrais ou faux, et enfin des relais très fiables et permanents entre l'Europe septentrionale et la frontière espagnole. La vie des passeurs des lignes de démarcation se ressemble sensiblement. Entre la région lilloise, la Moselle et les départements de la ligne de démarcation, les préoccupations premières des filières ou des équipes locales de passage ont été les mêmes. Seule la densité des moyens de surveillance mis en place par les Allemands a rendu les lignes de démarcation du Nord-Est plus dangereuses que la *Demarkationslinie*. Par exemple, la vallée de l'Orne est une région importante de passages clandestins entre la zone annexée et la zone interdite. Des Juifs, des prisonniers et des aviateurs s'y sont pressés et ont trouvé de nombreuses équipes locales, constituées comme sur la ligne de démarcation à partir des réseaux d'amitiés. L'abbé François est l'un des plus connus de ces organisateurs de passages clandestins de la région. Plusieurs centaines de passagers illégaux attestent le recours aux services de la famille François[63].

Avec sa mère – décédée au camp de Mathausen –, Pierre François a pu compter sur des relais dans toute la France, jusqu'à Marseille, pour passer clandestinement du courrier d'une extrémité à l'autre de la France compartimentée. Dans l'Orne, aux confins de la Meurthe-et-Moselle et de la Moselle, dans la région de Jœuf-Jarny-Moyeuvre, des ecclésiastiques, des hôteliers, une institutrice, des médecins et des cheminots ont formé les maillons de la chaîne. La filière a d'abord fait passer des lettres des prisonniers, avant de se tourner vers le passage des personnes. Les lettres étaient acheminées à Chapeau, dans l'Allier. Le curé du village se chargeait de les faire suivre. Jarny était une plaque tournante ferroviaire et les cheminots ont largement contribué au passage des fugitifs, dans les wagons plombés, les soutes ou les vigies – ce sont les postes d'observation des conducteurs de train. Les passagers clandestins dormaient dans une maison en bordure des quais de la gare de Jarny. Il était alors plus facile de monter dans les trains. En mars 1942, la Gestapo a démantelé la filière. Vingt-six passeurs et accompagnateurs ont été arrêtés. Tous ont été exécutés ou sont morts en déportation, à l'exception d'une femme qui a survécu[64].

Dès l'automne 1940, les réseaux belges implantés en France, dont Zéro-France et Ali-France, ont également emprunté la ligne de démarcation pour le renseignement, la transmission de courrier et l'évasion[65]. Tous ces groupes ont largement contribué à la réussite de l'activité du réseau belge *Sabot*[66], pseudonyme de Pierre Bouriez. Celui-ci a eu recours à des passeurs et des relais individuels sur l'ensemble du territoire français, dont Louisette Lambert, dite *Louisette*, une Belge résidant à Montrichard (Loir-et-Cher occupé). Au début de la guerre, elle avait commencé ses activités clandestines à Amiens où elle devait recruter des passeurs pour le franchissement de la ligne de démarcation entre la zone interdite et la zone occupée. Elle en a trouvé dans le monde des cheminots. Ensuite, elle a habité Vierzon où elle a établi des contacts avec un hôtelier de la place des Tilleuls et un transporteur de la gare, Marcel Melon. Les passagers descendaient à la gare de Vierzon ou à Salbris lorsque *Louisette* pensait que Vierzon devait être évité un temps, pour des raisons de sécurité. A Salbris, un garagiste et une fermière prenaient en charge les passagers pour la nuit, puis ils empruntaient la route de Vierzon le lendemain. Une fois la ligne de démarcation dépassée, *Louisette* dirigeait même les passagers à Châteauroux. La préfecture remettait alors des sauf-conduits à destination de Lyon. Dans cette ville, *Louisette* confiait les passagers belges à Vandevond, membre de l'Armée secrète belge. En janvier 1942, elle est arrêtée en pleine action de passage sur les rives du Cher, puis emprisonnée une quinzaine de jours, avant de parvenir à s'échapper. Elle se réfugie alors à Montrichard où elle installe une nouvelle filière de passage qui fabrique de fausses cartes d'identité. De février à l'été 1942, des dizaines de passages clandestins sont ainsi organisés. Cependant, en septembre 1942, Louisette Lambert est à nouveau arrêtée par la Gestapo, après avoir refusé de passer un individu qui se faisait passer pour un officier belge. L'infiltration des réseaux et des filières de passages par des agents ennemis n'était pas rare. Le 5 mars 1943, elle est condamnée à mort pour avoir aidé l'ennemi. Un témoin, qui se disait ancien passager belge, est venu à la barre pour témoigner contre elle. Nous n'en savons pas plus sur l'instruction du procès ni sur l'auteur de la trahison. Plus tard, la peine fut commuée en une peine de travaux forcés à perpétuité.

L'importance de la ligne de démarcation pour l'Intelligence Service

Les Anglais de l'*Intelligence Service (IS)* ont pu compter sur les chaînes d'évasion à travers la ligne de démarcation, souvent une étape obligée pour que leurs pilotes ou agents secrets aient la possibilité de rejoindre l'Espagne. Effectivement, à partir de 1941, les plans de la stratégie anglaise ont évolué vers la guerre aérienne au-dessus de l'Allemagne. Ce type d'opérations s'intensifia au cours de 1942, avec l'entrée en lice de la 8e *Air Force* américaine[67]. Revenant de bombarder les villes allemandes, des aviateurs alliés sont parfois contraints de quitter leur appareil au-dessus des Pays-Bas ou de la Belgique septentrionale. Pour regagner la Grande-Bretagne, les réseaux d'évasion vers l'Espagne et le Portugal se sont avérés d'une importance extrême. Les lignes de démarcation[68] ont été des lieux de passage obligés. Le nord de la France a constitué le premier cercle de départ des passagers clandestins à rapatrier vers la ligne de démarcation, puis vers l'Espagne.

Avec la création du réseau *CND* du colonel Rémy, Anglais et Français ont trouvé une réponse partielle à leurs requêtes de 1940. En effet, dès le début du mois de juillet 1940, Winston Churchill trépigne d'impatience pour mettre au point au plus vite des réseaux permettant de relier la Grande-Bretagne et les deux grandes zones de la France. Le 5 août 1940, le Premier ministre britannique adresse une note importante au général Ismay[69], son secrétaire militaire au cabinet de guerre :

« *Il semble que nous soyons coupés de [la France non occupée] autant que de l'Allemagne [...] J'attends des propositions visant à améliorer et étendre nos informations relatives à la France et à entretenir un courant continuel d'agents dans les deux sens*[70]. »

La ligne de démarcation est un rempart parfois pernicieux pour les Anglais et pour les FFL, en cas de capture par les Allemands. Les réseaux ont vu le jour pour la lézarder en certains points, faire passer des renseignements et aider des pilotes abattus à s'échapper de France et des geôles allemandes. Le principal danger pour les pilotes de la *Royal Air Force (RAF)* consistait à être abattu du mauvais côté de la ligne. Car il fallait ensuite rejoindre la zone non occupée par ses propres moyens dans un pays inconnu. Nombre d'opérations nocturnes de la *RAF* ont été organisées dans l'ensemble de la France occupée, pour espionner les bases allemandes de sous-marins sur la côte Atlantique, mais également à proximité de la limite inter-zones. Dans ce dernier cas, à partir de la fin de l'année 1941, il s'agissait de récupérer des agents et des documents, puis de parachuter de l'argent, des armes et des médicaments pour les résistants. Par ailleurs, en 1942, un nombre restreint d'opérations de *pick up* (ramassages) de courrier ont été organisées dans les parties non occupées des départements du Cher, de la Gironde, d'Indre-et-Loire, du Loir-et-Cher et de Saône-et-Loire[71]. A nouveau, des opérations se sont terminées par l'arrestation des pilotes et de leurs complices résistants au sol, qui balisaient des champs grâce à des feux disposés selon des codes préétablis. Les opérations en bordure de la ligne ont permis aux pilotes, partis de la base aérienne de Tempford, à bord d'avions *Lysander* ou *Hudson*, de voler sur des distances plus courtes[72]. En effet, ils devaient effectuer un aller-retour avec un unique plein de carburant. D'autres missions de ce genre se sont produites, mais après la suppression de la ligne de démarcation sur le terrain, en 1943 et en 1944. Enfin, d'autres pilotes britanniques ont pu échapper aux arrestations en étant recueillis par les membres de réseaux et de filières de passage. Ils prenaient ensuite la route de l'Espagne en franchissant ou non la ligne : s'ils étaient abattus en zone occupée, il leur était parfois plus facile de gagner directement la frontière franco-espagnole sans passer par la zone non occupée. Des pilotes ont ainsi parcouru des centaines de kilomètres avant de rejoindre l'Espagne[73].

Dans le Cher, de nombreux passagers ont eu recours aux services du docteur Cliquet qui travaillait pour le compte du réseau *Pat O' Leary*. Pendant l'été 1941, en Grande-Bretagne, le département 900 du *MI 9* a pris corps dans le but de coordonner les liaisons entre Londres et toutes les filières d'évasion de l'Europe occupée. A la même date, Albert Guérisse, dit *Pat O' Leary* ou encore *Joseph*, remplace Ian Garrow – arrêté à Marseille – à la tête d'un réseau qui traverse la France, de Lille jusqu'à Marseille, en passant par Abbeville, Paris et Vierzon. Le réseau prend alors le nom de son nouveau chef, à savoir « *Ligne Pat* ». Le parcours d'Albert Guérisse est connu : médecin-major dans la cavalerie belge en mai 1940, il a rejoint Gibraltar afin de continuer la lutte auprès des Anglais et s'engage au *Special Operations Executive (SOE)*. Le 25 avril 1941, il est fait prisonnier après un débarquement d'agents. Interné, il s'échappe avec l'aide du réseau *Garrow*. Ensuite, Albert Guérisse organise le retour de dizaines de pilotes vers la Grande-Bretagne. Le réseau *Pat O' Leary* doit rechercher et recruter sans cesse des passeurs compétents pour la ligne de démarcation. Parmi eux, le réseau croise les époux Cliquet de Vierzon par l'entremise d'André Postel-Vinay, inspecteur général des finances, né en 1911[74]. Comme dans toute organisation clandestine, le hasard a encore présidé aux choix et rencontres entre les futurs membres. A plusieurs reprises déjà, André Postel-Vinay avait rencontré le docteur Charles Cliquet et son épouse. Le couple était originaire de Vierzon et âgé d'une quarantaine d'années. Cette famille était implantée dans le Cher depuis plusieurs générations. Charles Cliquet avait été propriétaire d'une petite fabrique de porcelaine, liquidée à la suite des grèves de 1936. Devenu médecin, dès le début de la guerre, Charles Cliquet fait passer clandestinement ses premiers passagers. Sa maison vierzonnaise est située en zone non occupée. Le Cher, qui matérialise la ligne de démarcation, passe au bout de son jardin. De l'autre côté, c'est la zone occupée. Les époux Cliquet passent d'abord des démobilisés, des prisonniers en fuite, des militaires non démobilisés, des soldats anglais qui ont échappé au désastre de Dunkerque, d'autres Français et étrangers en fuite qu'ils nourrissent gratuitement. Parallèlement, un réseau d'amis et de complices, recrutés au sein de la population, leur donne de précieuses informations sur l'armée et les installations allemandes.

A la fin de l'année 1940, les passagers clandestins qui passent rue de l'Abricot, à Vierzon, sont majoritairement des Anglais. Grâce à André Postel-Vinay et à ses propres relations, Charles Cliquet organise à Vierzon et aux alentours l'une des plus grandes plaques tournantes de la ligne de démarcation pour le passage clandestin des Alliés et du renseignement. Dans des souvenirs non publiés, un aviateur australien de la *RAF*, abattu dans la nuit du 10 au 11 septembre 1941, entre Bar-sur-Seine et Châtillon-sur-Seine, raconte, dans les moindres détails, son passage de la ligne de démarcation grâce au docteur Cliquet[75].

Le pilote australien est passé sur le pont de Vierzon à bicyclette, à une heure précisée par les passeurs, notamment juste avant que les douaniers allemands des guérites soient relevés par leurs collègues. Ainsi, l'Australien a utilisé la carte d'identité fournie par Cliquet et l'a remise à un passeur de l'autre côté du pont ; celui-ci change la photographie d'identité et la donne à un autre pilote en fuite, qui passe, une fois les douaniers de la relève arrivés au poste : ceux-ci ne peuvent pas repérer qu'il s'agit de la même carte d'identité, mais avec un portrait différent. Cliquet a une réputation connue au-delà des limites du département du Cher puisque André Postel-Vinay apprend son existence grâce à un médecin de Versailles. Le docteur Cliquet a multiplié et varié les techniques du passage clandestin. Le passage à la nage ou à guet du Cher est réservé aux plus jeunes. Parfois, il est effectué en plein jour.

Le hasard des passages et une prise de conscience relative des risques encourus sont le quotidien de la clandestinité sur la ligne de démarcation. Pour des personnes moins valides ou plus âgées, Cliquet prévoit des passages nocturnes à l'aide d'une barque. Par ailleurs, afin de procurer aux fugitifs de fausses cartes d'identité françaises, le médecin avait récupéré un tampon à la mairie de Vierzon. Parfois, les époux Cliquet utilisent pourtant un vrai *Ausweis*, donné par un ami, réfugié en zone non occupée et qui ne désire plus repasser la ligne de démarcation dans l'autre sens. L'épouse du docteur Cliquet est devenue une spécialiste de la falsification du laissez-passer. Des dizaines de passagers sont ainsi passés avec le même. Un carnet tenu par un agent de renseignements du réseau a provoqué l'arrestation de Cliquet, en octobre 1943, par la Gestapo. Interné à la prison de Bourges, Charles Cliquet est déporté à

Buchenwald, d'où il revint. Son équipe a sans doute été un maillon essentiel du réseau *Pat O' Leary*. D'autres équipes de passeurs clandestins du Cher et de Vierzon connaissaient l'existence de Cliquet, mais ils n'ont jamais travaillé ensemble. Si le réseau avait pour point de départ la zone occupée, il était en revanche dirigé depuis la zone non occupée. Le réseau *Pat O' Leary* a eu d'autres complicités pour le passage clandestin de la ligne de démarcation, notamment dans la Nièvre, grâce à un nommé Millien, directeur à la préfecture de Nevers. Il fournissait les adresses des hôtels « amis » pour héberger les passagers, les laissez-passer, les bons d'essence et les tickets d'alimentation[76]. Un autre aviateur, écossais, a aussi raconté son passage clandestin à La Guerche (Cher)[77]. De son côté, en septembre 1942, André Postel-Vinay a franchi clandestinement la ligne de démarcation après avoir été arrêté par la Gestapo et s'être évadé de prison. Il avait été trahi ; torturé il tenta de se suicider. En fuite, il a obtenu de *Pat O'Leary* son exil à Londres. Un fermier l'a aidé à passer en zone non occupée.

Au total, des habitants plus ou moins proches de la ligne de démarcation, déjà contraints par une vie quotidienne difficile, lui ont ajouté l'activité clandestine du passage. Les facteurs d'engagement dans le passage clandestin s'entremêlent et sont au cœur de relations d'interdépendance. Le passage clandestin apparaît comme une activité de l'ombre, à toutes les échelles du territoire français, avec une densité plus importante de passeurs sur la ligne de démarcation. Dans un secteur géographique assez restreint, les techniques ont joué dans des lieux et des milieux qui n'ont pas toujours été les mêmes d'un tronçon à l'autre. Dans tous les cas, la Résistance peut difficilement se dispenser de l'aide des passeurs.

TROISIÈME PARTIE

RÉPRESSIONS ET TRAFICS SUR LA LIGNE DE DÉMARCATION

Le monde des « passagers » est extrêmement difficile à cerner dans ses détails. Nous l'abordons sans jamais connaître tous les chiffres, sans savoir toutes les mésaventures, sans localiser toutes les issues clandestines donnant sur la France dite « libre » et en ignorant la biographie de l'écrasante majorité des « passagers », clandestins ou non. Les archives des acteurs répressifs français et allemands dans le périmètre de la ligne de démarcation permettent l'approche historique, géographique et sociologique. L'étude des passagers et des passeurs est indissociable de l'étude des types de répression. Celle-ci apporte un éclairage nouveau et différent de la compréhension de la collaboration policière franco-allemande. Elle est aussi un observatoire singulier de la politique et de la persécution raciales de Vichy et des Allemands à l'encontre des Juifs, notamment pour ceux qui souhaitaient passer en zone non occupée*. Dans tous les cas, être *passeur* ou être *passager* clandestins est un comportement risqué. Les passeurs

* Grâce à un corpus de sources juives (CDJC et AIU), nous avons pu défricher encore un peu plus le champ de la recherche sur la persécution dont des milliers de Juifs ont été victimes aux abords de la ligne de démarcation.

et les passagers clandestins de la ligne de démarcation ont acquitté un tribut humain aux divers types de répression. Mais l'inefficacité répressive a aussi modéré les risques encourus.

5

Les passages clandestins sous l'œil de la répression

En tous points du territoire français, la répression policière s'est manifestée sur les évadés, les fugitifs à la recherche d'un hypothétique exil, les résistants, les aviateurs abattus. Sur la ligne de démarcation s'ajoute une sorte de « filet » franco-allemand aux mailles souvent desserrées. La chronologie en revanche ne coïncide pas nécessairement avec celle qui concerne la vie quotidienne. L'histoire de la répression inter-zones est tributaire de l'évolution des mesures administratives et juridiques prises par les occupants et par l'Etat français de Philippe Pétain. Ce dernier a su utiliser la ligne de démarcation pour ses desseins d'exclusion, une des contradictions d'un régime autoritaire qui en appelait sans cesse aux liens entre la Nation *unie* et le sol.

Être passager clandestin de la ligne

La définition du *passager* clandestin est très large et se confond avec celle du *passeur* dans les textes juridiques allemands, et plus particulièrement dans les ordonnances d'octobre 1940. Cependant, les Allemands n'ont pas précisé la variété des sanctions pour les passagers, comme ils l'ont fait pour les passeurs. Le passager *clandestin* se distingue du passager *légal* qui franchit la ligne de démarcation en train, à pied ou en voiture aux points de passage officiels, imposés par les Allemands, muni d'un *Ausweis* difficile à obtenir.

Les motivations ou les raisons de partir des passagers sont très variées. Globalement, à partir de bribes d'informations livrées par les archives, les raisons d'une migration quasi forcée au-delà de la ligne de démarcation sont les suivantes :

• *l'évasion* d'un camp de prisonniers et la recherche d'un refuge en zone non occupée ou à l'étranger ;

• *les motifs familiaux* : le retour en zone occupée, définitif ou occasionnel, près des siens (mariages, décès, hospitalisation, etc.) ;

• *les raisons raciales* : la fuite devant des mesures répressives à l'encontre d'une catégorie particulière de la population (les Juifs français et étrangers, par exemple) ;

• *les raisons politiques* : le désir de rejoindre la France libre ; la nécessité de passer régulièrement d'une zone à l'autre, dans les deux sens, dans le cadre d'une participation aux mouvements ou aux réseaux de la Résistance ;

• *les raisons économiques* : la fuite devant l'aggravation des restrictions ; l'obligation de voyager pour s'occuper d'affaires commerciales ou industrielles, réparties dans les deux zones ; l'envie de récupérer des biens financiers laissés en zone occupée lors de l'exode ;

• *les velléités aventurières et ludiques* : le simple désir de braver l'interdit et de rechercher l'aventure, voire le jeu pour les plus jeunes des passagers.

Une question découle de cette énumération : rencontre-t-on davantage de passages de la zone occupée vers la zone non occupée que dans l'autre sens ? Il semble que les jeunes hommes de la zone occupée sont souvent les plus enclins à fuir les régions dans lesquelles les Allemands recherchent de la main-d'œuvre pour construire leurs fortifications, tel ce jeune Breton qui quitte son « *cher Trélivan*[1] », en 1941. Pour retracer son périple, il écrit une lettre, sans doute à sa famille, saisie et analysée par le BCRA. L'organe de la France libre a recueilli un maximum de renseignements sur la zone occupée grâce au courrier des Français qui ont rejoint ses rangs. Le jeune Breton déplore une vie quotidienne fort difficile en Bretagne où les pénuries sont importantes et croissantes[2]. De plus, les représailles en zone occupée sont jugées « *démesurées* ». Au fil du récit, il précise encore les motivations qui l'incitent à partir :

« *Encore une chose qui m'a poussé à partir, les Fritz ramassaient les jeunes gens pour aller réparer les dégâts que la chère RAF avait faits à Brest, à Lorient, etc. [...] Le 6 juin donc, un jeudi matin, j'ai quitté [...] ma famille et mes amis, de la faute à ces sales boches.*

« *J'ai été à Tours et de là, suis parti à 30 kilomètres où j'ai pu passer la frontière en compagnie de mon copain T. Ensuite, j'ai gagné Clermont-Ferrand [...] Ici en zone libre, l'esprit est bien plus mauvais : les gens, pour la plupart, ayant moins souffert de la guerre que ceux du Nord*[3]... »

La dernière remarque montre la différence d'état d'esprit entre les Français des deux zones. Ceux de la zone non occupée ont moins souffert au début de l'Occupation, pour une raison simple : l'absence des Allemands sur leur sol. Le cas de ce jeune Breton de la zone occupée n'est pas isolé. Dès le premier trimestre de 1941, on constate une recrudescence du nombre de passages de jeunes hommes, arrêtés alors qu'ils franchissent clandestinement la ligne de démarcation. En mars 1941, la DSA relève un taux d'arrestations plus élevé à la ligne qu'au cours des mois précédents. L'arrivée des douaniers allemands provoque certainement la peur d'être enrôlés de force par les Allemands. Les jeunes Français se sentent menacés et certains décident donc de partir. D'ailleurs, la DSA s'insurge contre le traitement que les gardiens allemands leur infligent sur la *Demarkationslinie* et sur la ligne du Nord-Est :

« *Plusieurs* [personnes] *ont été abattues, de nombreuses autres arrêtées. A cette occasion, des sanctions ont été prononcées contre les communes où se trouvaient des habitants qui favorisaient la fraude : à Selles-sur-Cher (Loir-et-Cher) une amende d'un million a été imposée ; à Tavaux (Doubs), un certain nombre de personnes, dont le secrétaire de mairie, le fils du maire et plusieurs ouvriers de l'Usine Solvay ont été arrêtées pour s'être livrées à un trafic clandestin de lettres et de personnes, ou l'avoir favorisé entre la zone interdite et la zone libre [...]*[4]. »

Certains jeunes gens, pour des raisons fort variables, font facilement la navette entre les deux zones, sans jamais être inquiétés. Comme ce jeune homme de Chaumont (Haute-Marne) qui quitte le domicile parental en avril 1942, pour aller travailler à Hyères et se loger chez un particulier, avant de revenir pour passer la deuxième partie de son baccalauréat. Il traverse clandestinement la ligne de démarcation dans le Cher, au sud de Mehun-sur-Yèvre (zone occupée). Il a fait plusieurs fois l'aller et retour. Mais à la suite d'un processus que nous ignorons – peut-être une dénonciation –, il est accusé de propagande gaulliste par le tribunal militaire allemand de Chaumont ; il est condamné à huit mois de prison, qu'il ne fait pas, puisqu'il reste en zone non occupée. Il rejoint ensuite Alger. La motivation du départ n'est pas la peur ou l'envie d'échapper à une persécution, mais bien plus le besoin de trouver un moyen d'exprimer le refus de l'occupant.

Le passage d'un individu qui fuit la répression ou refuse l'occupation l'expose à un inconfort psychologique et matériel très important. Le passager s'extrait d'un monde familier, d'un lieu qui lui est cher, en emportant un minimum d'argent et d'objets. Toutefois, où peut-il se rendre en zone non occupée, s'il n'a pas de famille ou de point de chute personnel ? De fait, certains Français ont choisi de rester en zone occupée, car ils n'avaient aucun lieu d'accueil autre qu'un logement parisien, par exemple. Le passager de la ligne est également un personnage en transit. Il vit pendant quelques heures ou quelques jours dans un *entre-deux* : il migre vers un espace dit « libre » dans lequel il sera encore menacé par un retour forcé en zone occupée. La condition de *passager* commence le jour du départ et prend fin une fois la ligne franchie. Après on est un émigré ou un exilé dans l'attente d'un retour à la paix. Le passager occasionnel vit donc dans le provisoire, le temporaire, le transitoire et l'éphémère.

Bien des années après, les souvenirs du passage sont encore très précis en ce qui concerne l'organisation matérielle. En revanche, les dates et les lieux du passage sont beaucoup plus incertains. Partir ou revenir dans une zone est un acte facile quand il est réussi, ce qui est le cas pour des milliers de passagers. En revanche, le passage a été parfois plus hasardeux, retardé pour des raisons inconnues, trahi ou annulé. L'aide d'un passeur reste toujours le moyen le plus sûr. Comme ce patriote, Roland Lamouret, qui décrit son périple sous forme d'un roman autobiographique[5]. Il a eu recours au passeur, au début de 1941. Fils de gendarme, il est âgé de dix-huit ans en 1940 ; il est renvoyé de l'école de cavalerie de Saumur. Habitant à Château-Renault (Indre-et-Loire), en janvier 1941, il apprend que des passeurs permettent de partir en zone non occupée. Il part le 13 janvier 1941, non sans s'assurer auparavant que d'autres veulent tenter l'aventure pour rejoindre l'Afrique du Nord. Il détaille sa préparation. Dans l'extrait suivant, on constate le goût du jeune homme pour l'aventure et la découverte de l'inconnu :

« *Par l'intermédiaire d'un gendarme retraité, M. Jahan, que mon père a bien connu [...] nous obtenons l'adresse d'un passeur et tous renseignements nécessaires pour le contacter secrètement – mot de passe à l'appui – en vue de déterminer une date de rendez-vous et les modalités inhérentes à cette affaire [...] Je sonde dans mon entourage l'état d'esprit de ceux qui sont animés par un même idéal de patriotisme et qui désireraient m'accompagner vers la grande aventure semée d'embûches et de dangers, certes, mais combien exaltante.*

« *Certains hésitent en raison des risques éventuels que pourrait courir leur famille en cas d'arrestation, d'autres ont peur du destin incertain qui les attend peut-être ou n'ont pas la foi en l'avenir ; d'autres, enfin, se heurtent au refus formel de leurs parents et la majorité n'est qu'à l'âge de vingt et un ans. Finalement, nous serons trois à tenter le grand saut*[6]. »

Lamouret et deux compagnons prennent un train pour Tours, puis roulent en car jusqu'à Cormery. Ensuite, les trois jeunes hommes rejoignent un cafetier, où ils prononcent le mot de passe. Six autres personnes attendent dans la cuisine : un couple de Juifs et quatre prisonniers français évadés d'un camp de détention. Le passage s'effectue de nuit, entre Loches et Cormery, entre deux patrouilles :

« *Nerveux, nous attendons avec une certaine impatience le signal du départ qui est prévu aux environs de minuit [...] Après avoir jeté un coup d'œil par l'entrebâillement d'un volet, le patron de l'établissement, subitement pâle comme un mort, s'écrie : "Nous sommes foutus, c'est une patrouille allemande, on a été dénoncés." Je stoppe alors le début d'affolement*[7]*...* »

Ensuite, après une longue marche dans la neige, ils se rendent à des adresses signalées par le passeur pour s'évader vers la France libre. Les jeunes passagers ont accompli un voyage court entre leur point de départ et la ligne de démarcation, ce qui n'est pas le cas des autres passagers qui ont déjà marché ou roulé depuis des centaines, voire des milliers de kilomètres pour parvenir jusque dans le Lochois.

Nous manquons de séries chiffrées pour évaluer précisément l'âge moyen des passagers, mais la consultation des sources du BCRA conduit au moins à remarquer la jeunesse des passagers. Il est clair qu'il est plus facile à un jeune de passer qu'à une personne âgée, notamment lorsque le lieu du départ est éloigné de la ligne de démarcation. De même, il vaut mieux passer seul. Emmener avec soi un vieillard ou un enfant en bas âge risque de retarder la fuite. Les jeunes hommes sont majoritaires, même s'il y a des enfants parfois en très bas âge, des femmes et des vieillards, surtout quand des familles entières fuient. C'est le cas dramatique de la « migration » des Juifs.

Les archives sont indigentes sur l'horizon socioprofessionnel et géographique des passagers. Car si elles livrent parfois des chiffres, elles ne donnent rien de plus. Entre le mois de juillet 1940 et le mois de mars 1942, la DSA a recensé tous les meurtres – de passagers et de passeurs – commis par les Allemands sur la ligne de démarcation, dans une synthèse réalisée sous forme de tableaux et qui s'appuie sur les rapports de gendarmerie et des préfets[8]. Sur trente-quatre cas, vingt-neuf concernent des passagers. Ceux-ci sont soit des paysans riverains de la ligne, soit des prisonniers de guerre évadés (la majorité), soit des commerçants ou des hommes d'affaires (par exemple, le 27 mars 1941, au sud-ouest de Chalon-sur-Saône, un inspecteur des eaux minérales de Vittel[9]), soit des fugitifs belges (on ignore tout de leur activité professionnelle s'ils en ont une), soit des jeunes gens (par exemple, le 11 février 1942, à Saint-Vallier, en Saône-et-Loire). Une autre synthèse relève les « *incidents les plus graves*[10] » : des coups de feu provoquent des blessures, parfois mortelles. Les passagers sont plutôt sans condition sociale officielle puisque sur vingt-six situations retrouvées, plus de la moitié révèlent des incidents entre les Allemands et des aviateurs anglais en fuite, des soldats français démobilisés, des civils et des militaires belges qui tentent de rejoindre la zone non occupée. Les autres cas concernent des passeurs, deux cultivateurs, trois femmes, deux jeunes hommes et des habitants limitrophes qui ont reçu des balles allemandes à distance.

Un flux continu de passagers clandestins étrangers

Les relations diplomatiques franco-allemandes n'ont pas toujours été claires en ce qui concerne les règles de passage par les étrangers de la ligne de démarcation. Les habitants proches de la ligne ou les Français qui viennent de beaucoup plus loin, lorsqu'ils sont arrêtés pour franchissement illégal, sont sanctionnés par une amende et une peine d'emprisonnement, rarement supérieure à trois mois. En revanche, les étrangers arrêtés connaissent un sort plus sévère avec le paiement d'amendes plus lourdes et le refoulement dans la zone de départ. Depuis le début de décembre 1940, les Allemands obligent la DGTO à donner son visa, sans examen, à tous les ressortissants allemands. En mars 1941, les occupants vont plus loin : ils délivrent des laissez-passer à tous les étrangers, sans en avertir les autorités françaises. Pour autant, le 11 avril 1941, la Direction de la police du territoire et des étrangers du régime de Vichy rappelle aux surveillants français les mesures à prendre à la ligne de démarcation à l'encontre des étrangers clandestins : « *Tous les étrangers qui se présentent à la ligne de démarcation, non porteurs de laissez-passer ou munis d'un titre ne portant pas le visa des autorités françaises, doivent être refoulés immédiatement sur la zone occupée*[11]. »

Les négociateurs à Wiesbaden ont exprimé leur inquiétude, car, entre le 1er décembre 1940 et le 1er mai 1941, les Allemands ont délivré pas moins de sept mille laissez-passer à des étrangers qui souhaitaient rejoindre la zone non occupée, dont 20 % à des Allemands[12]. Mais pour les candidats étrangers au passage de la démarcation, les formalités d'usage à remplir pour obtenir l'*Ausweis* sont trop longues, d'où un recours important à l'aventure clandestine. Vichy craignait l'arrivée massive de ces « Nordistes » mal vus des gens du Midi (et réciproquement) et qui risquaient de ponctionner des réserves alimentaires de plus en plus maigres. Après de vaines négociations à Wiesbaden, les policiers de Vichy ont donc renforcé leur contrôle à la ligne de démarcation. Dans le dernier trimestre de 1941, les mesures répressives se sont encore aggravées. Le 20 octobre, la Direction de la police du territoire et des étrangers demande au commissaire spécial de La Réole (Gironde) de punir plus sévèrement les étrangers et les Juifs qui passent clandestinement entre les deux zones. La palette des mesures est alors la suivante : mise à disposition du chef de groupe départemental relevant du commissariat de la lutte contre le chômage pour les hommes âgés de 18 à 53 ans ; autorisation de résider en zone non occupée sous certaines conditions ; enfin, internement dans un camp après consultation du directeur de la police du territoire et des étrangers. Il reste impossible de donner des chiffres précis sur les clandestins « étrangers », une catégorie qui peut renfermer aussi bien des Juifs étrangers dans la terminologie policière. Ils sont sans doute nombreux, car force est de constater que rares sont les sources qui ne mentionnent pas le passage en fraude. Par exemple, en septembre 1941, un rapport de la brigade de gendarmerie de Sancoins (Cher) signale l'arrestation d'un Roumain qui a franchi la ligne, porteur d'une fausse carte d'identité[13]. En janvier 1942, la même brigade relate l'arrestation de deux passeurs assignés à résidence, soupçonnés de faire passer des étrangers[14]. Les services français de l'armistice ont donc vu d'un très mauvais œil l'ouverture de plus en plus large de la ligne par les occupants au bénéfice des étrangers. Le 7 décembre 1941, la DSA parle même de « *Diktat imposé sous menace de fermeture de la LD : conditions très favorables à l'entrée des étrangers en zone non occupée*[15] ».

De nombreuses nationalités se croisent sur la ligne de démarcation. Par exemple, au mois de mai 1942, dans une synthèse des arrestations opérées en Saône-et-Loire sur la ligne de démarcation, le commissaire spécial de police de Mâcon rapporte l'interpellation de 259 étrangers qui ont tenté de passer en zone non occupée depuis le 1er janvier précédent. Outre 38 Juifs, il répertorie 61 Belges, 43 Polonais, 35 Italiens, 15 Suisses, 15 Allemands, 13 Russes, 12 Espagnols, 12 Hollandais et 24 autres passagers de nationalité non précisée[16]. Cependant, cela représente assez peu d'étrangers sur quatre mois ; on peut donc supposer que bon nombre de passagers étrangers échappent au contrôle lorsqu'un seul est interpellé par les services français. En Saône-et-Loire, pour l'ensemble du premier trimestre 1942, seulement 2 % (soit 163 sur 10 113 personnes contrôlées dans les bus) de tous les passagers contrôlés sont des étrangers[17] ; parmi eux, une forte proportion de Belges.

L'enquête renseigne aussi sur le lieu d'arrivée déclaré par les étrangers contrôlés : 25 % souhaitaient se rendre à Marseille, 16 % à Lyon et 11 % à Vichy. Nous n'en savons guère plus. A d'autres périodes et sur une échelle plus grande, les résultats peuvent être sensiblement différents. Par exemple, à la mi-1942, l'état-major de l'armée d'armistice a effectué des sondages, afin de connaître la proportion d'étrangers recensés qui ont passé la ligne de démarcation tant légalement que clandestinement[18] : sur 200 passagers contrôlés dans les trains, dans la partie non occupée des départements du Jura, de la Saône-et-Loire, de l'Allier, de la Vienne et de la Gironde, entre le 5 et le 9 juin 1942, 162 sont réguliers (dont 8 % pour une installation définitive en zone non occupée) et 38 clandestins, soit 20 % du total.

Parmi tous les passagers étrangers croisés sur la ligne de démarcation, les Belges sont sans aucun doute les plus nombreux, de juillet 1940 à décembre 1942. Et le quotidien français *Le Journal* de titrer, dès le 15 août 1940 : « *Aucun étranger ne pourra pénétrer en zone occupée. Les Belges, Hollandais ou Luxembourgeois pourront traverser la zone occupée pour se rendre en Belgique, en Hollande ou au Luxembourg, mais ceux d'entre eux qui étaient domiciliés en zone occupée ne peuvent pour le moment rejoindre leur domicile*[19]. » Pour les réfugiés de l'exode, les passages vers la zone occupée sont autorisés par les Allemands jusqu'en septembre 1940, majoritairement pour les Français qui habitent en zone occupée. Les Belges ont eu aussi la possibilité de le faire. Mais beaucoup ont pris du retard ou n'ont pu effectuer les démarches nécessaires pour franchir la ligne de démarcation selon les consignes allemandes imposées.

Cependant, le flux de retour des réfugiés de 1940 laisse bientôt la place à un flux clandestin belge en direction de la zone non occupée, avant généralement l'Espagne, puis les armées alliées en Afrique du Nord, en Grande-Bretagne, mais également au Congo belge. En 1941 et en 1942, les passages se sont ainsi multipliés. On repère des Belges le long de la ligne de démarcation, puis sur la frontière espagnole. La France a été ainsi la plus grande zone de transit pour les Belges en fuite. Ils avaient déjà connu l'occupation allemande en 1914-1918. Le souvenir des excès et de l'exploitation de la force de travail belge était encore inscrit dans toutes les mémoires. Dès 1941, des milliers de Belges ont réagi aux réquisitions arbitraires de main-d'œuvre en s'enfuyant massivement vers le sud de l'Europe ; une autre frange importante de la population belge s'est en revanche engagée pour aller travailler volontairement en Allemagne. Par ailleurs, le régime de Vichy a reconnu un certain nombre de centres de l'armée belge, notamment à Carcassonne et à Montpellier, autant de points de chute une fois la ligne franchie et la zone non occupée traversée. Les militaires belges ont connu les mêmes difficultés que leurs homologues polonais en ce qui concerne le franchissement des Pyrénées. Les rapports des préfets du Sud-Ouest – des Basses-Pyrénées et du Lot-et-Garonne – ont souvent noté le passage clandestin des militaires belges, mais sans manifester de zèle pour les arrêter. Pourtant, les préfets proches de la ligne ont tous reçu la circulaire signée par Darlan, datée du 23 avril 1941, qui demandait de classer les militaires belges et hollandais interpellés dans la catégorie des « travailleurs étrangers ». Plusieurs dispositions étaient prévues. Et Darlan d'écrire :

« *J'ai été informé que de nombreux gens belges, hollandais ou luxembourgeois, tentent de franchir clandestinement la ligne de démarcation, le plus souvent dans le but de s'engager dans l'armée britannique :*

— s'opposer à leur passage en zone libre,

— les refouler sur la zone occupée à moins qu'ils risquent de graves représailles allemandes,

— en cas de rejet des autorités allemandes, ils seront dirigés sous escorte auprès des autorités militaires françaises afin de souscrire un engagement dans la Légion Etrangère[20]. »

Toutes les sources consultées mentionnent une présence encore plus dense de passagers clandestins belges au premier semestre 1942. Les Belges, notamment d'anciens militaires, ne supportent plus les persécutions allemandes et le recrutement obligatoire pour aller travailler en Allemagne[21]. Par exemple, le 27 mai, à Poligny (Jura), vingt-sept Belges, civils et militaires, sont aperçus par les Allemands. Ces derniers tirent des coups de feu, mais il n'y a aucune victime. Cinq sont capturés et emprisonnés à Dole et les vingt-deux autres réussissent le franchissement clandestin vers la zone non occupée[22]. Plus à l'ouest sur la ligne, un rapport de la brigade de gendarmerie territoriale de Saint-Aignan-sur-Cher (Loir-et-Cher), daté du 8 juillet 1942, décrit l'arrestation de trois officiers belges par les douaniers allemands : « *Ils sont passés par le Cher, en face du hameau de Frétevou, commune de Châtillon-sur-Cher (zone occupée) où il y a peu d'eau, sur indications d'un passeur auquel ils ont versé la somme de cinq cents francs. L'un des Belges touché par les Allemands en nageant a disparu. Ils ont disparu. Ils sont passés avant dans un tunnel sous le canal du Berry*[23]. »

Une cartographie des passages

Tenter une cartographie du phénomène clandestin sur la ligne de démarcation n'est pas un exercice simple. Les séries chiffrées manquent. Certaines archives départementales permettent de mesurer des flux de passages clandestins sur la ligne, grâce aux relevés des postes français de surveillance. Cependant, d'un département à l'autre, les dates ne coïncident pas toujours. A l'évidence, les limites d'une telle approche sont nombreuses. Aussi n'avons-nous pas l'ambition irréaliste de donner des cartes définitives mais une visualisation. Nous pensions que le passage vers la zone occupée était quasiment nul, tant il est vrai que celui vers la zone non occupée était synonyme de liberté et s'accompagnait souvent d'une installation obligatoire. Sur l'ensemble du tracé, les passagers viennent, en majorité, du nord de la ligne de démarcation. Malgré tout, un nombre non négligeable de passages clandestins vers la zone occupée ont été effectués, comme en attestent les sources des contrôles policiers français réalisés dans les postes, les gares non occupées, les trains ou encore les autocars. Pourtant, de telles sources sont encore parcellaires et ne permettent que des comparaisons limitées. Par exemple, en Saône-et-Loire, entre janvier et juillet 1942, aux postes français de Sennecey, Tournus et Varenne-sur-le-Doubs, la proportion des passagers qui gagnent la zone occupée est supérieure à celle de ceux qui se rendent vers la zone non occupée, avec 5 236 (51,7 %) entrées pour 4 877 sorties (48,2 % du total)[24]. Dans les deux cas, le plus grand nombre de passages est enregistré entre le mois de mars et le mois de mai. La baisse de juin est vite résorbée par une nouvelle hausse en juillet. On peut penser qu'il s'agit sans doute d'une migration économique traditionnelle et locale. Pour preuve, de nombreux ouvriers qui travaillent dans le bassin minier de la Saône-et-Loire occupée habitent en zone non occupée et n'ont jamais acquis le laissez-passer « *Petite frontière* ». D'autres n'ont plus de laissez-passer en règle. Parallèlement, 49 666 passages piétons inter-zones réguliers sont enregistrés, dont 17 796 (35,8 %) vers la zone non occupée et 31 870 (64,1 %) vers la zone allemande. A nouveau, la migration sud-nord est majoritaire pour les passages légaux. Malheureusement, la rareté de ce type de sources n'autorise pas la généralisation des conclusions à l'ensemble du tracé de la ligne de démarcation.

Il y a donc, à certaines dates et en certains points de la ligne de démarcation, une part non négligeable, parfois supérieure, de passagers clandestins qui retournent en zone d'occupation plutôt qu'en zone non occupée. Cependant, nous ne savons pas avec exactitude d'où ils viennent ni où ils vont. Une série de questions sans réponses assurées peut être alors retenue : les passagers vers la zone occupée en sont-ils à leur premier passage ? Reviennent-ils ou franchissent-ils la ligne pour la deuxième ou troisième fois ? Sont-ce des passagers occasionnels qui ont convoyé des membres de leur famille ou des amis, puis sont revenus vers leur domicile, une fois leurs proches mis en sécurité ? Peut-on isoler des périodes de passages plus fréquents en zone occupée ? Il est très difficile de répondre. Les rares chiffres retrouvés sont lacunaires et concernent le plus souvent 1942, année pendant laquelle la surveillance française était plus aguerrie, alors que le régime de Vichy tentait de fermer ses portes à ceux qu'il considérait comme « indésirables ».

La localisation des passeurs est très utile pour indiquer sur les cartes les chemins clandestins les plus pratiqués et les points de rassemblement les mieux connus aux abords de la ligne de démarcation, dans chacune des deux zones ; il est à noter que fréquemment les villes et les villages repérés sont aussi des carrefours importants du passage légal (voir atlas). Il est incontestable que le tronçon est-ouest de la ligne de démarcation est le plus fréquenté, principalement entre la région lyonnaise et la zone frontalière franco-suisse qui attire de nombreux migrants inter-zones. C'est également l'espace le plus proche pour celui qui vient du Nord-Est de l'Europe. La partie centrale de la ligne, entre la Touraine et Moulins, est également très utilisée par les passagers en provenance de Paris et du nord-ouest de la France. Sur les trois cartes, l'Allier apparaît comme une zone de passages clandestins moins importante. Pourtant, la gare de Moulins est très fréquentée.

De Bléré jusqu'à la frontière espagnole, les passagers viennent de toute la France, mais une forte proportion d'entre eux souhaitent rejoindre l'Espagne (voir atlas). D'une façon générale, le déterminisme n'est pas absolu entre les régions du départ, les zones d'arrivée et le lieu choisi pour franchir la ligne de démarcation. D'autres critères entrent en ligne de compte, tels que l'origine géographique du passeur débusqué et le point de chute familial dans l'autre zone. Bien entendu, les hasards des rencontres avec les passeurs, ainsi que la chance, sont déterminants dans le choix de l'orientation des voyages.

Les principales zones d'arrivée sont très dispersées pour ceux qui passent en zone occupée, essentiellement urbaines, pour les longs périples, car il s'agit le plus souvent de retours au domicile occupé avant l'exode. Dans une moindre proportion, les zones d'arrivée sont rurales pour les passages inter-zones des « frontaliers » de la ligne. Pour les candidats à la zone non occupée, les destinations sont également très variées, mais aussi plus lointaines pour une partie d'entre elles, lorsque la zone « libre » n'est qu'une étape vers l'étranger. De nombreux habitants des villes de zone occupée, en « voyage » vers la zone « libre », se dirigent aussi bien vers les villes que vers les zones rurales, mieux approvisionnées en vivres que les villes, de plus en plus affamées à mesure que la guerre se prolonge.

La radicalisation de la répression allemande

Passeurs et passagers clandestins sont frappés inégalement par la répression allemande. Pour les premiers, la dureté de la répression dépend de trois motifs principaux : l'évolution de la politique répressive menée sur la ligne de démarcation, la durée de l'activité clandestine et le facteur « chance ». Pour les seconds, l'inégalité devant la répression dépend évidemment de la chance, mais aussi du lieu choisi pour passer, de l'évolution de la répression et des choix des acteurs en ce qui concerne les personnes à traquer en priorité.

Du côté français, les sanctions pour les trafiquants dépassent rarement la rédaction d'un procès-verbal, voire quelques semaines de détention. A l'échelon local, les Allemands laissent faire une partie des trafics clandestins de marchandises, mais sont beaucoup plus enclins à traquer les fugitifs inter-zones. Sur les 1 200 kilomètres du tracé de la ligne de démarcation, certains tronçons sont moins bien gardés que d'autres. La surveillance et le contrôle allemands sont sans conteste plus efficaces dans les parties occupées des départements divisés, proches des frontières. Pour autant, faut-il établir une corrélation systématique entre le degré de rigueur allemande et l'importance du flux clandestin inter-zones dans un secteur bien délimité ? Les Allemands ont-ils adapté le dispositif de surveillance à l'évolution quantitative des passages clandestins ? Les Allemands, on l'a vu, ont élaboré un système de surveillance peu hermétique, mais il s'est perfectionné et renforcé avec l'arrivée des douaniers au printemps 1941. Toutefois, les passages clandestins ont été de plus en plus nombreux près des régions frontalières et dans les départements divisés, notamment ceux qui possédaient des gares importantes (Vierzon, Moulins, Chalon). Les Allemands ont eu du mal à appliquer leur législation, ce qui les a contraints à remplir les prisons de passagers et de passeurs clandestins, et parfois à transformer des écoles ou d'autres lieux publics en sites de détention. Enfin, une partie plus insaisissable concerne les trafics économiques aux abords de la ligne de démarcation, auxquels les surveillants allemands n'ont pas toujours été étrangers.

Les Allemands sont partout sur la ligne de démarcation, même s'ils laissent de larges ouvertures entre les deux zones. Dans les premiers mois de l'Occupation, les Allemands en poste sur la ligne de démarcation ont veillé à la mise en place d'une surveillance aussi stricte que possible ; ils ont procédé dès le mois de septembre à des interpellations d'habitants de la ligne, ou proches de celle-ci, et de « voyageurs » d'un genre nouveau, les passagers clandestins qui commettaient le délit de migrer, selon les ordonnances allemandes, sans se doter du laissez-passer. Parfois, les passagers parviennent jusqu'à la ligne sans en connaître les règles officielles. Dans le nord de la France, des maires, des préfets et des sous-préfets ont parfois suggéré de se présenter à un poste allemand pour obtenir un sauf-conduit et passer en zone non occupée. La désillusion a été totale lorsque les Allemands ont emprisonné les candidats au passage, avant de leur infliger des amendes.

A partir de la fin du premier trimestre 1941, les Allemands ont cherché à renforcer les points faibles de leur dispositif de surveillance et de répression. Après plus de six mois d'expérience, grâce aux rapports des *Kommandanturen* limitrophes, le *MBF* sait qu'une majorité de passages clandestins s'effectuent dans les campagnes proches des grandes villes ferroviaires. En effet, les passagers lointains prenaient souvent le train pour descendre dans la dernière gare de la zone occupée ou de la zone non occupée. Dans le premier cas, l'organisation du passage était plus délicate en raison des contrôles allemands en gare. Dans le second, il fallait se soumettre au contrôle des autorités françaises. Pour remédier en partie à un afflux de clandestins, pas toujours facile à maîtriser, les Allemands ont donc décidé de mettre au point la politique dite des « *glacis de surveillance* », avec la création d'espaces tampons plus larges entre les deux zones, ce qui devait autoriser une surveillance en profondeur. Le constat par le *MBF* d'une recrudescence des passages clandestins et les conséquences du renvoi et de l'arrestation de Laval, sur ordre de Pétain, le 13 décembre 1940, ont obligé à renforcer la sécurité de la zone occupée. L'installation des douaniers est effective au début de février 1941[25]. A la fin du mois suivant, les postes douaniers sont renforcés par de nouveaux postes militaires. Des solutions intermédiaires avaient déjà été envisagées comme la pose de mines[26] et de fils de fer électrifiés. Les premiers « *glacis de surveillance* » sont évoqués dans les archives à partir du mois de mai 1941, dans la partie orientale de la ligne de démarcation[27]. D'abord ponctuels, ils n'ont pas été enregistrés par le service central des douanes allemandes à Paris. En août suivant, le service douanier décide d'aménager un « glacis de surveillance générale » *permanent* sur l'ensemble du tracé. Il s'agit de découper les abords de la ligne de démarcation en plusieurs zones de contrôle mobile et profond. Une bande de sécurité, large de 50 à 100 mètres, est instaurée afin de reporter la matérialisation de la ligne un peu plus avant au détriment de la zone non occupée. En certains points, le tracé est donc modifié aux dépens du respect de la Convention d'armistice. Les autorités françaises s'y opposent en vain. En mars 1942, le général Beynet, président de la DFCAA, s'insurge « *contre le piquetage d'une bande de 50 à 100 mètres*[28] ». Ce n'était pas la première fois que les Allemands empiétaient sur la zone qu'ils n'occupaient pas. Depuis 1940, les désaccords sur le tracé de la ligne ont d'ailleurs été très fréquents dans les discussions à Wiesbaden. Le général Beynet insiste, faisant du « glacis » un enjeu de premier ordre pour la propagande du régime de Vichy et face à l'opinion qui le juge ; il expose notamment au général allemand Vogl (chef de la CAA) :

« *… en dehors de toute question de droit et de nécessité, le Gouvernement français ne peut négliger les répercussions qu'aurait, sur l'opinion française, l'acceptation de sa part d'une telle extension de la zone occupée.*

« *Dans les territoires frontaliers, la vie, rendue difficile par les sujétions découlant du tracé de la ligne, a cependant réussi peu à peu à s'adapter à la situation de fait. L'opinion, particulièrement sensible, ne comprendrait certainement pas qu'après dix-huit mois d'usage, on soit obligé de procéder à un déplacement de la ligne de démarcation aussi important, et d'ailleurs unilatéral*[29]. »

Le général français finit son propos en demandant une compensation qui consisterait à obtenir la mise en place d'un « glacis » français de la même superficie que celui créé par les Allemands. Le plus curieux dans la requête française est cette fâcheuse tendance à croire que les négociations ont lieu sur un pied d'égalité. Or, depuis 1941, la DSA n'est plus le centre privilégié des discussions franco-allemandes, qui glisse progressivement vers les services de l'ambassadeur Otto Abetz à Paris, voire vers ceux du ministère des Affaires étrangères à Berlin. Hitler ne regarde plus du côté de la ligne de démarcation depuis fort longtemps, et le traitement d'égal à égal exigé par les Français lui est encore plus indifférent. A partir de mars 1942, la situation du régime de Vichy est de plus en plus difficile, avec un blocage total de la collaboration franco-allemande. Le changement de tracé, même minime, risquait de causer encore des dommages importants dans une opinion qui doutait de la Révolution nationale et de la place de la France dans une Europe allemande.

Certes, les renforcements de la surveillance allemande, dont le « glacis » est la forme la plus élaborée, ont permis d'arrêter plus de passeurs et de passagers clandestins, mais ils n'ont pas manqué d'inquiéter le régime de Vichy qui y a vu une atteinte à la souveraineté territoriale, dont il s'estimait être encore détenteur. En avril 1942, l'état-major de l'armée d'armistice renouvelle son point de vue à l'égard des ressortissants français en fuite sur la ligne de démarcation. Il réclame notamment à la DSA de négocier auprès des Allemands l'autorisation pour les gendarmes de recueillir si nécessaire les passagers clandestins français : « *Les gendarmes de service doivent pouvoir intervenir sur la ligne même, notamment dans les cas où des ressortissants français en danger réclament leur protection*[30]. »

La surveillance française ne refoule pas les passagers clandestins[31] qui parviennent jusqu'à elle, à l'exception de ceux qui ont commis des crimes dans l'une ou l'autre zone, des agents allemands réclamés par le Reich et des Juifs étrangers, Vichy a parfois même aidé, voire organisé, le passage clandestin de la ligne de démarcation de ses soldats. Certains passages clandestins spectaculaires ne manquent pas d'alerter les autorités civiles et militaires. En juin 1942, le passage de groupes clandestins armés, entre l'Indre-et-Loire et le Loir-et-Cher, est signalé à Vichy et à Wiesbaden. Une note de la 9e division militaire de Châteauroux, datée du 23 juin 1942, signale le passage de plusieurs groupes de passagers, accompagnés de passeurs qui n'hésitent pas à ouvrir le feu sur les douaniers allemands, lors du franchissement illégal[32]. Les autorités françaises s'en inquiètent et demandent à leurs surveillants de les arrêter, sans pour autant les remettre aux Allemands. Vichy est pris en tenaille entre la volonté de donner des gages de son engagement dans la collaboration et l'obstination à montrer sa maîtrise de la souveraineté. Le souci est cependant d'éviter tout affrontement armé qui pourrait dégénérer avec les Allemands. La note militaire poursuit en demandant instamment de « *s'abstenir de toute action armée et d'inviter* [les militaires ou douaniers allemands] *à retourner en zone occupée*[33] ». On se souvient qu'à plusieurs reprises les Allemands n'ont pas hésité à franchir la ligne de démarcation pour poursuivre des clandestins sur plusieurs kilomètres en zone non occupée.

Dès 1940, à la demande des Allemands, les préfets des parties occupées de plusieurs départements divisés par la ligne de démarcation sont mis devant le fait accompli et doivent rechercher des locaux suffisamment grands pour compléter le dispositif des prisons, engorgées de passeurs, passagers clandestins et autres trafiquants inter-zones. Certaines villes de la ligne sont devenues de véritables centres de détention consacrés aux clandestins et prisonniers enfermés pour des peines inférieures à deux ou trois mois : des écoles et des salles publiques sont même réquisitionnées. A la fin de 1940, le préfet du Doubs demande au *Feldkommandant* de Besançon de réduire les peines à l'encontre des passeurs et des passagers. La région qu'il administre connaît davantage de problèmes qu'ailleurs, car deux lignes de démarcation ont été tracées, dont celle qui sépare la France occupée de la zone interdite. La situation est unique. A partir de juillet 1940, les départements de l'Ain, du Jura et du Doubs sont sujets à un intense passage clandestin alors que le retour des démobilisés et des réfugiés est interdit. A partir du mois de septembre, les Allemands opèrent les premières grandes vagues d'arrestation[34]. Selon un rapport préfectoral, les réfugiés et les démobilisés qui ne peuvent pas rentrer en zone interdite sont au nombre de 13 000 pour le Doubs, 1 000 pour le Jura et 300 pour le Pays de Gex[35].

Sans aucun doute, en cette partie de la ligne de démarcation, les passages clandestins sont les plus précoces et les plus massifs. Les incidents s'y répètent, pendant le dernier trimestre de 1940. Des centaines de clandestins sont arrêtés par les Allemands et, dès le mois de novembre 1940, les prisons sont bondées. Dans le Jura, le nombre des arrestations, fort élevé en novembre, atteint un total de 150 par semaine[36]. Les détentions sont systématiques et durent trois mois en moyenne. Les préfets s'inquiètent de la place qui manquera tôt ou tard dans les prisons officielles françaises. Elles ne suffisent donc plus et le préfet du Doubs doit alors réquisitionner à Dole des locaux annexes où 372 personnes arrêtées sur la ligne de démarcation purgent une courte peine à partir de mars 1941, c'est-à-dire peu de temps après l'arrivée des efficaces douaniers allemands. La plupart des prisonniers sont « *des jeunes gens arrêtés en gare de Dole [...] suspects d'avoir voulu passer frauduleusement en zone libre*[37] ». Les arrestations s'effectuent dans les deux sens de la circulation interzones. Pour la plupart, les captifs viennent du nord et du Nord-Est de la France. Beaucoup veulent s'engager dans l'armée ou rejoindre la France libre ; échapper ainsi aux servitudes quotidiennes de l'Occupation. Le préfet rapporte en avril 1941 : « *Toutes les prisons de la région sont remplies. A Arbois, l'Autorité allemande envisage de ramener des prisonniers de Clairvaux et une autre prison doit être installée à Belfort, dans le fort de Hatry*[38]. »

A mesure que la guerre se prolonge, les arrestations sont toujours plus nombreuses, mais les peines prononcées dans le Doubs et le Jura s'allègent progressivement. Ensuite, à la lecture des rapports du préfet, le nombre des arrestations semble fléchir, pour reprendre, dès la fin de 1941, avec l'intensification de la persécution des Juifs de la zone occupée. La sévérité de la surveillance allemande s'est considérablement renforcée, puisqu'en juin 1941 les sentinelles allemandes ont reçu l'ordre de tirer à vue. En revanche, à partir du second semestre 1941, la surveillance allemande sur la ligne est fortement dépouillée de ses éléments, appelés en masse sur le front de la guerre contre l'URSS.

Comme le Doubs, d'autres départements divisés connaissent la saturation des prisons et une légère indulgence des juges allemands, à partir du premier trimestre de 1941. En mars 1941, dans les Basses-Pyrénées, le sous-préfet de Bayonne rapporte la création de nouvelles prisons, à la demande des Allemands, car les arrestations ne cessent pas d'augmenter ; les peines de détention varient de une à quatre semaines[39]. Il constate que l'arrivée des douaniers allemands a fait croître très sensiblement le nombre d'arrestations de clandestins sur la ligne de démarcation[40]. Au mois de mai suivant, les arrestations de passagers et de passeurs clandestins continuent et le préfet rapporte les intentions allemandes pour faire face au manque de places carcérales dans les prisons existantes : « *Il est question d'aménager divers bâtiments en prisons le long de cette ligne*[41]. » Toujours au mois de mars 1941, en Saône-et-Loire, le sous-préfet de Chalon-sur-Saône note aussi la recrudescence des interpellations sur la ligne de démarcation, mais n'évoque pas la création de nouvelles prisons. En Indre-et-Loire, la répression allemande est également très active, mais elle s'intensifie un peu plus tard que dans les Basses-Pyrénées, le Doubs et la Saône-et-Loire. Ce qui laisse supposer que les passages clandestins y sont moins nombreux ou que la surveillance allemande y est moins serrée dans le premier trimestre de 1941. Les prisons tourangelles se remplissent essentiellement à partir du second semestre de 1941. Le tribunal militaire allemand de Tours exerce avec une grande rigueur. Les condamnations sont prononcées à un rythme soutenu, jusqu'à la fin de 1942. Plusieurs nouvelles prisons y sont ouvertes : en 1941, la caserne Lassalle et la caserne Meunier[42], et en 1942, l'école Michelet.

Parfois, quand les solutions viennent à manquer, les prisonniers sont laissés à la charge des brigades de gendarmerie. Par exemple, en avril 1941, la brigade charentaise de La Rochefoucauld (zone occupée) se plaint d'assurer, dans ses deux chambres de sûreté, la garde de plusieurs dizaines de détenus, arrêtés par les Allemands, alors qu'ils franchissaient clandestinement la ligne de démarcation. Le rapport de légion estime que cette situation ne peut plus continuer :

« *Ces deux chambres de sûreté ont un contenu maximum de quatre détenus, à raison de deux détenus du même sexe par chambre.*

« *Or, vingt à trente détenus sont actuellement à la caserne de La Rochefoucauld et doivent se loger dans des dépendances de la caserne non aménagées en prison (buanderie, magasin, etc.) [...] La garde en est confiée aux gendarmes français qui sont au nombre de six dont un Chef. Il apparaît évident que ce nombre restreint de gendarmes ne peut pas suffire à assurer, nuit et jour, la garde des prisonniers, tout en continuant à exercer la surveillance et la sécurité des campagnes environnantes*[43]. »

La situation n'est pas neuve puisque, dès la fin de 1940, la brigade est submergée par les détenus interpellés sur la ligne. Les gendarmes sont excédés et le commandant de la légion demande avec insistance que les Allemands s'occupent eux-mêmes de leurs prisonniers, quitte à ce que le maire réquisitionne une autre salle publique dans la ville. Des solutions sont apportées *in fine*, puisque la halle aux grains de La Rochefoucauld est improvisée en prison réservée aux clandestins de la ligne. Les passagers enfermés y sont d'ailleurs plus nombreux que les passeurs.

Les mois qui suivent avril-mai 1941 ne voient pas diminuer le nombre d'arrestations sur le parcours de la ligne de démarcation ; les peines prononcées sont souvent plus courtes, de l'ordre de deux à trois jours, au lieu de trois mois et plus. Les Allemands se rendent compte qu'il est impossible d'arrêter autant de clandestins et surtout d'appliquer les sanctions prévues par le droit. De plus, les relations politiques, sous Darlan, permettent un assouplissement des conditions de passage des marchandises entre les deux zones, ce qui peut sans doute expliquer un léger affaiblissement des trafics clandestins. Seuls les cas les plus graves sont retenus, comme le passage de renseignements. Pour autant, les prisons de la ligne de démarcation sont quasiment toujours remplies jusqu'à l'occupation totale de la France, le 11 novembre 1942.

Trafics en tout genre sur la ligne

Les trafics ne manquent pas sur la ligne de démarcation et le spectre de la répression est parfois très utile aux Allemands pour obtenir des habitants la fourniture de produits frais, de l'argent ou encore des renseignements. Les acteurs des trafics clandestins sur la ligne sont généralement des riverains ; parfois des Allemands et des surveillants français s'y agrègent. On le sait, l'arrivée des douaniers a rendu plus âpre le passage de la ligne, y compris pour les passagers légaux ; les fouilles sont inopinées, avant le passage ou dans les trains. De nombreux détenteurs de laissez-passer se plaignent d'abus de pouvoir de la part des douaniers allemands. Comme cette femme, dont la lettre de mars 1941 a été lue par les services du BCRA :

« *Je retraverse la ligne de démarcation ce soir pour aller à T. […] et c'est devenu de plus en plus sévère et d'horribles femmes allemandes vous fouillent. Hier j'ai pris le thé ici avec une amie, femme d'un diplomate et dernièrement elle est allée voir à Paris sa famille (on est autorisé à avoir autant d'argent qu'on veut pour entrer dans la zone occupée mais pas pour en sortir ; on ne peut alors emporter que 1 000 francs). La femme fouilleuse qui accompagne des officiers* [plusieurs mots ont été supprimés] *(en pénétrant) dans le compartiment de mon amie lui demanda : "Combien d'argent avez-vous ?" " 250 francs. " " Oh c'est très peu […]." La femme la fit mettre complètement nue […], puis elle se tourna vers l'autre dame qui était dans le compartiment : "Combien d'argent avez-vous ?", " 15 000 francs. " " Oh, mais c'est beaucoup, c'est beaucoup trop." "Je regrette […] j'en ai besoin ; en outre j'ai le droit de les emporter", répondit la dame. "Eh bien donnez-m'en", dit la femme […] La dame rougit, sortit 100 francs, les donna à la femme qui dit : "Ce n'est pas assez." La femme sortit encore 100 francs […] Madame S. mon amie se tourna vers l'autre dame et lui dit : "Comment avez-vous pu lui donner de l'argent ?" " Hélas, on me permet de passer régulièrement, j'ai un laissez-passer permanent et ne veux pas avoir d'ennuis[44]".* » Ce long exemple, qui n'est pas isolé, témoigne du chantage quotidien opéré par les surveillants allemands qui exigent des rétributions auprès des passagers légaux.

Ce commerce de la peur se pratique sans distinction de nationalité, ni de rang social. Il n'existe pas en effet de prix moyens « officiels » demandés aux passagers pour franchir clandestinement la ligne de démarcation. Chaque passeur est libre de faire payer ou de ne pas le faire. Les prix n'étaient pas fixes d'une région à l'autre, d'un passeur à l'autre et même d'une journée à l'autre. La fixation du prix a souvent été le fait de profiteurs de la peur des fugitifs qui se hâtaient vers un hypothétique refuge en zone non occupée ou au-delà des frontières. Certes, nous sommes à nouveau confrontés à une documentation incomplète, mais nous avons enregistré certaines réactions de la part des autorités françaises au sujet de tels « trafics humains ». Les rares cas de prix fixes tendent à avancer l'hypothèse d'une professionnalisation ou d'une véritable organisation économique de certaines filières. La forte demande a fait augmenter les prix, notamment à partir de 1942, en raison d'un afflux important de Juifs. Les passagers n'ont guère eu d'autre choix que d'obtempérer. Ils étaient parfois prêts à donner beaucoup d'argent pour passer en zone non occupée, et davantage encore pour rejoindre la Suisse ou l'Espagne.

A partir de 1941, les gendarmes et les policiers français relèvent dans leurs rapports les sommes d'argent détenues par les passagers interpellés à la ligne de démarcation, dénonçant parfois des personnages recherchés pour faire passer en zone non occupée des individus que Vichy rejetait. En effet, dès 1940, des « officines » de trafiquants se sont organisées près des gares de la démarcation – Chalon, Moulins, Vierzon. A Moulins, en janvier 1941, un vaste coup de filet des policiers français et allemands a permis d'arrêter plusieurs escrocs du passage. Un certain Bargouin a avoué avoir passé au moins mille passagers, depuis le 15 juillet 1940. Son activité lui a rapporté environ 10 000 francs ! En moyenne, il a donc gagné 100 francs par personne. A titre comparatif, en 1940, à Neuilly-le-Réal (Allier), un autre passeur a demandé 500 francs par personne[45]. Entre la fin de 1941 et le mois d'octobre 1942, les tarifs calculés d'après les archives oscillent entre 500 francs et 50 000 francs par personne ! Pendant l'été 1942, dans le Jura, deux passeurs français se seraient fait payer 3 000 francs par personne. Ils appartiennent à une filière spécialisée dans ce genre de trafic ; le prix y est fixe et unique[46]. Dans la partie centrale de la ligne – Loir-et-Cher –, pour tous les passagers du Sud-Ouest, ainsi que dans le Jura, le prix moyen est fixé par l'ensemble des passeurs entre 500 et 1 000 francs. Si un passage vaut 500 francs, le Juif paie parfois jusqu'à dix fois plus pour le seul franchissement, comme à Saint-Aignan et à Bléré en juillet 1942, ce qui s'explique aussi par le choc de la rafle du Vél' d'Hiv'. D'une manière générale, l'ordre de grandeur des tarifs pour le passage de Juifs est identique en Charente et dans la Vienne, dans le Doubs et le Jura : entre 10 et 20 000 francs par personne[47], Paul Lévy cite l'exemple de Hanna-Hélène Goldberg, Juive arrêtée en train au moment de franchir la ligne de démarcation, puis emprisonnée à Angoulême. Dans une lettre qu'elle écrit à sa mère, elle affirme non sans ironie qu'elle a essayé et que cela n'a pas abouti, et conclut par cette phrase, tentant de réconforter une mère sans doute déçue : « *Ne regrette pas, et ne me raconte pas qu'un tel est parti [...] ça m'énerve et ça ne sert à rien de se lamenter. De plus je n'avais pas les 20 000 francs, alors parlons d'autre chose*[48]. »

Il existe aussi certaines prestations tarifées. Dans la région de Bourg (Ain), en août 1942, des passeurs ont établi les prix suivants : 2 000 francs pour le franchissement du Doubs, 5 à 8 000 francs pour le voyage Paris-zone libre, 30 à 40 000 francs pour le trajet Belgique-zone libre[49]. Ce trafic est organisé par un passeur lyonnais ; le départ de Paris se fait depuis la Brasserie des Arcades, rue du Louvre. Lyon est au centre de plusieurs organisations de passages clandestins entre Paris et la Suisse[50]. Poligny, dans le Doubs, en est la plaque tournante pour le logement et la fabrication de fausses cartes d'identité, dont le prix à l'unité s'élève à 2 500 francs pour un Juif étranger[51]. Le commissaire de police chargé de démanteler la filière affirme que, le 8 septembre 1942, les nommés Julius Ruthi et Klara Kugelmass ont dû débourser 50 000 francs pour rejoindre la zone non occupée, tandis que deux sœurs juives ont payé 10 000 francs pour la même opération. Il est difficile de connaître les raisons d'un tel écart de prix. Sans doute existe-t-il des contrats différents pour les Juifs étrangers et pour les Juifs français. Peut-être s'agit-il, dans le cas des deux sœurs, d'une avance ou encore d'un prix fixé arbitrairement, selon des modalités que nous ignorons. Rien ne permet de valider telle ou telle hypothèse. En règle générale, l'argent est versé à l'organisateur du « voyage » ou au passeur au moment du franchissement. Cependant, rien n'empêche un passeur de réclamer un supplément, à quelques minutes de l'heure du passage.

Lorsqu'un groupe est pris en charge, les gains perçus peuvent à l'évidence représenter plusieurs mois de salaire. Pour les familles traquées, le recours aux passeurs *profiteurs* a été souvent nécessaire. Ce phénomène n'est pas propre à la ligne de démarcation. Sur les frontières franco-suisse et franco-espagnole, les prix pratiqués ont atteint des sommes tout aussi importantes. Parfois, l'*Intelligence Service* règle les notes de frais à l'arrivée des fugitifs en Espagne. Les arguments « humanitaires » sont inexistants et les sommes exorbitantes atteintes, dès la fin de 1941, notamment celles demandées aux Juifs, ont évidemment participé à la détérioration des conditions de fuite. Le trafic de passagers s'est donc déployé depuis les frontières étatiques jusqu'aux lignes de démarcation. Il était pratiqué par de nouveaux adeptes, mais aussi par de véritables « *professionnels* », des « contrebandiers » formés bien avant l'Occupation.

Effectivement, dès le début des années trente, des réseaux de faux passeports avaient été découverts en Suisse.

Outre les passeurs peu scrupuleux qui ont fait le commerce du passage de personnes poursuivies et menacées, on ne doit pas oublier que certains ont aussi fait le choix ignoble d'être de faux passeurs. Au lieu de passer les passagers qui les avaient payés, parfois avec de fortes sommes, ils les ont livrés aux Allemands ou les ont abandonnés dans la nature, en zone occupée ou non occupée. Les familles en fuite étaient aussi détroussées et livrées à elles-mêmes dans la campagne, ne sachant pas très bien où se situait le tracé de la ligne de démarcation. Nous avons très peu d'exemples de ce phénomène dramatique, mais les témoins interrogés ont tendance à ne retenir que ces derniers. Cela donne une vision peu nuancée du monde des passeurs et accentue la légende noire du passage clandestin.

Le marché noir est également dans le collimateur des gendarmes français en poste en face de la ligne de démarcation. Dans le département du Cher, à la fin de 1940, les militaires de l'armée d'armistice dénoncent un « trafic clandestin » inter-zones de bestiaux qui passent à gué la rivière le Cher. Les surveillants français demandent à leur hiérarchie la mise en place de patrouilles. Ailleurs, en 1940, un trafic de ficelle lieuse en Indre-et-Loire est mis au jour dans la région de Loches. Il s'agit d'une réaction à une interdiction allemande d'utiliser en zone occupée de la ficelle lieuse neuve pour le bottelage de la paille. Les paysans ont manifesté leur mécontentement, car cet usage a été autorisé en zone non occupée. Ainsi, le début du trafic est souvent lié à un mécontentement, motivé par des mesures qui touchent directement à l'outil de travail et aux pratiques de la vie quotidienne.

Dès 1940, les fraudes se comptent par centaines. Mais les gendarmes et les militaires en poste sur la ligne manquent de moyens et connaissent mal le ressort de leurs compétences. De leur côté, les Allemands laissent toujours planer beaucoup d'incertitudes. Dans les six premiers mois de l'Occupation, les réunions franco-allemandes de Wiesbaden sont constamment envahies par ce genre de problèmes. Pourtant, en 1941 et 1942, les trafics paraissent s'accélérer et deviennent de plus en plus volumineux. Les animaux ou les produits frais en sont les denrées principales. Au début de 1942, dans les Basses-Pyrénées, dans la région de L'Hôpital-d'Orion et de Navarrenx, les rapports de gendarmerie ont mis au jour, sans pouvoir les arrêter, des trafics d'animaux et de produits de la zone non occupée, échangés en zone occupée à des prix beaucoup plus élevés[52]. L'usage des laissez-passer frontaliers facilite évidemment ces menées. A Tardets-Sorholus (Basses-Pyrénées), en mars 1942, un habitant a voulu passer douze porcelets en zone occupée ; un procès-verbal lui est dressé. En avril 1942, dans la commune de Licq-Atherey, toujours dans les Basses-Pyrénées, des procès-verbaux de gendarmerie sont rédigés à l'encontre de transporteurs clandestins – vers la zone occupée – de viande et de cinquante-sept têtes de bétail. Le même mois, à Pouilloux (Saône-et-Loire), un fermier et deux complices sont arrêtés pour avoir livré en zone occupée onze porcs aux Allemands. De même, un négociant en vins de Meyssac (Corrèze) est accusé d'avoir transféré illégalement dans le département du Nord sept cents kilos de tissu non déclarés. En 1941 et 1942, la brigade de gendarmerie territoriale de Sancoins (Cher) relève plusieurs trafics de viande, de beurre, de volailles et d'oisons, encore dirigés vers la zone occupée. La petite ville de Sancoins est réputée pour son marché aux bestiaux hebdomadaire. L'élevage est omniprésent dans la région, notamment dans le sud non occupé du département ; le nord occupé est beaucoup plus industriel. La ligne de démarcation est venue rompre une unité économique fondée en grande partie sur la complémentarité des productions et des échanges entre le nord et le sud du département. En Saône-et-Loire, la situation économique est similaire, entre le nord industriel, occupé, et le sud agricole, non occupé.

De leur côté, les maires des communes limitrophes ou divisées ont souvent fermé les yeux sur les trafics à la ligne de démarcation. Peut-être en ont-ils également profité. En Saône-et-Loire, le 25 mars 1941, le préfet lance une grande enquête sur le trafic alimentaire dans le département[53]. Six jours plus tard, le directeur des services vétérinaires conclut à l'impossibilité de réprimer tous les trafics malgré la présence des gardes. Il évoque « *l'intervention des commerçants de la zone occupée*[54] ». Le rapport est formel sur la non-intervention des municipalités à tenter de freiner ces actions clandestines qui, finalement, permettent à une économie souterraine de se structurer sur la ligne de démarcation. Sous la forme d'une énumération des fraudes, l'une des conclusions de l'enquête est sans équivoque : trafic de porcs à Chalon ; trafics entre les habitants du Creusot et de Montceau-les-Mines ; 8 000 douzaines d'œufs par semaine, achetées en zone non occupée, dans la région de Louhans – zone très importante d'élevage de volailles –, ont été transférées vers la zone occupée[55]. Parfois, des incidents surgissent cependant, comme au lieu-dit Les Pontets, près de Bourg-en-Bresse, dans l'Ain, où les Allemands et des hommes du poste français se sont disputés violemment au sujet d'une douzaine d'œufs apportée par un paysan au poste allemand. L'incident est rapporté à la DSA.

D'autres sites de trafic sont connus depuis longtemps et identifiés officiellement : par exemple, des marchandises de la zone non occupée sont vendues aux soldats allemands en poste dans la région de Charolles (zone non occupée), à des prix supérieurs à la moyenne, selon les témoignages des « frontaliers » ; dans les environs de Buxy (en zone occupée, à la lisière de la ligne), le trafic inter-zones de chevaux est fréquent ; le pont ferroviaire de Navilly (zone non occupée), qui enjambe le Doubs, voit passer des quantités importantes d'aliments, car il n'est pas gardé par les surveillants français et seules de rares patrouilles y circulent. Les trafics qui ont le plus de chance d'aboutir sont ceux organisés loin des gares et des grandes routes, c'est-à-dire loin des postes français de surveillance. L'Allier, les Basses-Pyrénées, le Cher, la Saône-et-Loire voient converger des acheteurs de produits frais, ainsi que des départements non divisés, mais assez proches de la ligne de démarcation, dont la Corrèze, le Gers, le Lot-et-Garonne et la Nièvre. Parfois, un accord tacite entre les douaniers allemands et les surveillants français a suffi. Par exemple, le 4 décembre 1942, près de Saint-Just (Cher), les Allemands se sont rendus en zone non occupée pour chercher des oies, afin de fêter Noël, comme il en avait été convenu avec les surveillants français au mois d'octobre précédent. Les douaniers français ont laissé passer les Allemands avec une voiture et une remorque pour transporter la volaille d'une zone à l'autre ; cette pratique d'achat a été évidemment interdite et dénoncée par la DSA. Les relations franco-allemandes à la ligne de démarcation ne sont donc pas exclusivement conflictuelles. Dans la plupart des cas, il s'agit d'activités clandestines vers la zone occupée. Certes, il en existe vers l'autre zone, mais elles sont beaucoup plus rares. Ce qui n'est guère étonnant, car les Basses-Pyrénées, la Corrèze et la Saône-et-Loire sont des départements non déficitaires en produits frais. S'ils ne peuvent pas officiellement venir en aide aux départements les plus pauvres, ils se situent en revanche dans une position intermédiaire. Certains

« frontaliers » ont profité de la proximité de deux zones aux statuts bien différents : ils ont vendu dans la zone où ils n'habitaient pas des produits qui n'exigeaient pas de transports trop longs. Cependant, le passage de la ligne par les trafiquants peut commencer très loin en amont – en Corrèze – et s'achever au nord du pays. La ligne de démarcation est, en ce cas, une « étape » relativement facile du trafic, à condition de ne pas se faire prendre par les acteurs de la répression.

Au total, parmi tous les produits échangés, la viande est la denrée la plus prisée par le commerce clandestin inter-zones, en raison de la mauvaise qualité du cheptel et des réquisitions. Pouvoir en manger est rare et il est facile de gagner sa vie en la vendant à des prix exorbitants. Le marché noir a affaibli encore le stock de viande dans la France compartimentée. La ligne de démarcation n'a pas arrêté le marché noir. Combien de dizaines de trafiquants ont-ils réussi les passages quand les gendarmes en arrêtaient un seul ? Enfin, les destinataires de ces marchandises inter-zones ont été des habitants assez aisés des villes, dont les moyens financiers permettaient de payer des produits plus chers.

Le trafic des marchandises et de matériels divers, lui, est aggravé par un trafic allemand de main-d'œuvre évoqué dans certaines sources. Dès le mois de mars 1941, un nouveau renforcement de la surveillance française est demandé en raison de la fuite d'ouvriers spécialisés qui déménagent en zone occupée avec leur famille, avec l'accord des Allemands. Ceux-ci leur délivrent en effet un laissez-passer[56]. Ce type de passages de main-d'œuvre vers la zone occupée est relevé par plusieurs préfets proches de la ligne de démarcation. Par exemple, le 11 mars 1941, celui du Lot-et-Garonne écrit qu'« *une seule affaire de drainage de main-d'œuvre étrangère vers la zone occupée, portant seulement sur quelques individus, a été découverte dans le courant du mois*[57] ».

Le 25 mars 1941, une circulaire du ministère de l'Intérieur rend compte du trafic de main-d'œuvre sur la ligne de démarcation, cette fois-ci à grande échelle. En octobre, un rapport du secrétaire général de la Police révèle le trafic de la main-d'œuvre nord-africaine en Saône-et-Loire, notamment près des zones minières du Creusot :

« *[…] Depuis quelques mois, les marchands ambulants d'origine algérienne dits "marchands de tapis" passent clandestinement la ligne de démarcation de zone occupée en zone libre pour débaucher des ouvriers nord-africains afin de les inciter à solliciter un emploi dans les usines du Creusot et de la région parisienne. Ils entraînent avec eux en zone occupée des ouvriers spécialistes nord-africains*[58]. »

La note demande *in fine* de mettre un terme à ce trafic. Les flux clandestins de main-d'œuvre ne sont pas évoqués dans tous les départements divisés. Deux hypothèses peuvent être avancées avec prudence : soit il s'agit d'un phénomène ponctuel et très localisé, soit les fuites de main-d'œuvre vers la zone occupée ne sont pas toutes repérées. On sait que, dès 1941, les Allemands ont pris langue avec Vichy pour recruter des travailleurs susceptibles de vouloir partir en Allemagne. Mais le régime de Vichy a rechigné à fournir des réserves de main-d'œuvre disponibles en zone non occupée. Pourtant, en mars 1941, le gouvernement de Darlan fait sauter les premiers verrous en donnant aux Français la possibilité de travailler sur des productions de guerre en territoire étranger. Cela ne signifie pas un soutien officiel à la politique d'embauche allemande, mais c'est une facilité supplémentaire offerte aux occupants. Avec l'ouverture du front russe et la prolongation des combats, les besoins en main-d'œuvre se sont encore accrus.

En mai 1941, le secrétaire général pour la Police, Henry Chavin, adresse aux préfets et aux sous-préfets de la zone non occupée une lettre leur rappelant que des Français, ouvriers spécialisés, se sont rendus en zone occupée sans remplir les formalités d'usage pour obtenir un laissez-passer et sans en avertir les autorités françaises. Il a suffi aux ouvriers de rejoindre un poste allemand pour obtenir un *Ausweis* pour eux et leur famille. Ce départ vers la zone occupée a été mal perçu par les autorités françaises qui avaient tant besoin de conserver en zone non occupée les travailleurs nécessaires à la bonne marche de l'économie. Dans sa lettre, le secrétaire général de la Police explique les raisons objectives d'une telle répression :

« *Certaines de nos industries, en effet, ont actuellement à faire face à une très lourde tâche et il ne saurait être question de tolérer des pratiques dont l'effet est extrêmement fâcheux au point de vue de leur rendement. Les autorités allemandes recherchant actuellement la main-d'œuvre spécialisée [...] Il importe d'autant plus de mettre fin à ces départs irréguliers, que le procédé signalé ci-dessus peut être employé, non seulement par des ouvriers étrangers spécialisés, mais par des individus douteux désireux d'échapper à nos services de police*[59]. »

Le secrétaire général de la Police a décidé de prendre plusieurs mesures coercitives : apposition d'un visa à l'encre rouge sur le laissez-passer pour tous ceux qui se rendent en zone occupée ; interdiction du visa pour les ouvriers spécialisés. Les étrangers ont dû par ailleurs obtenir des autorités françaises un sauf-conduit qu'ils ont été obligés de renvoyer à la préfecture, une fois la ligne de démarcation franchie. Ces mesures furent illusoires, car il a suffi aux ouvriers spécialisés d'éviter de rencontrer un poste français pour contourner la législation vichyste. En 1941, aucun accord franco-allemand ni aucun texte juridique n'ont été signés pour encadrer la perte de main-d'œuvre. Le régime de Pétain a alors recherché à se protéger d'éventuels empiètements sur sa souveraineté et a accentué son engagement dans la collaboration. Le trafic allemand de main-d'œuvre n'est plus signalé dans les rapports policiers et préfectoraux à partir du début de l'année 1942. C'est l'époque où Vichy permet le recrutement d'ouvriers français par les Allemands, en échange de la création d'un organisme d'encadrement de ces travailleurs dans le Reich. Au début du mois d'avril 1942, Darlan autorise l'ouverture de bureaux de recrutement allemands en zone non occupée. Au mois de juin, la rencontre Laval-Sauckel débouche sur le principe de la « Relève », Laval lance l'idée de l'échange d'un prisonnier de guerre français contre trois travailleurs français envoyés en Allemagne. Mais la « Relève » se révèle très vite être un échec. Mécontents, les Allemands opèrent des rafles de travailleurs en zone occupée et des usines sont fermées. Le trafic de main-d'œuvre continue donc jusqu'au début de 1942. En mai 1942, René Bousquet somme les forces policières françaises de réprimer le passage des Nord-Africains de zone non occupée en zone occupée[60], ce qui est contraire aux accommodements consentis par le régime de Vichy aux recruteurs allemands pendant la même période. Rappelons que c'est au mois de mai 1942 que le transfert des ouvriers qualifiés vers la zone non occupée et vers le Reich est autorisé par le régime de Vichy. Celui-ci exige de contrôler les flux de départ vers la zone non occupée, mais il est pris dans l'engrenage irrémédiable des concessions. De son côté, l'Allemagne est engagée dans une guerre totale et il lui faut remplacer les travailleurs allemands mobilisés sur le front russe. En juin 1942, il y a environ soixante-dix mille volontaires français en Allemagne. Malgré des promesses de hauts salaires, il est évident que le Reich a des difficultés pour recruter, d'où les facilités accordées par les Allemands au trafic illicite de main-d'œuvre entre les deux zones. La ligne de démarcation apparaît finalement moins comme une frontière qui engendre le trafic clandestin que comme un observatoire pour les policiers et les gendarmes français.

Violations de l'armistice, bavures et meurtres allemands sur la ligne

Dans la première partie du livre, nous avons pu identifier un certain nombre de violations des clauses de l'armistice par les soldats allemands sur la ligne de démarcation. Aux postes français, une comptabilité des « *meurtres* » et des « *incidents graves* » a été tenue, parfois mieux que celle des passages légaux. Il s'agit essentiellement de relever toutes les infractions au règlement de l'armistice par les Allemands, susceptibles d'être signalées à Wiesbaden. Les archives de la Direction des Services de l'Armistice (DSA) et celles de la gendarmerie fournissent un bon matériau de travail, bien qu'il soit impossible de comptabiliser avec précision tous les incidents graves. De 1941 jusqu'à la suppression matérielle de la démarcation, le 1er mars 1943, des événements dramatiques se sont produits. La répression allemande, contrairement à ce que pourrait laisser penser le laxisme de certains douaniers face aux circulations illégales de produits frais, a été parfois sans indulgence à l'égard de passeurs et de passagers, peu enclins à répondre aux sommations d'usage. Rappelons que le passage de renseignements, considéré comme une menace à la sécurité des troupes d'occupation – une obsession pour le *MBF* –, a été réprimé avec la plus grande sévérité et que la législation allemande sur la ligne est sans équivoque : chaque individu non muni du précieux laissez-passer risque la mort. Certains passages clandestins se terminent par de véritables exécutions, y compris jusque dans les limites de la zone non occupée ; les gardiens allemands n'hésitent pas à violer la Convention d'armistice, chaque fois qu'ils le jugent nécessaire. Si ce phénomène meurtrier est minoritaire dans l'ensemble des actes de répression allemande entre les deux zones, il ne laisse pas de heurter l'opinion et de rendre plus difficile à ses yeux la position de Vichy.

Les chiffres du tableau ci-après corroborent l'ensemble des découvertes déjà faites par ailleurs dans les sources, c'est-à-dire une faible répression de la clandestinité dans la partie où le régime de Vichy règne : le Jura – qui compte sans doute le plus grand nombre d'arrestations de passeurs et de passagers sur la ligne avec la Saône-et-Loire – ne recense que cinq incidents graves ou mortels. Deux départements sont absents des relevés : l'Ain et les Basses-Pyrénées. Ce dernier compte pourtant plusieurs cas de coups de feu tirés sur des passeurs. L'absence d'« incidents » dans certaines cases du tableau ne signifie pas que les cas graves soient inexistants. Par exemple, dans les archives du *MBF*, les Allemands ont noté deux personnes tuées par les douaniers, près du torrent de la Doye dans la commune de Mijoux, le 26 mars 1941.

En ce qui concerne la chronologie, les incidents les plus graves sont enregistrés en plus grand nombre au cours de l'année 1941. Ils sont recensés notamment dans la partie centrale et orientale de la ligne de démarcation[61]. La chronologie des incidents graves et des bavures se cale plus ou moins sur la même courbe que celle du régime des mesures allemandes à la ligne de démarcation : la fermeture de l'été 1940, l'assouplissement à la fin de 1940, le resserrement spectaculaire du premier semestre 1941, puis les relâchements ponctuels, avec une surveillance allégée pour les flux économiques et des contrôles de plus en plus sélectifs des

Nombre d'incidents graves
sur la ligne de démarcation relevés par la DSA
(1940-1942)[1]

	1940	**1941**	**1942**	**Totaux**
Allier	0	1	1	2
Charente	0	2	0	2
Cher	2	3	6	11
Dordogne	0	1	1	2
Gironde	0	2	0	2
Indre-et-Loire	0	4	0	4
Jura	0	4	1	5
Landes	0	1	0	1
Loir-et-Cher	0	1	1	2
Saône-et-Loire	2	13	6	21
Vienne	2	2	3	7
Totaux	**6**	**34**	**19**	**59**

1. A partir de AN, AJ 41/339, déjà cité. Les chiffres rassemblent la somme des incidents mortels et non mortels.

passagers. Même s'il n'y a pas de saison plus propice qu'une autre au passage de la ligne de démarcation, contrairement au franchissement des Pyrénées essentiellement estival, les Allemands ont noté un tassement significatif du nombre de passages clandestins pendant l'hiver 1940-1941, particulièrement rude. Cependant, le critère météorologique ne résiste pas à l'analyse lorsque l'on regarde les chiffres pour les hivers 1941-1942 et 1942-1943, pendant lesquels les arrestations sont aussi nombreuses que lors des autres saisons. A l'exception de la partie jurassienne, une zone montagneuse de moyenne altitude qui présente plus de difficultés de circulation en hiver, les autres tronçons de la ligne de démarcation ne présentent pas de dangers de ce type.

Mois après mois, les bavures se multiplient, notamment à partir du moment où la surveillance allemande peut commencer à travailler réellement, à partir de septembre 1940, où les premiers décès et blessés provoqués par les Allemands sont enregistrés :

— en septembre : le 6, à Saint-Secondin (Vienne), un ancien combattant sourd n'entend pas les sommations et il est grièvement blessé par un coup de feu ; le 11, à Sevrey (Saône-et-Loire), un lieutenant, médecin-chef évadé, est abattu par un sous-officier allemand ; le même jour, à La Mothe-Montravel (région de Limoges), un civil français est tué par les douaniers allemands, alors qu'il se dirigeait à bicyclette vers la zone occupée ;

— en octobre : à Cortelin, en Dordogne, un blessé ; à Dienne, dans la Vienne, le 25, un habitant qui a emprunté un chemin interdit est blessé ;

— en novembre : le 11, dans les environs de Vierzon, un blessé ; le même jour, à La Charmée (Saône-et-Loire), un blessé pour délit de fuite et, selon le rapport du préfet du Doubs, un passeur ou un passager a été tué et deux autres personnes ont été blessées dans le Jura. Le préfet ne dissimule pas l'effet néfaste sur l'opinion de l'incident et des nombreuses arrestations opérées sur la ligne. Il conclut : « *[…] il serait à souhaiter que le principe de collaboration puisse demain s'affirmer sous une forme nouvelle*[62]… » Ce cas n'est pas enregistré dans les synthèses et les rapports de la DSA.

En mai 1941, si le régime de la ligne de démarcation s'allège quelque peu, rares sont les semaines sans dérapages policiers. Les gardiens allemands ont élaboré, on l'a vu, une surveillance en profondeur du côté occupé, mais aussi parfois du côté non occupé. La fin de l'année 1941 connaît une recrudescence d'incidents. Ainsi, de septembre à décembre, on dénombre quatorze incidents, dont quatre mortels. Chaque fois, les autorités de Vichy réagissent, comme le 20 juillet 1941, date à laquelle le général Doyen écrit une longue lettre à son homologue Vogl de la DSA : « *Les soldats et les douaniers allemands n'hésitent pas à tirer à balles de part et d'autre de la ligne de démarcation occasionnant ainsi la mort de Français [...] Je veux aussi protéger les gendarmes français*[63]. » En 1942, les incidents relevés apparaissent moins graves et moins nombreux, mais sont-ils toujours aussi bien comptabilisés ? Les effectifs allemands sont moins importants. De plus, avec le temps, certains vieux douaniers sympathisent avec la population riveraine et laissent filer des candidats au passage clandestin. Par ailleurs, il est fort possible que des réunions de liaison franco-allemandes à l'échelon local aient permis de régler au mieux certains litiges[64].

Les douaniers et les soldats allemands ont-ils voulu pratiquer une « politique de la terreur » en faisant des exemples mortels ? Ceux-ci s'apparentent plutôt à des bavures au regard des termes de la Convention d'armistice. Les chefs locaux ont fréquemment reçu carte blanche de leur hiérarchie, ce qui explique des excès de leur part. Ils sont quasiment dotés de pouvoirs illimités, y compris celui de franchir la ligne de démarcation pour poursuivre un passager jusqu'en zone non occupée. Cela traduit aussi une volonté de compenser l'absence de moyens qui auraient permis de faire de la *Demarkationslinie* une frontière infranchissable. Les bavures policières sur la ligne sont toujours suivies d'une protestation à la Commission d'armistice de Wiesbaden, puis d'une fin de non-recevoir de la part des Allemands qui prennent seulement acte de la plainte. La répression semble plus brutale du côté occupé de la ligne de démarcation, mais les gardiens allemands ne se privent pas de provoquer des incidents sur le versant dit « libre », ce qui leur fournit une position forte, lors des négociations politiques. L'opinion locale réagit parfois avec virulence, quand passeurs et passagers arrêtés sont des personnalités connues ou des autorités morales incontestables à leurs yeux. Ainsi en janvier 1941, après l'arrestation, à Dole (Jura occupé), de tous les membres du clergé, de deux médecins, du maire de Morez et du député du Jura, M. Baud, interpellé à Arbois. Aux yeux des Allemands, ils sont coupables d'avoir fait passer des soldats français évadés. Ils ont été tous relâchés dans les mois suivants.

6

La ligne de démarcation, un observatoire de la persécution des Juifs

La *répression* est tournée contre les individus pour ce qu'ils font, alors que la *persécution* s'en prend aux individus pour ce qu'ils sont. Nous nous intéresserons à ces deux aspects en ce qui concerne les Juifs aux abords de la ligne de démarcation. Beaucoup de Juifs étrangers, déjà repliés en France avant la guerre et pendant l'exode, reprennent la route et deviennent des *réfugiés* de la zone « libre ». Parfois, les Juifs sont aussi des *exilés*, quand ils passent en zone non occupée avec l'interdiction de revenir dans l'autre zone. Le bannissement par les Allemands a été renforcé par une très large collusion policière et administrative avec les autorités de Vichy. Ces déplacements de population ont connu une intensité variable, tributaire de la chronologie des mesures antisémites et xénophobes, de part et d'autre de la ligne de démarcation. Dans tous les cas, le danger et la peur ont motivé le départ et le franchissement inter-zones. Comment Vichy a-t-il fait de la ligne de démarcation un terrain privilégié de l'exercice de son antisémitisme ?

La ligne de démarcation, un péril immédiat

Dans les premières semaines qui ont suivi l'armistice, les Juifs ont cerné avec difficulté les dangers potentiels d'un isolement en zone occupée. La zone dite « libre », sans présence allemande, a-t-elle d'ailleurs été perçue comme un espace salutaire où l'angoisse serait moindre ? La lecture de certains témoignages laisse dubitatif. Avec la signature de l'armistice franco-allemand, les Juifs sont immédiatement en danger en zone allemande et ceux qui souhaitent revenir en zone occupée sont refoulés par les Allemands. Les rapports des préfets proches de la ligne de démarcation au ministère de l'Intérieur, en septembre 1940, mentionnent plusieurs cas en juillet et en août. Les militaires allemands en poste sur la ligne n'attendent donc pas la première ordonnance allemande du 27 septembre 1940 pour interdire aux Juifs l'entrée en zone occupée.

Les Juifs connaissent d'autres alertes inquiétantes dès juillet 1940 : le 16, les Allemands expulsent trois mille Juifs de l'Alsace vers la zone non occupée. Sept jours plus tard, le 23, Vichy promulgue hâtivement un décret-loi sur la nationalité qui permet de réviser les naturalisations acquises depuis la loi du 27 août 1927. Environ sept mille Juifs, sur les quinze mille concernés par le texte, sont alors *ex abrupto* dénaturalisés. Le 8 août, quatorze cents Juifs allemands réfugiés à Bordeaux sont à leur tour expulsés en zone non occupée. Le 16 août, les premiers Juifs de Lorraine sont évacués soudainement par les Allemands vers la zone laissée au régime de Vichy. Les rumeurs au sein des services allemands en France sont de plus en plus insistantes sur l'interdiction du retour des Juifs en zone occupée. Le 19 août, une note du docteur Werner Best, chef de l'administration militaire en France de 1940 à 1942, interdit aux Juifs réfugiés en zone non occupée de réintégrer leur domicile au nord de la ligne[1]. L'ordre initial émane en fait de l'ambassadeur Otto Abetz. Le 20 août, celui-ci propose à Ribbentrop une série de mesures qui prévoient, entre autres, l'interdiction faite aux Juifs de revenir en zone occupée et prépare leur départ de la zone non occupée. Abetz a prétendu que le Führer a eu « *l'intention d'évacuer tous les Juifs hors d'Europe après la guerre*[2] ». Le comble est atteint quelques jours plus tard. Entre le 22 et le 27 août, d'autres notes, émanant des services juridiques de l'armée de terre allemande, échafaudent le projet d'une adaptation des mesures antijuives pour les mettre en conformité avec les dispositions de la Convention de La Haye de 1899 relative au sort des populations des pays occupés.

Le régime de Vichy subit et les postes français reçoivent des listes très restrictives de passagers autorisés à franchir la ligne de démarcation dans le sens zone non occupée-zone occupée. En théorie, les catégories de migrants admises au voyage sont les suivantes : les réfugiés hollandais, luxembourgeois, belges, autrichiens, les ressortissants des pays occupés par l'Allemagne, les Alsaciens-Lorrains « *de race et de langue allemandes*[3] », les Français demeurant entre la ligne de démarcation et la ligne du Nord-Est avant la guerre, les mineurs du bassin de Lens-Béthune et leur famille, les gendarmes français « *munis d'une autorisation du MBF* » et les « *Juifs de toutes catégories munis de pièces en règle*[4] ». Cependant, les consignes sont purement formelles au regard des expulsions décrites précédemment, ce que ne manquent pas de signaler les officiers français. Ils préviennent les autorités que certains postes de la ligne refoulent les Juifs allemands en zone non occupée[5]. Nombre de rapports des brigades de gendarmerie situées aux abords de la ligne de démarcation confirment ces faits. En réalité, dès le 10 septembre, le commandant en chef de l'armée allemande fait apposer des affiches aux points de passage officiels de la ligne[6].

Le régime de Vichy fait de même dans certaines gares proches de la ligne de démarcation, à l'heure où l'exode à rebours s'achève. Par exemple, sur les murs de la gare de Vichy, les voyageurs pouvaient lire :

« *Nouveau règlement pour la rentrée des voyageurs de la zone libre en zone occupée :*

1 – Pas d'étrangers quels qu'ils soient.

2 – Pas de Juifs.

3 – Pas de gens de couleur[7]. »

Le 20 septembre, Hans Speidel livre le texte bilingue de l'avis interdisant aux Juifs l'entrée en zone occupée. Il fait peindre des écriteaux en allemand et en français sur lesquels les passagers inter-zones sont informés des risques encourus :

« *Avis aux Juifs : Il est défendu aux Juifs de franchir la ligne de démarcation pour se rendre dans la zone occupée de la France. Sont reconnus comme Juifs ceux qui appartiennent ou appartenaient à la religion juive ou qui ont plus de deux ascendants juifs sur la génération des grands-parents. Sont reconnus comme Juifs les grands-parents s'ils appartiennent ou appartenaient à la religion juive. Toute infraction au présent arrêté sera punie d'emprisonnement ou d'une amende. La confiscation des biens pourra en outre être prononcée*[8]. »

Speidel exige aussi de la part des postes allemands des listes statistiques sur le nombre de Juifs refoulés aux points de passage inter-zones. Il est allé plus loin dans ses desseins en évacuant l'idée d'un transfert de tous les Juifs de la zone occupée vers la zone non occupée. Il a préféré une série de mesures individuelles humiliantes et saupoudrées, pour les rendre plus efficaces. Le but ultime est d'obtenir que les Juifs partent d'eux-mêmes. Speidel estime que les mesures individuelles « *feront d'autant plus peur aux Juifs qu'elles seront moins systématiques, en d'autres termes, qu'elles leur apparaîtront plus arbitraires. Il ne s'agit pas d'épurer entièrement des Juifs d'une région donnée, mais de leur empoisonner le séjour partout, même là où ils ne sont pas inquiétés*[9] ». Le 27 septembre, le *MBF* interdit officiellement, entre autres mesures, le retour des Juifs de la zone non occupée vers la zone occupée – et non plus officieusement en certains points de la ligne de démarcation, selon le bon vouloir d'un chef local.

Au vrai, les responsables nazis hésitent encore sur la stratégie ultime à appliquer à l'encontre des Juifs. Les refoulements et les expulsions sont les solutions nazies du moment pour la France. Pendant l'automne 1940, les expulsions se poursuivent. La plus spectaculaire concerne sept mille Juifs du pays de Bade, de la Sarre et du Palatinat, les 22 et 23 octobre 1940[10]. Les Juifs badois ont été internés à Gurs, les Palatins et Sarrois à Saint-Cyprien (Dordogne)[11]. Par ces expulsions, les nazis souhaitent « germaniser » les provinces les plus occidentales du Reich. De nuit, les Juifs sont convoyés en train vers Lyon, franchissant la ligne de démarcation à Chalon-sur-Saône, ce qui contraste avec les déportations passées de Juifs, plutôt orientées vers l'est de l'Europe. Les raisons de ce choix sont assez vagues. Le régime de Vichy a réagi violemment à cette expulsion, dont il n'a pas été prévenu, en souhaitant leur renvoi en zone occupée[12]. Le maréchal Pétain est ainsi arrivé humilié à l'entrevue de Montoire avec Hitler, le 24 octobre 1940. Les Allemands renoncent à l'expulsion des Juifs de la Hesse, du moins en théorie. Des rapports de gendarmerie de 1941 montrent le contraire ; des expulsions par petits groupes se sont produites de façon beaucoup plus discrète. Après l'expulsion des Juifs badois, celle de 287 Juifs du Luxembourg a lieu le 26 novembre 1940. D'autres ont suivi et l'Etat français s'en est plaint. Vichy ne voulait pas faire de sa zone un vaste « *déversoir* » à Juifs rejetés par le Reich. Le terme est employé à Wiesbaden par le général Doyen, le 10 février 1941, dans une lettre adressée au président de la CAA, qui proteste contre le refoulement des Juifs luxembourgeois. Le général Doyen souligne certains faits passés pour exprimer son mécontentement :

« *J'ai eu l'occasion de protester auprès de vous contre l'envoi en territoire français non occupé d'israélites allemands ou luxembourgeois, sans que les Autorités françaises en eussent été préalablement prévenues et eussent donné leur accord... Or, je viens d'apprendre qu'un nouvel incident de la même nature que ceux précédemment signalés s'est produit le 21 décembre dernier. Trente-huit israélites luxembourgeois ont passé ce jour-là la ligne de démarcation dans des conditions qui n'ont pas permis au Gouvernement français de décider s'il pouvait ou non les accueillir [...] Ils ont quitté le Luxembourg en autocar dans la journée du 19 décembre et ont été conduits à Dijon. Dans cette ville ils ont été recensés et on leur a fait expédier leurs bagages à destination de Mâcon, Lyon et Montpellier. Le 21, ils ont continué leur voyage en autocar jusqu'à Chalon-sur-Saône, convoyés jusqu'à cette ville par un gendarme luxembourgeois. Ils ont été mis dans l'express n° 101, à destination de la zone libre. Les Autorités allemandes qui les avaient pris en charge les ont incités à se répartir dans les différentes voitures du train "pour ne pas éveiller l'attention de la police française*[13]". »

Découverts à Mâcon, les refoulés ont été renvoyés vers la zone occupée à Chalon-sur-Saône, avant que les Allemands ne les expulsent une deuxième fois vers la zone non occupée. Vichy prétexte que les nouveaux venus sont dans l'illégalité puisqu'ils ont franchi la ligne de démarcation en violation de la Convention d'armistice. Doyen avance un argument récurrent dans le discours de Vichy sur la souveraineté : « *Ces procédés constituent une atteinte directe au droit de souveraineté du Gouvernement français, auquel on empêche ainsi d'exercer son contrôle sur l'entrée des étrangers en zone libre. Ils risquent par leur répétition d'être préjudiciables au maintien de l'ordre public ou d'être ruineux pour l'Etat français obligé de prendre en charge et d'interner des étrangers que, s'il en avait été libre, il n'eût pas laissé pénétrer sur son territoire*[14]. » Mais les Français, vaincus, ont-ils vraiment les moyens de faire des requêtes et des rappels ? A travers toutes les protestations, le régime de Vichy exprime aussi la crainte de connaître une nouvelle crise grave de réfugiés comme cela avait été le cas dans les années trente.

Fuir ou rester ?

Malgré les premières mesures discriminatoires, entre juillet et octobre 1940, des Juifs reviennent clandestinement en zone occupée, en particulier les Juifs russes qui ne possèdent rien d'autre que leur appartement parisien, profitant ainsi d'une installation encore partielle de la surveillance allemande sur la ligne. Rester en zone non occupée nécessite en effet ou bien de posséder une deuxième résidence ou bien d'avoir de la famille qui puisse assurer l'hébergement. L'exode à rebours était interdit depuis l'automne 1940. Toutefois, près d'un tiers des cent mille Juifs exilés en zone non occupée sont retournés en zone occupée par des moyens clandestins. Le retour à Paris n'est pas toujours serein. Les appartements de nombreuses familles juives commencent à être mis sous scellés par les autorités militaires allemandes. A partir du 10 septembre, Vichy prévoit la nomination d'administrateurs provisoires pour toutes les entreprises qui ne retrouvent pas leurs dirigeants. Des communautés juives se constituent ou se renforcent en zone « libre », formant des points d'ancrage à de nouvelles sociabilités de refuge[15]. Pour des centaines de Juifs, le retour en zone occupée a été impossible. Une installation durable a suivi, essentiellement pour les Français, bien moins vulnérables que les étrangers. Les diverses organisations juives ont suivi le mouvement. Il a fallu apprendre à vivre en d'autres lieux, là où une part importante des habitants non juifs étaient persuadés que les Juifs étaient tous « *riches* ». Ce vieux stéréotype antisémite a eu cours également sur le tracé de la ligne de démarcation lorsque les Juifs y sont parvenus.

Certes, la ligne de démarcation est une frontière psychologique entre les Français de la zone occupée et ceux de la zone non occupée – la presse de Paris considère d'ailleurs la France non occupée comme un espace de privilèges –, mais elle crée également un fossé entre les espaces traditionnels de la vie quotidienne des Juifs et leurs nouvelles villégiatures en zone non occupée. Si le choix de rester en zone non occupée dépend des moyens financiers et des convictions personnelles, pour le Juif étranger la chose est beaucoup plus complexe. Léon Poliakov, tenté de retourner vers son URSS natale, écrit en octobre 1940 : « *On fait des projets d'évasion, mais vers quel havre*[16] *?* » Plus loin, comme tant d'autres témoins, il raconte son passage clandestin et payant de la ligne de démarcation (200 à 300 francs) ; il fait même allusion aux allées et venues de passeurs professionnels entre Paris et la ligne de démarcation qui demandent entre 3 000 et 5 000 francs. Il se décide à partir dans l'autre zone, non sans hésitation, et convient que « *pourtant, rien de plus dangereux que les procédés les plus chers, voitures d'ambulance, camions de ravitaillement, Ausweis falsifiés […] C'est pour une raison d'économie que je me suis confié à un sympathique cheminot qui, pour 1 300 francs, s'engageait à me conduire à Toulouse,* *d'où je comptais gagner Marseille [...] J'étais en zone libre ! Mais était-ce la liberté ?*[17] ». Pendant son voyage en train, il est contrôlé à Vierzon en zone occupée, puis à Vichy.

Les Juifs franchissent clandestinement la ligne de démarcation selon les combinaisons les plus variées : seuls, en famille, avec ou sans aide ; l'assistance peut commencer par une prise en charge dès Paris, la Belgique ou seulement aux abords de la ligne. Les passagers juifs ont souvent emporté avec eux de fortes sommes d'argent en liquide, des bijoux et de l'argenterie, si bien qu'un trafic du désespoir s'est organisé. Les archives de la gendarmerie française et celles des centres d'archives juives recèlent par dizaines les procès-verbaux attestant des prix exorbitants demandés aux Juifs pour franchir la ligne de démarcation. Du reste, une idée répandue par la presse antisémite désignait les passagers juifs comme les plus fortunés des candidats à l'évasion ; ils passaient aux côtés de résistants en danger ou d'organisateurs de réseaux, d'aviateurs alliés abattus, d'hommes cherchant à rejoindre la France libre, de prisonniers évadés...

D'une façon générale, des centaines de Juifs n'ont plus d'emploi à occuper en France ; les démobilisés qui n'ont pas pu revenir en zone occupée près de leurs biens et de l'argent déposé dans les banques, sont réduits à la misère avec leur famille[18]. Les Juifs ont donc été très préoccupés par la recherche d'un emploi susceptible de les mettre à l'abri d'une situation économique désastreuse. Cette recherche est allée de pair avec le désir de fuir les persécutions. Comme cet artiste de music-hall, le violoncelliste Albert Leibovici qui, pendant l'exode, s'est retiré aux Sables-d'Olonnes[19]. A la mi-juillet 1940, il est revenu à Paris et a aidé sa mère qui tenait un magasin de maroquinerie. Toutefois, en janvier 1941, la mise en œuvre des ordonnances allemandes, notamment celle du 27 septembre 1940, l'a contraint au départ vers la zone non occupée pour fuir le recensement. Il s'est rendu à Marseille en passant clandestinement la ligne de démarcation aux environs de Sancoins (Cher). Puis, il a fait un aller et retour entre Marseille et Paris au cours de l'été 1941. Il s'est installé quelque temps à Nice et a fini par obtenir une fausse carte d'identité avec la mention « *Religion catholique* ». En septembre 1942, il se procure un laissez-passer et revient de nouveau à Paris où il est engagé au Casino de Paris par Maurice Chevalier. Il y travaille jusqu'en décembre 1942, moment où il commence à opérer des sabotages dans la capitale avec un ami, tout en signant un contrat pour un engagement à la Scala de Berlin ! Pendant son séjour dans la capitale du Reich, Albert Leibovici affirme avoir fait évader vingt-deux prisonniers français qui travaillaient au zoo. En mars 1943, il rentre à Paris, mais la situation est si dramatique qu'il choisit de fuir vers Marseille. En octobre de la même année, il passe en Espagne et rejoint l'Afrique du Nord.

D'autres ont décidé de rester à Paris, tels le professeur de médecine Robert Debré ou René Blum. Le premier a pourtant été sommé par son ami Jean Chiappe de rester en zone non occupée et de ne pas revenir à Paris. Pour l'ancien préfet de police de Paris, celle-ci est un abri plus sûr : « *Ne revenez pas à Paris ; les Allemands s'y installent, ils vont mettre en œuvre une politique anti-juive, vous serez en danger à Paris. A aucun prix ne revenez*[20] *!* » Robert Debré réplique par un cinglant : « *Aussitôt ma décision était prise. Je retournerai à Paris et ne quitterai pas ma ville*[21]. » Le médecin revient dans son domicile parisien par devoir. Il veut être témoin de l'Occupation. La ligne de démarcation ne représente pour lui qu'un horizon de fuite peu stimulant. De son côté, René Blum, l'ancien directeur du ballet de Monte-

Carlo et frère de Léon Blum, estime que le passage clandestin de la ligne de démarcation était une lâcheté ; à ce sujet, son ami l'écrivain Philippe Erlanger écrit : « *René ne saurait admettre ma fuite. Il répète : "Il faut tenir, témoigner." A ses yeux je deviens un déserteur*[22]. »

D'autres raisons expliquent le choix de rester en zone occupée. Léo Hamon, avocat à la cour d'appel de Paris depuis 1930, refuse jusqu'à l'idée de partir :

« *Quelle devait être l'attitude des Français juifs ? Pour moi, elle se résumait ainsi : ne pas prendre l'initiative d'une quelconque discrimination. Nous vivons comme nos concitoyens, nous attendons. Si un coup vient, du moins n'y aurons-nous pas donné prise. Donc ne pas prendre les devants en quittant le pays*[23]. »

Il écarte toute discussion sur la persécution des Juifs, par peur de se voir enfermer dans un « *ghetto intellectuel*[24] ». Comme Marc Bloch, Jean-Pierre Lévy, Raymond Aron et tant d'autres Français juifs de la Résistance, il ne souhaite pas revendiquer sa « judéité » – à savoir la conscience et la manière d'être Juif[25] – comme argument de combat. Au premier trimestre de 1941, Léo Hamon remonte à Paris pour réaliser son « *étude*[26] » sur la situation des Juifs de la capitale et « *le franchissement ne fit pas problème. Une filière* [m']*avait été indiquée [...] avec le nom d'un passeur. J'y allai, pris le train et "montai" à Paris*[27] ». A Paris, les premiers Juifs étrangers sont arrêtés le 14 mai 1941. Pourtant, auparavant, Hamon a contacté les organisations juives de la capitale pour aider les Juifs à passer et à s'installer en zone non occupée. Pour le retour en zone occupée, il fait le voyage avec Edgar Faure et les deux hommes franchissent clandestinement la ligne de démarcation dans les Landes, à Mont-de-Marsan. De son côté, Edgar Faure vient retrouver son épouse Lucie, chrétienne d'origine israélite qui se réfugiera ensuite à Lyon. Sa décision est prise ; il entend quitter la France à brève échéance. Avocat, il entre dans l'ordre de la magistrature pour faciliter le travail entre les deux zones et préparer une future installation en Afrique du Nord. Il a pensé que le voyage inter-zones était sans obstacles. Cependant, il a découvert une réalité moins plaisante et les précautions à prendre sur la ligne de démarcation sont apparues plus importantes que prévu, notamment pour trouver un *Ausweis* :

« *En attendant, je pouvais à tout moment m'exposer à un type de danger auquel je ne pensais pas [...] la menace se profila dans un secteur où je ne m'attendais pas à la voir paraître : celui de la relation inter-zones.*

« *La réglementation du franchissement de la ligne était apparue d'abord à beaucoup de Français (ceux qui n'étaient pas pris à la gorge par une obligation personnelle) comme une contrainte anodine, voire une sorte de divertissement. On pouvait obtenir des Ausweis plus ou moins facilement ; le passage clandestin était d'une pratique assez courante*[28]. »

Edgar Faure a utilisé les services d'un passeur « *professionnel* » qui travaillait pour le compte d'une banque – dont les transferts étaient entravés par la ligne de démarcation. La méthode de passage est assez classique. Il décrit l'exercice du passeur jugé d'« *une incroyable légèreté* » :

« *Il installait ses clients par petits troupeaux dans deux cafés symétriques, les partants de chaque zone trinquant avec les arrivants en provenance de l'autre. Il leur distribuait des cartes de travailleurs frontaliers, sur lesquelles il plaquait la photo, en truquant le cachet initial à l'aide d'un tampon dégoulinant d'encre qu'il apposait lui-même d'un geste vigoureux*[29]. »

Edgar Faure prend l'habitude de passer au pont de la Madeleine à Moulins, avec une fausse identité, mais il manque d'être démasqué par les Allemands durant le voyage depuis Paris. Il trouve alors une solution plus sûre par l'intermédiaire de la filière clandestine de Léo Hamon et peut organiser sa fuite. On le perçoit à travers ces différents exemples, la voie de l'émigration inter-zones, puis hors des frontières nationales, était techniquement hasardeuse et moralement compliquée. Les dilemmes étaient souvent déchirants et sans rapport avec les dénonciations de la presse française de zone occupée contre ceux qui mettaient leur famille à l'abri alors que la France connaissait des heures tragiques et qu'elle tentait une œuvre de redressement national. Ainsi Marc Bloch, après avoir obtenu un visa hors quota aux Etats-Unis pour lui, sa femme et quatre de ses enfants, a décidé de rester pour ne pas abandonner sa mère et deux de ses enfants. On connaît la suite tragique...

La traque des Juifs et leur fuite en zone libre

Jusqu'aux premières rafles de l'été 1941 en zone occupée, les archives policières et préfectorales françaises, ainsi que les fonds du *MBF*, ne mentionnent pas de mouvements migratoires de masse à la ligne de démarcation. Jusque-là, malgré le choc consécutif à la promulgation du premier « statut des Juifs » d'octobre 1940, les départs vers la zone non occupée ne se sont pas accélérés. Beaucoup hésitent encore. D'autant que l'obligation du recensement (par le second statut encore plus strict du 2 juin 1941) suivant la mise en place de l'aryanisation (Xavier Vallat est nommé à la tête du Commissariat général aux questions juives, le 29 mars 1941) laisse à penser aux Juifs que leur condition était de plus en plus similaire dans les deux zones. Au surplus, il y avait peu d'informations fiables et encore moins de consignes. Certains n'ont pas attendu les directives collectives. L'angoisse et la peur ont été de puissants arguments pour les convaincre de partir en zone non occupée, voire à l'étranger.

Si la présence de l'occupant et l'angoisse du lendemain n'ont pas été des motivations suffisantes pour des milliers de Juifs de la zone occupée, l'accumulation des humiliations, des privations et l'affermissement de la répression allemande commencent à faire évoluer les mentalités vers un départ ou à tout le moins vers sa préparation, dans le cas où la situation deviendrait intenable[30]. Une première série de mesures, de mai à décembre 1941, a donc incité les Juifs à franchir clandestinement la ligne de démarcation. Le 14 mai 1941, la préfecture de police de Paris arrête plus de 3 700 Juifs, convoqués pour « *un examen de situation* », accompagnés par un parent ou un ami, comme le suggéraient les autorités françaises. Les dirigeants du Consistoire central s'attendent dès lors à l'imminence d'un deuxième « statut », dès la fin de mai 1941. Cela ne manque pas de les inquiéter, car des Juifs, plus particulièrement des démobilisés, bloqués en zone non occupée, ne peuvent pas subvenir aux besoins alimentaires de leur famille[31]. Le 2 juin 1941, le second « statut des Juifs » impose le recensement des Juifs auprès des préfectures, sous-préfectures et commissariats de police proches du domicile. L'entrée en guerre du Reich contre l'URSS fournit un excellent prétexte pour arrêter 622 personnes dont « *110 Juifs indésirables*[32] ». Les Juifs étrangers sont les premiers touchés par cette série de mesures, plus particulièrement les Juifs polonais. Quant aux Juifs français de la zone occupée, ils sont aussi de plus en plus en danger, puisque à la législation allemande se superpose celle de Vichy, parfois plus redoutable. Et l'interdiction toujours grandissante d'exercer certaines professions produit des effets catastrophiques sur leur situation économique.

Le temps des rafles a donc commencé et les illusions de certains Juifs, persuadés que la création du CGQJ adoucirait leur situation, sont bel et bien mortes. Les rapports du *MBF* relèvent que la presse de la zone non occupée commence à s'intéresser « *au problème juif* » (*das Judenproblem*)[33]. Pour les occupants, la raison est connue : le mouvement massif des Juifs étrangers en zone non occupée, au moment de la ruée de l'armée allemande sur la France. Les Juifs présents à cette époque en zone non occupée sont majoritairement ceux de l'exode qui a précédé l'avancée des armées allemandes en juin 1940. Les premiers flux clandestins inter-zones de Juifs sont plus tardifs lorsque le filet policier et administratif se resserre en zone occupée et plus particulièrement à Paris. Les internements se multiplient, parfois dans des conditions déplorables. Un flot continu de Juifs pénètre clandestinement en zone non occupée de fin mai à début juillet 1941, puis en septembre-octobre. Entre-temps, les passages apparaissent dans une moindre mesure, même s'ils se poursuivent. Les autorités de Vichy s'inquiètent alors de la multiplication des procès-verbaux de gendarmerie au sujet de la présence de plus en plus importante de Juifs dans les villages proches de la ligne de démarcation. L'intensification des passages en septembre fait évidemment suite à la seconde opération massive d'arrestations de 4 232 Juifs de Paris, du 20 au 25 août 1941, décidée par les militaires allemands, conformément aux exigences du service des affaires juives et de la Gestapo. Le poids de la rumeur a son importance, notamment celle qui prétend que les Juifs porteront bientôt un signe distinctif en zone occupée.

Une minorité de Juifs quitte Paris pour commencer une autre aventure, celle de la Résistance en zone non occupée, tel Léon Kahn, importateur-exportateur en région parisienne. Après l'exode, il a repris ses affaires à

Paris et a servi d'interprète aux Allemands pendant une courte période. Les mesures antisémites de la fin de 1941 l'ont incité à partir clandestinement à Juan-les-Pins. Il déclare aux services de renseignements de la France libre son installation à Lyon, au début de 1942, où il aurait travaillé pour le mouvement *Libération*, notamment avec Léon Morandat, connu dans la Résistance sous plusieurs pseudonymes, dont *Yvon* et *Arnolphe*[34].

Le 12 décembre 1941, à Paris, 743 personnalités juives de nationalité française sont interpellées et conduites au camp de Royallieu[35]. L'Etat français se montre donc incapable de protéger tous les ressortissants français de zone occupée alors qu'il clame le contraire. Claude Lévy, professeur d'histoire, âgé de vingt-quatre ans, habitait le IXe arrondissement de Paris au moment de la rafle de décembre. Après celle-ci, ses parents très inquiets lui demandent de partir en zone non occupée. Il prend le train à la gare d'Austerlitz en compagnie d'autres personnes candidates au passage clandestin, d'après les recommandations d'un officier français rencontré dans la capitale. Peut-être s'agissait-il d'un membre d'une filière de passage. Ils descendent à Angoulême, puis rejoignent en marchant le nord de Taponnat (Charente) où se trouve un poste français de surveillance. Le passage s'effectue entre deux patrouilles allemandes. Le témoin rapporte alors cette remarque fort intéressante sur le métier et l'habitude des habitants à organiser les passages et l'accueil en zone non occupée :

« *En zone libre, ce qui m'a frappé, c'est que les hôtels étaient déjà prêts à nous recevoir. C'était une sorte de "tourisme" de circonstance. Cela était imprudent ; les gendarmes sont venus nous voir. J'ai poursuivi ensuite ma route jusqu'à Lyon où l'on voyait qu'il y avait une affluence inhabituelle. Mes parents sont passés en Saône-et-Loire, en avril-mai 1942... [...] Il y a eu des sociétés de transport qui, une semaine sur deux, ont livré des Juifs aux Allemands en direction de la ligne de démarcation*[36]. »

Après le 12 décembre 1941, les autorités françaises à Vichy informent les postes de police et les brigades de gendarmerie de la probable arrivée massive de Juifs à la démarcation. Cette date annonce effectivement le début d'une vague d'envergure dans le sens nord-sud. Le 15 décembre 1941, le secrétaire d'Etat à l'Intérieur Rivalland écrit aux préfets : « *J'ai constaté une sérieuse recrudescence des passages clandestins de la ligne de démarcation, par des israélites étrangers*[37]. » Dans le but d'y mettre fin, il suggère que soit publié le jour même un communiqué de presse dans lequel on annonce un renforcement de la surveillance de la ligne et l'internement des Juifs étrangers arrêtés lors du passage clandestin. On peut imaginer avec quelle précipitation les Juifs ont dû préparer leur périple. L'intensification des humiliations a sans doute fini de convaincre ceux qui hésitaient depuis quelques semaines.

Ce même 15 décembre 1941, des brigades de gendarmerie limitrophes de la ligne ont constaté un accroissement anormal du nombre de passages clandestins juifs. Depuis début décembre, en Gironde, les brigades situées dans la périphérie de la circonscription de la brigade de Montpont, en bordure de la ligne de démarcation, ont organisé une surveillance étroite des hôtels, souvent en vain. Le commandant de cette brigade précise, dans un rapport du 15, que « *des embuscades tendues par la brigade de Montpon, de jour comme de nuit, n'ont pas réussi à établir les déplacements de passages clandestins aiguillés par les dits trafiquants*[38] ». Ces passeurs de Juifs étaient vivement recherchés et la terminologie utilisée en fait de véritables criminels. La plupart du temps, des informations données par des dénonciateurs aidaient les gendarmes et les policiers en poste sur la ligne à les capturer.

En février 1942, deux mesures importantes rendent la vie à Paris quasi impossible et le voyage inter-zones de plus en plus obligatoire : le 4, en réponse à une lettre du secrétaire d'Etat à l'Intérieur du 24 janvier, le CGQJ donne son avis « *sur la conduite à tenir en ce qui concerne la présentation aux Autorités d'occupation, de demandes de laissez-passer émanant d'israélites français de la zone occupée pour se rendre définitivement en zone libre*[39] ». Le CGQJ désapprouve cette idée et apporte une réponse négative pour ne pas « *entraîner le passage d'éléments juifs de la zone occupée dans la zone non occupée*[40] ». Les raisons avancées sont classiques dans le langage administratif de l'Etat français : « *Un tel déplacement de cette partie de la population aboutirait, en effet, dans cette dernière zone, à accroître l'encombrement économique et le chômage. Le logement des nouveaux arrivants serait en pratique impossible et les difficultés de ravitaillement ne pourraient qu'être augmentées*[41]. » La seconde mesure accentue les risques du déplacement : la sixième ordonnance allemande du 7 février interdit aux Juifs de quitter leur résidence. La préfecture de police prohibe même tout changement de domicile à l'intérieur du département de la Seine, s'il n'est pas déclaré par écrit au commissariat de police le plus proche. Pour sortir du département, il faut obtenir une autorisation.

Aux frais que nécessite le passage clandestin de la ligne s'ajoute pour certains l'obtention du visa libérateur pour les Etats-Unis, plus délicate, sans compter le prix élevé du billet de la traversée : cinq cents dollars à la fin de 1941 contre quatre-vingts avant la guerre[42]. Le passage par Cuba n'est guère plus facile. L'aide des œuvres privées, comme l'*HICEM* (*Hias-JCA Emigration Association*, une association américaine qui s'occupait des exils vers les Etats-Unis et des visas), ne suffit certainement pas à transformer le passage de la ligne de démarcation en une transition de formalité vers la liberté. De plus en plus, la zone non occupée devient une nasse policière antijuive.

Jusqu'au début du printemps 1942, le flot des Juifs à la ligne de démarcation ne tarit pas. Les postes français de surveillance de la ligne ont parfois rédigé des listes de personnes et des procès-verbaux de Juifs arrêtés. Entre fin novembre 1941 et fin février 1942, dans les départements de la Charente et de la Vienne[43], sur cinquante-sept procès-verbaux dépouillés, nous comptons soixante et un Juifs « *stoppés*[44] », par des patrouilles des brigades d'Alloue (Haute-Vienne), Chasseneuil (Vienne), Confolens, Marthon, La Rochefoucauld, Saint-Claud et Saint-Sornin (Charente), dans des hôtels, des bus, des champs et bois proches de la ligne de démarcation. D'après les procès-verbaux des gendarmes et plusieurs rapports d'inspecteurs de police, presque tous ont passé la ligne, deux ou trois jours auparavant, et se reposaient avant de poursuivre un voyage épuisant. Selon nos calculs, 63 % des Juifs arrêtés sont des hommes, 26 % des femmes et 11 % des enfants. Trois quarts des Juifs proviennent de Paris. Pour la plupart, ils sont de nationalité française, selon les lois de Vichy, et possèdent régulièrement dans leurs bagages des sommes d'argent de plusieurs dizaines de milliers de francs. L'autre quart vient de l'est (Metz) et de l'ouest (Nantes). Dans l'ensemble, il y a des banquiers, des négociants, des marchands, des artisans d'articles de luxe, à savoir les groupes socioprofessionnels les plus frappés par la rafle du 12 décembre 1941. Un prisonnier de guerre évadé d'un *Stalag*, voyageur de commerce, a déclaré être venu chercher du travail en zone non occupée. Ce type de réfugié inquiétait Vichy, qui ne tenait pas à faire gonfler encore les chiffres du chômage en zone non occupée. L'homme a été interné.

Souscrire une déclaration de son appartenance au judaïsme, dès l'arrivée en zone non occupée, et posséder un laissez-passer sont deux actes essentiels pour être relâché. Chaque Juif a dû décliner son état civil, raconter son périple individuel, parfois depuis les années trente, pour les Juifs étrangers. Enfin, les personnes doivent toutes justifier qu'elles disposent de moyens financiers pour vivre en zone non occupée, ainsi qu'une adresse – le plus souvent celle d'un membre de la famille arrivé avant elles en zone libre ; dans le cas contraire, elles risquent l'internement administratif. Le comportement légaliste n'est pas encore totalement abandonné, un certain nombre de Juifs n'osent pas encore opter pour la vie semi-clandestine. Parfois, les hommes de la répression de Vichy ont montré quelque mansuétude comme pour cette femme de nationalité étrangère, arrêtée aux environs de Chasseneuil, sans laissez-passer et accompagnée de ses deux enfants. Elle a été relâchée pour rejoindre son époux en Dordogne non occupée, au motif que ses enfants étaient de nationalité française.

Beaucoup de Juifs ne supportent plus les effets du second « statut » de juin 1941 et les vexations répétées. Le 10 janvier 1942, un homme, banquier à Paris – profession devenue interdite aux Juifs –, est pris sur le fait en train de franchir clandestinement la ligne de démarcation dans la région de Taponnat, alors qu'il se rendait chez des amis ; dans le procès-verbal, sa déclaration est sans ambiguïté : « *Je craignais, en restant à Paris, d'être interné dans un camp de concentration, comme le sont journellement beaucoup d'israélites de nationalité française sans exception, même pour les anciens combattants ou mutilés de la guerre 1914-1918 ou 1939*[45]. »

Estimation du nombre de Juifs interpellés et relâchés par la surveillance française, entre la Vienne et la Charente

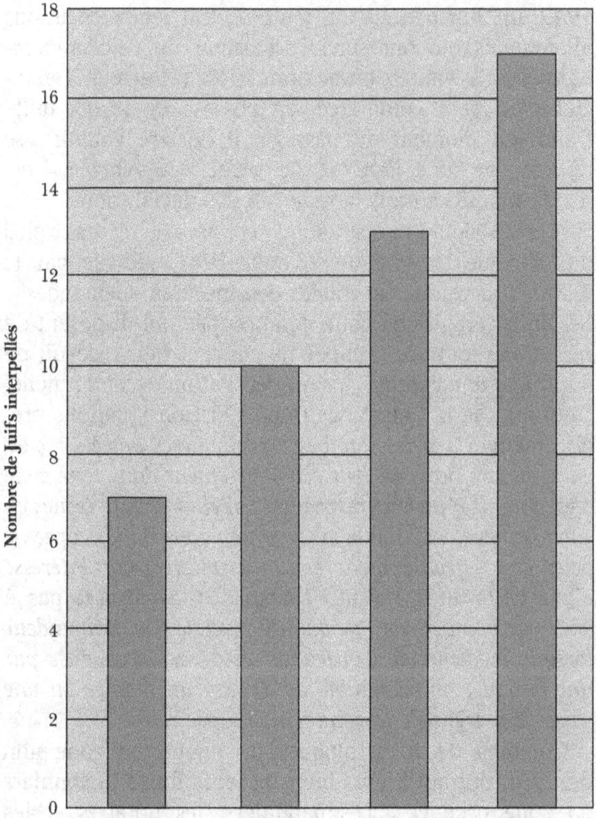

(*Source* : AN AJ 38/258)

La situation est devenue invivable. Certains ont même déclaré préférer vivre dans un hôtel de Limoges plutôt que dans leur appartement parisien. La plupart des femmes et des enfants sont seuls et rejoignent un époux déjà arrivé en zone non occupée. Le 19 février 1942, un Juif nantais qui tente de fuir les persécutions allemandes qui ont suivi l'assassinat du *Feldkommandant* Hotz à Nantes, en octobre 1941, est arrêté. Tenancier d'un petit commerce, en possession de dix mille francs au moment du passage, il déclare vouloir « *se réfugier en zone libre*[46] ». Le verbe « *se réfugier* » est d'ailleurs utilisé dans la majorité des déclarations.

A cela s'ajoute une situation économique d'autant plus difficile que la note du 25 août 1941, rédigée par le CGQJ, a accentué la gravité des mesures allemandes[47]. Les Juifs réfugiés en zone non occupée qui disposent de ressources en zone occupée ne peuvent plus recevoir de « *subsides alimentaires* », sauf dérogation exceptionnelle. Une note de la Caisse des Dépôts et Consignations précise même : « *Si les sommes à rembourser ont été reçues en zone non occupée, leur remboursement dans cette zone n'est soumis à aucune restriction ; si elles ont été reçues en zone occupée, leur remboursement en zone non occupée ne peut être effectué qu'après souscription par l'intéressé d'une déclaration raciale. Toutefois, vous n'aurez pas à vous préoccuper de la qualité raciale du demandeur lorsque la demande d'opération vous sera transmise par une banque, un comptable du Trésor, un notaire ou une caisse d'épargne de la zone non occupée*[48]. »

Combien de Juifs, bloqués ou rejetés en zone non occupée, ont ainsi leurs biens et leurs fonds prisonniers en zone occupée ? Les banquiers, les notaires et les assureurs ne peuvent plus se faire payer par les Juifs, mais cela n'empêche pas le régime de Vichy d'appliquer les mesures déjà prises en zone occupée. Les loyers des appartements parisiens ne sont plus honorés ou bien les détours pour y parvenir et s'acquitter du loyer, *via* la ligne de démarcation, sont devenus trop dangereux pour un locataire resté en zone non occupée. Il vaut mieux rester sur place, dans un refuge qui est parfois difficile à trouver et à rejoindre. Le passage du courrier interdit ou très limité a également été une gêne considérable pour les Juifs. Il est probable que certains propriétaires juifs ont tenté de passer de l'argent clandestinement en circulant aux abords de la ligne de démarcation ou en voyageant par le train pour rejoindre Paris avant de revenir ensuite en zone non occupée. En effet, à quoi correspondent les importantes sommes d'argent déclarées dans certains rapports de gendarmerie et détenues par les Juifs qui viennent de franchir la ligne pour se rendre en zone « libre » ? Etait-ce seulement pour payer les passeurs et avoir de quoi vivre, une fois installés en zone non occupée ? Il est possible que les entrepreneurs juifs aient emporté avec eux de grosses sommes d'argent en espèces.

L'existence de la ligne de démarcation a souvent été un prétexte pour les Allemands, afin de savoir ce qui se passait en zone non occupée ; les entreprises juives, actives dans les deux zones, leur en donnent les moyens. Des Juifs bloqués en partie en zone non occupée ont créé de nouvelles entreprises, alors que le capital est resté en zone occupée. A l'évidence, les Allemands souhaitent voir les pouvoirs des administrateurs provisoires de la zone occupée s'étendre à toute la France. Mais le régime de Vichy a tout prévu pour contourner cette pression par la loi du 10 septembre 1940 et son décret d'application du 16 janvier 1941 : Vichy peut limiter les prérogatives de l'administrateur provisoire. Sans cesse, le *MBF* demande des précisions au gouvernement français. Le régime pétainiste use de dérivatifs divers pour éluder la question. Par exemple, dans une lettre du 16 avril 1941, Jean Bichelonne répond au *MBF* qu'un Commissariat général aux questions juives a été créé et qu'il s'occupera désormais de ces problèmes.

Le but proclamé du CGQJ est d'uniformiser l'aryanisation sur l'ensemble du territoire national. Les 407 agents contractuels et les 360 auxiliaires du Commissariat général y ont consacré la majorité de leur temps, à partir du mois d'octobre 1941. Le processus pour unifier l'aryanisation dans les deux zones a pourtant été ralenti par des échanges épistolaires tendus entre le *MBF* et Xavier Vallat sur les choix d'intervention les plus idoines. Pour le IIIe Reich, la ligne de démarcation ne doit pas être un obstacle à l'aryanisation des entreprises juives. Le 25 novembre 1941, le *MBF* écrit à Xavier Vallat ces lignes très significatives : « *[...] avec une aryanisation unifiée des entreprises pour la France tout entière, il faudra aboutir nécessairement à un accord des deux gouvernements, alors qu'à l'heure actuelle, l'aryanisation se fait par tronçons dans les deux zones*[49]. »

Pour les Allemands, le régime de Vichy se retranche derrière la ligne de démarcation pour empêcher l'élargissement des pouvoirs des administrateurs provisoires en zone non occupée. Des entreprises juives de zone non occupée ont ainsi continué à bénéficier d'un approvisonnement en provenance de la zone occupée. Le rapport d'un administrateur provisoire au Service de Contrôle des Administrateurs Provisoires (le SCAP), daté du 30 octobre 1941, estime qu'« *il y a, malheureusement, de nombreux Israélites qui, une fois en zone libre, ont pu obtenir un nouveau Registre de Commerce et monter une nouvelle Maison*[50] ». Le rapport développe sa démonstration et détaille l'exemple d'une entreprise textile. La maison L., restée à Paris, n'obtenait plus aucun approvisionnement. Seule, la maison L.-*bis* de Castres (Tarn) était fournie en tissus. En fait, depuis plusieurs mois, les anciens fournisseurs livraient exclusivement à la nouvelle maison, installée en zone non occupée. Xavier Vallat a exigé « *le transfert vers le sud des ressources économiques des Juifs*[51] ». A plusieurs reprises, il s'est joué des accords contractés avec le « docteur » Blanke, chargé de l'aryanisation au sein du MBF. La marge de manœuvre de Vallat a toujours été très étroite ; il est parvenu *in extremis* à maintenir des administrateurs provisoires séparés, en exercice de chaque côté de la ligne de démarcation.

1942, une année terrible

Il faut insister sur l'année 1942. A leur tour, les Allemands ont tendu des embuscades et infiltré des réseaux de passages clandestins. Le second semestre 1942 peut être considéré comme le « semestre terrible », car le pic des arrestations de passagers juifs clandestins à la ligne de démarcation est sans précédent. L'étau se resserre. Par rapport à 1940, le choix du franchissement clandestin est devenu pour les Juifs beaucoup plus risqué, ultime et sans espoir de retour immédiat, avec le sentiment qu'il est déjà trop tard. A partir des rafles de juillet 1942, la panique a stimulé des milliers de départs[52], mais les passages sont moins bien préparés.

A cette date, les points de passage clandestins les plus empruntés par les Juifs sont situés dans les départements suivants : le Cher, la Dordogne, la Gironde, l'Indre-et-Loire, le Jura et la Saône-et-Loire. Les administrations préfectorales proches de la ligne de démarcation ont délivré de nombreuses notes et directives pour contenir et organiser le flot. Ainsi, la raison d'Etat l'a emporté chez les hauts fonctionnaires de Vichy. Peu à peu, l'antisémitisme ordinaire et procédurier de l'administration française s'est installé au passage de la ligne, *via* la Police des Questions Juives (PQJ). En avril 1942, la PQJ s'interroge sur les « droits » des Juifs français qui franchissent la ligne et qui souhaitent s'installer en zone non occupée. Le 2 avril, le 4e bureau à Vichy, chargé de la police du territoire et des étrangers, rappelle par une circulaire du 26 janvier 1942 (n° 118, pol. 7.-9) au chef de la PQJ de la zone non occupée, qu'« *[...] en ce qui concerne les Juifs français, aucune disposition spéciale n'est prise à leur égard, la circulation sur tout le territoire étant libre pour les Français et ces israélites devant avoir déjà souscrit comme les Juifs étrangers leur déclaration en zone occupée*[53] ».

Progressivement, le régime de Vichy, essentiellement après le retour de Pierre Laval, en avril 1942, et avec l'arrivée de Karl Oberg, a conféré à la ligne de démarcation une définition encore plus raciale. Les Juifs sont jugés « indésirables » en zone non occupée, mais Vichy ne peut ni les refouler en zone occupée ni même les arrêter tous. L'opinion aurait pu s'émouvoir. Le 29 mai 1942, l'obligation du port de l'étoile jaune pour les Juifs résidant en zone occupée et âgés de plus de six ans renforce encore le dispositif de persécution. Mais Laval refuse l'extension de cette mesure aux Juifs de la zone non occupée, une façon d'affirmer l'indépendance de Vichy de ce côté de la ligne de démarcation. Pourtant, en réprimant le passage juif en zone non occupée, le régime de Vichy applique les règles allemandes, toujours pour montrer sa bonne volonté collaboratrice, notamment en matière policière.

Les Juifs « *stoppés* » entre la Vienne et la Charente ont eu la chance, toute relative, d'être de nationalité française, de passer avant l'été 1942 et de ne pas subir trop sévèrement les mesures du CGQJ en ce qui concerne l'obtention des laissez-passer. A partir de la fin juillet 1942, les interdictions d'entrer en zone non occupée frappent les catégories de Juifs étrangers âgés de 18 à 55 ans avec de plus en plus de précision : ceux qui venaient de Pologne, d'Allemagne, d'ex-Autriche, de Sarre, de Dantzig, d'ex-Tchécoslovaquie, d'Estonie, de Lituanie, de Lettonie et d'URSS devaient être automatiquement refoulés par les surveillants français de la ligne de démarcation. Les préfets et les sous-préfets des départements traversés par la ligne étaient dans l'obligation de refouler certaines catégories de Juifs étrangers ou de les interner à Gurs. Cependant, il y a eu des exceptions : certains ont obtenu la protection de leur pays d'origine (« *les ressortissants soviétiques protégés par la Suisse* », entre autres), les vieillards de plus de soixante ans et leurs conjoints, les enfants de moins de dix-huit ans non accompagnés, les hommes ayant servi dans l'armée française ou les armées ex-alliées, pendant une période d'au moins trois mois (y compris leurs conjoints, leurs descendants et leurs ascendants) ; les malades, les conjoints ou les enfants de ressortissants français, les femmes enceintes, les ouvriers de GTE (Groupements de Travailleurs Etrangers) qui ne doivent pas quitter leur travail en raison de l'importance de leur activité pour l'économie française, les artistes, les écrivains, les scientifiques qui « *ont rendu service à notre pays*[54] ». Pour les Belges, les Hollandais et les Luxembourgeois, les forces policières de Vichy devaient les laisser en liberté s'ils pouvaient subvenir à leurs besoins. Ceux qui n'avaient plus la protection de leur pays d'origine étaient dirigés vers les GTE. Enfin, « *les "passagers clandestins" qui ne sont ni internés, ni refoulés, ni incorporés, les femmes de ceux qui sont incorporés, sont hébergés par les soins des préfets intéressés avec l'aide du Service social des Etrangers*[55] ».

En 1942, les Allemands et les autorités de Vichy, classant les Juifs en catégories et sous-catégories, ont mieux rationalisé leurs opérations d'arrestations, en prévenant deux ou trois jours auparavant les préfectures proches de la ligne de démarcation. Les mesures, souvent complexes et inconnues des passagers juifs clandestins, sèment un peu plus le trouble chez ceux qui, en zone occupée, hésitent encore à partir. A plusieurs reprises, Allemands et Français unissent leurs forces contre les Juifs, ce dont les premiers se félicitent. Dans une note du 3 août 1942, visant à préparer une discussion avec Laval, Dannecker écrit : « *Au président Laval [...] qui s'était plaint du nombre démentiel de Juifs se déversant sur la zone non occupée, il est possible de répondre aujourd'hui que, grâce aux mesures proposées plus haut* [à savoir des convois en provenance de zone non occupée et une action de la police antijuive à la ligne de démarcation beaucoup plus dure], *l'envie de partir pour la zone non occupée passera à la plupart des Juifs*[56]. »

Dans cet esprit, Bousquet adresse le 8 août par télégramme une directive claire aux préfets régionaux de Clermont-Ferrand, Limoges, Lyon et Toulouse. Elle vise tous les Juifs clandestins qui ont été capturés par les surveillants français en poste sur la ligne de démarcation[57]. Les prisons allemandes sont pleines de passagers juifs, comme celle du Cherche-Midi à Paris, où près de 75 % des femmes juives emprisonnées auraient été arrêtées en franchissant la ligne de démarcation, selon le témoignage de Simone C., daté d'octobre 1942[58].

Pourtant, les préfets régionaux qui ont la ligne de démarcation dans leur ressort se plaignent de l'arrivée massive de Juifs et les directives de Bousquet leur paraissent insuffisantes. Les Juifs qui parviennent jusqu'à la ligne de démarcation ne sont plus massivement d'origine française. Ils viennent de Belgique et de Hollande. A la mi-août 1942, un rapport du Consistoire central informe ainsi ses membres : « *Les emprisonnements massifs, et la crainte de nouvelles déportations des réfugiés d'autres catégories de Juifs ont provoqué une grande émotion, en France occupée, en Belgique et en Hol-*

lande. Un grand nombre de personnes ont quitté les villes et bien des familles ont décidé de se séparer afin de courir chacun leur chance[59]. »

A Limoges, le chef de la PQJ, Joseph Antignac, est très efficace en matière de propagande antijuive à la ligne de démarcation. Il est relayé par le préfet de la région. Le 13 août, ce dernier écrit à Laval que « *depuis un mois un nombre important d'israélites venus clandestinement de la zone occupée, malgré les mesures prises à la ligne de démarcation par les Autorités Allemandes, déferlent sur la région de Limoges*[60] ».

Du 26 au 28 août 1942, René Bousquet lance l'opération qui va conduire à la livraison aux Allemands des Juifs étrangers et apatrides de la zone non occupée. Préparée depuis le 18 août, l'opération provoque l'arrestation de plusieurs milliers de Juifs de la zone non occupée. Le mois d'août 1942 est donc désastreux pour les Juifs étrangers de la zone non occupée, poursuivis par une série de rafles. Sept mille personnes françaises ou non vont être déportées. Nombre de Juifs restés à Paris depuis 1940 décident enfin de quitter la zone occupée. D'autres se terrent encore dans Paris. Pour Laval, les Juifs étrangers représentaient une sorte de monnaie d'échange. Il espérait obtenir des concessions en faveur des Juifs français en livrant les Juifs étrangers aux Allemands. C'était le sens des accords signés avec Karl Oberg, le 2 juillet 1942. Ces accords expliquent aussi l'intérêt de l'aide de la police et de la gendarmerie françaises aux rafles, qui sont en outre un moyen pour Vichy d'affirmer la souveraineté du gouvernement sur les deux zones.

Une opinion entre hostilité, attentisme et compassion

La référence aux « Juifs errants » a fait partie de l'argumentaire antisémite de la presse collaborationniste ; elle a tenté de s'appuyer sur des références bibliques. Les « Juifs errants » antérieurs à 1940 ont été considérés comme responsables de tous les maux de la France et notamment de la défaite. Pour ces raisons, aux yeux de certains, un statut contre l'« étranger » se justifiait. Les Juifs étrangers ont été les premiers visés par la politique d'exclusion vichyste et allemande. Mais en 1941, et plus encore en 1942, les Juifs français sont devenus eux aussi des « étrangers » et de nouveaux Juifs errants dans leur propre pays. Fallait-il vraiment tenter le franchissement clandestin, pour certains ruineux, de la ligne de démarcation ? Ne valait-il pas mieux vivre à Paris où le risque n'était peut-être pas plus grand qu'en zone non occupée ?

Depuis 1940, des villages proches de la ligne de démarcation ont connu l'arrivée de familles juives ou de Juifs seuls. Pour beaucoup de « frontaliers », ils n'étaient pas seulement des Juifs qui échouaient près de la ligne, mais plutôt des « étrangers » à la communauté villageoise, en des temps de forte pénurie. Selon les archives du CGQJ[61], le 15 septembre 1941, 109 244 Juifs résidaient en zone non occupée, dont 57 000 français et 53 000 étrangers, parmi lesquels 9 250 internés. Dans les parties libres de neuf des treize départements divisés par la ligne, on comptait 24 704 Juifs, dont 10 302 étrangers. Or, l'Ain, l'Allier, les Basses-Pyrénées (Pyrénées-Atlantiques actuelles), le Cher, la Dordogne, le Jura, les Landes et la Saône-et-Loire – la Gironde faisant exception – comptaient peu ou pas de Juifs avant la guerre. L'exode de mai-juin 1940 et la fuite devant les mesures allemandes en zone occupée ont permis de multiplier les recensements de Juifs en zone non occupée. Sur onze des treize parties non occupées des départements divisés (le Loir-et-Cher et la Saône-et-Loire ne sont pas comptabilisés), huit ont compté plus de mille Juifs. L'Allier, les Basses-Pyrénées, la Charente, la Dordogne et la Vienne recensèrent entre 2 500 et 6 000 Juifs. En Dordogne, des milliers de Juifs alsaciens et lorrains sont arrivés avec l'exode de mai-juin 1940. A l'exception des Basses-Pyrénées, où 3 500 Juifs sur 7 154 ont été internés au camp de Gurs, l'afflux imprévu de Juifs dans les villages et petites villes a suscité des comportements contrastés. Les attitudes oscillèrent entre le rejet, variable suivant les régions, l'indifférence et l'entraide, car jusqu'à l'exode le Juif était un « inconnu » au sud de la France.

Pour le premier semestre 1941, les préfets des départements d'accueil des populations de l'est de la France pendant l'exode ont été les seuls à se plaindre de la présence des Juifs, et en premier lieu celui de la Dordogne qui écrit début mai : « *Bien qu'accablés par les derniers succès allemands, ils n'en continuent pas moins à mener une vie insouciante de désœuvrement passant leur temps au café ou au spectacle, et, suivant leur condition sociale, enlevant les produits sur les marchés et se livrant à certains trafics de commerce noir*[62]. »

Dans ces conditions, il est assez difficile de suivre avec une grande précision l'évolution de l'opinion française sur ce sujet. Tout au plus, les préfets[63] relèvent-ils un certain attentisme de la population après les rafles de décembre à Paris. Les préfets notent souvent l'« *esprit satisfaisant de la population* », pendant le dernier trimestre de 1941, malgré l'arrivée de Juifs après les premières grandes périodes d'arrestations massives en août. Les premiers flux juifs inter-zones succédaient de quelques mois au passage des réfugiés de l'exode, au franchissement légal et illégal des soldats démobilisés ou des prisonniers de guerre évadés. Mais la nature des passagers juifs, dénoncés par la propagande, offrait aux habitants de la ligne de démarcation des prétextes et des raisons de se plaindre de la concurrence d'une population jugée plus riche et encline à venir extirper une partie des stocks réduits de produits alimentaires.

L'« aryanisation » de la ligne de démarcation a donc commencé à être plus étroite à partir de 1941, pour atteindre son point d'orgue l'année suivante. La lecture des rapports des brigades de gendarmerie proches de la ligne de démarcation, dans un rayon d'environ quarante kilomètres, ne montre pas, dans l'ensemble, une opinion hostile aux Juifs, sauf dans le Sud-Ouest (en Dordogne, en Gironde et dans le Lot-et-Garonne totalement non occupé) et dans la Vienne. Dans ces départements, les rapports des préfets – qui reprennent en partie les rapports de gendarmerie – ont été également sensibles au moindre frémissement de l'opinion. En février 1942, l'arrivée des Juifs de la première vague faisant suite aux rafles de la fin de 1941 a produit ses premiers effets sur l'opinion. Ajoutons que le préfet du Lot-et-Garonne est particulièrement virulent contre les Juifs.

Ce genre de mention est assez rare dans les autres départements. Le préfet emploie le verbe « *refouler* », alors que nombre de Juifs qui arrivent dans son département sont partis d'eux-mêmes de la zone occupée. Certes, l'opinion des habitants de la ligne de démarcation est sensible à l'arrivée massive et soudaine de plusieurs centaines de Juifs qui tentent de se rapprocher du sud non occupé de la France, voire de la frontière avec l'Espagne. Cependant, les préfets et les gendarmes ne rapportent pas de mouvements violents contre les Juifs. La fréquence des plaintes de l'opinion a suivi le rythme des deux grandes vagues de passage. Par exemple, dans le Lot-et-Garonne, le préfet note dans son rapport du

1er février 1942 : « *L'opinion publique est de plus en plus montée contre les Juifs réfugiés en zone libre, que l'on retrouve systématiquement dans toutes les affaires louches ou de marché noir, surtout dans les campagnes où ils sont refoulés*[64]. »

Le 25 juillet 1942, certains maires, comme celui de La Réole (Gironde non occupée et première localité sur le chemin des passagers, avec la commune de Saint-Pierre-de-Mons, après la gare occupée de Langon), ont interdit l'accès des hôtels à tous les Juifs[65]. L'inquiétude du maire de La Réole ne fait que relayer celle de Darquier de Pellepoix, le directeur du Commissariat aux questions juives, deux jours plus tôt. Ce dernier estime que « *ce nombre* [de personnes raflées les 16-17 juillet] *est très éloigné de celui qui a été prévu sur la base des listes de recensement se trouvant à la Préfecture de Police [...] Le nombre des absents parmi les individus à arrêter comptait le deuxième jour 66 %. Des indiscrétions commises auparavant avaient permis à un certain nombre de Juifs de passer clandestinement en zone non occupée*[66]. »

Assurément, la rafle du Vél'd'Hiv a été le plus grand stimulateur de départ. Près de la ligne de démarcation, si les rapports des préfets ne s'attardent pas toujours sur le passage et l'arrivée des Juifs dans les villages frontaliers ou plus éloignés en zone non occupée, ils sont en revanche cinglants sur les effets d'une telle arrivée. Certains préfets sont plus précis que d'autres, notamment dans les départements de la partie occidentale et méridionale de la ligne de démarcation. Etaient-ce les départements les plus traversés par les Juifs, afin de rejoindre la frontière espagnole, ou bien étaient-ce des lieux où les familles juives étaient installées depuis l'exode et les premières vagues de fuite inter-zones ? Les deux hypothèses sont tout à fait plausibles. Dans les rapports préfectoraux du mois d'août 1942, des Basses-Pyrénées, de la Dordogne, de la Haute-Vienne, de l'Indre et du Lot-et-Garonne, les préfets expriment leur inquiétude face à un afflux qui désorganise l'économie locale. Les trafiquants en tout genre en profitent pour vendre beaucoup plus cher des produits destinés aux populations locales. Le pouvoir d'achat des Juifs en fuite est bien souvent supérieur à celui des habitants des villages limitrophes de la ligne. Enfin, selon les termes de la *Synthèse des rapports des préfets de la zone libre*, pour le mois de juillet 1942, les « *israélites fugitifs de la zone occupée* » diffusaient « *une active propagande antigouvernementale*[67] ». Il est demandé au gouvernement des solutions « *sans tarder au problème juif*[68] ». Des préfets vont très loin dans leurs accusations, tel celui de l'Indre, le 1er août 1942 :

« *Des nombreux Juifs qui fuient la zone occupée continuent d'affluer dans le département de l'Indre. Possédant beaucoup d'argent, en général, ils se ravitaillent dans les fermes en payant les denrées au-dessus de la taxe [...] Hier encore, plus de 140 israélites sont arrivés dans l'Indre en passant en fraude la ligne de démarcation. Dans la plupart des villes, il est impossible de trouver le moindre logement ni aucune chambre dans les hôtels [...] Ravitaillement souvent désaxé dans les villes par cet afflux de bouches à nourrir*[69]. »

Le commandant militaire de la Dordogne rendait également compte à Vichy des informations qu'il détenait sur le passage clandestin des Juifs. C'est en Dordogne que nous retrouvons le plus grand nombre de rapports antijuifs de police et de gendarmerie. L'arrivée de Juifs, par vagues plus ou moins amples, a sûrement pesé sur l'économie des régions traversées par la ligne de démarcation et donc sur l'opinion. Plus qu'un antisémitisme, il s'agissait plutôt de l'exclusion de ce qui était « autre » et concurrentiel. Les rapports de la PQJ, puis du SEC, plus rarement ceux des préfets et des gendarmes « frontaliers », ont tendance à gonfler à dessein la réaction négative de l'opinion immédiatement en périphérie de la ligne de démarcation.

Chaque zone est devenue un espace de dangers permanents pour les Juifs, surtout pour ceux de l'étranger. On distingue cependant deux répressions concurrentes sur la ligne. Vichy en fait une zone de capture, de comptage, de répression des filières organisées et des passeurs individuels rémunérés ou non, et donc l'espace d'une ségrégation compétitive. La presse collaborationniste de Paris se félicite de cette situation, comme en témoigne par exemple l'édition du 15 août 1942 du journal *Aujourd'hui* : « *La ligne de démarcation ne sauvera plus les Juifs apatrides.* » En août 1942, le préfet du Lot-et-Garonne est à nouveau inquiet face à l'afflux des Juifs dans son département. Il prépare leur arrivée avec le préfet régional et se dit prêt à les accueillir. Pourtant, en octobre, alors que le nombre de Juifs qui franchissent la ligne est faible, il poursuit les Juifs installés dans son département de ses phrases antisémites :

« *La propagande étrangère a un auxiliaire précieux : les Juifs. Ceux-ci sont toujours très nombreux dans mon département. Beaucoup ayant de la fortune ont le temps de courir la campagne et les paysans ont en eux des clients qui leur permettent de réaliser des gains inespérés*[70]. »

Le préfet ajoute cependant que l'opinion est plutôt favorable aux Juifs. Cette réaction est générale en France, après que Vichy a livré des enfants juifs aux convois de la déportation. Le préfet critique « *les prélats catholiques*[71] » jugés responsables du retournement de l'opinion. Sa réaction ne saurait résumer celle des autres préfets proches de la ligne de démarcation. Au total, dans les sources, rien n'indique que les « frontaliers » de la démarcation ont été plus antisémites que les Français de l'intérieur des zones. Les Juifs errants sont avant tout perçus comme des « bouches à nourrir » et des acheteurs enviés.

Sauvetages et entraide sur la ligne

Les passeurs juifs ont été très rares et il est ardu de les retrouver dans les archives. Un cas intéressant a été enregistré par le CGQJ de Lyon, le 18 septembre 1942. Une filière de passages organisée par un Juif polonais a été démantelée une semaine auparavant. Le passeur polonais se faisait rémunérer par de très fortes sommes d'argent, semble-t-il. A Lyon, il se procurait des fausses cartes d'identité pour ses « clients » ; le point de chute était un hôtel de Poligny, dans le Jura, une ville où les passeurs avaient pignon sur rue. Il a fait passer quelques Juifs étrangers, en attente en Belgique ou près de la ligne de démarcation. De même, de mai-juin 1942 à février 1943, l'*Abwehr* s'est employé à démanteler un réseau spécialisé dans le passage clandestin des Juifs. Les enquêtes menées n'ont jamais abouti, malgré des dénonciations. Nous n'en savons guère davantage sur les passeurs juifs si ce n'est la découverte entre Charente et Vienne d'une importante filière de passages composée de Juifs et de chrétiens, sous l'impulsion du rabbin Elie Bloch et du père Fleury.

Parallèlement aux négociations avec Vallat et Laval, le Consistoire central, avec l'aide de nombreuses œuvres juives d'assistance, a essayé de régir l'accueil administratif des Juifs à la ligne de démarcation, mais en vain. En juillet 1942, le Consistoire a demandé la possibilité de travailler à la régularisation des situations irrégulières de Juifs étrangers à la ligne de démarcation. Mais ce sujet politique n'a trouvé aucune issue favorable auprès des autorités de Vichy, engagées par Laval dans une collaboration à tous crins. Il faut rappeler que, le 4 juillet 1942, Laval prend la terrible décision de proposer la déportation, inattendue, des enfants de moins de seize ans avec leurs parents. Or, les Allemands avaient prévu de les confier à l'UGIF. Le 20 juillet, depuis Berlin, Eichmann autorise ainsi la déportation des vieillards et des enfants. Dans un compte rendu, le Comité d'aide aux réfugiés (CAR) a cité l'« Amitié chrétienne » de Lyon comme un exemple d'accueil bien organisé et dont l'activité consistait à recevoir les passagers clandestins de la ligne, en majorité juifs[72]. Le regroupement des enfants et la création de bureaux d'orientation et de réception ont été envisagés par le CAR et l'OSE, après la rafle du Vél'd'Hiv'. Malgré l'entremise de maître Kiefe (conseiller juridique du Consistoire central) et du Consistoire central, le CAR n'a pas pu obtenir du régime de Vichy l'autorisation de créer un « *Office d'accueil pour les Juifs passant la ligne de démarcation*[73] ».

Le problème des enfants laissés seuls en zone occupée après la rafle des parents, ou abandonnés aux abords de la ligne de démarcation, est de plus en plus soulevé par les associations d'assistance, dès juillet 1942 après l'accord Bousquet-Oberg du 2 et la rafle du Vél'd'Hiv' des 16 et 17. Le CAR fait un constat alarmiste, le 26 juillet :

« *M. le Professeur Olmer signale qu'on voit affluer en zone non occupée de nombreux enfants. Les uns sont accompagnés de leur mère ; les autres dont les parents sont arrêtés, avaient été recueillis pendant quelques jours par des voisins apitoyés par leur sort, mais qui ne peuvent les garder définitivement et les amènent en zone non occupée pour leur assurer leur sécurité. L'OSE s'en chargera*[74]. »

L'« Amitié chrétienne » envisage des solutions nouvelles : la création d'un centre et de bureaux d'orientation et de réception « *documentés sur les asiles possibles* » pour les adultes qui parviennent jusqu'à Lyon, ainsi que le regroupement des enfants en certains points de la zone non occupée. Le 14 août 1942, le Consistoire central signale encore la situation dramatique des enfants juifs à la ligne de démarcation :

« *Particulièrement tragique est la situation des enfants, et des centaines d'entre eux se trouveraient à la ligne de démarcation s'efforçant de pénétrer en zone non occupée. L'ORT en France non occupée s'efforce d'obtenir les autorisations nécessaires, afin que ces enfants soient accueillis en zone libre*[75]. »

Certaines œuvres juives ont aidé les Juifs en obtenant le service des passeurs. D'autres ont opéré sous le couvert de l'UGIF. Dans les bureaux de la zone non occupée de cette dernière, à la mi-août, plus de mille Juifs s'étaient inscrits après le passage de la ligne de démarcation pour recevoir du secours. Dans tous les cas, la ligne de démarcation est devenue une frontière derrière laquelle la protection des Juifs a été en partie possible. Nombre de Juifs clandestins à la ligne de démarcation ou juste quelques kilomètres en deçà ont croisé le CAR[76], l'OSE[77], l'ORT[78], l'EFI (L'Entraide Française Israélite), ou encore le Consistoire central. Ce dernier a dû au préalable se réorganiser entre les deux zones dès l'année 1941. En mars 1941, tous ses membres travaillent depuis la zone non occupée. Cependant, des problèmes de coordination entre les deux zones ont rapidement surgi, dès 1941. La ligne de démarcation, véritable frontière administrative, gênait toutes les organisations ou institutions françaises fondées sur une structure unitaire du territoire.

A partir du printemps 1942, des milliers de familles juives sont sans ressources et sans lieu d'hébergement. L'aide des œuvres juives, des filières clandestines chrétiennes, protestantes et juives permet alors la survie d'une partie des malheureux croisés aux alentours de la ligne de démarcation. A la fin août 1942, la Fédération des sociétés juives de France s'occupe de réceptionner, dans la région lyonnaise, des Juifs au bord de l'épuisement. La Fédération a déployé beaucoup d'énergie pour disperser les Juifs arrivés de zone occupée dans des départements où la concentration de Juifs était moins importante, comme l'Aveyron et la Creuse. Enfin, une petite somme d'argent et une adresse de refuge étaient données à chacun des Juifs secourus. Le souci majeur des œuvres d'entraide est d'obtenir localement, au coup par coup, que la police ou la gendarmerie ne refoulent point les Juifs étrangers arrêtés sur la ligne de démarcation ou dans sa proche périphérie. Les associations doivent également veiller à ce que des arrivées massives, et souvent imprévues, n'engendrent aucune dépense supplémentaire pour l'Etat français. Le Comité Amelot aurait constitué une « *caisse noire* » pour aider à organiser le passage clandestin de la ligne de démarcation.

Le Consistoire central a saisi l'occasion du refus vichyste de l'étoile jaune en zone non occupée pour lancer un dessein d'ampleur. Il a notamment tenté de proposer des solutions de transferts inter-zones des familles juives françaises, illusoires aux yeux de Vichy. Le 30 juin 1942, dans une lettre envoyée aux délégations régionales, le Consistoire résume ses démarches et demande aux associations de secours de réfléchir aux charges qui leur incomberaient dans le cas où tous les Juifs de la zone occupée seraient autorisés à venir s'installer en zone libre. A cette date, l'illusion d'une zone libre existe encore pour les Juifs. Par une lettre du 22 juin, le Consistoire demande à Vichy l'hébergement des Juifs de zone occupée en zone non occupée. Les modalités de l'« évacuation » sont présentées au nom des Juifs français et s'accrochent à l'espoir d'un Etat qui saura peut-être reconnaître l'apport de la « *Communauté* » à l'évolution économique du pays :

« *[...] Il paraît utile de préciser que cette requête a été présentée dans le dessein de préserver les Israélites de la zone occupée, des persécutions que constituent le port de l'Etoile, et ses répercussions.*

« *Aussi bien ne saurait-il s'agir, selon nous, d'une évacuation obligatoire*[79], *mais d'une faculté d'évacuation accordée à ceux des Israélites qui en manifesteraient le désir. Une évacuation obligatoire serait une nouvelle persécution frappant ceux de nos coreligionnaires qui ont pu, dans les limites autorisées par la législation française et par les ordonnances allemandes, trouver, en zone occupée, un modeste moyen d'existence.*

« *Seraient tout particulièrement frappés ceux d'entre eux qui, réintégrés depuis longtemps à la Communauté française, attachés à la terre, à l'usine, à leur atelier d'artisan, remplissent en silence leur tâche quotidienne, supportant sans fléchir les vexations qui, sous le régime d'occupation, leur sont infligées*[80]. »

Les dirigeants juifs pensent que le refus de l'obligation du port de l'étoile jaune en zone « libre » laisse encore entrevoir un rai d'espoir sur les intentions de Vichy. Mais cette requête est fragile et les Juifs ne sont pas dupes ; ils imaginent le pire de la part des Allemands :

« *Il est à craindre que les autorités d'occupation, sous semblant de donner satisfaction à une requête conçue dans un but d'humanité, ne trouvent un prétexte pour chasser, comme ils l'ont fait pour les Alsaciens et les Lorrains, toute une population qu'ils priveraient de ses moyens d'existence, en conservant les chefs de famille, qu'ils mettraient dans des camps, ou au travail forcé, dans l'Est européen*[81]. »

Le transfert des Juifs français en zone non occupée est un projet constant des instances officielles juives françaises. Au plus haut sommet du régime de Vichy, dès le retour de Pierre Laval en avril 1942, des discussions ont lieu à Vichy entre Jean Jardin, directeur de cabinet du chef du gouvernement, et Me Robert Kiefe, docteur en droit, avocat à la cour d'appel de Paris, secrétaire général adjoint du Consistoire central représentant son président Jacques Helbronner. Dès la fin du printemps 1942, Robert Kiefe tente de convaincre Jardin de transférer les Juifs, sans distinction de nationalité, de zone occupée en zone non occupée[82]. Jardin est peu disert, car il craint d'« *exciter la cruauté des Allemands* » si le régime vichyste prend une telle décision. Kiefe n'a jamais relâché ses efforts, de la fin mai jusqu'à novembre 1942. En juin, Laval est informé du projet de transfert et réserve sa réponse ; Jardin explique à Kiefe que le projet est bloqué à cause de la réorganisation du CGQJ. L'avocat demande alors si, pour les vieillards juifs, il n'y aurait pas une possibilité de passage exceptionnelle. A la mi-août, l'avocat du Consistoire est découragé et Vichy lui affirme qu'il ne faut plus espérer un quelconque projet de transfert. En novembre, les pourparlers sont toujours au point mort. Jardin explique que les Allemands ne répondront jamais à de telles sollicitations[83]. L'occupation totale de la France, le 11 novembre, règle la question.

Au sein du Consistoire central, le projet de transférer les Juifs en zone non occupée n'a pas fait l'unanimité. Par exemple, la délégation régionale du Puy-de-Dôme était réservée[84] :

« *Une évacuation obligatoire serait une nouvelle persécution frappant ceux de nos coreligionnaires qui ont pu, dans les limites autorisées par la législation française et par les ordonnances allemandes, trouver, en zone occupée, un modeste moyen d'existence […] La communauté, en zone non occupée, envisage-t-elle les responsabilités et les charges qui pourraient lui incomber dans ce cas*[85] ? »

Un problème majeur est soulevé : les œuvres d'entraide manquent cruellement de moyens financiers, en 1942, pour secourir les nouveaux arrivants en zone non occupée, les accueillir à la ligne de démarcation et leur faciliter les tâches administratives. La fracture entre Juifs français et Juifs étrangers resurgit, à l'occasion des efforts consentis par Jacques Helbronner. Le 27 juillet 1942, un procès-verbal de la section permanente du Consistoire central relate une intervention du président : « *J'ai sollicité de M. Laval qu'il fasse un effort pour obtenir l'autorisation de transférer en zone non occupée les Israélites français*[86] *qui le désiraient. Mais ce transfert fait sans méthode risquerait de créer du désordre et de l'antisémitisme car tous les réfugiés viendraient dans les grandes villes*[87]. »

Le président du Consistoire est allé plus loin puisqu'il a proposé une organisation précise du transfert interzones de sauvetage des seuls Juifs français. Il prévoyait de trouver des accords avec les préfets régionaux et de créer des centres d'accueil. Il évaluait le nombre de logements à trouver entre 20 et 25 000. Jacques Helbronner n'a reçu aucune réponse de Vichy.

Vers la fin des passages clandestins

La fin de 1942 rend les échappatoires encore plus difficiles. Remplir les convois de la déportation a été au centre des relations franco-allemandes. Les Juifs de Paris qui ont pu échapper aux rafles se cachent. Certes, la peur est le moteur essentiel de la diaspora interzones de 1942. Mais, à partir de l'automne, que peut espérer le Juif traqué d'un départ pour plusieurs centaines de kilomètres, parfois à pied, et du passage clandestin d'une ligne de démarcation, porte ouverte vers d'autres persécutions ? De plus, être capturé sur la ligne de démarcation signifie l'internement. Parmi les dix-sept convois ferroviaires que le régime de Vichy a fait partir de zone non occupée pour la déportation, après un passage en zone occupée, de nombreux Juifs ont été arrêtés sur la démarcation, puis internés. Entre août et octobre 1942, 10 637 Juifs sont convoyés à partir de la zone non occupée. Nombreux sont ceux qui ont repassé la ligne dans le sens sud-nord, sous bonne escorte policière française : au moins trois convois ont passé la ligne à Vierzon et dix à Chalon-sur-Saône. En septembre-octobre 1942, les passeurs de Juifs s'activent encore beaucoup. Dans l'Ain, le Doubs et le Jura occupés, un rapport préfectoral du Doubs apprend que, parmi toutes les arrestations effectuées à la ligne de démarcation, 19 % concernent des passeurs de Juifs, 14 % des contrebandiers, 10 % des individus pour franchissement illégal de la frontière suisse et 3 % des Juifs[88].

Davantage que la nature de la ligne de démarcation, c'est celle de la zone non occupée qui a changé, sous l'impulsion des mesures vichystes. En décembre 1942, le tampon « *Juif* » est porté sur les cartes d'identité des Juifs de la zone sud. Entre le 11 novembre 1942 et le début mars 1943, la répression à la ligne de démarcation est retombée, mais elle existe encore ; la « *zone non occupée* » devient la « *zone sud* », occupée par les Allemands et les Italiens. Dans les archives, nous ne relevons quasiment aucun flux massif inter-zones de Juifs à partir de décembre 1942. Mais les Juifs arrêtés sur la ligne de démarcation avant le 11 novembre 1942 continuent d'être internés. Le docteur Gluck, de Brive, intervient sur ce sujet, lors d'une séance des secrétaires généraux du Consistoire général : « *[...] A Brive a eu lieu récemment une rafle de Juifs étrangers qui ont passé la ligne de démarcation depuis le 5 septembre 1942. Ils ont été envoyés au camp de Nexon*[89]. »

Comme si l'occupation totale du pays ne suffisait pas, le 7 décembre 1942, le CGQJ croit bon d'interdire aux Juifs étrangers et apatrides de voyager.

De son côté, la Suisse décourage les projets de voyage des réfugiés juifs de toute l'Europe[90]. La Confédération helvétique continue de fermer les dernières portes de l'espoir, n'hésitant pas à refouler les candidats à l'entrée en France, vouant des milliers de Juifs à un internement et/ou à une déportation certaine. A la fin de 1942, la Haute-Savoie concentre des centaines de Juifs étrangers en attente de passage vers la Suisse. La répression française a été particulièrement efficace à la frontière franco-suisse. La synthèse de rapports mensuels de gendarmerie de la zone libre rédigée en octobre, à destination du secrétariat général du ministère de la Justice, en atteste :

« *A la frontière suisse, l'action énergique de la gendarmerie, complétée par un service sévère de contrôle des trains et des gares, a permis d'enrayer à peu près complètement l'afflux des Israélites en Haute-Savoie [...] Vingt et un "passeurs" clandestins ont pu être identifiés, condamnés judiciairement ou internés administrativement*[91]. »

En avril 1943, à la frontière espagnole, les douaniers et les gendarmes français sont remplacés par des douaniers allemands, avec la création d'une « zone pyrénéenne interdite ». En 1943, le seul attrait de la zone sud pour les Juifs est qu'elle permet d'accéder à la zone d'occupation italienne. L'ancienne zone non occupée est parsemée d'embûches. Le Consistoire central avertit les Juifs par un « *Avis* », le 25 juillet 1943, de ne pas prendre les trains entre les zones d'occupation italienne et allemande, afin de ne pas être raflés[92]. En septembre 1943, les Allemands, en désaccord permanent avec les Italiens sur le contrôle de la nouvelle ligne de démarcation au sud-est de la zone sud[93], occupent la zone italienne en France. L'année 1943 prolonge donc le calvaire de 1942 ; humiliations, méfaits, rafles et déportations ont continué jusqu'en 1944.

Chiffrer le nombre de Juifs qui ont franchi clandestinement la ligne de démarcation est un exercice impossible. Tout au plus pouvons-nous donner des ordres de grandeur. Les listes établies sont trop souvent incomplètes, ne couvrent que des périodes très courtes et seulement dans quelques départements démarqués par la ligne. Beaucoup ont également été perdues. De nos recherches, il ressort cependant que parmi tous les passagers clandestins, les Juifs semblent les plus nombreux, particulièrement entre août et septembre 1942. Une liste de « *Juifs arrêtés et morts en déportation* », établie par le Consistoire central de Bordeaux, mentionne que sur 461 Juifs recensés « arrêtés » (dont 406 sont morts en déportation), entre 1942 et 1944, 39 l'ont été sur la ligne de démarcation en 1942, 17 en 1943 et 12 en 1944 ; 5 ont été arrêtés à une date inconnue. Tous les Juifs arrêtés demeuraient à Bordeaux, sauf deux qui venaient d'Arcachon (un enfant de 14 ans et son frère de 19 ans). Les archives allemandes de Freiburg et celles du CDJC font état de rapports allemands qui estiment par centaines et même par milliers le nombre de Juifs qui tentaient de franchir la ligne de démarcation, à l'été 1942[94], ce qui conforte le chiffre vraisemblable de plusieurs milliers d'arrestations sur l'ensemble de la ligne pendant la seule année 1942.

QUATRIÈME PARTIE

LA LIGNE DE DÉMARCATION, GAGE DE CHANTAGE ÉCONOMIQUE ET POLITIQUE

La défaite, l'instauration de la ligne de démarcation ainsi que l'édification d'un Etat français ont entraîné un désordre des conditions économiques et administratives de la France. Ce bouleversement a modifié la vie quotidienne des habitants de la ligne. Son instauration a eu des conséquences sur tous les secteurs de l'économie et il faut distinguer plusieurs échelles de contraintes : elles sont locales, départementales et nationales. L'économie locale a-t-elle des capacités d'adaptation meilleures que l'économie nationale ou bien en est-elle tributaire ? La ligne a-t-elle eu sur l'économie nationale plus ou moins d'incidences que les pillages, les réquisitions ou le blocus, par exemple ?

Parallèlement, la ligne constitue un bon observatoire des options administratives offertes à Vichy et de ses engagements politiques dans la collaboration avec le Reich. La ligne de démarcation est vécue administrativement comme une frontière bien réelle sur laquelle il est devenu nécessaire de s'appuyer, afin de protéger les signes du pouvoir des autorités de Vichy sur la zone non occupée. En 1941, la situation est en partie inversée par rapport à 1940. Car si le gouvernement s'efforce alors de négocier un assouplissement des contraintes pour maintenir les échanges entre les deux zones, il en est réduit à tenter de protéger ce qui lui reste de pouvoir en zone non occupée, abrité derrière la ligne. Le mois de mai 1941 marque à cet égard un tournant majeur de l'histoire économique de la ligne de démarcation. Pour autant, les Allemands maintiennent la fiction d'une autorité française sur la zone « sud », après l'occupation totale, le 11 novembre 1942.

7

L'illusion de la souveraineté administrative

Selon l'armistice, l'administration française de la zone occupée doit collaborer avec l'occupant, ce qui limite la souveraineté pleine et entière des autorités politiques sur cet espace. La mainmise allemande s'est fait sentir à tous les échelons. Au début de septembre 1940, le général de La Laurencie, délégué général auprès du chef de l'administration militaire allemande dans les territoires occupés, livre au *MBF* sa définition de la « souveraineté », acceptant parallèlement de communiquer aux occupants « *tous les projets de textes législatifs ou réglementaires susceptibles d'intéresser les droits de la puissance occupante*[1] » : « *La souveraineté de l'Etat français s'étend à l'ensemble du Territoire national, les textes gouvernementaux publiés au JO sont, en principe, de plein droit applicables dans tous les départements français sans distinction de zone*[2]. »

L'idée de « souveraineté » est-elle conciliable, dans un pays aux cadres territoriaux bouleversés, avec l'existence d'une double capitale, et avec l'apparition de ressorts préfectoraux nouveaux, réduits ou étendus dans les départements divisés en raison du compartimentage territorial ? Les violations répétées du tracé, par de multiples incursions allemandes en zone non occupée, ainsi que l'impossibilité de communiquer librement à travers la ligne de démarcation ont contredit la volonté centralisatrice du régime de Vichy et son opiniâtreté à nier l'évidence d'un obstacle majeur, la ligne de démarcation. Dans de telles conditions comment les administrations départementales ont-elles pu prolonger la fiction de la souveraineté française ?

L'heure du démantèlement

La ligne de démarcation affaiblit le fonctionnement unitaire et centralisateur de l'administration française, malgré les discours d'un Maréchal qui en appelle à l'unité autour de son projet autoritaire. Elle permet aux Allemands d'exercer une emprise sur le fonctionnement de multiples institutions, notamment la gendarmerie, le retour des fonctionnaires à Paris, les facilités de fonctionnement inter-zones entre les services restés à Vichy et ceux de Paris. La difficulté première et principale que pose la ligne de démarcation aux administrations est donc avant tout matérielle, d'où la tentative initiale des autorités françaises de négocier un retour du gouvernement dans la capitale. Or, il n'était pas « libre » de transférer son siège à Paris, conformément au texte de l'armistice. La capitale provisoire de l'Allier est devenue durable et les liens avec la capitale historique ont été rompus physiquement par la ligne de démarcation, contrôlée par les Allemands. A la mi-octobre 1940, après Montoire, certains ministères sont partagés entre ceux qui souhaitent rentrer à Paris (Intérieur et Instruction publique) et ceux qui pensent le contraire (Marine, Guerre et Affaires étrangères). D'autres ne savent pas encore quelle démarche emprunter, tels les ministères des Communications et de la Production industrielle. Le retour à Paris est abandonné après le renvoi de Laval, le

13 décembre 1940, qui fournit aux Allemands un excellent prétexte. Peu à peu, le retour des administrations centrales à Paris est négocié avec les occupants. La crise de fin 1940-début 1941 crée une situation de fait : les ministres et les cabinets restent à Vichy, avec les services qui possèdent, par leurs fonctions, une partie de la souveraineté française. Les ministres ne peuvent plus retourner à Paris. Cependant, à partir de 1941, les ministères reviennent progressivement s'installer dans leurs locaux d'origine.

Le Conseil d'Etat rentre à Paris pendant l'été 1942 – un retour envisagé dès l'automne 1940 et décidé en janvier 1942[3] –, à peu près en même temps que l'Education nationale. Le Conseil d'Etat laisse à Royat un « échelon » léger – qui enregistre des pourvois de requérants situés en zone non occupée – avec deux conseillers, trois maîtres des requêtes, deux rédacteurs, un sténo-dactylographe et un gardien de bureau. La réinstallation parisienne illustre les difficultés rencontrées pour outrepasser la présence de la ligne de démarcation depuis que le Conseil s'est replié sur Royat. Pour commencer, les Allemands ne procurent pas plus d'avantages aux hauts fonctionnaires ou aux ministres qu'aux autres Français, lorsqu'il s'agit de communiquer ou de se déplacer entre les deux zones. A la fin de juillet 1940, une dizaine de membres du Conseil d'Etat, restés à Paris, n'ont toujours pas rejoint Royat, car aucun laissez-passer ne leur a été délivré. Les auditeurs et les maîtres des requêtes mobilisés sont dans le même cas. En novembre 1941, le problème des laissez-passer est toujours une contrainte de taille. Le vice-président du Conseil d'Etat s'en plaint d'ailleurs auprès du garde des Sceaux, justifiant ainsi un retour à Paris, au Palais-Royal : « *Le Conseil d'Etat est un organisme dont le rôle est complexe : législatif, administratif, contentieux [...]*

notre fonctionnement utile, partie en zone libre, partie en zone occupée, ne peut se concevoir que si un aménagement du régime des laissez-passer nous donne le moyen de circuler sans incertitude et sans hiatus[4]. »

A cette entrave s'ajoute l'absence de certains personnels, encore en captivité. La préparation du retour à Paris est difficile, car outre les problèmes logistiques de transport des documents par les trains de la SNCF, il faut obtenir des laissez-passer pour les membres de l'institution, ainsi que pour les familles. Le retour de celles-ci est organisé sur deux mois, à la fin de juin 1942. Les demandes collectives et individuelles de laissez-passer se font à l'ambassade du Reich et non plus au bureau allemand de La Madeleine, à Moulins-sur-Allier, comme c'était la règle depuis la fin 1940. Elles viennent en plus des difficultés de travail, car les dossiers contentieux voyagent entre Paris et Royat, franchissant la ligne de démarcation à Moulins-sur-Allier, parfois laborieusement, quand les Allemands le décident ou pendant les périodes de tension politique. Chaque envoi inter-zones est l'objet de formalités administratives et d'échanges épistolaires longs entre la DGTO et le *MBF*. Ce dernier se plaint plusieurs fois de l'envoi de lettres à caractère privé avec les dossiers du Conseil d'Etat, entre la zone occupée et la zone non occupée.

Si nombre de dirigeants à Vichy se plaignent de ne pas pouvoir rentrer dans la capitale ou circuler et communiquer librement entre les deux zones, la Cour de cassation – la plus haute juridiction française en matière civile et criminelle –, restée à Paris en septembre 1940, est également bloquée dans son fonctionnement normal. Tous les dossiers qui ont fait l'objet d'un recours en cassation n'ont pas pu être traités, en raison de l'absence de circulation inter-zones, puisque le ministère de la Justice n'a le droit qu'à l'envoi de cinquante plis par jour. Or, comme pour le Conseil d'Etat, il est primordial que les avocats et les officiers publics puissent franchir rapidement la ligne. En effet, les pourvois ne peuvent pas être soutenus par les avocats devant le Conseil d'Etat en zone non occupée, à Royat, ou à la Cour de cassation, à Paris.

Parallèlement, l'instruction des affaires est entravée en raison d'échanges épistolaires inter-zones impossibles entre les clients et les officiers publics. L'envoi de la correspondance des avoués, des notaires, des avocats et des huissiers à leurs clients est inexistant[5]. Il est aussi essentiel que le témoin cité devant une juridiction puisse obtenir sans attendre un laissez-passer. Le transfert des détenus est un autre problème que les gendarmes et les policiers ne peuvent pas résoudre seuls. Les demandes de transferts de prisonniers d'une zone à l'autre sont bloquées à l'automne 1940[6]. Des prisonniers détenus dans une zone ne peuvent pas être poursuivis lors d'un procès qui dépend d'une juridiction située dans une autre zone[7]. Les sous-préfets de Saint-Amand-Montrond (Cher non occupé) et de Montmorillon (Vienne non occupée) s'en sont d'ailleurs plaints au mois d'août 1940. Les parties libres des départements divisés ont été confrontées à des contraintes majeures pour réorganiser le fonctionnement judiciaire normal du temps de paix. Le sous-préfet de Montmorillon ne cache pas son inquiétude face à la recrudescence des infractions dues à l'afflux des réfugiés dans sa zone de responsabilité. De plus, les juges compétents, situés en zone occupée, n'ont pas l'autorisation allemande de franchir la ligne de démarcation.

Même difficulté pour obtenir le transfert de la guillotine[8]. Les Allemands ont autorisé le passage des bourreaux, de leurs aides et des bois de justice jusqu'au 15 novembre 1940 et Vichy doit demander une prorogation. En 1941, la justice ne fonctionne pas mieux entre les deux zones et, au moment de reprendre d'amples négociations avec les Allemands – nous pensons aux « Protocoles de Paris » de mai 1941 –, la ligne de démarcation est une cause majeure de ce mauvais fonctionnement. Darlan en est convaincu : son but est bien d'unifier l'exercice de la justice et de reprendre dans sa totalité l'un des attributs de la souveraineté de l'Etat.

La ligne de démarcation, l'interdiction puis la limitation du courrier inter-zones et l'obligation des laissez-passer soumettent toutes les administrations centrales et locales aux mêmes lois contraignantes que celles subies par les Français. En mars 1941, les Allemands rappellent aux fonctionnaires de l'Education nationale de la zone occupée qu'ils peuvent franchir la ligne de démarcation pour une série d'opérations bien précises : tournées d'inspection, rejoindre un poste, corriger des examens, être candidat à un concours. On imagine combien la préparation des rentrées scolaires s'avère difficile. Par exemple, en septembre 1940, les recteurs des académies ne peuvent franchir la ligne de démarcation qu'à une seule reprise, au moment de la rentrée scolaire, la période la plus chargée de l'année avec celle des examens. Un an plus tard, le *MBF* ne se montre plus enclin à faciliter les déplacements inter-zones. Pour les mouvements liés aux demandes de mutation, de la zone réservée vers la zone occupée ou vers la zone non occupée, les personnels sont toujours obligés de faire une demande de laissez-passer aux recteurs des académies qui la transmettent ensuite au service des laissez-passer du ministère, à Paris, qui la remet enfin aux Allemands. Pour les mouvements de mutation de la zone non occupée vers la zone occupée, les demandes se font toujours à Moulins. Des listes d'élèves sont également prévues et envoyées pour des demandes collectives de laissez-passer lorsqu'ils sont reçus aux concours d'admission à une école nationale ou qu'ils s'inscrivent dans une école ou un institut situés dans une autre zone que celle de leur domicile. En les acheminant par convois, les Allemands pensent mieux contrôler les flux inter-zones. Du coup, le ministère doit connaître la liste des écoles de chaque zone, la date de la rentrée et le nombre des élèves regroupés, en fonction de leur lieu de résidence de vacances. Enfin, pour les voyages scolaires, les demandes de laissez-passer collectifs, généralement accordés par les Allemands, trouvent une réponse favorable très longtemps après. Ainsi, l'expédition du 28 décembre 1941 chez le maréchal Pétain de quarante-huit délégations de dix élèves des écoles situées dans des départements de la zone occupée a attendu pendant un mois le feu vert des occupants. Ce sont 480 enfants, encadrés par 48 surveillants, qui franchissent la ligne de démarcation dans les gares de Moulins, Vierzon, Chalon, Fleuré et Langon.

L'imbroglio administratif à l'échelon départemental

De juillet jusqu'à la fin du mois d'août 1940, à l'échelon départemental, les administrations des treize départements découpés sont déroutées. Les habitudes sont bouleversées et la désunion territoriale complique un retour à la normale. Les préfets et les sous-préfets subissent de plein fouet les mesures restrictives concernant le courrier, pour une large part interdit entre les deux zones. Les coups de téléphone sont très contingentés et il faut attendre 1941 pour que les Allemands permettent aux préfets de communiquer avec les services des administrations centrales. Une autre autorisation spéciale est délivrée aux services de zone occupée – les services judiciaires, de contribution, du ravitaillement, les académies d'université – qui veulent correspondre avec les services homologues situés de l'autre côté de la ligne de démarcation.

A cela s'ajoute un problème plus immédiat, celui des nouveaux modes d'administration des départements divisés. Ainsi, la règle imposée par Vichy veut que les portions de départements séparées de leurs chefs-lieux soient rattachées aux départements limitrophes. Dans plusieurs départements, des sous-préfets obtiennent des pouvoirs de préfet sur une portion occupée ou inoccupée. En zone non occupée, des sous-préfectures sont séparées de leur préfecture rejetée en zone occupée. Par exemple, la partie non occupée du Cher entre dans le ressort du sous-préfet de Saint-Amand-Montrond ; la partie non occupée de la Gironde à Agen[9] ; la zone non occupée de la Charente passe sous la tutelle du sous-préfet de Confolens, celle de la Vienne revient au sous-préfet de Montmorillon. Dans le cas inverse, trois sous-préfets récupèrent des attributions préfectorales : celui de Dole prend en charge la partie occupée du Jura, celui d'Autun la Saône-et-Loire occupée[10] et enfin celui de Bayonne les Basses-Pyrénées occupées[11]. Ces mesures n'ont pas pour autant unifié le fonctionnement de l'administration départementale, car les préfets ne peuvent plus exercer leurs pouvoirs sur l'autre versant de la ligne de démarcation. Le retour à l'unité administrative a donc été aussi un enjeu majeur pour Vichy. Dans les deux premiers mois de l'Occupation, certains maires se sont inquiétés et ont adressé des lettres à leur préfet, afin de connaître le lieu de rattachement administratif de leur commune. Le 8 août 1940, dans le Jura, le maire de Morez (zone occupée) écrit au sous-préfet de Dole : « *Nous n'avons plus aucun rapport avec la sous-préfecture et la préfecture. Que devons-nous faire*[12] *?* » Or, des habitants ne reçoivent plus les pensions et allocations nécessaires à leur subsistance. Ils ne savent plus vers quelle instance se retourner pour le versement, d'autant que les élargissements de compétence ne règlent pas nécessairement la situation. Ainsi, le préfet de l'Indre, qui a récupéré les parties libres de l'Indre-et-Loire et du Loir-et-Cher, se plaint d'espaces trop grands à surveiller : « *Mon département, agrandi par l'adjonction des zones libres d'Indre-et-Loire et du Loir-et-Cher, compte actuellement plus de 8 900 kilomètres carrés pour 325 000 habitants, bordé par 150 kilomètres de ligne de démarcation, il est infiniment perméable aux propagandes*[13]... »

Les services techniques des départements divisés ont également éprouvé des difficultés à fonctionner normalement, selon les époques. Aux problèmes d'un courrier limité ou interdit s'est ajouté celui des laissez-passer, distribués au compte-gouttes aux fonctionnaires. Chaque service départemental s'est alors adapté à la coupure. Par exemple, le système pénitentiaire, organisé en circonscriptions, a été ébranlé par le passage de la ligne, car des prisons ont été isolées de leur siège administratif. Dans le Cher, au début de mars 1941, la prison de Bourges, en zone occupée, initialement sous l'autorité de la circonscription pénitentiaire de Riom, en zone non occupée, a été placée sous celle de Melun. Il en va de même dans le registre fiscal : le 31 octobre 1940, par une lettre commune de la Direction du Trésor, les perceptions et les trésoreries générales des départements divisés ont été réorganisées en fonction des contraintes de la démarcation. Ainsi la recette des finances d'Autun (zone occupée) a été rattachée à la trésorerie générale de la Nièvre ; celle de Chalon-sur-Saône à la Côte-d'Or ; la recette de Bayonne et la perception d'Orthez sont entrées dans le giron des Landes ; la recette des finances de Saint-Amand et la perception de Loches (Indre-et-Loire) à la perception de l'Indre, etc.

Jusqu'en novembre 1942, les préfets départementaux ont envoyé de nombreuses lettres à leur ministre de tutelle pour le convaincre de réunifier les services des Ponts et Chaussées, des Eaux et Forêts[14], des contributions indirectes, de l'enregistrement et des PTT. Un certain nombre de fonctionnaires qui travaillent aux abords de la ligne ont pu bénéficier de laissez-passer spéciaux, notamment les gardes des Eaux et Forêts du Jura. Le ministère de l'Intérieur propose toujours le rattachement aux services correspondants des départements les plus proches, situés du même côté de la ligne de démarcation. Le *modus vivendi* est obtenu facilement, mais cela révèle aussi l'impuissance de Vichy à résoudre le problème posé par l'hétérogénéité de l'organisation administrative départementale née de l'article 2 de l'armistice. Le régime de Vichy n'amortit donc que peu ou prou les conséquences administratives de la ligne de démarcation. Il a sans cesse demandé aux Allemands l'ajustement du tracé de la ligne aux limites administratives départementales, en vain. Pourtant, le tour de force tient aussi dans l'acceptation progressive de la division qui doit être gommée dans les projets présentés aux Français. Vichy n'a jamais été véritablement souverain dans l'une ou l'autre zone. L'étude d'autres conséquences de l'instauration de la ligne le montre. Dans tous les cas, c'est la vie quotidienne des Français qui est touchée.

Chaque région française a été frappée par la ligne de démarcation. Pourtant, le volume et la hiérarchie des pénuries n'ont pas été de même intensité. Ajoutons que certains départements français ont vécu repliés sur eux-mêmes, gérés par les contrôles préfectoraux. A l'échelle nationale, les nazis ont beaucoup exigé en termes économiques du seul fait de leur maîtrise d'espaces naguère dévolus à une économie très structurée. Tous les échelons du commerce et de la production ont été affectés, avec plus ou moins d'impact, par la ligne de démarcation. Cette dernière a sans aucun doute mis en évidence des maux quotidiens des Français dont certains étaient antérieurs au conflit : insouciance en ce qui concerne l'approvisionnement en matières premières extérieures, vieillissement de la population, exode rural, déficit de la balance commerciale... De plus, le blocus a aggravé la situation précaire de l'économie française. Les risques d'effondrement étaient réels, surtout si l'on se rappelle la rupture des échanges et de la circulation ferroviaire, de juillet jusqu'à novembre 1940. Le cadre d'une économie a donc été dessiné pour plusieurs années. La démarcation n'est pas seulement une frontière aux effets quotidiens nuisibles, elle est aussi au cœur des luttes diplomatiques entre le régime de Vichy et les Allemands. D'ailleurs, ces derniers n'affichent pas une unanimité flagrante entre services concurrents. La question pendante a été pour eux de savoir comment tirer le profit maximum de la ligne de démarcation, à l'occasion d'une guerre devenue mondiale en 1941.

Si la ligne de démarcation a mis les Français dos à dos, les enfermant dans des espaces aux contours géographiques inédits, elle a également déstructuré l'économie nationale. Les circuits économiques traditionnels ont cessé d'être alimentés par des courants d'échanges fluides. La démarcation a bel et bien été un obstacle sur lequel le régime de Vichy a tenté d'ouvrir quelques brèches afin d'alimenter un marché décomposé entre la zone occupée et la zone non occupée. Cette dernière a sans doute été la plus mal approvisionnée en produits de la zone occupée. Parallèlement, bien que la majorité des départements divisés ait été à vocation essentiellement rurale, l'activité industrielle n'a pas été nulle. Notre propos n'est donc pas tant de distinguer deux espaces économiques distincts, que de tenter d'apprécier l'impact politique et économique de l'instauration de la ligne de démarcation sur la vie quotidienne des chefs d'entreprise et des travailleurs. Dans les premiers mois de l'Occupation, la ligne est un gage comme le sont les prisonniers en Allemagne. C'est progressivement que la ligne de démarcation est devenue pour les Allemands un enjeu économique dès lors qu'il s'est agi de faire prendre à Vichy davantage de risques dans son engagement dans la politique de collaboration. Le rapport des entreprises et des banques à l'occupant a été variable ; il s'est modifié en fonction de la politique des établissements bancaires (de dépôt ou de crédit). La marge de manœuvre des banques a été parfois assez large.

En revanche, du côté des autorités de Vichy et des institutions liées à l'activité économique nationale, l'inquiétude devant l'instauration de la ligne a été immédiate. Elle a agi sur la vie bancaire et financière, sur les transferts inter-zones de fonds et sur les opérations financières privées – la vie quotidienne des Français risquait d'en être considérablement affectée –, et enfin sur les économies locales. Les banques ont-elles alors cherché à maintenir à tout prix un lien avec leurs clients, dès les premières semaines de l'Occupation ? Cette question a son importance quand on rappelle que la Seconde Guerre mondiale a été une période de « bancarisation » de la société française grâce à une intervention sans précédent de l'Etat dans le monde des banques. La nécessité pour les banques de s'adapter au découpage territorial est visible au début de l'Occupation. Ensuite, d'autres enjeux économiques plus importants – le *clearing* (accord de compensation), la livraison de matières premières de la zone non occupée au Reich – ont relégué la ligne de démarcation au second plan. Il n'empêche que les conséquences de l'instauration d'une limite originellement militaire ont brisé l'organisation économique d'avant-guerre. Aussi la ligne de démarcation a-t-elle imprimé une marque indélébile sur certains terroirs et dans la trame urbaine des villes limitrophes : des entreprises ont fait faillite, des régions agricoles ont été désorganisées, des familles ruinées par la disparition d'une circulation financière inter-zones durable.

De plus, de juillet à octobre 1940 – période pendant laquelle la ligne est fermée à tout échange inter-zones –, comment le régime du maréchal Pétain peut-il répondre aux milliers de questions posées par les maires et les préfets proches de la ligne, en ce qui concerne la pénurie et les risques de famines provoqués par l'interdiction des échanges inter-zones ? Vichy doit aussi affronter un épineux problème avec l'aryanisation des entreprises juives ; certaines sont implantées « *à cheval sur les deux zones*[15] ». Les conséquences économiques les plus lourdes ont donc été au cœur des enjeux de la collaboration : d'un côté, Vichy tente de circonscrire l'action des nazis à la zone occupée, de l'autre les Allemands trouvent un prétexte pour mieux connaître la vie des entreprises en zone non occupée.

Selon nos calculs[16], les treize départements coupés par la ligne comprenaient environ 4 750 000 habitants, dont 3 120 000 ruraux (65,88 %) et 1 615 000 urbains (34,11 %) sur un pays de 42 millions d'habitants. La France de la ligne de démarcation est donc peu peuplée et elle l'est de personnes vivant majoritairement dans le monde rural. Seule la Gironde compte plus d'urbains que de ruraux (environ 60 % pour les premiers). Ces chiffres recoupent d'ailleurs ceux des services de l'Hôtel Majestic, établis en janvier 1941 et qui font état de 5 millions de Français en zone interdite, 13,8 en zone non occupée et 19,4 en zone occupée, sans compter les presque 2 millions d'Alsaciens-Lorrains rattachés au Reich.

On a oublié que le projet initial des Allemands, établi avant l'armistice[17], prévoyait de respecter les limites administratives déjà en place en France[18]. C'est donc pour assurer la cohérence technique d'un Reich lancé dans une guerre générale que la découpe administrative française est revue et rendue anarchique pour le vaincu. Grâce à l'article 15 de l'armistice prévoyant « *le transit des marchandises entre le Reich allemand et l'Italie, à travers le territoire non occupé dans la mesure requise par le gouvernement allemand* », les occupants s'assurent le contrôle du transport à travers la ligne. L'article 17 est encore plus révélateur de la marge de manœuvre que compte s'octroyer le Reich dans le pays. Les Allemands ont accordé aux Français l'ajout à cet article d'une clause additionnelle, qui tient le Reich dans l'obligation « *morale* » de prendre en compte « *ce qui est nécessaire à la vie des populations des territoires non occupés* ». Les premiers effets économiques pernicieux de la ligne de démarcation ont donc été désignés. Elle risque de désavantager la zone non occupée. Pis encore, le ravitaillement des populations est menacé.

La France rurale de la ligne

Il suffit de relever le déséquilibre agro-alimentaire entre les deux zones : la partie non occupée assure 75 % de la production viticole, des cultures arbustives et fruitières ; elle compte les deux tiers des pâturages nationaux. Autant de produits peu vitaux pour l'économie nationale, comme les abricots, les châtaignes, les cerises ou le lait de brebis. De même, les prix des produits agricoles sont bien moindres en zone non occupée et, à l'intérieur des deux zones, à la campagne que dans les villes. Si la ligne de démarcation crée un fossé agricole entre deux zones de productions très inégales en volume, elle est aussi une frontière des prix pour les produits frais, avec le marché noir et le ravitaillement très irrégulier d'un département à l'autre qui en découlent. De plus, les préfets ordonnent une organisation régionale autarcique, afin de ne pas perdre des stocks précieux, parfois fortement entamés par le passage des réfugiés de 1940. L'agriculture souffre également du manque de main-d'œuvre, car nombre de prisonniers sont agriculteurs. Le manque d'essence condamne aussi les tracteurs à l'immobilisation forcée dans les hangars des fermes. Les chevaux sont réquisitionnés en masse par les Allemands et les engrais sont devenus rares.

Dans le domaine industriel, l'écart est encore plus criant. La ligne est assez éloignée des plus grands centres industriels du nord et du Nord-Est de la France. En revanche, lors de l'élaboration du tracé, les militaires allemands ont pris soin d'englober en zone occupée les centres industriels de moyenne importance, notamment dans le Cher et la Saône-et-Loire. Si le découpage de la ligne a été avant tout motivé par des préoccupations militaires, les aspects économiques n'ont pas été absents. Les Allemands sont évidemment très intéressés par les entreprises chimiques et métallurgiques de la zone occupée. Ils ont intégré en zone occupée, au bord de la démarcation, Bourges, Le Creusot, Montceau-les-Mines, Vierzon, etc. La Saône-et-Loire et l'Allier divisés sont classés parmi les vingt plus gros producteurs français de houille et d'anthracite. Aussi le régime de Vichy a peu obtenu de la zone occupée, à l'exception d'infimes quantités de charbon pour la fabrication de l'aluminium en zone non occupée[19].

73 % des travailleurs des industries de transformation et 79 % des mineurs sont recensés en zone occupée ; pour les agriculteurs, la proportion est plus serrée avec

57 % du total travaillant en zone occupée[20]. Malheureusement, nous manquons de données suffisantes pour évaluer le nombre de travailleurs agricoles et industriels exerçant dans une zone et habitant l'autre. D'après Alfred Sauvy, la zone occupée a produit 76 % du charbon, 95 % de l'acier, la quasi-totalité du textile. 80 % de tous les aciers consommés dans la zone non occupée proviennent de la zone occupée ou interdite – notamment de l'Est. De leur côté, les Allemands ont tenu des statistiques de la production française de matières premières ; par exemple, en novembre 1941, les chiffres de production du minerai de fer de la zone occupée (hormis la zone rattachée au commandement allemand de Bruxelles et la zone annexée) s'élèvent à 124 501 tonnes, et 130 472 tonnes pour le mois suivant. En zone non occupée, pour les mêmes mois, les chiffres sont respectivement de 16 899 et 16 000 tonnes[21] ; on mesure là l'extrême difficulté des patrons français à faire leur métier sans passer par les exigences de l'occupant.

Au début de l'Occupation, les chefs d'entreprise ont d'abord dû faire face à des difficultés structurelles et irréversibles, ce à moyen terme : l'impossibilité de communiquer librement à travers la ligne de démarcation, en raison d'un courrier privé et commercial réduit ou interdit ; des communications téléphoniques et télégraphiques coupées ; des transports arrêtés ou rares ; une obtention des laissez-passer quasi impossible pour les chefs d'entreprise qui ne sont pas dans la catégorie des « frontaliers » ; le manque croissant des matières premières à transformer et la perte de marchés intérieurs et extérieurs. Face à la lente germanisation de l'économie, les mesures prises par le régime de Vichy ne résolvent en rien la crise de nombreuses entreprises françaises. Le premier handicap est le retour ou l'absence durable, voire définitive, des salariés au sein des entreprises. C'est en zone occupée que le retour des salariés est le plus problématique. Il faut le plus souvent attendre que les Allemands autorisent le passage de la ligne de démarcation ; ensuite, la préparation par le ministère de la Défense français du retour des réfugiés se déroule dans la plus grande confusion jusqu'en septembre 1940. Au cours du mois de juillet, le plus gros contingent franchit la ligne de démarcation dans les deux sens. En très grande majorité, les employés qui travaillent près de la ligne de démarcation retrouvent des entreprises intactes. Après le paraphe de l'armistice, pendant deux ou trois mois selon les régions, les entreprises sont livrées à elles-mêmes. Vichy n'a rien à proposer de concret pour annuler ou compenser les premières conséquences néfastes de la ligne. Les « technocrates » suggèrent des palliatifs ; Jacques Barnaud se fait l'écho des problèmes urgents à régler pour les entreprises :

« *[...] les chefs d'entreprises sont dans l'ignorance complète des mesures qu'ils doivent prendre concernant leur personnel réfugié, la mise en marche de leurs entreprises, spécialement en zone occupée, et ne reçoivent aucune directive à cet égard [...] Le remède à cet état de choses paraît être : la décentralisation des négociations [...] l'établissement de postes français en contact avec les Kommandanturs des frontières allemandes, ces postes français et allemands étant chargés de régler la circulation entre les deux zones selon les instructions générales de la Commission d'armistice*[22]. » Une fois les postes français répartis en face de la ligne de démarcation, les entreprises ne bénéficient pas davantage des faveurs allemandes. Le commerce inter-zones à destination des entreprises obéit à la réglementation officielle allemande, mais il dépend beaucoup des choix et des humeurs des commandants allemands locaux.

A la fin de 1940, les inquiétudes croissent dans plusieurs entreprises de taille moyenne, car les stocks sont épuisés. La question est donc de savoir comment leurs établissements fonctionnent à partir de 1941. Plusieurs mois à travailler avec la présence de la ligne de démarcation commencent à peser très lourdement sur les entreprises industrielles, avec plus d'acuité encore en zone non occupée. La recherche de plus en plus difficile de débouchés et de sources d'approvisionnement menace l'ensemble des entreprises françaises, tributaires d'une géographie modifiée par les zones. A la fin de 1940, le ministère de la Production industrielle peut bien multiplier les enquêtes pour comptabiliser les matières premières et les objets fabriqués en France non occupée, les entreprises fonctionnent au ralenti. Des accords locaux, entre les militaires français et les surveillants allemands, sont parfois contractés pour le passage de faibles quantités de produits frais, le plus souvent à destination des Allemands. De juillet à novembre 1940, les commerçants de la zone occupée sont très souvent autorisés par les gardiens militaires de la ligne de démarcation à aller s'approvisionner en zone non occupée. La réciprocité est interdite. Les échanges de produits de la zone occupée vers la zone non occupée sont donc rares, essentiellement locaux – dans un rayon de cinquante kilomètres, de part et d'autre de la ligne de démarcation – et beaucoup échappent aux autorisations et aux contrôles allemands. Pratiquement, en raison de l'éclatement administratif français entre Vichy et Paris et à cause du problème des transports, les échanges inter-zones de marchandises, au même titre que les échanges de la France avec les pays étrangers, demeurent sous le contrôle des Allemands de la fin juin 1940 jusqu'en mars 1943, donc soumis aux fermetures allemandes de la ligne de démarcation. Ainsi, de décembre 1940 à mai 1941 après le renvoi de Pierre Laval par le maréchal Pétain.

D'une manière générale, les constats dressés par les directeurs des succursales de la Banque de France sont accablants. Pour l'industrie du bâtiment de Brive, le mois de décembre 1940 est un butoir : les entrepreneurs épuisent des stocks qu'ils ne peuvent plus reconstituer à cause du manque de moyens de transport. En outre, la ligne de démarcation les prive de l'accès aux marchés bordelais et parisiens des matériaux de construction. En effet, les entreprises ont diversifié l'origine de leur approvisionnement avant la guerre, mais le tracé de la ligne les a rejetées du mauvais côté. A Dax, une ville occupée, le constat est aussi peu brillant qu'à Brive : l'industrie du bois scié est en état de dépérissement avancé. Les bois ne peuvent plus être transportés vers les mines du Midi. Certes, les Allemands ont bien passé commande de bois pour la construction de cantonnements, de barrières pour la ligne de démarcation, de cabanes et de hangars, mais cela est insuffisant. Les industriels du bois ont surtout perdu le marché anglais et les débouchés anciens dans les Basses-Pyrénées et la région lyonnaise. Par ailleurs, les Allemands ont bloqué la production de résineux. Si bien que les usines françaises ne reçoivent plus l'essence de térébenthine et ses dérivés, les colophanes. Le commerce du bois de chauffage est en revanche plus avantagé, car il reste libre. L'industrie thermale dacquoise, très active entre le printemps et l'automne, ne voit plus venir les malades de toute la France à cause de la ligne de démarcation, quasi infranchissable pour le plus grand nombre ; seule la moyenne hôtellerie tire un bilan positif, car elle héberge des centaines de réfugiés belges et français aisés.

Les usines dijonnaises de cycles et de motocyclettes Terrot ne peuvent plus poursuivre la fabrication, car nombre de pièces mécaniques sont produites en zone non occupée. Cette situation est patente dès l'automne 1940. Corrélativement, les entreprises dijonnaises qui produisent plus de la moitié de la moutarde française, avec six millions de kilogrammes annuels, n'ont plus la possibilité de se procurer les graines en provenance de la zone non occupée ou de l'étranger, en attente dans les ports méditerranéens. On pourrait multiplier ce type d'exemples : Bourges et Limoges manquent de combustibles pour la fabrication de la porcelaine, l'industrie du meuble de Bourg-en-Bresse est malmenée, car la clientèle du Pays de Gex est perdue à cause de la ligne de démarcation...

Dans les départements du Cher et des Basses-Pyrénées, des « Offices de centralisation » sont créés, à la fin de 1940 et au début de 1941[23], aux fins de compenser les coupures de courant économique causées par la ligne. Un bureau ouvert dans chaque zone centralise toutes les demandes des commerçants et des chefs d'entreprises industrielles, afin d'opérer un *clearing* en valeurs entre chaque zone soumis à l'approbation des autorités allemandes. Dans le Cher, deux succursales bancaires, non identifiées par les sources, participent également à cette opération.

A Bayonne, la décentralisation des échanges commerciaux, organisée par la chambre de commerce, a été inspirée de la même expérience, tentée pour les transferts de fonds. La partie occupée des Basses-Pyrénées est alors en mesure d'« exporter » dans la partie non occupée du feldspath, du plâtre, des laines, des peaux, du bois, du sel, de la soude, des chaussures, des bérets, des articles de papeterie et des matériaux de construction. Toutefois, en contrepartie, la partie occupée espère recevoir des cuirs, des basanes, des toiles, du minerai de fer et du charbon. La chambre de commerce tente d'obtenir un maximum d'autorisations d'envois de marchandises allemandes sur place, comme cela est pratiqué en Gironde. Mais elle échoue. La solution pour résorber les problèmes des échanges commerciaux à la ligne de démarcation est alors évoquée devant la Commission d'armistice de Wiesbaden. A la fin de 1940, le constat de déséquilibre des échanges inter-zones au détriment de la zone non occupée des Basses-Pyrénées est éloquent : d'août à octobre 1940, la partie non occupée n'a reçu aucun produit de l'autre partie, alors que dans le même temps les Basses-Pyrénées ont perçu des marchandises d'un montant total de dix-neuf millions de francs ! Le chiffre de novembre 1940 s'élève à sept millions de francs pour le même type d'échanges. En janvier 1941, la *Felkommandantur* de Biarritz a accordé une faveur à la partie non occupée, en autorisant le transfert de superphosphates, produits en surplus à l'usine Saint-Gobain de Bayonne. D'autres produits largement excédentaires en zone occupée, tels que le poisson frais et le plâtre, ont été autorisés à franchir la ligne de démarcation en direction de la partie non occupée du département. Jusqu'alors, le poisson a été pour l'essentiel dirigé vers Paris. La nature du troc inter-zones est basée sur le principe « produits agricoles contre produits industriels » : par exemple, des clous de la zone non occupée contre des volailles de la zone occupée[24].

Les échanges inter-zones déséquilibrés

En octobre 1940, le maire du petit bourg jurassien d'Arvon, dans le canton de Champagnole, est condamné à un mois de prison par le tribunal militaire de Lyon « *pour avoir tenté de soustraire une partie du territoire français*[25] ». En effet, ne trouvant aucune parade au passage interdit de la ligne de démarcation au cœur de sa commune, le maire a posé la question suivante à ses concitoyens : « *Faut-il réclamer l'occupation totale ?* » Le maire s'est défendu en arguant que l'occupation permettrait de faciliter les travaux agricoles, souvent impossibles en raison du compartimentage du terroir : les fermes dans une zone et tout ou partie des champs dans l'autre. Cette anecdote permet de mieux prendre la mesure du désarroi de certains Français en charge d'âmes, placés aux abords orientaux de la ligne de démarcation. Par son tracé, et en raison de la présence de la ligne du Nord-Est, l'instauration de la *Demarkationslinie* a déséquilibré considérablement la répartition des richesses économiques au détriment de la zone non occupée. D'où l'inquiétude des maires et leur mauvaise évaluation des premiers effets économiques du compartimentage. Le découpage du pays en trois zones de ravitaillement – zone interdite, zone occupée et zone non occupée – ne facilite pas l'ébauche de plans cohérents et durables. La zone interdite produit la quasi-totalité du sucre français, alors que la zone occupée fournit du blé en abondance ; la zone dite « libre » reste une grosse productrice de légumes frais. L'organisation des échanges entre ces trois zones dépend donc des décisions allemandes et de l'évolution politique des rapports entre Berlin et Vichy.

Durant l'été 1940, aucun programme sérieux d'échanges commerciaux inter-zones n'est échafaudé par le régime de Vichy tant que les Allemands ne donnent pas une vision plus claire de leurs intentions. Tout au plus, les Allemands autorisent-ils un troc inter-zones provisoire ; au début de décembre 1940, ils accordent l'échange de vingt-cinq mille tonnes de blé et de mille huit cents tonnes de sucre de la zone occupée contre sept mille tonnes de pâtes alimentaires et cinq mille tonnes de semoule de la zone non occupée[26].

Pourtant, des villes comme Bourges, Vierzon, Poitiers et Tours continuent à exercer une attraction économique sur la partie libre du Cher, de la Vienne et de l'Indre-et-Loire. L'élevage était un point fort de l'économie régionale ; par exemple, les veaux gras étaient une des ressources traditionnelles du Cher et de la région de Loches, en Indre-et-Loire. Ces départements fournissaient des surplus de blé, de beurre et de fromage. Par conséquent, la ligne de démarcation ferme aux commerçants de la zone libre les marchés de ces villes, mais aussi ceux de Paris et de sa région. Il y avait une exception : les commerçants limitrophes de la ligne obtenaient un laissez-passer de trois mois (« *Petite frontière* ») pour travailler aux abords de celle-ci. Les excédents ne pouvaient plus être écoulés normalement comme avant la guerre. La ligne contribuait à désarticuler les économies locales, ce qu'attestent les rapports de gendarmerie pour les régions de Nantua[27], Langon[28] et Sancoins[29] dès 1940, et ce jusqu'en 1941-1942.

Les premiers mouvements commerciaux ont été composés en priorité de denrées alimentaires agricoles, dès les premiers jours qui ont suivi la signature de l'armistice franco-allemand. Ils ont échappé au contrôle français puisque aucune surveillance n'avait encore été installée par Vichy. Les projets étaient en cours d'ébauche. Le mouvement des valeurs et des marchandises à la ligne de démarcation était réglé par la loi du vainqueur de la fin juin 1940 jusqu'aux « Protocoles de Paris » de mai 1941, les flux n'ont été autorisés que dans le sens zone non occupée-zone occupée. Il n'y avait pas de contrepartie puisque les vendeurs du Nord devaient obtenir la précieuse autorisation allemande pour transférer des produits de zone occupée vers la zone non occupée. Les archives départementales des treize départements divisés regorgent de demandes de transfert inter-zones de marchandises. En août et en septembre 1940, dix mille demandes d'autorisation ont été ainsi instruites par le service des transports de la DSA et soumises au *MBF*. Peu de chefs d'entreprises ont reçu une réponse favorable. En octobre 1940, pour justifier la fin de non-recevoir de la quasi-totalité des requêtes, les autorités allemandes rappelaient « *que les autorisations devaient garder un caractère d'exception*[30] ». En novembre, la situation s'est un peu débloquée, lors de négociations à Wiesbaden : 3 273 demandes sur 15 000 ont été satisfaites, notamment pour les constructions mécaniques et électriques, ainsi que pour les produits pharmaceutiques. Les refus concernaient majoritairement les textiles et papiers.

La zone non occupée recevait donc au compte-gouttes des produits qui n'étaient pas de première nécessité ; dans la semaine du 15 au 21 janvier 1941, dix mille kilogrammes de déchets de marbre ont été ainsi livrés dans le Jura non occupé, alors que celui-ci devait s'employer à concéder les produits suivants : 39 754 litres de boissons diverses, 7 240 kg d'épicerie, 4 900 kg de farine, 1 226 kg de fruits et légumes, 830 kg de pièces détachées et de machines, et enfin 722 litres de lait. A l'échelle nationale, des archives fragmentaires permettent de rendre compte du volume de certains « échanges » opérés en sens unique, entre septembre 1940 et janvier 1941. Du 22 octobre au 4 novembre 1940, 1 648 tonnes de betteraves à sucre, 570 tonnes de céréales – hormis le blé –, 244 tonnes de sel, 88 tonnes de graines à ensemencer et 20 tonnes de graines oléagineuses ont traversé la ligne. De plus, la zone occupée obtient, pour les volumes les plus importants, 2 289 tonnes de fourrage, 1 941 tonnes d'aluminium (dont 721 levées sur des stocks lyonnais), 1 532 tonnes de bois et 103 tonnes de ciment. La zone occupée absorbe donc de grosses quantités de denrées alimentaires. Il faut exploiter précautionneusement toutes ces données quantitatives en les considérant comme de simples indications de grandeur. Les chiffres ne laissent pas de masquer la grande pauvreté des échanges commerciaux à travers la ligne de démarcation. Les rapports préfectoraux sont les premiers à s'en plaindre ; en novembre 1940, le préfet du Cher, comme nombre de ses confrères proches ou éloignés de la ligne, émet des craintes : « *L'activité industrielle est loin de marquer une reprise [...] ce marasme est en partie imputable au défaut de matières premières, mais plus encore à l'arrêt des échanges à la ligne de démarcation [...] Il résulte de la situation actuelle une asphyxie lente, les autorisations obtenues se réduisant à un troc frontalier, notamment dans les régions industrielles de Vierzon*[31]. »

Les responsables de l'armée d'armistice se sont inquiétés de la fuite incontrôlée des denrées de la zone non occupée vers le Reich. En effet, les militaires français et allemands ne sont pas habilités à surveiller l'économie transfrontalière. L'arrivée de douaniers n'est pas non plus souhaitée par le régime de Vichy, car elle signifie à l'opinion que la ligne de démarcation est devenue une « frontière » au sens strict du terme. Le troc se développe très rapidement ; les commerçants de la zone non occupée, qui détiennent des produits intéressants à livrer aux Allemands (bière et viande), obtiennent plus facilement les autorisations de franchissement. La zone occupée apporte à ces commerçants des produits fabriqués, des engrais et du charbon.

D'après les archives du cabinet militaire du chef de l'Etat, les échanges de valeurs et de marchandises à travers la ligne du Nord-Est ont été plus importants qu'entre la zone non occupée et la zone occupée[32]. De plus, ils ont été effectués dans les deux sens, situation assez logique entre deux zones complètement contrôlées par les Allemands. La zone interdite a libéré vers la zone occupée des milliers de tonnes de charbon et de sucre. Plusieurs dizaines de trains auraient franchi la limite entre les deux zones, à partir du mois d'octobre 1940 – quarante seraient partis des houillères du Nord et du Pas-de-Calais. A la fin de mai 1941, 90 000 tonnes de sucre auraient été acheminées vers la zone occupée. Cette dernière envoyait déjà dans la zone interdite du bétail, des pommes de terre de Bretagne – ou d'Italie –, du beurre, du café et des œufs. La ligne du Nord-Est a été plus politique qu'économique ; à partir de juin 1941, les contrôles allemands ont quasiment disparu sur cette limite.

Le poids économique de la ligne de démarcation dans la politique d'occupation

Aucune étude économique allemande antérieure au conflit n'avait échafaudé de plans pour le cas d'une occupation comme celle de la France bien que les Allemands aient parfaitement cartographié les richesses économiques avant le début du conflit. Ils savaient que la France détenait une flotte puissante, un vaste empire et une économie développée. Dans les années 1930, les Allemands ont commis une littérature abondante sur la place de l'économie en temps de guerre. Les militaires ont, pendant un temps, envisagé de pousser leur conquête sur l'ensemble de l'espace national. Mais on le sait, le choix de Hitler s'orienta vers une occupation partielle, car le souci premier obéit moins à des choix économiques qu'à des options militaires stratégiques, dans le cadre de la lutte contre l'ennemi anglais. La ligne de démarcation a pourtant rompu une unité économique pluriséculaire avec des perspectives médiocres, aggravées si le Führer décidait de fermer hermétiquement la ligne. Les Allemands ont donc dû faire face à un dilemme : tenter de profiter des richesses économiques françaises des deux zones, maintenir une rupture territoriale et en faire un objet de chantage, ou bien la supprimer sans perdre pour autant le contrôle de la situation politique. Les Allemands se rappelèrent les occupations précédentes en France, en 1815, en 1870 et pendant la Première Guerre mondiale. La France avait déjà été privée d'une partie de son espace et de ses richesses économiques. Le pillage et la brutalité militaire avaient donc connu des précédents.

En 1940 la situation militaire est inédite. Quelle est la place prévue pour la France dans les projets économiques allemands ? La victoire aussi inattendue que rapide et brutale permet d'intégrer rapidement la France au sein du projet de *Großwirtschaftsraum* (« Grand espace économique »). Le flou des articles de l'armistice fut favorable au Reich, d'autant que rien n'interdisait des fermetures et des ouvertures intermittentes et arbitraires de la *Demarkationslinie*. Dans les premiers mois de l'Occupation, les pillages ont dominé. Pourtant, peu à peu, sous l'impulsion de Ribbentrop, les objectifs économiques allemands ont été plus précis et moins cyniques que les pillages systématiques préconisés par Goering. C'est essentiellement le *MBF*, et en dernier ressort Hitler, qui tinrent les leviers des décisions économiques sur la ligne. Toutefois, entre le *MBF* et Hitler, d'autres acteurs se sont mis en situation d'interférer, brouillant la trame déjà complexe des relations politiques avec le régime de la zone non occupée.

De fait, à l'époque, il est difficile pour les Allemands de savoir comment la ligne de démarcation peut contribuer au renforcement et aux besoins accrus de l'économie du IIIe Reich. Il est malaisé pour les Allemands de concevoir, dès juillet 1940, une politique économique inter-zones idoine et clairement définie, car leur droit de regard est encore limité en zone non occupée. Dans l'immédiat, les ressources de cette dernière sont pour eux inaccessibles et celles de la zone occupée restent cloisonnées derrière la ligne de démarcation. Le régime de Vichy ne peut pas non plus en disposer comme il le souhaite. En zone occupée, les inquiétudes se tournent vite vers les ambitions économiques allemandes.

Dès les premiers jours de juillet, l'ancien ministre de Berne, Richard Hemmen, un diplomate pugnace et redoutable, prend la tête d'une délégation d'armistice pour l'économie et s'applique à préciser sa vision de l'exploitation possible de l'économie française à travers la ligne de démarcation, non sans provoquer des tensions avec la délégation française, mais aussi dans les services allemands à Berlin et à Paris. Hemmen est en désaccord avec plusieurs chefs allemands. Bien que nommé à la Commission d'armistice, il dépend encore directement de Ribbentrop. Cependant, Goering, qui a participé à la création de la délégation économique, estime que Hemmen lui est directement inféodé. Le personnage est sans doute difficile à cerner et imprévisible pour ses interlocuteurs français : ce diplomate chevronné, très obligeant, n'a jamais renoncé à faire montre de rigueur face aux Français. Avec Elmar Michel du *MBF*, il est l'artisan zélé du chantage à la ligne de démarcation. Pour autant, les négociateurs et les hommes politiques du régime de Vichy le regardent comme un sage conseiller, voire une sorte de « *mentor*[33] » en matière économique et financière. Fréquemment, il laisse espérer des assouplissements prochains, puis, lors des réunions suivantes, il se rétracte ou bien oublie d'y revenir. Le 9 juillet 1940, il sous-entend que la suppression de la ligne de démarcation est envisageable et que son tracé n'a jamais eu d'autres desseins que militaires. Le même jour, Huntziger prévient von Stülpnagel que « *l'état économique* » de la zone non occupée est « *grave* ». Il en explicite les raisons majeures : « *Le Centre et le Sud-Est de la France n'expédient vers le Nord et l'Ouest que des produits complémentaires tels que les primeurs et le vin, alors qu'ils sont consommateurs de produits essentiels tant agricoles qu'industriels en provenance de la France occupée. La population du Territoire non occupé s'est actuellement accrue de plusieurs millions de réfugiés des autres régions françaises [...] Presque tous les stocks constitués pour l'alimentation de la population civile sont en territoire occupé, le long de la côte atlantique pour le blé, le riz, les légumes secs et dans les départements du Nord pour le sucre. Seuls subsistent en territoire non occupé les stocks de Marseille, déjà à 80 % utilisés*[34]*...* »

Le 10, le « docteur » Schöne précise que du point de vue économique, « *le contrôle à instituer, en cas de suppression de la ligne de démarcation, doit s'exercer sur les sorties de capitaux, sur les importations et les opérations de transit et garantir le maintien des réserves existant en France le 25 juin*[35] ». Mais ce n'est pas la solution retenue *in fine*, car elle est trop risquée sur le plan militaire et politique. Hemmen recherche toujours une rationalisation maximale de l'usage économique du morcellement de la France dans un cadre très large de négociations bilatérales. Le chef de la délégation allemande pour l'économie peut, dans ces conditions, s'appuyer à Paris sur les états-majors administratif (*Verwaltungstab*, dirigé par Posse) et militaire (*Kommandostab*) pour appliquer son programme. Pendant presque la totalité du conflit, le docteur Elmar Michel dirige la section économique du *MBF* au sein du premier état-major. Véritable patron de l'économie française, il transmet les ordres et les propositions de la CAA, du ministère des Affaires étrangères et du chef du Plan de quatre ans, Goering, par l'intermédiaire des *Oberfeldkommandanturen (OFK)* et des *Feldkommandanturen*. Chaque service ordonne et interprète comme bon lui semble les dispositions de l'armistice. Il joue aussi sur l'ambivalence des articles 3, 17 et 21, les facettes économiques les plus importantes de l'armistice. Le régime de Pétain puis, par contrecoup, les entreprises françaises font donc face à une masse informe d'ordres et de contrordres tant locaux que venant des plus hautes sphères du pouvoir, d'autant plus qu'il existe des divergences entre les services allemands.

En 1940, les échanges épistolaires et téléphoniques entre les officiers allemands se multiplient. Dans une lettre de sept pages datée du 14 septembre 1940[36], le général Karl Heinrich von Stülpnagel, président pendant un an de la Commission allemande d'armistice, se confie à son collègue, le général Alfred Jodl, chef de l'état-major général de la Wehrmacht ; le ton est au scepticisme : « *Cher Jodl, avec la longue durée de vie de la Convention d'armistice, la question se pose de savoir quelles sont les méthodes politiques et économiques à appliquer dans le futur à l'égard de la France. Jusqu'alors, les méthodes appliquées montrent l'absence de clarté des objectifs à atteindre et un manque d'homogénéité dans leur mise en œuvre. La remise en marche de la production pour les besoins privés est devenue extrêmement difficile à cause de la ligne de démarcation*[37]. »

A l'évidence, la ligne de démarcation complique le travail administratif du *MBF* dans sa gestion quotidienne et durable de l'occupation territoriale. Depuis juin 1940, Stülpnagel a reconnu volontiers la nécessité d'isoler avec rigueur la zone non occupée de la zone occupée. Mais un assouplissement assez large est vite à l'ordre du jour, aussitôt les arrières militaires assurés. Stülpnagel s'inquiète en effet de la politisation croissante de la Commission de Wiesbaden ; c'est le seul organisme en contact direct avec les dirigeants politiques français. Les compétences se chevauchent sur fond de rivalités personnelles, notamment entre Elmar Michel et Otto Abetz, l'ambassadeur du Reich à Paris.

Dès les premières semaines de l'Occupation, les différents services allemands travaillent surtout à utiliser l'armistice à leur seul bénéfice. Les militaires, chargés d'organiser l'occupation d'une partie de la France, sont à la pointe des projets économiques ; rares sont les civils invités à les rejoindre.

Les entraves aux activités bancaires

Les directeurs des succursales de la Banque de France se montrent d'emblée pessimistes quant aux conséquences à long terme d'une ligne durablement installée et aux usages multiples : « *Toutes les activités de l'économie française se trouvent gravement gênées par le maintien de la ligne de démarcation qui, à l'origine, devait borner simplement la zone de stationnement des armées allemandes et qui, par une application de plus en plus rigoureuse de la clause 17 de la Convention d'armistice, est devenue une véritable frontière plus imperméable que n'ont été, la plupart du temps, les frontières politiques entre Etats*[38]. » Diagnostic fondé, car il suffit de comparer les chiffres produits avant la guerre pour voir que la ligne de démarcation a partagé la France en deux blocs économiques mis dos à dos.

La ligne de démarcation a constitué un obstacle notable aux transferts des fonds interbancaires d'une zone vers l'autre. Une telle obstruction a touché les entreprises et les particuliers. Des millions de francs sont restés en zone occupée, alors que leurs détenteurs s'éparpillaient dans la future zone non occupée, lors de l'exode de mai-juin 1940. Certains ont pu rentrer, mais d'autres ont décidé de s'installer en zone non occupée. Les dépôts dans les banques ont alors connu une croissance florissante, impossible à chiffrer dans sa globalité.

Les banques ont-elles été affectées par le blocage momentané des fonds ou bien ont-elles fait leur miel de cette situation ?

Globalement, pour les valeurs et les fonds, une série de mesures officielles allemandes délimitent quatre grandes séquences chronologiques, à partir de 1940 : de la fin juin jusqu'au 7 novembre 1940, les valeurs et les fonds peuvent être acheminés exclusivement vers la zone non occupée ; du 7 novembre 1940 jusqu'au 20 mai 1941, les premiers transferts de fonds postaux sont autorisés vers la zone non occupée, avec l'agrément préalable des Allemands ; la troisième période court du 20 mai jusqu'au mois de juillet 1941, pendant laquelle est autorisé librement un mouvement d'envois, inférieurs à 2 000 francs pour les mandats ordinaires, et à 5 000 francs pour les mandats de versement à compte courant postal, ce dans les deux sens ; enfin, à partir de juillet 1941, le mouvement des fonds est devenu totalement libre sans aucune limite entre les deux zones. Dans le détail, les règles ont été plus compliquées que les archives du cabinet militaire du chef de l'Etat français ne le laissent paraître ; les autorités bancaires ont protesté à propos des incertitudes et des imprécisions allemandes répétées en ce qui concerne la réglementation économique et financière inter-zones. Les échanges de fonds sont inféodés au rétablissement d'un courrier inter-zones plus libre. Dans tous les cas, le courrier commercial est trop contingenté et le règlement des commandes est problématique, bien que la Banque de France accorde toutes facilités pour les transferts de fonds en zone non occupée. Les entreprises de zone occupée disposent de crédits suffisants pour payer leurs approvisionnements. De leur côté, la plupart des vendeurs de matières premières exigent le paiement comptant.

La lecture des *Rapports annuels des grandes banques françaises* des années 1941, 1942 et 1943 ne montre aucune mention de la ligne de démarcation et des inconvénients propres à son maintien sur l'économie française. Or, ce n'est pas ce qui apparaît dans les rapports des succursales de la Banque de France. Ceux-ci dévoilent les difficultés insignes des employés à comprendre la législation allemande en ce qui concerne le passage de la ligne. Le manque de transports et la restriction des liaisons postales sont les handicaps les plus fréquemment signalés. Les intentions allemandes et l'exercice d'un métier qui n'obéit plus aux mêmes règles depuis le découpage de la France en zones sont peu lisibles pour le personnel des établissements bancaires. Une série de notes de service pour les comptoirs de la Banque de France implantés dans les deux zones, ainsi que les archives du secrétariat général, aident à démêler les fils d'un écheveau relativement technique[39]. Les succursales attendent les consignes de la direction de la Banque de France, dont le siège social a été transféré à Clermont-Ferrand. Du mois d'août au mois de septembre 1940, la direction de la Banque de France reçoit entre soixante et cent vingt lettres par jour. Les succursales demandent des éclaircissements à la direction sur la législation. Elles ne possèdent que peu d'informations sur les conditions des transferts de fonds inter-zones. Cependant, la hiérarchie à Paris n'apparaît guère mieux lotie pour répondre.

Or, les opérations de transfert de fonds recouvrent plusieurs types d'opérations : dépôt de créances, lettres de crédit, avances sur titres, transferts de comptes, envois de chèques, etc. La ligne de démarcation devient alors une limite financière restrictive pour les mouvements de la zone occupée vers la zone non occupée. Par exemple, une note au secrétaire général de la Banque, datée du 16 septembre 1940, n'autorise les transferts de compte que dans le sens zone non occupée-zone occupée. Ordres et contrordres se multiplient dans les succursales de la Banque de France ; chaque type d'opération ne reçoit pas forcément le même traitement de la part des Allemands et la confusion règne parfois. Les occupants semblent verrouiller la ligne de démarcation afin de disposer d'une masse monétaire et financière importante en zone occupée. Dans le doute, la Banque de France arrête ponctuellement certaines opérations inter-zones. Par exemple, à partir du 10 juillet, les transferts de comptes sont bloqués ; en août, elle stoppe les transferts de titres et de coupons de la zone occupée vers la zone non occupée. En outre, il est impossible de faire des avances en zone non occupée de sommes d'argent disponibles sur l'autre zone[40]. A partir de début août 1940 – ordonnance allemande du 8 –, les Allemands exigent que les mouvements de fonds à destination de la zone non occupée, sous toutes les formes, soient subordonnés à l'autorisation préalable du *MBF*. La demande d'autorisation est difficile à formuler et à obtenir : il faut notamment expliquer les raisons de l'opération et les justifier amplement (*Beigefügte Beweisstücke*). Les succursales de la Banque de France sont obligées d'attendre jusqu'à novembre 1940 pour connaître la liste approximative des opérations inter-zones possibles sans autorisation allemande préalable : « *le règlement des impôts, des redevances et des contributions en monnaie française, au profit d'une caisse publique française, sous réserve que cette opération ne comporte pas le transfert de moyens de paiements (chèques, billets à ordre...) du territoire occupé dans le territoire non occupé*[41] ».

Dans le même document, les banquiers apprennent que le recouvrement des créances de personnes résidant en zone occupée sur des personnes de la zone non occupée est libre, sans autorisation spécifique. Les difficultés de l'acheminement du courrier freinent et même arrêtent régulièrement les opérations, surtout en novembre 1940. Pourtant, nombre de commerçants et d'entrepreneurs se plaignent toujours d'être au bord de la faillite financière, entre octobre et décembre 1940. Les commerçants des deux zones n'ont souvent pas pu régler des créances, faute de fonds disponibles, comme à Mont-de-Marsan (partie occupée des Landes) et à Châteauroux (zone non occupée), par exemple. Par ailleurs, les banques se lamentent davantage de voir leur activité se réduire que des problèmes rencontrés par les clients. C'est ce qui ressort des rapports des directeurs des succursales de la Banque de France à Bourges et à Bourg, près de la ligne. Cela n'est pas surprenant à une époque où les banquiers français continuent à réfléchir sur la réforme de leur métier malgré le contexte de l'Occupation.

En 1940, les banquiers pestent donc contre la présence de la ligne de démarcation. Le travail est perturbé et la recherche traditionnelle de bénéfices et de profits financiers – la raison de vivre des banques – est plus contraignante. L'Union syndicale des banques de Paris et de la province fait d'ailleurs des propositions au régime de Vichy pour faciliter, par tous les moyens, le franchissement des fonds à la ligne de démarcation[42]. Les Allemands ne répondent pas aux requêtes de l'Union syndicale lorsqu'elle propose la tenue d'un répertoire qui enregistrerait les transferts autorisés par des banques agréées. Les occupants en effectueraient un contrôle strict. Les représentants du Crédit Lyonnais suggèrent même la création de « *chèques circulaires documentaires* » payables sur l'ensemble du territoire français. Des acheteurs de zone occupée en voyage pourraient régler des achats en zone non occupée. Les Allemands du *MBF* s'y opposent, sous prétexte que le trafic postal n'est pas totalement libre. En décembre

1940, à Vichy, le secrétariat d'Etat aux Finances met sur pied une annexe du service des « *envois de fonds et règlements en zone non occupée* ». En d'autres termes, toutes les demandes de transferts de fonds formulées en zone non occupée doivent transiter par ce service. Une section « courrier », à Chamalières, a pour mission de centraliser les demandes de mouvements de billets de banque et de chèques visés. Comme pour tous les autres types de passages inter-zones, les transferts de fonds souffrent aussi de la fermeture de la ligne de démarcation, à partir du renvoi de Laval, en décembre 1940. Les marchés clandestins se développent, mais ne sont qu'effleurés dans les archives, notamment en janvier et en février 1941[43]. Pour ce dernier mois, des transferts de fonds sont toutefois effectués de zone occupée en zone non occupée, mais uniquement pour le règlement de marchandises « importées » à travers la ligne de démarcation. La succursale de Clermont-Ferrand centralise tous ces virements. A partir du 20 mai 1941, les envois de fonds de zone occupée vers la zone non occupée, quelle que soit leur nature, sont enfin libres, eu égard aux accords consentis à l'occasion de l'assouplissement général de la ligne, ce au moment de la signature des « Protocoles de Paris » ; les comptes courants, les comptes de dépôts de fonds, les comptes d'avances et les comptes mixtes peuvent être librement acheminés en zone non occupée. A partir du 21 juin, les transferts de fonds sont également possibles entre la Métropole et l'Empire, quelle que soit leur origine géographique. Pour la suite de la guerre, la législation inter-zones des transferts de fonds n'a pas connu de modifications majeures. Néanmoins, cette relative libéralité allemande ne concerne pas, on l'a dit, les Juifs ; leurs avoirs restent bloqués en zone occupée.

L'absence d'homogénéité des services allemands a handicapé les négociations franco-allemandes sur la ligne de démarcation. La méconnaissance des lois en vigueur sur cette dernière, et même de son tracé, pendant plusieurs mois, est sans doute liée à cet enchevêtrement. Au nom du *Führerprinzip* les nazis développent les administrations parallèles. L'exploitation économique de la France n'obéit pas à un parfait ordonnancement. Par ailleurs, le *MBF* dirige une kyrielle de spécialistes dans des domaines aussi variés que l'agriculture, l'armement, le commerce, les eaux et forêts, la main-d'œuvre, les monnaies, les prix, etc.

De son côté, Hemmen inquiète à dessein les Français, afin de tenter des assauts politiques et économiques. Le but est d'obtenir des concessions françaises de taille. Pour lui, la « *collaboration économique [...] entre industriels allemands et industriels français* » s'avère nécessaire, mais il reconnaît que « *la ligne de démarcation peut entraîner la mort de la France si une collaboration entre l'Allemagne et la France ne s'établit*[44] ». La voie du chantage est ainsi pavée par les allusions sèches de Hemmen. Le lent grignotage des bribes de souveraineté française débute alors. C'est à Wiesbaden que fut évoquée pour la première fois l'éventualité d'une collaboration franco-allemande d'importance. Assez rapidement, Hemmen a donc cherché à muer la ligne de démarcation militaire en ligne-frontière économique, alors que les militaires ont envisagé d'appliquer l'armistice avec un certain respect des engagements. C'est seulement à la fin de 1940 que les positions allemandes au sujet de l'usage économique de la ligne de démarcation sont devenues plus lisibles pour les Français, bien que ces derniers aient été en désaccord sur la nature des concessions à faire[45]. A travers le prisme de la gestion allemande de la ligne de démarcation, nous pouvons confirmer certaines des conclusions des historiens du nazisme sur l'absence de coordination et de planification des différentes antennes administratives du Reich, en charge de l'économie de guerre et de l'exploitation des pays occupés[46].

Vichy dans l'impasse
de la collaboration économique

Bien qu'ayant refusé à plusieurs reprises de modifier le tracé de la ligne de démarcation[47], les Allemands ont assuré aux Français que la ligne ne serait pas transformée en frontière économique. Le régime de Vichy a cru y voir une possibilité de négocier et de prendre l'initiative, alors même qu'il était dans la position du vaincu. Le 15 juillet 1940, les plénipotentiaires français de la DFCAA transmettent à la CAA un mémorandum sur lequel d'immenses espoirs reposent. Pour le libre passage inter-zones des marchandises, les Français doivent gagner l'ouverture de « portes » économiques sur la ligne, afin que la zone occupée, mieux pourvue en ressources alimentaires, puisse aider la zone non occupée à se ravitailler. La défiance à l'égard d'un blocus anglais est également sous-jacente. Le mémorandum est rédigé par le ministre des Finances Yves Bouthillier et par Boisanger, le gouverneur de la Banque de France. Dès la première ligne, les intentions sont claires : « *Le gouvernement français s'est décidé à remettre dans l'ordre et sans tarder la France au travail.* » La demande principale faite à l'occupant est le respect du caractère exclusivement militaire de la ligne de démarcation – et non sa suppression – afin de redonner à l'économie française une certaine unité qui permettrait éventuellement au régime d'asseoir les bases essentielles de son autorité et de son idéologie. Le mémorandum présente ensuite des concessions importantes que peut faire le régime : un commissaire qui contrôlerait les changes – avec la création d'un Office central des changes –, la garantie que les matières premières françaises ne fuiraient pas vers des pays ennemis du Reich, la création d'une structure qui contrôlerait les flux de marchandises avec la possibilité pour un commissaire allemand de les vérifier, l'autorisation de la surveillance des frontières par un inspecteur civil allemand accompagné par un agent français. Vichy, aux abois, se jette donc dans la gueule du loup ; le régime a pourtant besoin de signes rassurants, comme une meilleure fluidité des mouvements économiques inter-zones. Yves Bouthillier est parti d'un constat affligeant qu'il résume dans ses mémoires, rédigés plusieurs années après la guerre :

« *Ils entendaient briser une unité économique que trente générations avaient bâtie [...] Le trafic par chemin de fer entre les deux zones était suspendu. Les activités industrielles qui subsistaient en zone libre déclinaient faute de produits complémentaires fabriqués en territoire non occupé*[48]. »

Le mémorandum propose purement et simplement un rétablissement de l'unité française, mais à l'intérieur d'une Europe occupée par le Reich. La France de Vichy offre une concession démesurée pour prix du rétablissement d'une souveraineté sur les deux zones, ce qui n'est qu'illusoire. Entre-temps, les Allemands ont décidé d'installer des pancartes pour signaler le passage de la ligne de démarcation « *pour éviter des incidents* », selon les raisons avancées par la CAA à Wiesbaden[49]. Le 19 juillet 1940, le chef de l'administration de la politique économique, Wiehl, rapporte une conversation téléphonique avec Hemmen qui lui a fait part de la décision de Hitler de ne pas supprimer la ligne de démarcation, après consultation de Brauchitsch[50].

Le 24 juillet, le mémorandum français est soumis à l'examen théorique de la CAA. Par la voix de Stülpnagel, bien que reconnaissant que les deux zones ne peuvent pas vivre l'une sans l'autre, les Allemands reportent à une date ultérieure la réponse définitive au mémorandum. Ils n'envisagent pas encore les modalités d'un assouplissement, ou du moins pas sans un chantage préalable qui puisse leur donner des avantages en matière économique. A la mi-août 1940, le mémorandum est encore sans réponse. Le général Huntziger se montre alors quelque peu désabusé, affirmant que « *la séparation est même de plus en plus étanche*[51] ». Enfin, le 21 août, Hemmen actionne le levier de chantage que constitue la ligne de démarcation en annonçant, pour la première fois, un projet de suppression, en échange d'un contrôle allemand des changes et du commerce extérieur français. Huntziger rétorque que cela revient à lâcher la souveraineté de la France au Reich. Entre août et septembre 1940, les discussions à Wiesbaden se résument à des promesses allemandes qui font suite à des mesures économiques contraignantes de plus en plus évidentes pour les échanges inter-zones.

A la paralysie de la commission correspond l'inquiétude des professionnels de l'activité économique, ainsi que du ministère de la Production industrielle. Le 7 août 1940, René Belin, ministre de la Production industrielle et du Travail, apporte au maréchal Pétain des précisions alarmistes, à l'heure où les Allemands tardent à faire connaître leurs intentions économiques : « *La situation économique de la Nation est tragique [...] la reprise de la vie économique en France se heurte à des difficultés techniques présentement insurmontables [...] La barrière qui coupe la France en deux parties conduit promptement et irrémédiablement à l'asphyxie de toute notre vie industrielle et commerciale [...] La réalité de l'unité politique française a permis l'unité économique française. Il s'ensuit qu'un cordon barrant la France produit sur son économie l'effet que produirait un mur infranchissable coupant en deux une usine donnée [...]*

Peu à peu de chaque côté de la ligne, nos usines s'arrêtent, parce qu'elles ne reçoivent plus les matières à traiter qui sont bloquées de l'autre côté de la ligne [...] La ligne de démarcation se présente ainsi comme une frontière économique hermétiquement fermée et la zone occupée devient déjà un pays annexé exploité par le vainqueur, au lieu d'être une région soumise à l'occupation militaire prévue par la Convention d'armistice[52]... »

Les remarques de René Belin font suite à la panique provoquée par le choc du partage de la France, mais elles sont également suspendues à une interrogation : comment faire fonctionner l'économie française dans un territoire compartimenté, en attendant le traité de paix ? Après le chaos de juillet 1940, que peut négocier Vichy ? Après la guerre, René Belin a voulu montrer que toute la politique de Vichy en matière économique a visé à devancer les mesures allemandes, afin de protéger la zone occupée ; tout s'est alors fait dans l'improvisation. Il avance que les entreprises françaises de la zone occupée devaient être protégées contre les assauts répétés du *MBF*. A ses yeux, les intentions supposées du *MBF* en zone occupée justifiaient la création des comités d'organisation. En fait, le régime du maréchal Pétain souhaite contrôler l'ensemble de la production française. La ligne de démarcation délimite alors pour Vichy deux espaces où l'intervention voire le dirigisme étatique sont dosés en fonction des demandes allemandes. En filigrane, se profile le choix de la collaboration avec le Reich.

Dans ses mémoires, Yves Bouthillier rend compte de cette période critique pour la France : « *Le mois d'août commençait sous les plus sombres auspices. Nous étions tous à l'angoisse du blocus britannique et de la fermeture de la ligne de démarcation aux personnes, aux marchandises, aux valeurs, aux correspondances*[53]... » A la mi-septembre, les négociations sont bloquées, car les Allemands souhaitent une collaboration plus franche de la part des Français. La question des commissaires allemands à la Banque de France et au Commerce extérieur complique les négociations, d'autant que Huntziger craint que les Italiens puissent eux aussi fournir des commissaires. Pourtant, Scapini se montre convaincu que le climat est favorable pour des allégements de la ligne de démarcation, lors d'un déjeuner avec Otto Abetz, fin septembre[54]. Face à la CAA, la DFCAA s'est évertuée à obtenir d'infimes concessions allemandes. Jusqu'en septembre 1940, le général Huntziger a conservé la présidence des affaires économiques ; à son départ, le 13 septembre, il laisse une nouvelle organisation partagée en deux délégations militaire et économique. Le général Doyen préside la première et le gouverneur de la Banque de France Boisanger, la seconde. Au ministère de la Défense, la DSA fait fonctionner une administration organisée en sections. Elle est divisée en plusieurs ramifications : un état-major, « une section des questions militaires », « une section des questions administratives » – chargée notamment de la ligne de démarcation –, « une section des questions économiques » et « une section des prisonniers de guerre et étrangers ». La section des questions économiques s'occupe de tous les dossiers juridiques et politiques ayant rapport avec l'industrie, l'industrie de guerre, la production agricole, les importations, les exportations et la marine marchande. Les questions militaires sont passées très vite au second plan, ce qui n'a pas manqué d'inquiéter les représentants français, lesquels craignaient une transformation irrémédiable de la ligne de démarcation en frontière économique.

Au début d'octobre 1940, la ligne de démarcation est mieux gardée par les Allemands et des règles bien précises sur son franchissement commencent à fonctionner. Pourtant, à Wiesbaden, les Français continuent à s'accrocher à l'espoir d'un allégement du régime de la ligne, à défaut de suppression. Les Allemands répondent toujours vaguement et au conditionnel. Contrairement à un rapport du 11 octobre 1940, attribué à Armand Bérard[55], la ligne n'est pas moins étanche en dépit de quelques concessions allemandes sur le retour de communes en zone non occupée et sur le trafic commercial frontalier. Malgré les espoirs exprimés par le maréchal Pétain lors de son allocution radiodiffusée du 30 octobre, six jours après la rencontre de Montoire, où celui-ci postulait qu'en entrant « *dans la voie de la collaboration [...] la ligne de démarcation pourrait être assouplie* », rien n'est décidé. Pour la ligne de démarcation, comme pour l'ensemble des sujets litigieux entre la France et le Reich, Montoire a bien été un « *miroir aux alouettes*[56] ».

En décembre 1940, Hemmen continue de reprocher aux Français leur mauvaise volonté de coopération ; il attend toujours leur réponse au sujet du contrôle allemand aux frontières. Le renvoi de Laval, le 13 décembre, oblige les Français à revenir sur la position souhaitée dans le mémorandum du 15 juillet. Le passage de la ligne est violé par Otto Abetz et plusieurs hommes en armes, le 16 décembre, afin de tancer Pétain, en zone non occupée. Puis la séparation inter-zones est fermée, et non allégée selon les espoirs français. Le 18, la conférence prévue à Wiesbaden sur la ligne de démarcation est annulée par les Allemands. Le général Doyen s'est raidi après le renvoi de Laval et les Allemands ont refusé de négocier sur la ligne de démarcation. Les Français font d'abord preuve d'inertie, puis protestent. Doyen prétend qu'un assouplissement de la ligne de démarcation n'est avantageux que pour le seul Reich. A cette époque, les négociateurs français craignent une occupation totale de la France et les Allemands font durer les négociations. Hemmen propose même de supprimer tous les allégements acquis sur la ligne et de renvoyer tous les ministres français présents en zone occupée vers la zone non occupée.

Wiesbaden est devenu un lieu où le poids des décisions politiques a été de plus en plus mince, car l'ambassade du Reich à Paris a pris les choses en main. De janvier jusqu'à mars 1941, les relations politiques franco-allemandes sont au point mort. Pour Hemmen, il est nécessaire de maintenir fermée la ligne de démarcation. A Wiesbaden, l'allégement des frais d'occupation et l'envoi autoritaire de Juifs du Luxembourg en zone non occupée réveillent quelques discussions, en février. Le mois de mars 1941 est une période de grand vide diplomatique ; la DFCAA dénonce la « *tyrannie* » qui « [touche] *de près les Français (ligne de démarcation, sort des prisonniers)*[57] ». Darlan a alors tenté de relancer la politique de collaboration.

Les tentatives de contournement des Français

Des « experts » ou des hauts fonctionnaires essaient de proposer des solutions, afin de contourner la ligne de démarcation. Dans les premières semaines de l'Occupation, un collège d'experts de la Défense nationale[58] se réunit, afin de trouver rapidement les ferments d'une réorganisation de l'économie française : décrets pour le ravitaillement, recherche de produits de remplacement, lutte contre les gaspillages, rapports sur le financement de grands travaux d'intérêt général, rapports sur le placement de la main-d'œuvre, etc. Le collège tient compte de la ligne dans ses propositions, qui sont transmises au maréchal Pétain. Ce dernier leur donne des directives. Parmi les intentions du collège, celles liées au traitement de la ligne relèvent en fait davantage de l'idéologie que de solutions concrètes. L'économie doit être aménagée en tenant compte de la démarcation, mais en supposant corrélativement que la situation de rupture est temporaire. Les motivations de la loi sont idéologiques, mais elles sont également largement subordonnées aux maux provoqués par le blocage des échanges commerciaux traditionnels au sein d'un espace dont les Allemands ont fait craquer les coutures.

Lors de la séance du 30 juillet 1940, le directeur des affaires économiques du ministère des Affaires étrangères, Delenda, signale qu'il est souhaitable de « *favoriser dans la plus grande mesure possible des échanges, l'interpénétration entre les deux zones, pour maintenir le plus possible la confiance en territoire occupé, et persuader les habitants qu'ils ne sont point abandonnés par le pouvoir et qu'il ne peut y avoir, à l'heure actuelle, deux catégories de Français* ». La ligne de démarcation pose dans toutes les réunions des problèmes considérés comme insolubles dans l'immédiat, la répartition de la main-d'œuvre entre les deux zones, par exemple. Le dernier procès-verbal daté du 8 août 1940 est on ne peut plus pessimiste et montre toute l'impuissance des experts : « *[...] la situation actuelle ne permet pas d'établir un programme de grande envergure, d'envisager des réformes de structure de notre économie.* »

Outre la réflexion collégiale, Jacques Barnaud[59] a suggéré d'autres solutions « thérapeutiques » pour contrer les conséquences économiques de la ligne de démarcation. Il est alors l'adjoint de l'ambassadeur Léon Noël – à la tête de la Délégation Générale du gouvernement français en Territoire Occupé (DGTO) – auprès duquel il occupe les fonctions d'expert chargé de toutes les questions économiques intervenant dans les relations franco-allemandes. Il a de bons rapports avec Pierre Laval, impressionné par sa puissance de travail. Dès le 6 juillet 1940, Jacques Barnaud rédige une note qui insiste sur la nécessité de faciliter le travail des chefs d'entreprises, désinformés, dans un « *pays* [qui] *va à la disette et au désordre en territoire non occupé*[60] ». Le 24 juillet, il fait à Laval des propositions économiques pour réduire les mauvais effets de la démarcation sur l'économie nationale : « *Il ne faut pas oublier que les territoires occupés, par l'importance des centres industriels et des régions agricoles qu'ils comportent, constituent à l'heure actuelle probablement plus des 4/5e de la vie économique française.*

« *Un seul remède paraît s'offrir devant cette situation angoissante, devant l'organisation allemande, il faut présenter une organisation française forte [...] Les différents ministres chargés de diriger la vie économique et sociale du Pays [...] doivent rentrer à Paris auprès de leur administration et prendre en mains la gestion de la vie économique des territoires occupés comme des zones non occupées*[61]... »

Barnaud prône assurément le retour à la gestion centralisée du pays, sans oublier la réalité du contexte de l'Occupation. En zone occupée, les dispositions économiques allemandes ne laissent planer aucun doute. Abetz le confirme dans un rapport daté du 8 octobre 1940. Au reste, les Allemands se moquent des conjectures et des inquiétudes françaises ; ils ont les moyens de profiter du statut équivoque de la ligne de démarcation. Le régime de Vichy doit subir sans impatience le train des mesures économiques allemandes, ou tenter de ménager au mieux les ressources stockées, dans une sécurité relative, derrière la partie non occupée de la ligne de démarcation.

La transcription des réunions de Wiesbaden en dit long sur la nature des rapports géopolitiques entre Berlin et Vichy. Aux yeux des Allemands, l'évolution de la politique menée sur la ligne dépend étroitement de la volonté française de s'acquitter du lourd tribut de l'Occupation. Le gouverneur de la Banque de France propose de réviser le cours du mark (alors échangeable contre vingt francs), en vain. Hemmen lance la menace ultime, en octobre 1940, dans le cas où la France refuserait de payer : « *Je le ferai savoir au Führer et vous n'aurez aucune facilité pour la ligne de démarcation*[62]. » Après le renvoi de Laval, à la mi-décembre 1940, il bloque les négociations à la demande d'Abetz. Ce dernier opère de concert avec Hemmen et il n'est pas forcément opposé à une exploitation économique de la France, dans la mesure où ses projets personnels de collaboration ne sont en rien contrariés. Il est préoccupé par la sécurité de l'économie allemande et préconise l'interdiction en zone non occupée de l'élaboration de nouvelles branches de production qui risqueraient de concurrencer certaines industries du Reich[63]. Pour lui, l'économie française doit fonctionner aux côtés de celle de l'Allemagne. La ligne de démarcation n'est pas évoquée comme une gêne dans la mesure où Abetz peut la faire fermer quand il veut.

En janvier et février 1941, la ligne de démarcation est une frontière presque fermée, d'autant que le 26 arrivent les premiers douaniers allemands. Cette situation rend impossible l'action du gouvernement en zone occupée, paralyse la vie économique et sociale, et menace de créer deux entités spatiales très différentes, au risque même de voir mettre en place un régime nouveau en zone occupée. Les rumeurs vont souvent bon train à Vichy, dont celle d'une occupation totale de la France. Jusqu'en avril 1941, Hitler refuse de relancer les négociations. C'est le moment pour Hemmen d'agiter la menace d'un assouplissement impossible de la ligne pour une période indéterminée. En janvier 1941, il amplifie la pression sur les membres de la DFCAA. Vichy refuse tout contrôle allemand aux frontières extérieures françaises. Hemmen pense que le Reich ne doit pas céder sur ce point et que la fermeture de la ligne de démarcation reste le « *premier moyen de coercition* » (*als erstes Druckmittel*)[64]. Quelques jours avant, le « *Mémoire Wiehl* » a exposé aux Français des demandes qui dépassent le cadre strict de la Convention d'armistice, à savoir l'acquisition par les Allemands de participations françaises dans les usines françaises. Le refus français est catégorique et sans appel. Hemmen demande donc de nouvelles instructions à Berlin, car il faut trouver une solution pour casser la résistance politique de Vichy, sans contrarier l'effort de guerre allemand. Mais Stülpnagel et Hemmen mettent de la mauvaise volonté à faire avancer les négociations sur les passages économiques inter-zones. Ils ont conscience que la fermeture hermétique de la ligne de démarcation ne peut pas être une menace à utiliser à chaque difficulté avec les Français. Les Allemands ont besoin de recevoir des produits de la zone non occupée et donc de lâcher un peu la bride territoriale.

En février 1941, le chef de l'*OKW*, le maréchal Keitel, répond à Hemmen et ravive comme dernier ressort le spectre de l'occupation totale de la France. Il précise : « *Il faut cesser de faire des démarches pour obtenir le contrôle des frontières extérieures en acceptant d'assouplir la ligne de démarcation*[65]. » Keitel demande le *statu quo ante* et limite le trafic économique légal inter-zones aux seuls besoins de l'armée allemande. La ligne de démarcation redevient purement militaire ; son avenir est suspendu au dénouement du bras de fer politique entre Vichy et Berlin. D'un côté donc, la perspective de la réunification territoriale du pays s'éloigne considérablement, mais en même temps, le gel des négociations ne peut pas s'éterniser pour les Allemands, à la recherche d'une collaboration efficace de l'appareil administratif français. Pour exploiter les ressources françaises, il faut libérer les échanges, donc régler la question de la ligne. C'est l'enjeu de l'année 1941.

8

Vers la suppression de la ligne de démarcation

Le blocage et la désarticulation des échanges ont mis à mal le souci vichyste d'unité territoriale et économique. Le régime est de fait en mauvaise posture pour négocier. Alors que la zone non occupée est mal pourvue en richesses, il est essentiel d'essayer de ralentir le pillage de la zone occupée, à défaut d'avoir accès aux ressources coloniales. Par ses effets économiques désastreux, la ligne de démarcation a en partie contribué à ronger la popularité de Pétain. En août et septembre 1940, les rapports des préfets et des banques ont déjà alerté le régime de Vichy de la lente asphyxie du pays. Les maux s'accumulent donc, car aux effets de la ligne de démarcation s'ajoutent ceux du chômage.

Le refus d'ouverture de Hitler

L'immobilisme prévaut plus que jamais à Berlin en ce qui concerne l'avenir du régime de l'armistice en France. Dans certains ministères et milieux de l'armée allemande, on s'inquiète du blocage des pourparlers avec Vichy. A Wiesbaden, les Allemands tentent de montrer aux Français un esprit quelque peu conciliant.

Cela peut également rendre service à Otto Abetz, chargé de modeler l'opinion des milieux dirigeants parisiens. Le 9 janvier 1941, le général Thomas, responsable de l'armement à l'*OKW*, demande au maréchal Keitel une ouverture très large de la ligne de démarcation, afin d'augmenter l'approvisionnement de l'armée. Selon l'officier allemand, il faut exploiter davantage les ressources françaises de la zone non occupée, malgré toutes les difficultés politiques qu'il ne méconnaît pas. Il estime que « *tant que la ligne de démarcation coupera les régions productrices, nous ne parviendrons jamais à tirer de l'économie française ce que nous devrions en tirer* [et il souhaite que] *l'on recommande au Führer une décision empreinte de largesse dans le règlement de cette affaire*[1] ». Hitler se méfie toujours de la France et de sa possible capacité à se redresser. Il est de fait peu enclin aux concessions de taille. De plus, la demande de Thomas, concernant la zone non occupée, est peu conforme sur le plan juridique, malgré le texte du préambule de l'armistice « *qui accorde le droit d'exiger ce qui est nécessaire à la poursuite de la guerre contre l'Angleterre* ». Ayant connaissance de la méfiance de Hitler, Keitel refuse de répondre favorablement à Thomas car, selon lui, le vainqueur n'a pas à s'engager à l'égard d'un pays vaincu. Les Allemands n'ont pas accepté le renvoi de Laval. C'est ce que pense aussi Ribbentrop aux Affaires étrangères. Pour Keitel, il est urgent de négocier sur les points économiques et sur les incidences de la ligne de démarcation. Les tergiversations et les louvoiements pratiqués par les Allemands depuis juillet 1940, notamment à Wiesbaden, doivent être abandonnés au profit d'une politique plus assurée et plus claire. L'intérêt d'une ouverture économique de la ligne apparaît alors, car celle-ci gêne aussi l'action du *MBF*. Le passage des denrées de la zone non occupée et des colonies françaises en zone occupée doit être privilégié. Le centre de gravité des négociations se déplace donc de Wiesbaden à Paris, laissant une large part d'intervention aux civils allemands plutôt qu'aux militaires.

Pour le régime de Vichy, il s'agit désormais d'obtenir des Allemands des mesures d'« urgence » qui assureraient la souveraineté du régime, la protection économique et la stabilité sociale[2]. Cette triple exigence n'est possible qu'à condition que les Français aient des points d'approvisionnement correctement garnis. Aux yeux des Allemands, l'assouplissement de la ligne n'est donc pensé que pour leur seul avantage économique. Les services allemands présents en France sont parvenus au constat que la ligne de démarcation ne leur permet pas de tirer tout le profit des ressources du pays conquis[3]. De plus, les projets d'invasion rapide de l'Angleterre se sont estompés et permettent aux Allemands de relâcher quelque peu la surveillance à la ligne de démarcation. L'*Abwehr* a jusqu'alors déconseillé tout assouplissement de la ligne pour protéger les soldats, mais également pour limiter la fuite des renseignements vers la zone non occupée.

Le régime de Vichy est prêt à exécuter les commandes allemandes de marchandises et de matériel militaire. Mais le régime ne peut le justifier aux yeux de l'opinion qu'à condition d'obtenir des contreparties. En avril 1941, les négociations sur la ligne de démarcation ont donc repris sous l'impulsion de l'amiral Darlan dans le cadre de la préparation de rencontres à Paris ; sous une forme nouvelle, le chef du gouvernement renoue avec la politique inaugurée par Laval après l'entrevue de Montoire. Les réunions préparatoires convoquées par Darlan concluent à la nécessité d'améliorer l'organisation de l'agriculture et du ravitaillement. Chaque zone doit fournir à l'autre ce qui lui manque le plus. Des listes sont alors dressées : la zone occupée doit livrer du blé, du sucre, du beurre, des produits laitiers, des graines potagères, des semences et des produits manufacturés ; la zone non occupée exporterait du vin, des volailles, des fromages, des huiles, du foin et des engrais azotés[4]. Les demandes françaises portent surtout sur des denrées alimentaires. Les produits industriels paraissent être relégués au second plan. Parallèlement, Abetz est prêt à obtenir pour la France des améliorations territoriales et économiques pour la zone non occupée, dans le cas où elle s'engagerait aux côtés du Reich dans une guerre contre l'Angleterre. Cette dernière est au centre des négociations et de leurs atermoiements. Abetz énumère clairement les attentes françaises qu'il est possible de négocier, dans un rapport du 25 avril 1941 – qui est un plaidoyer pour la reprise de la collaboration franco-allemande. Il pointe l'amélioration du trafic des marchandises et du courrier, ajouté à la libération d'au moins 50 000 prisonniers de guerre, au rattachement des départements du Nord à l'administration militaire de Paris et non plus de Bruxelles, et à la réduction des frais d'occupation[5]. Il ne reste plus qu'à mettre en musique diplomatique le rapprochement franco-allemand.

Le tournant des « Protocoles de Paris » : une ligne plus ouverte

Au début mai, rasséréné par l'avance de ses troupes dans les Balkans, Hitler peut à nouveau se soucier de la question française et accepter le principe suggéré par Abetz d'une rencontre avec Darlan. Celui-ci lie alors la question d'un éventuel soutien militaire aux Allemands à l'abaissement des frais d'occupation de 20 millions à 10 millions de Reichsmark par jour[6]. Début mai, Hemmen lui répond que la somme de 15 millions peut être envisagée, mais sous conditions : l'installation de trois commissaires allemands pour l'exercice d'un contrôle au Commerce extérieur, aux changes et à la Banque de France, et l'installation de contrôles douaniers mobiles. Les demandes de Hemmen sont acceptées. Le 6, Abetz publie un communiqué de presse qui annonce la réduction des frais d'occupation de 20 à 15 millions de Reichsmark et un assouplissement de la ligne de démarcation. Ce dernier thème a été ajouté au corps des négociations soit par Hemmen lui-même soit par Barnaud et Boisanger, chargés par Bouthillier de discuter avec Hemmen. Résultat flatteur pour Vichy, qui peut l'annoncer à l'opinion comme une victoire probante de sa politique ; accord pratique pour les Allemands qui y entrevoient plus de facilités d'exploitation économique du pays. Cependant, le communiqué ne dit pas si Darlan reste ferme sur le lien qu'il souhaite maintenir entre la question des frais et le soutien militaire au Proche-Orient. Les conditions de Hemmen sont aussi plus lourdes qu'auparavant. Par conséquent, Darlan refuse de régler un tiers des frais par un transfert en or ou en Reichsmark et de s'acquitter du reste par une livraison en billets français. La ligne de démarcation reste donc fermée.

Le 13 mai, Darlan rencontre enfin Hitler au Berghof. Ce dernier est clair et allègue à nouveau que « *toute concession allemande [...] affaiblit l'effort de guerre allemand du point de vue militaire et économique*[7] ». Il poursuit que la réduction des frais peut entraîner des conséquences importantes pour ses soldats. En fait, le chancelier montre peu d'intérêt pour les négociations avec la France ; Ribbentrop est plus précis lorsqu'il laisse entendre à Darlan que la France peut obtenir une place importante dans la nouvelle Europe, à condition qu'elle entre en guerre contre les Anglais, aux côtés des Allemands.

Abetz doit toujours s'adapter aux propos de Hitler et relancer les négociations par d'autres chemins. Il signale que son communiqué de presse a simplement l'ambition d'être un texte de propagande et que les concessions sur les frais et la ligne de démarcation ne sont pas liées directement aux négociations sur l'aide militaire aux Irakiens par l'intermédiaire de la Syrie. En fait, l'assouplissement de la ligne n'est consenti qu'à partir du moment où Vichy accepte le contrôle allemand aux frontières. Abetz en profite pour proposer un autre allégement des conditions de franchissement de la ligne de démarcation pour les marchandises seulement. Enfin, il ajoute un accès possible aux départements du Nord et à la zone interdite, la mise en congé des prisonniers de guerre et une nouvelle réduction des frais d'occupation à 12 millions de Reichsmark.

Le 20 mai 1941, le trafic des marchandises est enfin déclaré libre dans les deux sens ; tous les paiements sont permis de la zone occupée vers la zone non occupée, sauf pour l'or, les devises et les valeurs étrangères[8]. En contrepartie, les Français doivent céder en ce qui concerne l'installation de commissaires allemands aux devises et à la Banque de France ; un commissaire allemand en charge du Commerce extérieur est institué. Les Allemands sont autorisés à transporter des armes, *via* la Syrie, en direction de l'Irak – une assistance militaire de la France au Reich ; les avions allemands peuvent également atterrir sur les aéroports syriens. Enfin, la France doit autoriser le ravitaillement de l'*Afrikakorps* de Rommel par le port de Bizerte ou par la mise à disposition de la base sous-marine de Dakar. L'ensemble de ces décisions réciproques compose les « Protocoles de Paris », paraphés les 27 et 28 mai 1941[9]. Darlan décide de renforcer la politique de collaboration économique et politique avec l'Allemagne, conscient des difficultés croissantes de la zone non occupée. Il lui reste à faire fructifier ces acquis, à obtenir qu'Abetz tienne ses promesses et à surmonter les critiques françaises.

Le général Weygand s'est en effet opposé aux « Protocoles » ; dans une lettre à Pétain, il annonce que les militaires français défendront l'Afrique du Nord et souhaite qu'aucune base ne soit mise à la disposition des Allemands ou des Italiens. Il accuse Darlan de brader les possessions françaises. Le 3 juin 1941, cette question est au cœur d'un Conseil des ministres fort tumultueux. Le régime tente le tout pour le tout. Le même jour, Benoist-Méchin est chargé par Darlan de rédiger une note adressée aux Allemands. Darlan y demande le rétablissement total et immédiat de la souveraineté, c'est-à-dire la suppression pure et simple de la ligne de démarcation. C'est un retournement, synonyme de rejet des « Protocoles ». Hitler est furieux de voir la France exiger ainsi un dialogue d'égal à égal. Au même moment, Bagdad est repris par les Anglais ; la Syrie et le Liban sont neutralisés. Hitler reprend l'initiative en obtenant le retour de Weygand de l'Afrique du Nord. Pourtant, la collaboration économique est bien engagée au profit du Reich. En juin, le deuxième rapport d'activités de la Délégation allemande d'armistice pour l'économie peut conclure que « *l'unité économique des régions économiques françaises [...] sert les intérêts allemands dans la réalisation des vastes plans économiques communs qui ont été élaborés dans les derniers mois avec le gouvernement français*[10] ».

Il est aujourd'hui difficile de mesurer l'avantage économique que l'assouplissement de la ligne de démarcation a apporté dans la vie quotidienne des Français de la zone non occupée. Après cette concession significative sur le régime de la ligne de démarcation, il n'y en eut pas d'autres jusqu'au terme de l'Occupation. Malgré certains propos optimistes de technocrates de Vichy, on peut raisonnablement affirmer que les dividendes ont été assez maigres, notamment pour les voyageurs inter-zones. Les laissez-passer et les sévères contrôles douaniers sont toujours de rigueur entre juin 1941 et mars 1943. Ce sont les Allemands qui en ont tiré le profit susbtantiel. Les Français se sont adaptés tant bien que mal. Pour autant, cette politique du moindre mal n'a pas apporté d'amélioration sensible dans le contenu des assiettes. Pour sa propagande, Vichy s'est obstiné à marteler l'argument de l'existence d'une seule France. Si la ligne de démarcation, maintenue plus longtemps que prévu, apparaît comme un « atout », qui préserve le régime derrière une maigre protection, elle ne l'est pas sur le plan économique.

A partir de juin 1941, la ligne de démarcation a revêtu moins d'intérêt pour les futures négociations franco-allemandes ; son assouplissement a considérablement obéré la marge de manœuvre économique du régime de Vichy. Quelques chefs d'entreprise ont connu des facilités pour se rendre dans l'une ou l'autre zone, tel cet industriel du tissage de la Haute-Saône. Celui-ci a souhaité se rendre dans l'Ain, en Saône-et-Loire non occupée et à Lyon pour visiter ses usines, fin mai 1941[11]. Il a voulu importer en zone occupée des marchandises et des articles de confection. Pour ne pas arrêter la production dans ses usines de Bourg-en-Bresse et de Belleville-sur-Saône, il lui fallait obtenir très rapidement un laissez-passer inter-zones permanent pour effectuer de fréquents voyages. Ce fut chose faite à titre exceptionnel.

Du côté du ministère des Affaires étrangères du Reich, Ribbentrop a pensé que la campagne de Russie gommerait tous ces problèmes. Français et Allemands ont feint de poursuivre des pourparlers sur la base des « Protocoles », pour ne pas alerter l'opinion. Le 18 août, en pleine campagne de Russie, Abetz informe Darlan que les négociations sur tous les sujets litigieux sont reportées à une date ultérieure. La ligne de démarcation est effectivement assouplie, sous des conditions exigeantes, mais aucune avancée dans le sens d'une suppression n'est envisageable. La collaboration franco-allemande est au point mort, mais l'économie connaît une nouvelle phase de reprise, après plusieurs mois de blocage. Pour autant, entre Abetz et Ribbentrop, les relations se tendent de plus en plus. Le premier pense que les concessions demandées à la France ne coûtent pas beaucoup au Reich et que cela permet d'aider Darlan à s'engager davantage dans la voie de la collaboration. Pour Ribbentrop, il ne peut pas y avoir d'entorse au principe établi de l'armistice entre un vainqueur et son vaincu. Il craint que trop de concessions ne réduisent la portée de la mainmise allemande sur la France. A la fin de 1941, certains recherchent encore un accord de transition entre la Convention d'armistice et le traité de paix, en vain. La rencontre de Saint-Florentin entre Pétain et Goering, le 1er décembre 1941, n'apporte rien de plus.

A la mi-décembre, l'Axe exige de la France qu'elle lui livre à la ligne de démarcation des marchandises achetées en Afrique du Nord et en Tunisie pour être acheminées respectivement en Allemagne et en Italie. Les Allemands demandent une augmentation du tonnage, à savoir 33 000 tonnes de plus qu'en mai ; le total s'élève alors à 125 000 tonnes. Les besoins matériels allemands sont désormais plus grands, quelques jours après l'entrée en guerre des Etats-Unis, le 7 décembre 1941. Bien entendu, Hemmen prend aussi en compte l'extension spatiale de la guerre à l'Est, mais aussi son enlisement. Pour lui, la ligne de démarcation peut être un obstacle à l'unité économique française et donc conduire à une moindre exploitation des ressources par la machine de guerre allemande. S'il feint de répondre aux demandes françaises d'assouplissement, il n'a pas le projet d'aider la propagande de Vichy. Seul l'avenir du Reich l'intéresse[12].

Les succès diplomatiques vichystes se multiplient en 1942, à l'heure où l'industrie de guerre allemande est de plus en plus gourmande des ressources des pays conquis. Plus la guerre avance et moins les négociateurs français espèrent une réciprocité totale des échanges inter-zones, et non pas des échanges au seul profit des Allemands en zone occupée. Les militaires allemands souhaitent une ouverture totale de la ligne. Le *MBF* a sans aucun doute éprouvé moult difficultés pour mener une politique économique cohérente dans sa gestion de l'occupation militaire, alors qu'Abetz, Ribbentrop et Goering prenaient des initiatives centrifuges. Chaque organisation allemande a représenté les projets de son administration d'origine, et donc de ses chefs. Chacune a réduit la marge de manœuvre du régime de Vichy, se privant d'une efficacité sans doute plus grande dans le pillage du pays. Abetz, de 1940 à 1942, a tenté de tirer des ficelles plus personnelles. Ribbentrop l'a refroidi assez fréquemment dans ses initiatives. Toutefois, en 1942-1943, le *MBF* centralise et gère étroitement l'exploitation et les flux de marchandises dans l'ensemble de l'espace national[13]. Les services d'occupation restent vigilants en ce qui concerne les fuites des valeurs, de l'or et des devises vers la zone sud ; à l'été 1943, ils regrettent encore l'absence de « *moyens coercitifs [Zwangsmittel] comme en zone occupée*[14] ». Les discussions sur ces derniers thèmes, entre le président de la CAA et le ministère des Finances de Vichy, n'ont pas abouti.

L'occupation totale, une réunification territoriale ?

Pour des millions de Français, les événements du 11 novembre 1942 marquent moins un tournant qu'une confirmation. Ils viennent confirmer des prises de position antérieures. Dès lors, après l'occupation totale de la France, le régime de Vichy devient anachronique lorsqu'il évoque la « zone occupée ». Il est vrai qu'officiellement la ligne de démarcation n'est pas supprimée sur le terrain. Les Allemands maintiennent en place une limite fictive, jusqu'à la fin du mois de février 1943. Après cette date, la ligne de démarcation sépare encore la France sur les cartes d'état-major allemandes, mais aussi dans les discussions entre Allemands et Français. Le régime de Pétain reste installé à Vichy. Les deux zones changent de nom. Les Italiens pénètrent largement dans le sud-est de la France jusqu'en septembre 1943. Dans l'ensemble de ces événements militaires et politiques, quelle place occupe la population frontalière de la ligne ? Est-elle sortie comme tous les Français de « *deux ans et demi de provisoire* », pour reprendre Raymond Aron dans ses *Chroniques de guerre*[15] ? A-t-elle retrouvé sa liberté de circuler ? Les Français des deux zones ont-ils été « réunifiés » malgré le maintien d'un gouvernement souverain dans une zone d'opérations allemande, l'ancienne zone non occupée ? Il est intéressant de revenir sur le comportement de l'opinion publique, après le 11 novembre 1942. Alors que Pétain est devenu un prisonnier dans son propre pays, les hommes de Vichy ont-ils utilisé la ligne pour justifier la politique du double jeu ?

En entrant dans la voie de la collaboration, le régime de Vichy n'a pas réussi à obtenir des Allemands le retour à l'unité administrative. La différence entre les deux zones a grandi en matière économique. L'espoir était donc vain de retrouver la maîtrise du territoire national. Ainsi, en avril 1942, Pierre Pucheu se fait le porte-parole du pessimisme des autorités françaises et demande à Darlan de revenir à l'unité administrative des départements, sans toucher aux limites des régions. L'adaptation à tous crins au tracé de la ligne de démarcation rend difficile son travail de secrétaire d'Etat à l'Intérieur. La superposition des projets territoriaux de Vichy complique l'organisation du travail administratif, en raison des difficultés de circulation à la ligne de démarcation. Pucheu a donc revu la carte administrative du pays en fonction de l'existence plus durable prévue d'une ligne-frontière toujours aussi gênante en matière administrative : « *Le rattachement d'une fraction de département à un département voisin ne doit donc pas, en principe, être maintenu [...] Par contre, il y aurait des inconvénients à modifier la contexture actuelle des régions [...] Aussi le maintien du* statu quo *a-t-il été décidé en ce qui concerne les régions [...] J'ai prié les préfets des départements traversés par la ligne de démarcation de me donner l'assurance que les facilités nécessaires de circulation et de communication seraient accordées par l'autorité occupante*[16]. »

Si la ligne a été plus qu'assouplie en matière économique, depuis la fin du printemps 1941, les hommes et les ministres ont toujours autant de difficultés à circuler. Les laissez-passer sont toujours distribués au compte-gouttes. Dans son projet de régionalisation du territoire national, l'Etat français a même voulu s'adapter à la réalité d'une coupure territoriale qui affectait tout le dispositif de gestion du pays. Comment les préfets départementaux pouvaient-ils obtenir « *l'assurance*[17] » demandée par leur ministre de tutelle ? En position de vaincu, aucun préfet n'a été en mesure d'obtenir des Allemands les facilités exigées par un ministre. Par ailleurs, la collaboration a connu des heures sombres et Pierre Laval n'est pas parvenu à négocier pour la France la place tant escomptée dans la future Europe allemande. En mai 1942, le « cas Giraud » empoisonne les relations franco-allemandes. En effet, la tête du général Giraud, évadé le 17 avril 1942, est mise à prix 100 000 marks. Il arrive à Lyon, le 25. Le lendemain, malgré des demandes de Laval et d'Abetz, il refuse de se constituer prisonnier à Moulins, au passage de la ligne de démarcation. Keitel reproche vivement à Abetz d'avoir laissé le général Giraud franchir la ligne. De plus, l'occupant se montre choqué que Giraud soit passé dans la voiture de Laval et Darlan, les deux seuls membres du gouvernement à disposer d'un laissez-passer permanent. Selon Abetz, une arrestation de Giraud risquait de provoquer la démission de Darlan et Laval. La ligne a donc servi de limite-refuge derrière laquelle Vichy tenait encore des leviers de commande réduits.

A partir de l'été 1942, Abetz n'a plus aucune influence à Berlin. Le sort de la ligne de démarcation n'est plus discutée car Abetz n'a plus rien à proposer à Laval. L'autorité de ce dernier diminue comme peau de chagrin. Par ailleurs, en septembre 1942, une crise oppose Auphan, Darlan, Bonnafous, Gibrat, Leroy-Ladurie à Laval. Ils reprochent à ce dernier les concessions toujours plus grandes faites aux occupants. En France, la situation politique est bloquée, alors qu'en Allemagne d'autres préoccupations ont fait prendre un nouveau virage à l'histoire de la ligne de démarcation.

Plus de deux ans après la signature des conventions d'armistice, la France de 1942 représente toujours, pour les Allemands, plusieurs dangers qui se sont amplifiés avec l'entrée en guerre des Etats-Unis, le 7 décembre 1941. Les possessions africaines, la flotte et la zone non occupée constituent pour les occupants des sujets d'inquiétude. En même temps, les promesses de Montoire n'ont pas été tenues ; le risque de voir Vichy ouvrir ses arrières aux Alliés n'est pas nul. Les Allemands attendaient de Vichy – considéré comme « *un avant-poste armé de l'Europe en Afrique*[18] » – une aide pour protéger l'armée allemande du côté de la Méditerranée. Selon le *Journal de marche* du général Halder, en décembre 1940, Hitler aurait déclaré : « *S'il se passait quelque chose en Afrique du Nord, nous devrons occuper aussitôt le reste de la France*[19]. » Il savait que la ligne de démarcation ne représenterait jamais un rempart de protection suffisant sur ses arrières. Les plans de l'occupation complète de la France, connus sous le nom d'« *Attila* », prêts dès 1940, ont été sans cesse révisés en 1941. L'ouverture du front russe a notamment exigé que soit reconsidéré le statut singulier de la France. Elle ne pouvait plus être ce glacis de protection de l'ensemble du front occidental. La ligne de démarcation devait donc pouvoir être franchie à tout moment, afin de porter la ligne de défense sur la côte méditerranéenne française.

1942 a apporté son lot de défaites et de désillusions à Hitler : la Grande-Bretagne tenait bon, les Etats-Unis étaient en guerre, et en Russie les batailles exigeaient des moyens de plus en plus importants. En cas d'occupation totale de la France, le Reich serait confronté à des problèmes logistiques insolubles, car le matériel et les hommes ne seraient sans doute pas assez nombreux pour être présents sur deux fronts à la fois. A la fin du mois de mai 1942, Hitler a demandé que l'« *opération Attila* » – devenue « *Anton* » entre-temps – soit moins ambitieuse[20]. D'où l'idée de faire participer les Italiens aux opérations d'occupation de la France. Tout laissait croire aux Allemands que les Alliés préparaient quelque chose. Comme l'attaque du commando anglais à Saint-Nazaire, le 28 mars 1942, qui privait les Allemands d'un port capable d'accueillir les plus grands cuirassés. Le 19 août suivant, la tentative de débarquement anglo-canadienne échouait à Dieppe-Le Havre. Ce succès allemand était des plus probants, car il était un gage de la bonne sécurité des troupes allemandes, après la surprise de Saint-Nazaire. Par ailleurs, Otto Abetz rappelait sans cesse à sa hiérarchie que l'Afrique du Nord n'était pas une porte bien gardée au sud de l'Europe. L'ambassadeur du Reich avait raison dans la précision de ses informations, mais les services allemands recevaient sans cesse des messages contradictoires. De plus, Hitler se méfiait d'Abetz qui pouvait jouer en France une carte politique, dans le cadre d'un renforcement de la collaboration franco-allemande. Au début d'octobre, la reprise de l'île de Sercq par les Britanniques réveilla encore la crainte d'un débarquement, cette fois-ci sur les côtes de la Manche, et plus précisément dans la région de Cherbourg.

L'opération « Anton » *et le maintien de la ligne de démarcation*

Le 8 novembre 1942 fournit à Hitler le prétexte tant attendu pour donner une autre dimension et une autre tournure à la guerre après que les Alliés ont déclenché l'opération *Torch* en divers points du Maroc et de l'Algérie. Entre le 8 et le 11 novembre 1942, Vichy a cherché tous les moyens d'éviter une occupation totale à la France, à commencer par une « *authentique résistance aux assaillants*[21] », autour d'Alger, dans le port d'Oran et au Maroc. Il était vital que les Alliés n'ancrent pas leurs forces sur ce qui restait de la France non occupée. Mais Vichy est impuissant. En Afrique du Nord, la tête de pont alliée est établie dès le 8 novembre. De fait, comment empêcher les Allemands de traverser le territoire non occupé, alors qu'ils doivent défendre ce nouveau front, coûte que coûte ? Le 8, Laval accepte le survol de la zone non occupée et des autres territoires français par les avions allemands et italiens, à condition que le décollage ait lieu depuis les bases aériennes de Sardaigne et de Sicile. Mais cela ne suffit bientôt plus aux Allemands. Le 9 novembre, à Wiesbaden, on ne parle plus d'alliance franco-allemande, mais bien de *Diktat*. Le même jour, Laval choisit de partir pour Munich, afin de négocier avec Hitler. Il espère encore que le régime ne perdra pas l'intégrité des territoires de la Métropole et de l'Empire, au prétexte d'une collaboration renforcée. Les Allemands exigeaient l'autorisation française d'installer les forces aériennes de l'Axe à Constantine et en Tunisie. Le délai de l'ultimatum était de soixante-quinze minutes. Laval n'eut d'autre choix que de s'incliner en répondant par l'affirmative. Le régime de Pétain avait d'ores et déjà perdu toute maîtrise des événements en Afrique du Nord. Les forces françaises à Alger avaient signé un armistice avec les Alliés et il restait pour Vichy à défendre la neutralité de la zone non occupée.

Après les derniers efforts de Pierre Laval, Hitler ordonne, le 10 novembre, de déclencher « *Anton* » le lendemain matin. Or, pendant l'audience Hitler-Laval, le même jour, l'occupation de la zone non occupée n'a été évoquée à aucun moment, pas plus que l'avenir du compartimentage de la France par les lignes de démarcation. Dans une lettre antidatée du 11 novembre, Hitler expliquait au maréchal Pétain que l'Italie et l'Allemagne n'avaient commis aucune faute, au regard des articles de la Convention d'armistice de juin 1940, mais que la France non occupée devait être traversée par les troupes allemandes « *pour écarter le danger*[22] ». Hitler poursuivait : « *Je me suis vu forcé, de concert avec le gouvernement italien, de donner l'ordre à mes troupes de traverser la France par la voie la plus rapide pour occuper la côte de la Méditerranée, et secondement, pour participer à la protection de la Corse contre l'agression des forces armées anglo-américaines*[23]. »

Pétain pouvait « *désormais circuler librement et sans entraves dans toute la France* ». Une promesse lui avait été faite, à savoir le retrait des troupes allemandes de la zone non occupée lorsque la côte méditerranéenne serait sécurisée. La ligne de démarcation était maintenue. Les Allemands ne consentaient aucune contrepartie. Depuis deux années et demie, la ligne était une sorte de protection pour l'armée allemande, entre la France occupée et la France reconnue comme « libre ». Dans la première, des habitudes et des règles militaires avaient été établies. Elles ne pouvaient pas être exportées corrélativement à l'arrivée des troupes allemandes en zone non occupée – la « *zone sud* » à partir de l'occupation totale. En pénétrant en zone non occupée, les Allemands se méfiaient aussi de la Résistance, beaucoup mieux implantée qu'en zone occupée bien que la résistance armée ait déjà commencé dans cette dernière avec l'assassinat de l'aspirant Moser à Paris et du *Feldkommandant* Hotz à Nantes, au second semestre de 1941.

Pétain se voit remettre la lettre vers 5 h 25 du matin. Une fois ces « formalités » remplies, les troupes allemandes commencent leur progression sur le terrain, le matin du 11 novembre 1942. Otto Abetz annonce à Laval l'entrée imminente des troupes germano-italiennes en zone non occupée. Contrairement à une directive de Hitler, en date du 29 mai 1942, prévoyant les espaces à occuper par les Italiens et les Allemands, la consigne du 11 novembre est de déferler sur la zone non occupée aussi vite et aussi loin que possible. De leur côté, les Italiens se portent à Nice et Modane et prévoient un débarquement en Corse pour le 12. Les protestations du maréchal Pétain restèrent lettre morte.

Les autorités françaises ne manifestent aucune résistance au moment de l'arrivée des soldats de la *Wehrmacht*, ni au passage de la ligne de démarcation, où les barrières furent facilement levées, ni en zone non occupée. La propagande filmée a largement utilisé les images du passage de la ligne de démarcation par les chars allemands. C'est ce que montrent les dernières images du film des *Actualités françaises*, du 27 novembre 1942[24]. En une quinzaine de secondes, coincées entre des informations sur les guerres à Stalingrad et en Norvège, les spectateurs ont pu voir une séquence titrée : « *Face à l'Agression anglo-américaine* ». Puis, très rapidement, en une minute, on aperçoit un Allemand qui lève la barrière entre les deux zones, à la sortie d'un village non identifiable, pour laisser passer un convoi automobile qui s'engage ensuite sur un pont suspendu. Les images suivantes sont celles de Français qui regardent passer des véhicules chenillés et de l'entrée dans Marseille.

En décembre 1942, les Allemands préparent les plans de défense de la côte méditerranéenne. Parmi ces plans, la nouveauté stratégique réside dans l'apparition des Italiens dans le plan d'occupation de la France. L'ancienne zone non occupée est compartimentée en deux zones nouvelles. Le Rhône sert de frontière entre les deux pays de l'Axe. Le tracé commence au sud-ouest de Genève, suivant une voie ferrée de la frontière suisse jusqu'à Bellegarde, Châtillon-en-Michaille et Nantua (Ain), avant de rejoindre Maillat, Poncin (Ain), La Verpillière, Heyrieu, Vienne (Isère) et Ambérieu (Rhône). La nouvelle limite épouse ensuite le cours du Rhône, s'infléchit vers l'est pour relier la côte méditerranéenne à La Ciotat. Lyon et Avignon se trouvent en zone allemande. Sur la rive gauche du Rhône, au-delà d'Avignon, des zones de contrôle forment une autre ligne de surveillance. Les Italiens opèrent les contrôles et les Allemands y placent des troupes supplémentaires.

Comme pour le tracé de la ligne de démarcation allemande de juin 1940, la nouvelle délimitation souffre d'un manque de précisions claires à l'échelon local. En conséquence, les mêmes maux se retrouvent : des habitants qui ne savent plus où ils sont positionnés par rapport au nouveau tracé, des incidents minimes entre des patrouilles italiennes et des voyageurs inter-zones, des violations territoriales de la part de détachements militaires italiens. En revanche, dans les archives, il n'y a pas de traces de l'organisation de traques aux passeurs et aux passagers, pas plus que de coups de feu mortels. La « ligne de démarcation » franco-italienne est matérialisée par des bornes peintes en vert. En ce qui concerne le déplacement des personnes, il faut invoquer des raisons professionnelles ou familiales pour se rendre dans l'ancienne zone non occupée. Les Italiens délivrent alors un sauf-conduit. Les étudiants inscrits dans un établissement de la nouvelle zone sud peuvent également recevoir le document de passage. Parallèlement, entre décembre 1942 et début février 1943, l'obtention du laissez-passer allemand (*Ausweis*) est devenue très difficile, voire impossible. Les fonctionnaires attendent parfois plusieurs mois. Le Reich a voulu limiter les déplacements des Français, afin de ne pas compromettre la sécurité des soldats allemands. La ligne de démarcation protège donc en quelque sorte les troupes qui viennent d'arriver dans l'ancienne zone non occupée[25]. Le partage de la France non occupée entre Italiens et Allemands est totalement du ressort allemand. Sur le plan économique, les Allemands décident de ne pas distribuer les suppléments économiques aux Italiens, jugeant que l'extension de la zone italienne suffit. Pourtant, chacun des deux Etats revendique le droit de délivrer les laissez-passer entre la zone allemande et la zone italienne.

Les Français sont évidemment ulcérés par ce nouveau partage, laissant une place trop importante à l'expansionnisme italien qui fait écho à d'autres ambitions territoriales en Tunisie[26]. Rappelons cependant que cette zone d'occupation italienne a eu l'avantage de protéger des milliers de Juifs de la déportation. Les services allemands du *Höherer SS-und Polizeiführer* ont été en effet les seuls services allemands à commencer immédiatement leur activité dans l'ancienne zone non occupée. Pour la traque des Juifs, la ligne de démarcation n'existe effectivement plus. Dans la zone italienne, les *SS* n'ont aucune prise. Un exode important de Juifs commence *ipso facto* de l'ancienne zone non occupée vers la zone italienne.

L'opinion française devait être convaincue que l'occupation totale n'était pas une nouvelle invasion, mais plutôt une opération de protection. En réalité, la population n'exprime pas partout de l'indifférence. Tel est le sens d'un rapport du groupe d'armées Rundstedt, cité par Eberhard Jäckel : « *Le mouvement s'est déroulé le 12 novembre conformément au plan et sans le moindre incident [...] L'attitude de la population est le plus souvent indifférente, excepté les régions de Marseille et de Roanne ouvertement hostiles, et la région AOK 1 [ouest du littoral méditerranéen] intéressée et empressée*[27]. »

La position de Vichy aux yeux de l'opinion est très difficile, voire intenable pour sa propagande. Comment faire croire que la France a préservé la totalité de son intégralité territoriale ? Sur le tracé de la ligne de démarcation, il est difficile de connaître l'état de l'opinion sur l'instant, en novembre 1942. Les rapports des préfets, rédigés bien après, ne mentionnent pas le détail de l'arrivée des Allemands. Les préfets évoquent moins un choc qu'un mécontentement à l'égard du régime de Vichy et d'un ravitaillement toujours aussi maigre et même décroissant. Les troupes allemandes n'ont fait souvent que passer dans les villages de la ligne de démarcation. Les rapports de la gendarmerie et du BCRA ne sont guère plus prolixes, à l'exception d'un seul « *sur l'opinion publique française* », daté de janvier 1943 :

« *Entrée des Allemands en zone libre. Si en zone occupée, la quasi-totalité de l'opinion publique, exception faite des collaborateurs appointés ou intéressés, était antiallemande et antivichyssoise, ces deux tendances n'en constituent en réalité qu'une seule [...] Pour ces derniers partisans, Pétain n'est plus aujourd'hui le chef digne d'admiration, mais le prisonnier digne de pitié. Quant à Laval, il est pour tout le monde "le traître"*[28]. »

L'occupation totale ne fait que confirmer ce que l'opinion avait pressenti : l'incapacité du régime de Vichy à se sortir des griffes du Reich. Le 11 novembre 1942, dans les deux principales zones, l'opinion française était depuis longtemps déjà éloignée de Vichy, et encore plus des Allemands. Depuis l'été 1941, Pétain est critiqué et de nombreux Français souhaitent la défaite des Allemands sur le front de l'Est. 1942 a marqué une rupture encore plus grande entre Vichy et l'opinion, avec l'échec de la politique officielle du régime. Un rapport de synthèse des services des contrôles techniques le suggère, dès l'automne 1942 : « *vis-à-vis de l'Allemagne une attitude franche correspondant "aux vœux de l'immense majorité" des Français, même au prix des risques qu'elle comporte puisque, aussi bien, le Reich "commande en zone libre comme en zone occupée"*[29] ». Pour une grande partie de l'opinion, la question de l'existence même de Vichy est posée. A quoi sert un régime aussi dépendant de l'ennemi ? C'est le sens de la synthèse des interceptions postales… Le correspondant des services du contrôle postal ponctue son rapport par une allégation tranchante pour le régime : « *Cette solution aurait l'avantage de rétablir l'unité nationale compromise par l'existence de la ligne de démarcation*[30]. »

A la fin de 1942, tous les Français sont donc en contact direct avec les occupants. En zone occupée, les correspondants du service des contrôles techniques expriment une certaine déception devant le maintien de la ligne de démarcation au-delà du 11 novembre 1942[31]. L'opinion attend la suppression de la ligne et le retour si souvent promis des prisonniers de guerre.

A la fin de 1942, la ligne est au cœur d'un dispositif stratégique allemand complètement bouleversé. Elle n'est plus utile en cas d'ouverture d'un front méditerranéen, sauf à maintenir la pression sur Vichy et à ne pas permettre de contacts entre deux populations qui se tournaient le dos depuis le mois de juin 1940. Que peuvent désormais espérer les Français d'une occupation totale ? Le pire est-il à craindre ou bien l'occupation signifie-t-elle la fin de la ligne de démarcation ? Dans ce cas, l'occupation totale peut-elle susciter quelque espoir, à savoir une « réunification » territoriale des Français, ou bien est-elle le point de départ d'une occupation plus dure ? Les autorités de Vichy ne désarment pas. Le 18 novembre, le chef du gouvernement envoie aux préfets le télégramme suivant : « *La présence des troupes de l'Axe en zone libre ne présentant pas le caractère d'une occupation, la souveraineté des autorités françaises est maintenue*[32]. »

Même occupée, l'ancienne zone dite « libre » reste sous l'autorité de l'Etat français parce que les Allemands en ont décidé ainsi. Le gouvernement français tente encore de maîtriser ses outils de souveraineté, comme la police, par exemple. Cette dernière a été mise au service des objectifs allemands depuis l'été précédent. La ligne de démarcation a donc été enjambée bien avant l'occupation territoriale de toute la France. La zone

« libre » ou « non occupée » appartient vraiment au passé même si on la désigne encore de cette façon à Vichy qui, en dernier, assume l'anachronisme. Après tout, l'administration française reste en place et aucune retouche n'est apportée au tracé de la ligne de démarcation et à son régime juridique. L'ordonnance allemande pour la zone nouvellement occupée, datée du 16 novembre 1942, affirme que « *l'administration française* [est] *maintenue* ». Dans sa lettre à Pétain, Hitler n'a-t-il pas affirmé que les conventions d'armistice de 1940 étaient encore en vigueur ? Le régime de Vichy s'engage alors dans une politique détestable, avec la mise en place du STO, la participation à l'économie de guerre allemande, à la lutte acharnée contre la Résistance et à la déportation des Juifs.

Du côté allemand, quelques jours après les opérations militaires en zone non occupée, l'action des occupants reprend comme avant en zone occupée. Les autorités militaires allemandes craignent d'être dépassées par l'ouverture hâtive de la ligne. Tel est le sens des instructions données par Stülpnagel, le 22 novembre 1942[33]. Le 27 novembre, l'opération « *Anton-Attila* » s'achève par la neutralisation de la flotte française à Toulon. Les Allemands ne répondent plus à aucune des susceptibilités françaises et Vichy s'incline devant les faits accomplis. Parallèlement, les débordements les plus dangereux, aux yeux d'Abetz, sont de voir les collaborationnistes demander une participation au gouvernement. Un télégramme qu'il envoie à Ribbentrop, en novembre 1942, suggère d'empêcher l'unification des groupes politiques et de maintenir le distinguo entre les deux zones[34].

La suppression symbolique de février-mars 1943

L'occupation totale de la France est l'occasion pour Laval de réclamer la suppression définitive de la ligne dans laquelle il voyait un bon thème de propagande pour tenter de reconquérir une opinion qui ne cessait de s'effilocher. L'occupation totale ne fut pas synonyme du rétablissement de l'unité, comme l'espéraient les autorités françaises. Bien au contraire, les difficultés avec les Allemands ne firent que croître. Pour Pierre Laval, entre novembre 1942 et janvier 1943, la suppression de la démarcation devait compenser l'occupation totale ; à la section économique du *MBF*, Elmar Michel pensait le contraire. Mais quels avantages concrets Laval pouvait-il désormais espérer, après le rétablissement symbolique de l'unité territoriale, dans le domaine économique et administratif, le 1er mars 1943 ? La ligne était devenue depuis plus de deux ans un levier de chantage et d'intimidation politiques. L'exploitation allemande de l'économie faisait fi d'une barrière ouverte aux échanges depuis mai 1941. Le nouveau départ espéré sans grande conviction par Laval ne pouvait pas avoir lieu.

Dès le mois de janvier 1943, les autorités de Vichy savent que les Allemands ont décidé la suppression matérielle de la ligne de démarcation[35]. Le 1er mars 1943, à grand renfort de propagande, les Français apprennent l'ouverture de la ligne qui s'apparente en fait à une suppression sur le terrain. Le 22 février 1943, *Le Moniteur*, par exemple, titre sur sa une : « *Les heureux résultats de la politique du gouvernement et de la contribution du travail français à l'effort européen. Le régime de la ligne de démarcation est profondément modifié*[36]. »

Le 26 février, dans le Journal filmé n° 8 de *France-Actualité* (Pathé-Gaumont) – journal mis en place par Vichy en zone non occupée à partir du 10 octobre 1940, puis de 1942 à 1944 dans les deux zones[37] –, les réalisateurs veulent montrer par l'image que la France se ressoudera, dès le 1er mars suivant[38]. Le but est de faire oublier la coupure de la France en deux grands espaces inégaux. D'ailleurs, le film est monté de façon à lier l'ouverture de la ligne à la rencontre de Montoire, déjà vieille de plus de deux ans. Pétain et Laval, assis côte à côte, sont présentés aux spectateurs dans le premier plan. Le plan suivant permet de voir des soldats allemands contrôlant des identités auprès d'une guérite de la ligne de démarcation. Une animation en surimpression montre les deux zones se rejoignant en une seule France avec en arrière-plan le passage d'une voiture qui franchit la ligne de démarcation, un soldat allemand levant la barrière au même moment. La date « *1er MARS 1943* » couvre la carte et l'image filmée. Le commentaire vante ainsi les bienfaits de la politique de collaboration depuis Montoire ; ils ont permis de supprimer une ligne de démarcation qui ne sera plus « *un obstacle aux voyages même privés, aux coups de téléphone, à l'échange de lettres : les cartes inter-zones ne sont plus*[39] ». Le film n'oublie pas de signaler que la suppression de la division est liée au retour de 50 000 prisonniers grâce à la politique de la Relève. La poignée de mains entre Hitler et Pétain, à Montoire, le 24 octobre 1940, est à nouveau évoquée et le commentaire ajoute : « *La France accueille les substantiels résultats de sa collaboration à la lutte contre le bolchevisme, reconnue ainsi par le Reich*[40]. » La ligne de démarcation est encore un bon outil de propagande pour Vichy. Remarquons que la mémoire de la rencontre entre Pétain et Hitler, construite à partir des seules images allemandes, est constamment rappelée par Vichy ; de son côté, la propagande allemande porte un intérêt bien moindre à Montoire. La suppression de la ligne, que seule l'occupation totale a permis d'envisager, est présentée comme un succès par Vichy, alors que l'équilibre des négociations penche plus que jamais du côté allemand. Parallèlement, Hitler a maintenu Vichy uniquement pour répondre au mieux au débarquement en Afrique du Nord ; selon Eberhard Jäckel, sans doute le 18 décembre 1942, Hitler aurait dit à Ciano qu'il était « *adroit de préserver la fiction d'un gouvernement français avec Pétain* » et de « *le faire regonfler de temps en temps par Laval quand il s'aplatit trop*[41] ». Les militaires allemands enterrent peu à peu l'idée d'un Vichy souverain et interlocuteur privilégié. Ce qui ressort du rapport d'activité de la CAA : « *Dans la pratique, la différence qui subsiste entre les deux zones est de plus en plus estompée et la souveraineté formellement reconnue du gouvernement français sur la zone non occupée est de plus en plus réduite*[42]. »

Les laissez-passer sont donc réellement supprimés. Seuls des contrôles volants de cartes d'identité sont opérés sur le tracé par les soldats allemands. Depuis quelques semaines déjà, les Allemands ont supprimé des postes de contrôle. De leur côté, en raison de la dissolution de l'armée d'armistice, les postes de surveillance français ont été également retirés, le 18 novembre 1942. Les douaniers français encore en poste n'ont plus que des missions économiques. La suppression territoriale de la ligne de démarcation, le 1er mars, précède de trois jours le rétablissement des relations postales sur l'ensemble du territoire. En réalité, les Allemands continuent à exercer un pouvoir de pression sur l'obtention des sauf-conduits pour traverser le pays. Par exemple, seuls neuf fonctionnaires de police sont autorisés à franchir la ligne de démarcation avec des documents, pour se rendre de Paris à Vichy, dont Leguay, sous-préfet et délégué de Bousquet dans les territoires occupés, et Weber (sous-directeur et chef des services administratifs du secrétariat général à la Police à Paris)[43].

La question des laissez-passer conduit plusieurs fois le régime de Vichy au doute et au paradoxe, pendant l'année 1943. Une question est alors posée par ses services : faut-il substituer à l'ancien laissez-passer allemand un sauf-conduit de remplacement français ? La ligne n'existe plus, mais Vichy recherche un maintien fictif pour assurer un contrôle policier plus efficace. Le rétablissement français de la ligne de démarcation par la création d'un laissez-passer spécifique provoque des joutes épistolaires, révélant des luttes de compétences. En juillet 1943, Fernand de Brinon (délégué général du gouvernement français dans les territoires occupés) évoque la création d'un sauf-conduit français entre les deux zones, prétextant que « *la ligne de démarcation n'a pas été supprimée, mais assouplie, ainsi que l'ont indiqué à différentes reprises les autorités allemandes de Paris (Ambassade ou autorités militaires)*[44] ». L'idée consiste à délivrer à tout voyageur inter-zones un sauf-conduit français en sus du laissez-passer allemand, afin de ne pas perdre une seule parcelle de souveraineté. Ce sauf-conduit reprend un projet adopté pour les étrangers qui se rendent définitivement en zone non occupée, depuis septembre 1942. Le 22 juillet 1943, trois jours après l'envoi de la lettre de Fernand de Brinon, Bousquet exprime son désaccord sur ce sauf-conduit français, relayant apparemment un refus des Allemands[45]. Leguay, quant à lui, exprime son mécontentement, car la police française n'a pas de droit de regard sur la délivrance des sauf-conduits[46]. Pour lui, la circulation des étrangers en zone occupée concerne les Allemands et non la DGTO. En zone non occupée, un décret du 20 mai 1943 supprime les sauf-conduits en zone sud. Une lutte de compétences apparaît donc entre les services de police de Bousquet et celui qui dirige la DGTO. Seuls les ressortissants italiens et allemands sont dispensés du sauf-conduit français. Au final, ce sauf-conduit est rendu obligatoire uniquement pour les étrangers qui souhaitent traverser la ligne de démarcation et se rendre à l'étranger ; ils doivent être munis du laissez-passer allemand ou d'un passeport portant la *Sondergenehmigung (autorisation spéciale)*, ou d'un visa. Ce laissez-passer porte la mention supplémentaire et fort symbolique : « *valable pour franchir la ligne de démarcation* ».

Le retour des prisonniers et la suppression de la ligne de démarcation étaient attendus depuis longtemps par les autorités françaises et par l'opinion, mais le régime de Vichy n'en a recueilli *in fine* que de maigres fruits. C'est ce qui ressort de la « *synthèse des contrôles* » de février-mars 1943 : « *L'assouplissement de la ligne de démarcation et les nouvelles mesures en faveur des prisonniers ont été dans l'ensemble accueillis avec satisfaction. En particulier, l'annonce de la première de ces mesures a donné lieu, tout au début, à une explosion de joie sans que nulle gratitude soit témoignée à la puissance occupante et guère davantage au négociateur français [...] L'assouplissement n'est qu'une conséquence tardive, mais prévue de l'occupation totale ; ce geste a été dicté par la nécessité dans laquelle se trouve le Reich de "récupérer des troupes à tout prix", etc. L'amélioration du sort des prisonniers reste au second plan et reçoit finalement un accueil mitigé où le doute prédomine*[47]. » Ce constat des services vichyssois peut être mis en parallèle avec celui des services du BCRA à Londres. Au printemps de 1943, un syndicaliste ouvrier envoie une information qui relate le retour à « *l'unité territoriale du pays qui peut être considéré comme un avantage diplomatique pour la France*[48] », mais contrebalance ce jugement en alléguant que la suppression de la ligne de démarcation n'améliore en rien « *les sentiments antiallemands des Français*[49] ».

La suppression matérielle de la ligne de démarcation a provoqué moins une euphorie qu'« *un soulagement*[50] » dans l'opinion publique. La possibilité de circuler plus librement du nord au sud de la France est sans nul doute la mesure qui plaît le plus. A Vichy, des rumeurs courent cependant sur le rétablissement d'une ligne de démarcation qui épouserait la limite entre les zones d'opérations italiennes – le long du Rhône – et allemandes[51]. Dans un projet de lettre au maréchal von Rundstedt (commandant en chef à l'Ouest – *der Oberbefehlshaber West* ou *Ob West* dans les archives), Laval montre son attachement à la suppression définitive de la ligne de démarcation car, selon lui, « *les inconvénients d'une nouvelle division du territoire français seraient aggravés par le fait qu'il s'agirait de deux zones d'étendue très inégale, étroitement associées tant au point de vue social qu'au point de vue économique*[52] ». Il n'en fut rien puisque la zone italienne a été réoccupée par les Allemands, dès septembre 1943. Laval a fait pourtant tout son possible pour relancer la politique de collaboration. Toute mesure de retour en arrière serait catastrophique pour son pouvoir et pour la survie du régime de Vichy.

La suppression de la ligne, un enjeu de pouvoir ?

En 1943, pour désigner l'ancienne zone non occupée, les services de Stülpnagel parlent de « *zone nouvellement occupée*[53] ». En 1943, Vichy a de moins en moins de cartes entre les mains : il n'y a plus de marine, sabordée au fond de la rade de Toulon, l'Algérie est giraudo-gaullienne et la zone non occupée est italienne et allemande. Il faut pourtant maintenir les apparences, ce qui arrange les Allemands qui ont encore besoin de la fiction de la souveraineté théorique de la France. L'utilisation de l'administration est donc requise dans les deux zones notamment pour prélever la main-d'œuvre exigée par le Reich et maintenir l'ordre policier.

Si la suppression de la ligne de démarcation sur le terrain est acquise, certains dirigeants allemands restent perplexes. Dans un télégramme au ministère des Affaires étrangères, Hemmen est l'un des premiers à regretter la suppression de la ligne, car le Reich se prive d'un moyen de pression essentiel. Pourtant, un rapport du « docteur » Elmar Michel, daté de juin 1944, est fort éclairant ; il écrit qu'« *économiquement la ligne de démarcation a perdu avec le temps sa signification pratique pour l'affirmation de l'influence du commandement militaire*[54] ». Michel poursuit, sous forme d'un bilan critique à l'égard de la politique du *MBF*, en rappelant ce que la ligne a eu comme avantages pour le Reich, mais en insistant aussi sur la gêne occasionnée aux soldats : « *La ligne de démarcation s'est avérée être un frein et une entrave dans de nombreux cas pour l'administration militaire en charge de la gestion de l'économie française au cours de l'occupation et de l'exploitation de l'économie du pays*[55]. »

La ligne aurait donc été un moyen de pression trop tôt transformé en handicap, par manque de fermeté, selon Michel. La presse allemande en a d'ailleurs porté l'écho au printemps 1942 ; elle a donné une définition claire de la réorientation de l'économie de guerre allemande vers une économie de guerre totale[56]. Pour le chef de la section économique du *MBF*, la ligne de démarcation a été trop vite abandonnée en mars 1943, d'abord comme moyen de pression économique contre le régime de Vichy, et donc comme moyen de chantage politique ; une occasion fut totalement manquée le 1er mars 1943, lorsque la circulation inter-zones des personnes a été libre. La ligne a disparu matériellement et politiquement, presque trop facilement selon lui. Il s'y est opposé. Il avait également trouvé aberrant l'abandon des moyens de pression qu'offrait la ligne du Nord-Est, dès la fin de 1941[57]. Il aurait fallu être plus strict avec la France. L'examen des rapports du *MBF* des années 1941 et 1942 confirme l'état d'esprit qui a présidé à l'exploitation économique de la France : il aurait fallu opérer le dépeçage économique du pays[58].

Nous connaissons un autre point de vue, assez proche de celui d'Elmar Michel, peu connu et écrit en 1970. Il s'agit du récit de guerre, manuscrit non publié, de Wilhelm Burandt, *Wehrwirtschaft-und Verwaltungspolitik von 1933 bis 1945. Eine Erinnerungsschrift (La politique d'économie militaire et de gestion de 1933 à 1945. Un souvenir écrit)*[59]. Entre autres fonctions, Burandt a été rapporteur général du service économique de l'*OKH*, puis du *MBF*, mais nous ne savons pas à quelles dates. Selon lui, « *le partage de la France était un handicap (Nachteil)*, d'abord à cause d'une surveillance trop coûteuse en hommes, mais surtout parce qu'elle « *divisait les relations économiques en deux entités* » et « *le recensement et la direction de toute l'économie française étaient rendus difficiles* ». De plus, il pensait que l'application des règles pour le franchissement licite de la ligne de démarcation, ainsi que le contrôle des échanges de valeurs et de marchandises entre les deux zones mobilisaient « *d'innombrables bureaux de l'administration militaire* [qui] *ont été chargés de cette mission improductive (dieser unproduktiven Aufgabe)* ». Les militaires allemands en charge de l'administration de la France étaient donc obsédés par la recherche d'une efficacité toujours plus grande de l'exploitation économique des deux zones. Pour eux, la ligne de démarcation est restée un obstacle et un moyen pour le régime de Vichy de ne pas jouer à fond le jeu de la collaboration. Michel et Burandt ne mésestiment pas non plus la jungle des structures économiques du Reich.

Après novembre 1942, le maintien de la ligne de démarcation, d'abord sur le terrain jusqu'en février 1943, puis dans l'organigramme de l'occupation jusqu'à la fin de la guerre, a donc rendu plus complexe la lecture des compétences des services allemands, plus nombreux à gérer une France toujours divisée avec une zone nord et une zone sud. La Commission d'armistice, le plus vieil organe de la souveraineté allemande en France, a encore fonctionné après le 11 novembre 1942. Les articles de la Convention d'armistice ont pour la plupart perdu leur sens, à l'exception des articles 3 et 24. Le premier a été à l'origine appliqué à la zone occupée, mais à partir de 1943 les Allemands n'ont pas hésité à le mettre en avant lorsque les Français se montraient récalcitrants. L'article 24 a permis au Reich de dénoncer à tout moment la convention. Sur le plan juridique, l'occupation allemande de la France en 1943-1944 ne correspond à aucun cas connu ; les Conventions de La Haye sont depuis longtemps dépassées. Les Français ne peuvent plus ni se retrancher derrière la Convention d'armistice ni se croire protégés par la ligne de démarcation.

Conclusion

Bien que les débats historiques sur l'Occupation en France aient déjà amplement avancé, l'attention historienne accordée aux contraintes politiques, économiques, administratives et humaines posées par l'instauration de la ligne de démarcation est restée faible. La séparation, née de l'armistice, entre une France non occupée et une France occupée – elle-même découpée en plusieurs parties – a été majoritairement occultée par la mémoire savante et par la mémoire officielle. La littérature, petite ou grande, lui a pourtant consacré des centaines de pages, ne retenant souvent que l'histoire clandestine des passages inter-zones, dans sa dimension anecdotique. Deux histoires défilent parallèlement et parfois se chevauchent : une histoire de la ligne *officielle* – c'est-à-dire celle de son instauration, de ses aspects techniques, juridiques, politiques et économiques – et une histoire de la ligne *clandestine* – à savoir celle des activités illégales inter-zones, françaises et allemandes, et des passages. Sur cette dernière, la réponse à toutes nos interrogations est parfois difficile ou incomplète, tant il est vrai que des milliers de personnes ont franchi la ligne de démarcation sans que nous puissions jamais toutes les compter ou les situer sur le tracé. L'histoire de la démarcation s'est souvent bornée à celle de ses passeurs, presque toujours résumée de façon romanesque.

La ligne de démarcation constitue un observatoire privilégié des problèmes posés à la France par l'occupation allemande, qui permet de confirmer ou de compléter les conclusions des historiens spécialistes de l'Occupation et de la Collaboration. En concentrant l'observation sur l'espace géographique restreint qu'elle constitue, on peut analyser à travers ce cas particulier la politique des Allemands envers la France, l'attitude de Vichy face à l'occupant, les réactions des Français confrontés à une partition inédite du territoire national. Le premier éclairage porte sur la politique d'occupation du Reich. Si la volonté de Hitler d'un anéantissement complet de la France ne fait guère de doute, si l'imprégnation de nombreux dirigeants allemands par la littérature pangermaniste qui leur fait considérer l'Alsace et la Lorraine, voire le Nord et le Pas-de-Calais comme terres de germanité, est un fait acquis et conduit à une annexion de fait dans le premier cas, à un rattachement au commandement militaire de Belgique dans le second, la rapidité de la victoire allemande n'a pas permis de préparer avec précision le statut territorial de la France vaincue. Les nécessités politiques qui conduisent à ne pas occuper totalement la France donnent naissance à une demi-mesure : le tracé d'une ligne de démarcation militaire entre les deux zones, dont la fixation dépend de la décision unilatérale du vainqueur. La France n'est pas intégralement soumise aux Allemands, comme la Belgique ou la Serbie, elle conserve les apparences d'une administration autonome au sud de la ligne, mais elle doit gérer une frontière intérieure qui exige laissez-passer, présence de douaniers, matérialisation de la ligne, et qui entraîne un cloisonnement partiel des communications privées et des échanges économiques. A dire vrai, les services militaires et administratifs allemands éprouvent eux aussi la difficulté de conduire l'exploitation économique et la surveillance administrative d'un pays divisé et il n'existe aucun accord entre eux sur l'intérêt, la nature ou l'avenir de la ligne de démarcation.

L'ambassadeur du Reich en France, Otto Abetz, essaie de profiter de cette difficulté afin de lancer des initiatives personnelles. Il sait tenir les Français à la gorge en faisant de la ligne de démarcation un nœud coulant, desserré ou resserré en fonction des concessions accordées par le régime de Vichy. A tort, Abetz croit être le juste interprète de Hitler. Sous couvert d'assouplissements relatifs du régime de la ligne, il soumet encore un peu plus le pays occupé. En fait, régler le sort de l'Angleterre, puis s'emparer des Balkans, à partir du 6 avril 1941, de l'URSS, dès le 22 juin suivant, sont les priorités absolues du Führer. L'avenir de la France s'efface assez vite devant une perspective globale européenne. A partir de là, Abetz ne dispose plus de la marge de manœuvre suffisante pour mener la politique de collaboration. Le seul assouplissement sensible obtenu par lui auprès de ses chefs est inclus dans les « Protocoles de Paris », en mai 1941, mais uniquement pour les échanges économiques inter-zones et essentiellement en direction de la zone occupée. C'est une rupture dans l'histoire des rapports entre Vichy et les occupants. Certes, la ligne est desserrée, mais elle est maintenue dans sa fonction coercitive. De plus, l'épisode révèle l'incapacité de Darlan à relancer une collaboration sans un accroissement des concessions faites aux Allemands. Darlan paie son acharnement à nier une évidence : on ne peut rien négocier quand la maîtrise du territoire est aux mains de l'occupant. Les Français continuent de la franchir légalement en obtenant toujours très malaisément le précieux *Ausweis*. De son côté, le *MBF* continue à prétexter la sécurité des troupes d'occupation pour maintenir sa pression.

En 1940, les Allemands n'ont pas épuisé tous les sens juridiques du terme « occupation ». Ils y ajoutent un sens neuf qui la distingue des occupations du XIXe siècle (1815-1818 et 1871-1873) et de celle de 1914-1918 : le caractère idéologique et total associé à l'exploitation illimitée des ressources du pays occupé. Ils utilisent la ligne de démarcation comme une frontière économique et l'actionnent comme un levier de chantage. Ils violent le respect de l'étanchéité entre la zone non occupée et la zone occupée. L'entrave économique que constitue la ligne de démarcation est utilisée par les Allemands, dès qu'ils connaissent mieux politiquement le vaincu dans sa volonté collaboratrice. Sans vouloir l'exagérer, la présence de la frontière de démarcation est plus contraignante qu'il n'y paraît de prime abord. A l'échelle nationale, si la ligne n'est pas une cause majeure de la pénurie croissante en France, elle handicape cependant considérablement l'activité de petites entreprises qui ont besoin de matières premières présentes dans une autre zone. Jusqu'en mai 1941, nombre d'acteurs de l'économie française (banquiers, chefs d'entreprise, commerçants) cherchent des solutions pour contourner, voire transgresser la ligne de démarcation. Dans l'attente d'une suppression éventuelle évoquée par les dirigeants du régime de Vichy, les Français subissent les blocages de fonds, des chéquiers et de matières premières, de part et d'autre de la ligne, à toutes les échelles du territoire. A l'échelon local, les « frontaliers » de la ligne de démarcation connaissent des difficultés spécifiques. Mais ils savent s'adapter, au gré des fermetures et des ouvertures de la ligne. Pouvoir circuler légalement dans les deux zones, même sur une profondeur limitée, constitue un quasi-privilège pour ces Français.

Un deuxième éclairage concerne l'attitude du régime de Vichy face à l'occupant. La ligne de démarcation a incontestablement constitué un facteur d'affaiblissement et de divisions, dont l'émiettement du pays est la conséquence la plus directe : Vichy revendique sans cesse le lien entre la Nation et le sol, ainsi que l'indivisibilité territoriale. L'action de Laval, Flandin et Darlan vise à obtenir l'allégement des lois restrictives de la ligne de démarcation, afin d'améliorer la vie quotidienne des Français et ainsi de mieux servir la politique de redressement de la Révolution nationale. Il s'agit également de réunifier les services des administrations centrales et départementales éclatées entre les deux zones, en collaborant avec les occupants. Toutefois, la mainmise allemande sur la France fait tomber tous les espoirs de suppression de la ligne et conduit le maréchal Pétain à se faire prendre dans un engrenage de concessions toujours plus humiliantes. La ligne est un piège pour Vichy qui s'égare lourdement sur les intentions du vainqueur.

En traçant la ligne de démarcation sur la carte annexée à la Convention d'armistice, les Allemands ne veulent pas démanteler la France, même s'ils conçoivent celle-ci comme un puzzle composé d'Alsaciens, de Basques, de Bourguignons, de Bretons, de Corses, de Flamands et d'Occitans. Cependant, ils sont les maîtres en France et Vichy reste dans l'illusion d'une suppression possible de la ligne de démarcation. Il se sent détenteur de la souveraineté sur les deux zones. La politique de collaboration, au cœur de laquelle la ligne constitue un enjeu de taille pour Vichy – au même titre que les frais d'occupation et le retour des prisonniers de guerre –, conduit les hommes qui dirigent le régime à s'enliser dans une action vouée à l'échec, car ils se montrent impuissants à infléchir la loi du vainqueur.

Le 11 novembre 1942, la réunification forcée des deux zones place la France sous le joug total de l'occupant, mais paraît aboutir à une suppression de fait de la ligne de démarcation. En réalité, les Allemands la maintiennent, mais font semblant de ménager le vaincu en remplaçant l'appellation « zone non occupée » par celle de « zone sud ». La ligne de démarcation est désormais une fiction ; elle ne sépare plus une zone libre d'occupants étrangers d'une zone occupée, car toute la France est occupée. Dès l'occupation totale du territoire, les services du *Höherer SS-und Polizeiführer* commencent leur activité pour « épurer » les zones côtières et les départements frontaliers. Supprimée sur le terrain en février-mars 1943, la ligne de démarcation reste présente symboliquement dans les relations politiques franco-allemandes jusqu'à la fin de l'Occupation. Ainsi, durant toute l'année 1943, Vichy s'abrite encore derrière la ligne pour s'opposer aux Allemands et ne pas sombrer en maintenant la fiction de son autorité théorique en « zone sud ». La France est bien le seul pays occupé où un régime croit gérer, sans pouvoirs réels, un espace garrotté par une limite prétendument militaire.

Parallèlement, si les tendances historiographiques les plus récentes évoquent largement l'histoire tragique des Juifs sous l'Occupation, l'étude de la ligne de démarcation offre un autre observatoire privilégié qui met en lumière les compromissions du régime de Vichy face à la persécution antisémite et son aide à l'arrestation des Juifs, livrés ensuite aux Allemands. Cela éclaire une partie de la stratégie de Vichy entre 1940 et 1942, car la ligne est instrumentalisée par les gouvernants pour mettre en œuvre une logique d'exclusion. Soucieux de détenir une souveraineté illusoire sur les deux zones, ainsi que d'appliquer scrupuleusement une législation de persécution et d'exclusion raciales, le régime collaborateur se croit obligé de prêter le concours de ses policiers et de ses gendarmes afin de contrôler, voire d'arrêter et d'interner les Juifs qui franchissent clandestinement la ligne. En tous les points du territoire, la collusion policière franco-allemande fonctionne bien et permet d'envoyer à Drancy des centaines de Juifs arrêtés sur la ligne, avant un ultime voyage vers les camps de concentration et d'extermination nazis. La ligne n'est donc pas une porte vers un refuge assuré en zone non occupée. Les camps d'internement les plus proches de la ligne de démarcation – Mérignac et Monts, par exemple – enferment souvent des familles juives sans ressources qui ont été arrêtées en tentant le franchissement illégal inter-zones. Si la zone « libre » devient vite un espace de fuite, une fenêtre vers la liberté, au moins en 1940 et en 1941, une étape de l'émigration à l'extérieur des frontières françaises, elle peut aussi être une sorte de nasse. Nombre de Juifs réussissent le passage clandestin de la ligne de démarcation qui se révèle peu à peu comme une véritable frontière aryenne.

L'observation de la politique allemande envers la France et de l'attitude de Vichy face à celle-ci, à partir de l'observatoire de la ligne de démarcation, permet aussi de progresser dans l'étude des réactions des Français. Ces derniers, habitants proches ou non de la ligne, n'ont jamais accepté la division territoriale du pays et encore moins les restrictions qui en ont découlé. Les « frontaliers » ont ressenti plus sensiblement et plus longtemps que les autres Français la présence obsédante de l'occupant à travers la partition de leur village, malgré des facilités de franchissement pour aller de la maison au lieu du travail. Si la ligne de démarcation est l'une des contraintes quotidiennes susceptibles d'influencer l'opinion publique, avec au premier chef l'interdiction de s'écrire et de circuler librement d'une zone à l'autre, elle est en revanche vite immergée dans un vaste ensemble de maux quotidiens qui concernent le pays tout entier, comme la pénurie alimentaire, par exemple. Cette somme de petites tracasseries quotidiennes a connu des formes et une intensité différentes d'un département divisé à l'autre. Mais c'est davantage le manque de matières premières, notamment sur le versant non occupé de la ligne de démarcation, que la présence de la fracture territoriale, qui conduit au chômage de plusieurs centaines d'ouvriers riverains. En 1940-1941, après une phase d'approbation massive de l'opinion publique à la signature de l'armistice, les espoirs d'allégement et de suppression de la ligne, nés à Montoire et lors des « Protocoles de Paris », ont été peu durables. Aussi, au printemps de 1943, la suppression de la ligne de démarcation sur le terrain et des laissez-passer, ainsi que la libre circulation du courrier, provoquent-elles un soulagement psychologique relativement atténué. Pour la propagande de Vichy, l'effet est nul. Il y a déjà longtemps que l'éloignement, puis la rupture entre le régime et les Français est consommé, en 1941 dans le premier cas, et en 1942 dans le second. Plus on avance dans le temps, plus Vichy perd les moyens politiques d'imposer sa vision des choses, confondant l'unité nationale, au sens politique du terme, et l'unité territoriale. Les Français espèrent désormais la victoire des Alliés. Tout ou presque, dans les projets vichystes unitaires, est contredit par la politique menée par le Reich.

Spontanément, par réaction, un type d'activités clandestines spécifiques naît sur la ligne de démarcation : le passage inter-zones clandestin de Français et d'étrangers, venus de tous les horizons. Il s'ajoute à celui organisé sur la frontière franco-suisse et sur la frontière pyrénéenne[1]. Les passeurs ont formé une micro-société et ont obéi à des motivations très diverses sur des périodes plus ou moins longues. Rares sont ceux qui ont poursuivi un dessein politique ou une lutte armée, comme c'est le cas des membres des mouvements de résistance. Parmi les passeurs, la majorité fait un pas vers la Résistance sans forcément en prendre conscience.

Ils prennent des risques, la nuit, en convoyant des fugitifs à travers champs entre deux passages de patrouilles allemandes. Les passeurs font franchir clandestinement la ligne à des milliers d'individus, par humanité, par solidarité, par goût du risque, pour de l'argent ou pour s'opposer à l'occupant. Une minorité en a profité pour trafiquer ou dénoncer des filières de passage. Même si la plupart n'ont pas conscience de résister, cette activité est une forme de résistance non organisée, c'est-à-dire une résistance occasionnelle construite avec peu de moyens. Il s'agit souvent d'une juxtaposition d'actes isolés qui ne sont motivés par aucun dessein défini à l'avance. C'est une action spontanée. Si le passeur *est* rarement un résistant au sens strict du terme, il *fait* pourtant souvent de la résistance. La ligne de démarcation n'est donc pas hermétique, ce que les Allemands ne recherchent d'ailleurs pas, eu égard aux moyens logistiques nécessaires pour fermer complètement 1 200 kilomètres de frontière. La ligne de démarcation est souvent moins un butoir qu'une zone de respiration entre les mondes occupé et non occupé, aussi minime soit-elle. Grâce à l'intervention des passeurs, les Français ne sont jamais totalement séparés, malgré une presse écrite et une radio distinctes entre les deux zones. Les treize départements divisés voient tous se lever une foule de passeurs, sans doute plus importante dans la partie orientale du tracé. Des relais sont montés dans toute la France occupée.

Il reste encore des zones d'ombre sur le monde des passeurs. L'ensemble, comprenant des passeurs dits « honnêtes », des passeurs engagés – les patriotes – et des passeurs plus « humanitaires », appartient à un groupe d'acteurs de l'ombre aux contours incertains, né d'un refus de la ligne, dès les premiers jours de l'Occupation, puis qui se développe et devient une résistance de relais au service des grands mouvements de la Résistance et une résistance d'entraide pour tous les passagers clandestins sans *Ausweis* ou en fuite devant les lois nazies. La résistance de certains passeurs se situe au carrefour de plusieurs définitions historiennes qui interfèrent entre elles. Certes, un tel dispositif typologique peut paraître fragile, mais il permet au moins de se dégager de l'image sacrée du passeur, érigé en modèle civique du résistant héroïque, notamment par les œuvres du colonel Rémy. De même, on échappe à la traditionnelle opposition entre le passeur « vénal » et le passeur « bénévole ».

La Libération venue, il fallait vite oublier le traumatisme durable de la défaite de 1940 et des années d'occupation, dont la ligne de démarcation a été l'un des marqueurs. Après l'effondrement du régime autoritaire de Vichy, la situation de vide du pouvoir, dans laquelle s'engouffrent de Gaulle et le GPRF, n'a en rien souffert du partage territorial de la France. Celle-ci n'a jamais provoqué le développement de forces centrifuges. L'unité de la nation n'a jamais été remise en cause. La ligne de démarcation et les autres zones créées par les Allemands n'ont en rien détruit l'idée de la République centralisée et de l'identité républicaine. En si peu d'années, cela n'était guère possible. De plus, après la Libération, on oublie très vite. Si la ligne de démarcation a laissé une faible marque dans la mémoire douloureuse des Français, même pour des milliers de passagers clandestins – à l'exception notable des Juifs fuyant les persécutions nazies –, elle fut en revanche omniprésente dans les récits, les mémoires de l'après-guerre et les fictions de guerre (romans, films de cinéma et de télévision). Le rappel de la division et le souvenir des passeurs se confondent souvent, sous des formes commémoratives et monumentales, à la fois spécifiques et variées : noms de rue, stèles, plaques et monuments originaux. Après la Libération, la mémoire officielle accorde une large place à la Résistance politique. Deux modes de représentation se superposent : une poignée de héros, passeurs et résistants, d'un côté, et de l'autre, la masse des Français, dont font partie les « frontaliers », qui ont subi plus ou moins fortement les effets néfastes de la ligne de démarcation. La majorité des passeurs, occasionnels et anonymes, appartient au second groupe. Ce qui complète les études spécialisées sur la vie quotidienne des Français sous l'Occupation[2]. Au total, si la ligne de démarcation est une priorité dans la hiérarchie des inquiétudes du début de l'Occupation, elle s'estompe assez vite, en 1941, pour symboliser une limite, repoussante et attirante à la fois, et pour être reléguée, après la Libération, assez loin dans l'échelle des maux de l'Occupation et à un rang très médiocre en ce qui concerne les priorités commémoratives.

Sigles et abréviations

AD	Archives départementales
ADAP	*Akten zur deutschen Auswärtigen Politik* (publication des archives du ministère des Affaires étrangères allemand)
ADBF	Archives de la Banque de France (Paris)
ADSG	Archives de la Société Générale (Paris)
AIU	Alliance Israélite Universelle
AN	Archives Nationales (Paris)
BA/MA	*Bundesarchiv-Militärarchiv* (Freiburg, Allemagne)
BCRA	Bureau Central de Renseignement et d'Action de la France Libre
BDIC	Bibliothèque de Documentation Internationale Contemporaine (Nanterre)
BS	Brigades Spéciales (Préfecture de Police de Paris)
CAA	Commission d'Armistice Allemande (Wiesbaden)
CAGN	Centre Administratif de la Gendarmerie Nationale, période contemporaine (Le Blanc, Indre)
CAR	Comité d'Assistance aux Réfugiés
CDC	Caisse des Dépôts et Consignations (Paris)
CDJC	Centre de Documentation Juive Contemporaine (Paris)
CGQJ	Commissariat Général aux Questions Juives
CND	Confrérie Notre-Dame
CVR	Combattant volontaire de la Résistance
DFCAA	Délégation Française auprès de la Commission Allemande d'Armistice (Wiesbaden)
DGFP	*Documents on German Foreign Policy*

DGTO	Délégation Générale du Gouvernement Français dans les Territoires Occupés (Paris)
DM	Division Militaire
DSA	Direction des Services d'Armistice (Vichy)
EM	Etat-Major
FFL	Forces Françaises Libres
FSJF	Fédération des Sociétés Juives de France
GFP	*Geheime Feldpolizei* (Police militaire secrète)
GTE	Groupements de Travailleurs Etrangers
IS	*Intelligence Service* (services secrets anglais)
KTB	*Kriegstagebuch* (Journal de marche)
MAE	Ministère des Affaires Etrangères (Quai d'Orsay)
MBF	*Militärbefehlshaber in Frankreich* (Commandant Militaire en France)
MRD	Musée de la Résistance et de la Déportation de Besançon
OKH	*Oberkommando des Heeres* (Commandement suprême de l'armée de terre)
OKW	*Oberkommando der Wehrmacht* (Commandement suprême des forces armées allemandes)
ORT	*Organisation for Rehabilitation and Training of Jews*
OSE	Œuvre de Secours aux Enfants
PQJ	Police aux Questions Juives du CGQJ
RG	Renseignements Généraux
RSHA	*Reichssicherheitshauptampt* (Office central de sécurité du Reich)
SCAP	Service de Contrôle des Administrateurs Provisoires
sd	[document] sans date
SD	*Sicherheitsdienst* (Service de renseignements politiques de la SS)
SEC	Section d'Enquêtes et de Contrôle du CGQJ
SHAT	Service Historique de l'Armée de Terre (Vincennes)
SHGN	Service Historique de la Gendarmerie Nationale (Fort de Charenton, Maisons-Alfort)
SIPO-SD	*Sicherheitspolizei und Sicherheitsdienst* (Police de sûreté et Services de sécurité)
SOE	*Special Operations Executive* (Service des opérations spéciales)

STO*	Service du Travail Obligatoire
UGIF	Union Générale des Israélites de France
UNEG	Union Nationale des Evadés de Guerre
VGAD	*Versträkter Grenzaufsichsdienst* (Service renforcé de la surveillance des frontières)
ZNO	Zone Non Occupée
ZO	Zone Occupée

* Parfois dans les archives, on peut lire « SOT » ou « Service obligatoire du travail ».

Notes

Introduction

1. *Le Monde*, 19 et 20 avril 1959. Citation empruntée à Henry Rousso dans *Le syndrome de Vichy*, Paris, Le Seuil, coll. « Points-Histoire », 1987, p. 91.

2. Il classe les passeurs dans un ensemble aux contours peu clairs : « *Quelques hommes déterminés formaient des groupes d'action pour les buts différents : coups de main, destructions, réception et distribution de matériel parachuté ou transporté, accueil ou embarquement des agents, passage d'une zone à l'autre, franchissement d'une frontière, etc.* » (*Mémoires de guerre*, t. 1, *L'appel*, Paris, Plon, 1954, p. 235).

3. Colonel Rémy, *La ligne de démarcation*, Paris, Librairie Académique Perrin, 1964-1976, 22 volumes.

4. Eberhard Jäckel, *La France dans l'Europe de Hitler*, Paris, Fayard, 1968.

5. Les archives d'Indre-et-Loire, du Loir-et-Cher et du Cher, concernant la ligne de démarcation, ont déjà été largement étudiées lors de la rédaction de nos mémoires (« Le canton de Bléré sous l'Occupation », université François-Rabelais de Tours, sous la direction de Michèle Cointet-Labrousse, soutenu en 1991) et de DEA (« La ligne de démarcation : instauration, matérialisation, évolutions et contraintes d'une frontière artificielle », IEP de Paris, sous la direction de Jean-Pierre Azéma, soutenu en 1995).

6. Se reporter au classement des sources à la fin du livre.

7. Voir Danièle Voldman, « Définitions et usages », dans Danièle Voldman (dir.), « La Bouche de la vérité ? La recherche historique et les sources orales », *Cahiers de l'IHTP*, novembre 1992, n° 21, p. 38.

CHAPITRE 1

1. Jean-Pierre Azéma, *De Munich à la Libération. 1938-1944*, Paris, Le Seuil, coll. « Points-Histoire », 1979, p. 52.

2. ADAP, volume IX, n° 456, p. 484. Cité par Eberhard Jäckel, *La France dans l'Europe de Hitler, op. cit.*, p. 52.

3. *Oberkommando des Heeres* : commandement de l'armée de terre. L'*OKW*, dirigé par Keitel, qui a rang de ministre, assure en théorie la coordination des états-majors des trois armées, dont l'*OKH* (terre). A partir de 1941, l'*OKW* a fonctionné comme l'état-major personnel de Hitler.

4. Franz Halder (général), *Kriegstagebuch*, Stuttgart, Kohlhammer, 1962, 3 vol., vol. 1, p. 358 (6 juin 1940).

5. Hans Umbreit, *Der MBF, 1940-1944*, Boppart am Rhein, Harald Boldt Verlag, 1968, p. 53.

6. *Ibidem.*

7. Wilhelm Keitel, *Souvenirs, lettres, documents,* Paris, Fayard, 1963, p. 139.

8. Eberhard Jäckel, *La France dans l'Europe de Hitler, op. cit.*, p. 53, et Hermann Böhme, *Entstehung und Grundlagen des Waffenstillstandes von 1940*, Stuttgart, 1960.

9. Ouvrage collectif, *Das deutsche Reich und der zweite Weltkrieg*, Stuttgart, Deutsche Verlags-Anstalt, 1984, 5 vol., vol. 3, pp. 316-317.

10. ADAP, vol. IX, n° 479, compte rendu probablement de l'interprète Paul Schmidt, 18 juin 1940, pp. 503 et s.

11. MAE, Série Y-Vichy, papiers Rochat, dossier n° 183, notes personnelles de Rochat, prises entre le 20 et le 25 juin, cité par Jean-Baptiste Duroselle, *L'abîme. 1939-1944*, Paris, Le Seuil, collection « Points-Histoire », 1986, p. 246.

12. Expression probablement prononcée ou écrite par un officier allemand à Rethondes, en 1940.

13. ADAP, vol. IX, n° 523, copie de l'original (perdu) de la Convention d'armistice, pp. 554 et s.

14. SHAT, 1 P 51, élaboration du texte d'armistice : dans ce carton, nous avons retrouvé un livret noir, rédigé en français, qui met en vis-à-vis, sur la même page, les conditions des armistices de 1918 et de 1940. Le livret, intitulé « *Armistices 1918-1940* », est joint à une demande des services de la Direction des Services de l'Armistice (DSA) du 10 mai 1941 ; il est sans date et il est sans doute diffusé par la propagande allemande puisque les conclusions insistent sur la magnanimité des Allemands en 1940, par opposition à l'extrême injustice des Alliés en 1918. Avant la rencontre des Protocoles de Paris, la DSA a fait des études juridiques comparatives sur les deux armistices pour mieux connaître « la pratique de l'occupation pendant l'armistice de 1918 (Instruction du maréchal Foch et des généraux, Bulletins des Armées d'occupation, etc.) ». Elle s'est servie de ce document.

15. Voir Michel Launay, *L'armistice de 1940*, Paris, PUF, 1972, pp. 37-42, en ce qui concerne le texte français de la Convention et les problèmes posés par l'armistice.

16. ADAP, vol. IX, nos 512, 513, 521 et 522, discussions dans le train de Rethondes : comptes rendus de l'interprète Schmidt, 20-21 juin 1940, pp. 532 et s.

17. SHAT, 1 P 51, conversation présidée par le général Jodl, 18 heures, vendredi 21 juin 1940, et Maxime Weygand (général), *Mémoires. Rappelé au service*, Paris, Flammarion, 1950, 3 t., t. 1, pp. 251-257.

18. SHAT, 1 P 51.

19. Il s'agit des départements de la Seine, la Seine-et-Oise et la Marne.

20. Philippe Pétain (Edition établie par Jean-Claude Barbas), *Discours aux Français (17 juin 1940-20 août 1944)*, Paris, Albin Michel, 1989, n° 4 : Appel du 25 juin 1940, pp. 63-65.

21. *Ibidem*.

22. Michel Launay, *L'armistice de 1940, op. cit.*, texte de De Gaulle, Londres, 26 juin 1940, à la radio, pp. 46-47.

23. Franz Halder, *Kriegstagebuch, op. cit.*, vol. 1, message du 19 juin 1940.

24. ADAP, vol. IX, Télégrammes de l'ambassade de France à Madrid, nos 490, 496, 499 et 500, 19 et 20 juin 1940, pp. 515 et s.

25. Franz Halder, *Kriegstagebuch, op. cit.*, 21 juin 1940, p. 366.

26. Dans le texte original en allemand, le terme *Demarkationslinie* est placé entre crochets par Halder.

27. Franz Halder, *Kriegstagebuch..., op. cit.*, 26 juin 1940, p. 373.

28. *La DFCAA*, vol. 3, p. 411 ; le 13 janvier 1941, le général Doyen, président de la DFCAA, a adressé une lettre (11215/FT) au président de la CAA, pour protester contre l'incursion de patrouilles allemandes à Clarafond, située en zone libre, à une dizaine de kilomètres au sud de Bellegarde, un verrou pour relier la Suisse.

29. AN, F 60/1506, Note allemande n° 4202/41, 9 août 1941 ; une carte au 1/50 000 accompagne le document et montre la modification du tracé de la ligne dans cette partie du Pays de Gex.

30. Etienne Dejonghe et Yves le Maner, *Le Nord-Pas-de-Calais dans la main allemande (1940-1944)*, Lille, Editions La Voix du Nord, 1999, pp. 80-82.

31. Eberhard Jäckel, *La France..., op. cit.*, pp. 110-124.

32. Ils ont ensuite été expulsés. Au sujet des préfets et sous-préfets des départements annexés, voir Marc Olivier Baruch, *Servir l'Etat français. L'administration en France de 1940 à 1944*, Paris, Fayard, 1997, pp. 67-68.

33. C'est seulement le 3 septembre 1940 que le gouvernement français a réagi par l'entremise d'une note remise par le général Huntziger à la CAA de Wiesbaden.

34. Par le traité de Francfort, la France a conservé un territoire plus grand autour de Belfort, mais elle a été contrainte de céder en Lorraine plusieurs centres sidérurgiques. L'Alsace-Lorraine est devenue allemande.

35. AN, F 60/1506. Cabinet militaire, DSA, dossier classé « secret », Cahier sur le régime des lignes de démarcation, première partie (« *Les principes du découpage* »), avril 1942, 54 pages.

36. AN, AJ 41/400, *Vobif* n° 28, publiée le 3 avril 1941.

37. AJ 41/337, « Cahier secret » publié le 1er avril 1942 et intitulé « Régime de la ligne de démarcation et des lignes qui sont venues découper arbitrairement la zone occupée ».

38. La carte reprend *grosso modo* une carte en noir et blanc produite par Hans Umbreit dans un ouvrage collectif (*Das deutsche Reich u. der zweite Weltkrieg, op. cit.*, vol. 3 p. 66) et qui a été vérifiée par nos soins dans les archives militaires allemandes de Freiburg (BA-MA, RW 34/v. 9).

39. Hermann Böhme, *Entstehung…, op. cit.*, et d'après Hans Umbreit dans ouvrage collectif, *Das deutsch Reich…, op. cit.*

40. AN, BB 30/1712.

41. Cité par Marc Olivier Baruch, *Servir…, op. cit.*, p. 68, et par Rita Thalmann, *La mise au pas idéologique…, op. cit.*, p. 19 ; Marc Olivier Baruch reprend une archive du Service des archives économiques et financières de Savigny-le-Temple (SAEF), sous la cote B 11854, à savoir une note de la direction du budget pour le ministre, datée du 22 décembre 1940. A vrai dire, dans nos consultations archivistiques en France, nous n'avons pas retrouvé cette appellation. Elle est sans doute exceptionnelle et utilisée par de rares fonctionnaires français. C'est une expression présente dans certains documents allemands comme le stipule Hans Umbreit, *Der MBF, op. cit.*, p. 73.

42. Archives privées, carnet rédigé en français, intitulé *Instructions des autorités allemandes en date du 1er août 1940 concernant les lignes de démarcation et dispositions générales* (Visé par la censure allemande), édité à Nevers, au prix de 3,50 francs.

43. En juin 1941, le renouvellement des laissez-passer pour les fonctionnaires a été refusé après l'échec des Protocoles de Paris.

44. Hans Umbreit, *Der MBF, op. cit.*, pp. 54-55. L'historien allemand rappelle que Hitler voulait revenir aux frontières françaises antérieures à 1648. Les Pays-Bas et une partie de la Belgique devaient être de fait intégrés au Reich. Pour un nouveau tracé des frontières occidentales de la France, davantage idéologique que militaire, Hitler a chargé le secrétaire d'Etat du ministère de l'Intérieur, Stuckart, de rédiger un mémoire en ce sens. Il est connu par un très petit nombre de personnes à l'époque. Le résultat final sur le terrain n'est pas conforme à ces projets.

45. AN, F 60/1506, *ibidem* et AJ 41/337, « cahier secret » publié le 1er avril 1942.

46. AN, F1 C III/1198, Synthèse des rapports des préfets de zone occupée, octobre 1942 ; cité par Marc Olivier Baruch, *Servir…, op. cit.*, p. 69.

47. AN, F1a/3786, Règlement concernant les lois et coutumes de la guerre sur terre annexé à la Convention IV de La Haye du 18 octobre 1907, articles 42 et 43.

48. *Ibidem.*

49. *Ibidem.*

50. Alain Pillet, *Les conventions de La Haye (1899-1907). Etude juridique et critique*, Paris, 50. Voir la citation plus haut, p. 25.

51. BA-MA, Freiburg, bibliothèque, H. Frobenius, *Militär-Lexicon, Handwörterbuch der Militärwissenschaften*, Berlin, 1901.

52. *Archives secrètes de la Wilhelmstrasse*, Paris, 1961, vol. 2, p. 9.

53. BDIC, fichier « Pangermanisme », Adolf Sommerfeld, *Le partage de la France*, Paris, Editions et Librairie, sans date, mais publié avant la Grande Guerre. L'éditeur parisien siégeait 40, rue de Seine.

54. *Ibidem*, p. III.

55. Friedrich Ratzel, *La géographie politique*, Fayard, coll. « Géopolitiques et stratégies », 1987 (réédition en français de *Politische Geographie*, 1923, 3e édition).

56. Adolf Hitler, *Mein Kampf, Mon Combat*, Paris, Editions Latines, 1934, p. 621.

57. Eberhard Jäckel, *Hitler idéologue*, Paris, Gallimard, coll. « Tel », 1995, p. 41 (1re édition, Calmann-Lévy, 1973).

58. Adolf Hitler, *L'expansion du IIIe Reich*, Paris, Plon, 1961 (réédition en français d'un ouvrage publié en 1926), p. 60.

59. *Ibidem.*

60. Friedrich Sieburg a publié *Dieu est-il français ?* (Grasset, 1930 ; *Gott in Frankreich ? Ein Versuch*, Frankfurt a. M., Societäs-Verlag, 1929), le livre incontournable pour les Allemands qui souhaitaient connaître la France. Les Allemands se reportaient également à Robert Curtius avec l'*Essai sur la France*, Paris, Grasset, 1932 (traduit par Jacques Benoist-Méchin). Sieburg est souvent venu en France pendant l'Occupation, afin d'y exposer la politique de Hitler ; il aidait ainsi

l'action d'Otto Abetz, l'ambassadeur du Reich à Paris ; le 22 mars 1941, Sieburg a prononcé une causerie intitulée *La France d'hier et de demain*, à l'invitation du groupe « Collaboration », à Paris. On trouve la causerie sous la forme d'une brochure à la BDIC.

Chapitre 2

1. BA-MA, Freiburg im B., RW 35, carte du 25 septembre 1941 ; RW 35/15, *Anlagen zum Lagebericht für die Monate Februar/Marz 1942, MBF, Einsatz der GFP*, 25 mars 1942 (Traduction : Annexe au rapport de situation pour les mois de février-mars, *MBF*, position de la *GFP* au 25 mars 1942).

2. BA-MA, RW 35/272, *Aufstellung der Militärverwaltung in den besetzten Gebieten des Westens : Sammelmappe*, 1940.

3. AN, AJ 40/1363, *OKH, Befehl den Eisatz des Zollgrenzschutzes (VGAD) an des Demarkationslinie* (Traduction : Ordre d'engagement des services des frontières sur la ligne de démarcation), 23 janvier 1941 ; l'ordre prévoit une installation pour le 15 février, afin de contrôler les personnes (*Personenkontrolle*), les valeurs et les devises (*Waren – und Devisenkontrolle*) et toutes les mesures nécessaires à la sécurité de la ligne de démarcation.

4. Leur uniforme était gris-vert avec un écusson de col brodé sur fond vert, floqué de feuilles de chêne blanches. Les douaniers portaient généralement une casquette.

5. ADAP, vol. X/331, *Directives du Führer sur la ligne de démarcation*, Quartier général, Pol. 1934 g. Rs., 12 août 1940, p. 385.

6. BA-MA, RW 35/15.

7. CAGN, Procès-verbal de la brigade territoriale de Loches, 23 février 1941.

8. AN, F1 C III, Cher, Indre-et-Loire et Vienne, rapports préfectoraux de mars 1941.

9. BA-MA, RW 35/238, Document du 5 avril 1941, déjà cité.

10. François Charles-Roux, *Cinq mois tragiques aux Affaires étrangères (21 mai-1er novembre 1940)*, Paris, Plon, 1949, pp. 108-109.

11. *Ibidem*.

12. AN, F 60/1506, Rapport du chef d'escadron B., commandant la compagnie de gendarmerie de Saône-et-Loire, n° 5/4, 3 mai 1941.

13. *Ibidem.*

14. *Ibidem.*

15. AN AJ 41/1768.

16. AN AJ 41/337, Lettre n° 1154/R.A., de l'EM au secrétaire d'Etat à la Guerre, 23 mai 1941.

17. *Ibidem*, Rapport de la 18e légion de gendarmerie de Bordeaux à la DGTO.

18. Carte administrative IGN, décembre 1941.

19. AN, AJ 41/1766, Compte rendu du ministre de la Production industrielle et du Travail au maréchal Pétain.

20. Eric Alary, *L'histoire de la gendarmerie (de la Renaissance au troisième millénaire)*, Paris, Calmann-Lévy, 2000, pp. 143-178 (préface de René Rémond) ; Claude Cazals, *La gendarmerie sous l'Occupation*, Paris, La Musse, 1994.

21. Chapitre X, rédigé par Maurice Vaïsse « De la faillite à la résurrection de l'outil militaire (1939-1945) », dans Jean Doise, Maurice Vaïsse, *Politique étrangère de la France : Diplomatie et outil militaire (1871-1991)*, Paris, Le Seuil, coll. « Points-Histoire », 1992 (réédition 1re édition, Paris : Imprimerie nationale, 1987), pp. 436-478.

22. AN, AJ 41/177, Lettre de l'EM au général en chef, 14 octobre 1940.

23. Entretien avec le commissaire Jacques Delarue, en poste à Taponnat (Charente) à l'été 1940, et lettre-témoignage de Charles Poilane, en poste dans le Cher, au sud de Bourges. Ce dernier rapporte que, chef de section, il a dirigé trente-cinq hommes, dotés de FM 24/29 (fusil-mitrailleur modèle 1924, modifié en 1929) ; le groupe a gardé un tronçon de dix-sept kilomètres.

24. Charles Poilane raconte qu'une « *voiturette de munitions pour mitrailleuses de la Grande Guerre* », tirée par un mulet, a été utilisée pour le transport des vivres d'un poste français à l'autre.

25. AN, F1 C III/1157, Lettre du ministère de l'Intérieur au préfet d'Indre-et-Loire, 27 août 1940 : « *Les éléments militaires*

pourront recevoir l'appui des forces de l'ordre comme la police et la gendarmerie. »

26. SHAT, 3P116, Compte rendu de la réunion du 22 novembre 1940 à la DSA.

27. AD du Cher, Z 1504, Lettre du préfet du 5 juin 1941 : les douaniers arrivent à Sancoins au début de juin.

28. Notre mémoire de maîtrise, *op. cit.*, 1991.

29. Notre mémoire de DEA, *op. cit.*, 1995, et AD du Cher, séries Z 1504 et Z 1505. Un ouvrage est venu confirmer, mais aussi compléter notre connaissance sur le sujet entre Berry et Touraine : Jean-Claude Catherine, *La ligne de démarcation en Berry-Touraine (1940-1944)*, Châteauroux, éd. Credi, 1999.

30. Thierry Bonnot, *La ligne de démarcation en Saône-et-Loire*, Génelard, *Le Caractère en marche*, 1994, et Philippe Souleau, « La ligne de démarcation en Gironde », *Les Cahiers du Bazadais*, 2e trimestre 1998, 121.

31. SHAT, 3P116, « Contrôle douanier à la ligne de démarcation », réunion du 22 novembre à la DSA, enquête sur dix jours.

32. Ils gagnent entre 1 100 et 1 400 francs par mois, soit autant qu'un ouvrier qualifié à Paris, mais bien plus que la majorité des sous-officiers de gendarmerie.

33. AN F1 C III/1157, Rapport n° 3554 C d'un commissaire spécial, 30 octobre 1941.

34. Notons que le 30 juillet 1940, arrivé à Salzbourg, Abetz rédige un mémorandum pour exposer les grands traits de la politique française du Reich (*Frankreichpolitik*). Selon ses écrits, il aurait prôné un prolongement des frontières allemandes jusqu'à la côte atlantique. Ce texte propose une soumission totale de la France en des termes qui diffèrent de ce qu'il a affirmé dans ses mémoires ou lors de son procès. Il n'a pas présenté le mémorandum à Hitler qui préférait les exposés oraux. Voir pour ce point : CDJC, LXXI-28, Mémorandum d'Abetz, Salzbourg, 30 juillet 1940. Abetz s'inspire beaucoup d'un mémorandum rédigé par Friedrich Grimm, le 19 juin 1940, dans AN, AJ 40/539, dossier n° 2, Mémorandum de Grimm, 19 juin 1940.

35. Otto Abetz, *Histoire d'une politique franco-allemande. Mémoires d'un Ambassadeur 1930-1950*, Paris, Stock, 1953, et

CDJC, LXXI-114, interrogatoire d'Abetz, 22 novembre 1945, à la Direction des RG de Paris, n° 204/10 ; Procès-verbal sur l'exposé des directives données par Hitler à Abetz et sur l'organisation de l'ambassade du Reich à Paris.

36. CDJC, LXXI-114, *ibidem*. Il n'existe pas de procès-verbal de l'entretien Hitler-Abetz du 3 août 1940.

37. *Ibidem*.

38. Barbara E. Trimbur, « *Francophile contre vents et marées ? Otto Abetz et les Français, 1930-1958* », thèse de doctorat en histoire, sous la direction de Jean-Pierre Azéma, soutenue à l'Institut d'études politiques de Paris, 2000, 3 vol., vol. 1, p. 113.

39. AD, Cher, Z 1504.

40. *Ibidem*.

41. Lettre du maire de Saint-Sever à l'auteur, mai 1998, et *La Petite Gironde* datée du 31 août 1940.

42. SHAT, 1 P 51 ; document déjà cité.

43. AD, Indre-et-Loire, 52 W 2, Lettre de la direction du personnel, du matériel et de la comptabilité, section générale de l'armistice, circulaire n° 106, 17 juin 1941.

44. Jean Vidalenc, *L'exode de mai-juin 1940*, Paris, PUF, 1957.

45. Roger Martin du Gard, *Journal. 1937-1958*, Paris, NRF Gallimard, 1993, t. 3, p. 343.

46. SHAT, 1P9, « Fiche pour la réunion interministérielle du 9 juillet 1940 – Passage de la ligne de démarcation », Vichy, 8 juillet 1940.

47. MAE, Fonds « Bureau d'études, Chauvel », pièce n° 75, dossier « Ligne de démarcation, rapatriements (2 juin 1940-28 février 1943) » ; par exemple, article de *Paris-Soir*, 4 juillet 1940, propos du ministre de l'Intérieur Marquet, publiés à la une : « *Que les réfugiés restent là où ils sont.* »

48. Dès le 15 juillet 1940, par voie de presse, les fonctionnaires de l'enseignement (chefs de service, chefs d'établissement, directeurs d'écoles, inspecteurs et administrateurs) sont informés des formalités de passage (cf. *Le Figaro*, 15 juillet 1940). Le 25 juillet, dans *Le Figaro*, « *ordre formel aux fonctionnaires des finances de regagner Paris* ».

49. MAE, Guerre 1939-1945, Vichy-Europe, série Y, vol. n° 56, *Bulletin de la DSA*, 20 novembre 1940, n° 1.

50. SHAT, 1P9, « Carte donnant le chiffre global des réfugiés par département de la zone non occupée » ; il faut prendre ces chiffres avec prudence, car ils varient parfois beaucoup d'une source à l'autre et d'une journée à l'autre.

51. MAE, « Bureau d'études Chauvel », pièce n° 75.

52. *Ibidem.*

53. SHAT, 1P9, EMA, 2e Bureau, Note pour le franchissement de la ligne de démarcation, Châteauroux, 14 septembre 1940.

54. *Ibidem.*

55. *La DFCAA, op. cit.*, Protestation du général Doyen au général von Stülpnagel, 7 novembre 1940, n° 7258/FT, p. 303, vol. 1.

56. AN, F 60/1535, Message téléphoné, reçu le 12 octobre 1940, du ministère de la Guerre (DSA) à la Délégation française à Paris, n° 5015/DSA/3. On y apprend que René Belin, ministre de la Production industrielle, est détenteur d'un laissez-passer permanent pour se rendre à Paris, en voiture.

57. AN, 2AG/26, Dossier DSA, Lettre de Huntziger au secrétaire général du chef de l'Etat, DAS, n° 928/DSA/11, 11 janvier 1941 et F 60/1535, message téléphoné, de la DGTO à la DSA, 8 janvier 1941, n° M.T., 51.

58. AN, F 60/1535, Dossier « Service des laissez-passer étrangers », carton n° 8, « Confirmation d'un message téléphoné au préfet de la Sarthe, au Mans », 17 octobre 1940.

59. AD du Cher, Z 1504, Rapport n° 1868 du commissariat spécial de Sancoins au sous-préfet de Saint-Amand-Montrond, 9 octobre 1940.

60. *Ibidem.*

61. CDJC, IV – 64, le commandant en chef du *MBF* (*Sect. Ic/4 Az. Wako*) à l'ambassadeur du gouvernement français, 15 octobre 1941.

62. CDJC, II-28, Lettre de Schleier à Brinon, 26 avril 1941 ; AJ 41/337 et MAE, *Bulletin de la DSA*, n° 6, 1er juin 1941. Dans cette dernière source, la DSA avance le chiffre de 7 000 laissez-passer accordés aux étrangers.

63. CDJC, II-28, *ibidem.*

64. AD du Cher, série Z 1504.

65. *Ibidem*, Rapports du poste de Levet, de mai à décembre 1941.

66. Thierry Bonnot, *La ligne de démarcation en Saône-et-Loire...*, *op. cit.*, pp. 45-46 ; l'auteur nous apprend qu'en août 1941 la *Kreiskommandantur* de Chalon-sur-Saône a effectué un sondage auprès du sous-préfet à propos du nombre de cultivateurs propriétaires de terres en zone occupée et détenteurs d'un laissez-passer. Le maire de Montceau-les-Mines a annoncé 5 000 laissez-passer accordés par les Allemands pour aller de zone non occupée en zone occupée et 3 000 autres pour se déplacer dans l'autre sens, soit un total de 8 000. 400 ont été donnés à des cultivateurs ou propriétaires de terrains en zone non occupée (cf. AD Saône-et-Loire, cote 120127).

67. Essentiellement la cote AJ 41.

68. En avril 1942, il y avait cinq bureaux centralisateurs des demandes françaises en zone non occupée, à Tournus (Saône-et-Loire), Issoudun (Indre ; bureau créé en juin 1941), Moulins-sur-Allier (La Madeleine) et La Réole (Gironde).

69. AD Saône-et-Loire, cote 108877.

70. *Ibidem*.

71. AJ 41/968, Statistiques du bureau des laissez-passer d'Issoudun (zone non occupée, Indre), mars 1942.

72. AD du Cher, série Z 1504.

73. Jean-Claude Catherine, *La ligne de démarcation en Berry-Touraine, op. cit.*, pp. 52-53.

74. Pierre Durand, *La SNCF pendant la guerre 1939-1945*, Paris, PUF, 1969, p. 130.

75. SHAT, 2P15, Instruction du 11 août 1940 sur les transports de réfugiés par voie ferrée.

76. AN, AJ 41/1566, Note du colonel Goeritz à la SNCF, 27 juillet 1940. Le général Goeritz a dirigé à Paris le *WVD (Wehrmacht Verkehrs Direktion* : Direction centrale des transports de la Wehrmacht).

77. AN, AJ 41/400, *Vobif* n° 5, du 18 juillet 1940, publiée le 29 juillet, paragraphe e-1. AN, F 90/21600, législation, acheminement, poste intérieure.

78. MAE, Papiers Laval (vol. 3, pièce n° 135), Lettre du représentant de l'Office allemand des Affaires étrangères

auprès du commandant militaire au président de la CAA, 29 août 1940.

79. AN, AJ 41/1769, « Utilisation des mille correspondances par jour accordées pour des besoins d'ordre administratif et économique », sans date, F 60/1530, lettre de la DSA 169/D au général de corps d'armée, délégué général du gouvernement français dans les territoires occupés, 17 septembre 1940.

80. *Ibidem*.

81. AN, F 60/1530, Dossier « organisation des relations postales entre zone occupée et zone non occupée par l'intermédiaire de la DGTO », note de service, 30 août 1940.

82. Très schématiquement, jusqu'à l'occupation totale de la France, le 11 novembre 1942, la zone occupée a été divisée par les occupants en quatre régions postales (Angers, Bordeaux, Dijon, Saint-Germain) avec chacune à leur tête un *Narichtenführer* ; chaque région était subdivisée en *Feldnarichtenführer* ou *FNK*, qui calquaient leurs limites sur celles des régions des PTT. Par ce biais, les Allemands ont cherché à resserrer au maximum leur contrôle sur les PTT.

83. *Le Figaro*, 15 octobre 1940.

84. AJ 41/1769, Dossier 034 (Relations postales et télégraphiques), Extrait du rapport de l'inspecteur général Girodet – délégué pour les transmissions auprès du *MBF* – sur les modifications apportées au service des PTT, pendant la période du 10 au 20 novembre 1940, sans date.

85. *DGFP*, n° 459, Lettre d'Abetz à Ribbentrop, 5 mai 1941, pp. 718-720.

86. CDJC, LXXI-114, Interrogatoire d'Otto Abetz le 22 novembre 1945, à la Direction des RG, à Paris, n° 204/10, procès-verbal sur l'« exposé des directives données par Hitler à Abetz et organisation de l'Ambassade du Reich à Paris » : « sur ma demande, furent admises les cartes inter-zones et l'établissement de laissez-passer pour la ligne de démarcation dans ces cas urgents de famille ».

87. La date du 12 mai est retenue par François Rouquet, dans sa thèse, *Une administration française face à la Seconde Guerre mondiale : les PTT, op. cit.*, 3 vol., vol. 1. D'après Dominique Veillon, également, elles auraient été autorisées à partir

du 12 mai 1941, dans *Vivre et survivre en France (1939-1947)*, Paris, Payot, 1995, p. 88.

88. F 60/1530, Chemise, « Bureau du courrier ; règles pour la correspondance », avril 1940-janvier 1942.

89. AN, BB 30/1712, Rapport sur la situation générale dans les territoires occupés et l'activité de la DGTO à Paris, n° 2150/DSA/2, du ministère de la Guerre au garde des Sceaux, Vichy, 14 janvier 1941.

90. Nous empruntons la formule à Dominique Veillon, *Vivre et survivre en France (1939-1947), op. cit.*, p. 87.

91. AN, F 60/569, Lettre du président de la CAA à celui de la DFCAA, 26 mars 1941.

92. *Ibidem*, Lettre du ministre de l'Intérieur à Darlan, 11 septembre 1941 ; dans cette lettre, l'attention est particulièrement attirée sur le cas de Maurice Papon, « sous-préfet de première classe hors cadre », soupçonné d'être « *une boîte aux lettres* » entre la zone occupée et la zone non occupée.

93. AN, F1 C III/145 (Charente), rapport du 10 août 1940.

94. Certaines archives de la Caisse des Dépôts et Consignations (CDC), de la Société Générale (ADSG), du Crédit Lyonnais et de la Banque de France (ABDF) renferment nombre de requêtes des employés et des cadres sur le sujet des transferts inter-zones de chèques et de comptes.

95. ADSG, cotes B 00996, B 00375 (note n° 1, série inter-zones, 4 septembre 1942).

96. CDC, Liasse n° 14, note interne, 16 novembre 1940.

97. Il a fallu attendre le 10 septembre 1940 pour obtenir une autorisation de transferts inter-zones, mais seulement pour les règlements commerciaux.

98. CDC, Secrétariat général, liasse n° 14, dossier n° 2, lettre de l'inspecteur général Girodet, chef de la délégation française pour les transmissions des services de l'armistice au secrétariat d'Etat aux Finances, auprès du *MBF*, n° EP/782/-D, 6 décembre 1940.

99. AN, F1 C III/1174 (Nièvre), Rapport du 31 juillet 1940.

100. Friedrich Grimm, *Frankreich-Berichte 1937 bis 1944*, Bodman, Hohenstaufen, 1972 (30 décembre 1940), pp. 155 et s.

101. AN, AJ 41/25 ET BB 30/1712, Note du délégué DGTO sur l'opinion, 16 octobre 1940.

102. AN, F1 C III/1147 (Cher), Rapport du 20 septembre 1940.

103. Pierre Laborie, *L'opinion française sous Vichy, op. cit.* ; nous nous appuyons sur l'*Avant-Propos* de l'ouvrage.

104. AN, F 60/502, Dossier « Situation politique intérieure, état d'esprit de la population – Présidence du Conseil, principales remarques tirées des lettres », semaine du 26 octobre au 2 novembre 1940.

105. *Ibidem.*

106. *Ibidem.*

107. *La DFCAA, op. cit.*, *« Mémorandum pour servir de base aux négociations économiques franco-allemande après l'entrevue de Montoire »*, 1er novembre 1940, vol. 3.

108. AN, F1 C III/1164, Rapport du 8 novembre 1940.

109. AN, F1 C III/1180, 1145, 1155, 1128, 1174 et 1132, Rapports préfectoraux de novembre 1940 et AD Indre-et-Loire.

110. Philippe Souleau a fait le même constat pour la Gironde dans *La ligne de démarcation en Gironde, op. cit.*, pp. 80-83.

111. AJ 41/25, Ministère de la Défense, Service des contrôles techniques, n° 3414, Synthèse hebdomadaire des interceptions des contrôles téléphoniques, télégraphiques et postaux, du 15 au 24 novembre 1940.

112. AN, F1 C III/1151 et 1128, Rapports du début novembre 1940.

113. AN, F1 C III/1164, Rapport du 7 janvier 1941.

114. AN, AJ 41/25, cité, Synthèse hebdomadaire des interceptions des contrôles téléphoniques, télégraphiques et postaux, du 5 au 20 décembre 1940 et du 20 décembre 1940 au 5 janvier 1941.

115. BA-MA, Freiburg, RW 35/238, *Stimmungbericht*, janvier 1941.

116. AN, AJ 41/25, déjà cité, Synthèse bi-mensuelle, du 21 janvier au 5 février 1941.

117. Pierre Laborie, *L'opinion, op. cit.*, p. 253.

118. AJ 41/25, déjà cité, Synthèse mensuelle du 6 juin 1941, p. 2.

119. AN, BB 30/1712, DSA, le ministre de la Guerre au garde des Sceaux, Rapport sur la situation dans les territoires occupés et l'activité de la Délégation générale à Paris, n° 10282/DSA/2, Vichy, 2 avril 1941.

120. AN, 72 AJ/257, Synthèses des rapports mensuels des préfets de la zone occupée, novembre 1941-décembre 1942, rapport d'avril 1942.

121. AN, AJ 41/25, Direction des contrôles techniques, « synthèse des interceptions... », 10 septembre-10 octobre 1942.

122. Voir par exemple, AN, F1 C III/1147 (Cher), rapport du 3 octobre 1941.

123. Etienne Dejonghe, « Le Nord isolé : occupation et opinion (mai 1940-mai 1942) », *Revue d'histoire moderne et contemporaine*, janvier-mars 1979.

CHAPITRE 3

1. Aux Archives nationales de France, nous avons pu compter sur les sources préfectorales (F1 C III) et sur celles du Commissariat général aux questions juives (AJ 38, CGQJ). Les archives de la gendarmerie et de l'Alliance Israélite Universelle (AIU) fourmillent également d'informations pour notre travail. Enfin, le recours aux archives du SHAT permet de compléter notre corpus.

2. En Indre-et-Loire, pendant le conflit, le vétérinaire et passeur André Goupille a reçu plusieurs centaines de lettres de passagers, aujourd'hui conservées en partie aux archives départementales d'Indre-et-Loire à Chambray-lès-Tours, sous la cote 42 J.

3. Il faut mentionner les travaux pionniers d'Emilienne Eychenne sur les passages clandestins, dont *Le passage de la frontière franco-espagnole pendant la Seconde Guerre mondiale dans le département des Hautes-Pyrénées*, thèse de doctorat de 3e cycle, sous la direction de Jacques Godechot, université Toulouse-Le Mirail, 1978.

4. Nous pensons, entre autres, aux travaux suivants : Dominique Veillon, *Le « Franc-Tireur », un journal, un mouvement de résistance*, Paris, Flammarion, 1977 ; Olivier Wieviorka, *Une*

certaine idée de la Résistance, Défense de la France 1940-1949, Paris, Le Seuil, 1995 ; Laurent Douzou, *La désobéissance, histoire du mouvement Libération-Sud*, Paris, Odile Jacob, 1996 ; Alya Aglan, *La Résistance sacrifiée, le mouvement Libération-Nord*, Paris, Flammarion, 1999.

5. Déjà en Saône-et-Loire, Thierry Bonnot a commencé à souligner les problèmes de définition du terme « *passeur* » de la part des autorités françaises et allemandes, dans *La ligne de démarcation en Saône-et-Loire, op. cit.*, pp. 42-47.

6. Ce sont des termes employés dans l'article 2 de l'armistice.

7. Par exemple : BA-MA, Freiburg, RW 35/238 : *Die politische Lage in Frankreich Berichte vom Dez. 1940 bis Dez. 1941 : Nr 1600/41 g. Geheim Kommandostab, Abt I c (II)*, Paris, 5/4/1941. Dans ce rapport du *MBF* sur la situation politique en France (décembre 1940-décembre 1941), cette expression est reprise dans une note secrète datée du 5 avril 1941.

8. Voir par exemple la directive au sujet de la ligne de démarcation, rédigée par Keitel, issue du Grand Quartier général du Führer, adressée à la Commission allemande d'armistice, *Nr 1611/40 g Kdos. WFA/L (III)*, du 12 août 1940 dans ADAP, *op. cit.*, vol. X, pp. 385 et s.

9. AN, AJ 41/400, le *Vobif* n° 5 du 29/07/1940. Ordonnance concernant les services des postes, télégraphes et téléphones dans les territoires occupés, traduction, pp. 58-59.

10. *Ibidem*.

11. AN, AJ 41/400, *Vobif* n° 11 du 17/10/1940, *Verordnung gegen das unbefugte Überschreiten der Demarkationslinie* (Ordonnance contre le passage sans autorisation de la ligne de démarcation, traduction), p. 107. Dès le vendredi 18 octobre 1940, la presse de la zone occupée publie l'ordonnance.

12. AN, AJ 41/400, *Vobif* n° 1 du 4 juillet 1940.

13. MAE, Vichy-Europe, série Y, volume 56-59, microfilm n° P2985, *Bulletin de la DSA*, n° 9, 1er octobre 1941.

14. AN, AJ 41/400, *Vobif* n° 33 du 15/05/1941. Ordonnance du 28 avril 1941 concernant le franchissement illicite des frontières et des lignes militaires interdites dans le territoire français ainsi que l'exportation, l'importation et le transit des marchandises, p. 260.

15. AN, AJ 41/400, *Vobif* n° 53 du 11 février 1942.

16. Une grande partie des sources utilisées pour ce développement proviennent du musée de la Résistance et de la Déportation de Besançon. Une plaquette a été publiée sous le titre *Le Val d'Amour 1940-1944*, Chamblay, 1994, 30 pages, déposée au musée de la Résistance de Besançon. L'ouvrage d'un témoin, Gaston Pretot, *Le Rat blanc*, Belfort, France-Régions, 1990, a également permis certains recoupements, étayés par un autre ouvrage de récits de André Besson, *Une poignée de braves*, Poligny, Les Nouvelles éditions jurassiennes, 1965 (les portraits de deux passeurs connus y sont dressés : Fernand Valnet et Paul Koepfler).

17. MAE, Guerre 1939-1945, série Vichy, sous-série Y, volume 33, dossier « *négociations tripartites de Wiesbaden* (du 04/11/1941 au 31/01/1942), notes classées « *Très secret* », remises par le ministère de la Défense nationale (DSA) au secrétaire général de la vice-présidence du Conseil à Vichy, Jardel, et au capitaine de frégate Guichard, directeur du cabinet du ministère des Affaires étrangères, n° 1169, 17 février 1942.

18. Dans la revue *Résistance FFI*, n° 13, 1987, p. 13, l'historien François Marcot cite une lettre du général Frère, envoyée le 9 mai 1941, au passeur de Poligny, Paul Koepfler, alors soigné à Lyon pour une blessure (condamné à mort par les Allemands pour ses activités de passeur, en mars 1941, il s'échappe de sa prison après s'être tranché la gorge pour ne pas passer au poteau d'exécution). François Marcot cite aussi un télégramme étonnant, adressé à Koepfler, par le docteur Bernard Ménétrel, médecin et secrétaire particulier du maréchal Pétain : « *Le Maréchal a su votre admirable conduite et tient à vous féliciter. Votre situation est étudiée ici et quelque chose sera fait pour vous. Tous nos vœux de rétablissement.* »

19. AN, 2 AG/658, Lettre du 1er bureau de l'EM de l'armée, n° 13654 I/EMA, aux généraux commandant les 1er et 2e groupes de divisions militaires, les généraux commandant les 7e, 9e, 12e, 13e, 14e, 15e, 16e et 17e divisions militaires, le 13 octobre 1941.

20. A partir de la mi-mai 1941, sur les cahiers, nous relevons des soldats qui se sont échappés de stalags, dont l'ancien

président de la République François Mitterrand, « *St. chef, 23e BIC, Stal. 9 A Mle 968* ».

21. *Vobif* n° 1, *op. cit.*

22. Sur les registres du café Aigrot, 560 personnes passées ont été répertoriées.

23. Témoignage recueilli en février 1991, à l'occasion de la rédaction de notre mémoire de maîtrise sur le canton de Bléré sous l'Occupation, *op. cit.*

24. « Le corbillard de Vierzon » dans Colonel Rémy, *Les réfractaires. La ligne de démarcation*, Paris, Perrin, 1971, t. XX.

25. Entretien chez le témoin, à Saint-Lô, durée : trois heures, et ses souvenirs écrits en mai 1941.

26. Nous reviendrons amplement sur la « filière de Vierzon » ultérieurement.

27. Marcel Demnet était employé à la mairie de Vierzon. Il put y confectionner des faux papiers pour aider des passagers à se diriger vers la zone non occupée.

28. AD du Cher, cotes Z 1504, 711 W et 806 W et fascicule remis par J.-Y. Ribault (conservateur des archives) à l'auteur de ce livre, en 1991.

29. Lettre de Marcel Demnet à l'auteur, le 13 novembre 2000.

30. Robert Vivier, *Touraine 39-45, op. cit.*, p. 161.

31. Robert Uhart, *Saint-Martin-le-Beau, village de la Touraine*, La Roche-Rigault, éditions PSR, 1990, pp. 354-367.

32. Voir notre mémoire de maîtrise, *Le canton de Bléré pendant la Seconde Guerre mondiale, op. cit.*, publié sous le même titre, Paris, Office d'édition et de diffusion du livre d'histoire, 1994, pp. 146-148 ; témoignage de Mme Max Tillac, épouse du neveu du prêtre, février 1991.

33. Archives privées de Jack Vivier, fils de Robert Vivier, préfet de la Libération à Tours : manuscrit inédit qui rassemble des synthèses après lecture des archives de la Gestapo, aujourd'hui introuvables.

34. Nous renvoyons à l'étude minutieuse et originale de Paul Lévy qui étudie un exemple de coopération entre chrétiens et Juifs, pour aider des Juifs traqués sur la ligne de démarcation : *Elie Bloch, être Juif sous l'Occupation*, La Crèche, Geste éditions, 1999. Le pasteur Auguste Encrevé de Pam-

proux et un collègue recherchaient des passeurs pour aider des passagers à franchir la ligne de démarcation.

35. Au recensement de 1936, les 15-19 ans étaient 2 266 000 et les 20-29 ans, 6 273 000, pour une population totale de 41 183 000 habitants.

36. Olivier Wieviorka a aussi fait ce constat pour les jeunes militants de Défense de la France, dans *Une certaine idée de la Résistance, op. cit.*, pp. 160-161.

37. Dominique Veillon, *Le Franc-Tireur, un journal clandestin, un mouvement de résistance, op. cit.*, pp. 253-254.

38. Laurent Douzou, *La désobéissance, histoire du mouvement Libération-Sud, op. cit.*, p. 149.

39. Olivier Wieviorka, *Une certaine idée de la Résistance…, op. cit.*, p. 164. 73,32 % des effectifs ont moins de trente-cinq ans en 1943.

40. Marie Granet a travaillé sur un échantillon de 776 agents dans *Cohors : Asturies, Histoire d'un réseau de résistance 1942-1944*, Bordeaux, éditions des Cahiers de la Résistance, 1974.

41. Dans le mouvement Libération-Sud, les couples étaient plus nombreux que les célibataires, à savoir 48 pour 37 (chiffres extraits de Laurent Douzou, *La Désobéissance…, op. cit.*, p. 149).

42. Entre parenthèses, nous avons indiqué le nombre de passeurs, hommes et femmes, pour chacune des enquêtes.

43. **Enquête 1** : notre enquête orale a servi de support au calcul des pourcentages de cette colonne.

44. **Enquête 2** : fichier RG, 41 passeurs.

45. **Enquête 3** : archives privées de Mme Oichot, chiffres de l'UNEG du Cher.

46. **Enquête 4** : chiffres de Thierry Bonnot pour la Saône-et-Loire, *op. cit.*, p. 80.

47. Proportion calculée par rapport aux 348 passeurs recensés pour la réalisation du tableau, à savoir la somme du nombre des passeurs de chaque source.

48. Pour l'exemple, si nous comparons nos chiffres avec ceux de Dominique Veillon, pour Franc-Tireur, il y a une différence avec nos conclusions, car l'historienne a recensé une

majorité de membres des couches moyennes issues du monde urbain, dans *Le Franc-Tireur, op. cit.*, pp. 247-248.

49. Témoignage de Pierre Goupille, fils du vétérinaire-passeur de Descartes, 19 décembre 1994.

50. Seule la petite ville de Loches est située en zone non occupée.

51. AD d'Indre-et-Loire, Fonds 9 F, plus connu sous le nom de « Fonds Vivier ».

52. Hubert Sesmat, *Un abbé en prison allemande. Ecole Michelet à Tours, 1942*, Paris, Libération, 1944 ; cité par Robert Vivier, « La Déportation en Indre-et-Loire (étude statistique) », dans *Revue d'Histoire de la Deuxième Guerre mondiale*, juillet-septembre 1954, n° 15, pp. 126-136.

53. Laissez-passer de Jean Gamelon qui nous a communiqué ses archives personnelles sur le sujet, en 1997. Il en a déposé une copie au musée de la Résistance et de la Déportation de Besançon, en 1994.

54. CAGN, Le Blanc, rapport confidentiel n° 4/4, du commandant de la légion, 5e paragraphe, « doléances de la population ; économie », 1er octobre 1940.

55. Terme relevé dans la majorité des cinquante entretiens.

56. CAGN, Le Blanc, Section de Bazas, BT de Langon, rapport quotidien n° 83/2, 29 juin 1941.

57. Chiffre du recensement de 1936, Jean-Edouard Rochas, *Rétrospective démographique de la France*, Paris, INSEE, 1994.

58. Jean-Marie Guillon, *La Résistance dans le Var. Essai d'histoire politique*, thèse d'Etat, Université de Provence, 1989 ; chiffres cités également par François Marcot dans « Pour une sociologie de la Résistance : intentionnalité et fonctionnalité », dans *Le Mouvement social*, juillet-septembre 1997, n° 180 (numéro spécial : « Pour une histoire de la Résistance »), pp. 21-41.

59. AN, AJ 41/337, 339, 340 ; SHAT, 3 P 116 ; CAGN (Le Blanc) et nombreux dossiers dans les archives départementales du Cher, d'Indre-et-Loire, du Jura et de Saône-et-Loire.

60. Emilienne Eychenne, *Les fougères de la liberté. Le franchissement clandestin de la frontière espagnole dans les Pyrénées-Atlantiques pendant la Seconde Guerre mondiale*, Toulouse, éditions Milan, 1987, p. 14.

Chapitre 4

1. AN, BB 30/1708, Synthèse des rapports mensuels des commandants des légions de gendarmerie (zone libre), novembre 1941-octobre 1942.

2. AD d'Indre-et-Loire, 10 W 18, lettre du chef d'escadron commandant la compagnie de gendarmerie d'Indre-et-Loire au préfet d'Indre-et-Loire, en réponse à la lettre du 15 décembre 1941 de la division générale de la Police nationale, 2 janvier 1942.

3. Alliance Israélite Universelle (AIU), compte rendu de la délégation régionale de Toulouse, 25 juillet 1942.

4. AD d'Indre-et-Loire, 10 W 18, Lettre du chef d'escadron commandant la compagnie de gendarmerie d'Indre-et-Loire au préfet, en réponse à la lettre du 15 décembre de la division générale de la Police nationale, 2 janvier 1942.

5. CAGN, Le Blanc, registres des rapports quotidiens R 2 de Tours et de Bourges, janvier, février et mars 1941.

6. Dossiers documentaires constitués par Paul Durand (résistant, juriste et cadre de la SNCF) et versés aux Archives nationales. Les dossiers des cotes 72 AJ/495 à 497 ont été les plus intéressants pour notre recherche, bien que laconiques.

7. J. Gillot-Voisin, *La Saône-et-Loire sous Hitler,* Mâcon, F.O.L., 1996.

8. AN, 72 AJ/496, Dossier de Hermerel à Mourgues.

9. Marie Granet, *Cohors-Asturies, Histoire d'un réseau de résistance 1942-1944, op. cit.*, pp. 47-50.

10. AN, 72 AJ/495, Collection « Paul Durand », XXIII, réponses aux questionnaires, dossier « Debachy ».

11. *Gallia*, réseau de renseignements utilisé, à partir de la fin de 1942, par les services de renseignements des trois grands mouvements de zone sud, Combat, Libération-Sud et Franc-Tireur. Le réseau de la Confrérie Notre-Dame de Rémy est épaulé à partir de la fin 1942 par les réseaux Phalanx (zone nord) et Cohors (zone sud) – grâce aux initiatives de Christian Pineau –, Brutus (créé par l'avocat socialiste marseillais Boyer, dans la zone sud), et Phratrie (qui a constitué plusieurs réseaux).

12. Claude Bourdet, *L'Aventure incertaine*, Paris, Stock, 1975, p. 96.

13. Dominique Veillon, « Les réseaux de Résistance », dans Jean-Pierre Azéma et François Bédarida (dir.), *La France des années noires*, Paris, Le Seuil, 1993, 2 vol., vol. 1, pp. 385-386.

14. Marie Granet, *Cohors-Asturies, histoire d'un réseau de Résistance, op. cit.*, et Laurent Douzou, *La Désobéissance..., op. cit.*, p. 436.

15. Entretien effectué chez Etienne Bauer, de Libération-Sud, à Paris, le 11 juin 1997.

16. En effet, chaque pilote de la RAF qui volait au-dessus de la France devait emporter avec lui un mouchoir de soie sur lequel était dessiné le tracé de la ligne, faux en certains points, de façon à pouvoir connaître sa position entre les zones, une fois atterri, parachuté ou abattu.

17. Entretien avec Etienne Bauer, déjà cité.

18. Nous devons l'essentiel de notre documentation à Gustave Sillard (Saint-Lô) qui est à l'origine du monument et qui a franchi la ligne de démarcation grâce à Toupet, le 9 avril 1941.

19. Entretien avec Gustave Sillard, le 16 ocotbre 1997, chez le témoin à Saint-Lô.

20. Souvenirs écrits en mai par Gustave Sillard et confiés à l'auteur, déjà cités et non publiés à l'époque.

21. *Ibidem.*

22. Entretien déjà cité.

23. Souvenirs écrits de Gustave Sillard, *op. cit.*

24. Jean Leloup estime que lui et sa famille ont passé plus de huit cents personnes (des prisonniers évadés, des aviateurs canadiens, des résistants, dont ils ignoraient le nom), entre juillet 1940 et novembre 1942. Il ne nous est pas possible de confirmer ce chiffre par d'autres sources.

25. AD d'Indre-et-Loire, fonds Goupille, 42 J1.

26. Archives d'Indre-et-Loire, 42 J5.

27. Entretien avec Odette et Lucien Marchelidon, à leur domicile, à Joué-lès-Tours, le 9 mai 1997.

28. Entretien avec Pierre Goupille, fils d'André, Mairie de Descartes, le 19 décembre 1994.

29. AD d'Indre-et-Loire, J 41 (dossier n° 10), André Goupille, *Mon village sous la botte*, sans date, mais écrit après la guerre, pp. 13-19.

30. *Ibidem.*

31. Entretien avec Pierre Goupille et Jean Brehon, déjà cité.

32. Nous y reviendrons plus largement dans la partie suivante, consacrée à la répression et aux trafics sur la ligne de démarcation.

33. André Goupille, *Mon village sous la botte, op. cit.*, pp. 36-37.

34. *Ibidem.*

35. AD d'Indre-et-Loire, 42 J5.

36. AD d'Indre-et-Loire, 42 J1, chemise n° 1.

37. *Ibidem.*

38. *Ibidem.*

39. *Ibidem*, chemise n° 2.

40. C'est à partir du 1er août 1941 que des cartes postales ordinaires inter-zones, vierges de texte imprimé, ont pu être envoyées en zone occupée.

41. Voir au sujet des arrestations, Pierre Goupille, « Une famille dans la Résistance », dans *Bulletin bimestriel de l'ADIR*, mai-juin 1985, n° 195, pp. 3-4. Le 15 février 1944, l'un de leurs complices depuis 1940, l'abbé Péan, curé de Draché, est arrêté par la Gestapo. La nuit suivante, c'est au tour d'André Goupille et de ses quatre enfants, d'Odette Métais et Lucien Marchelidon. L'épouse Goupille est arrêtée huit jours plus tard et a pu avertir de nombreuses personnes. En avril, tous sont déportés à Auschwitz, Buchenwald, Flossenburg, Holleischen et Ravensbrück. Tous sont revenus vivants.

42. Henri Noguères, *Histoire de la Résistance en France*, Paris, Laffont, 1967-1981, 5 vol., vol. 2, p. 125.

43. Voir Colonel Passy, *Souvenirs,* Monte-Carlo, Raoul Solar, 1947, 3 vol., t. 1.

44. AN, 3 AG II, BCRA/CND, réponse de *Raymond* aux câbles 86 à 115, 17 octobre 1940.

45. Colonel Rémy, *Mémoires d'un agent secret de la France Libre,* Paris, France-Empire, 1998, 2 vol., vol. 1, *Le refus* (première édition : Monte-Carlo, Raoul Solar, 1947).

46. AN, 72 AJ/49, *Confrérie Notre-Dame*, témoignage de Louis de la Bardonnie (CND A – 6 I), dans Rémy, *Notes rectificatives pour les « Mémoires d'un agent secret de la France Libre »*, t. 1, sans date.

47. H.R. Kedward, *Naissance de la Résistance dans la France de Vichy*, Paris, Seyssel/Champ Vallon, 1989 (première édition anglaise en 1978, Oxford University Press), pp. 258-263.

48. *Ibidem*, p. 259.

49. *Ibidem*, p. 260.

50. AN, 72 AJ/49, témoignage de La Bardonnie, déjà cité.

51. Souligné dans le texte original.

52. Daniel Cordier, *Jean Moulin, la République des catacombes*, Paris, Gallimard, 1999, p. 270.

53. AN, 72 AJ/49, déjà cité, témoignage de La Bardonnie.

54. Edouard Etourneaud est un ancien combattant de la Grande Guerre. Il fut arrêté le 3 mars 1943 et mourut dans le camp de Dora, le 27 décembre 1944. Il est commémoré au Mémorial de la CND, dans la commune de Les Salles-de-Castillon, en Gironde. Son épouse Marthe (pseudo : *Martha*) est entrée dans le réseau le 1er janvier 1941. Nous remercions Jean-Claude Renault, fils de Rémy, pour ces informations.

55. Il est entré dans le réseau en janvier 1941. Arrêté le 4 février 1944, déporté, il est rentré le 8 juin 1945. Son épouse Simone a pour speudo *Malou*.

56. Colonel Rémy, *Mémoires d'un agent..., op. cit.*, p. 104. Le témoignage de Gilberte Brossolette conforte cette hypothèse ; elle est passée avec ses enfants par le « passage Moineau-Beausoleil », le 13 juillet 1942 : entretien avec l'auteur, à son domicile parisien, le 27 mai 1997. Elle écrit aussi, au sujet de son départ de France et de son passage clandestin de la ligne de démarcation, que « *Pierre [...] devait nous attendre en gare de Libourne, avec des bicyclettes* » ; le témoin se souvient également d'une maison « *à cheval entre Gardegan-Tourtirac et Belvès sur la frontière* », située en zone non occupée, à l'est de Bergerac ; enfin, elle évoque la rivière la Lidoire, dans son ouvrage *Il s'appelait Pierre Brossolette*, Paris, Albin Michel, 1976, pp. 153-155.

57. Jean-Louis Crémieux-Brilhac, *La France Libre, op. cit.*, p. 333.

58. AN, 3 AG II/1 et 3 AG II/397 (dossier n° 1-2, pièce 4) ; AN, 72 AJ/49, « Réponse du commandant Bourgat au rapport d'Espadon » jointe aux rapports de Bourgat sur la CND, décembre 1942, et Guillaume Piketty, « Itinéraire intellectuel... », *op. cit.*, vol. 1, p. 550.

59. A cette époque naissent les premières dissensions entre Rémy et Brossolette, ce dernier reprochant à son chef un voyage à Londres mal organisé, puis oublié.

60. AN, 72 AJ/49, « Réponse du commandant Bourgat au rapport d'Espadon », déjà cité.

61. Résistant socialiste et ancien polytechnicien non conformiste.

62. Charles Vallin, ex-vice-président du Parti social français (PSF) et ex-membre d'un « conseil de justice politique » vichyssois. Pierre Brossolette a effectué son recrutement et l'a ramené à Londres en septembre 1942. Son arrivée chez les gaulliens a provoqué de très vifs mécontentements. D'ailleurs, Vallin n'a reçu aucune mission officielle. Il a été tué lors de la campagne d'Italie.

63. Pierre François, *Passeurs et déportés, un groupe de la vallée de l'Orne*, Pont-à-Mousson, chez l'auteur, 1994 (préface de Geneviève de Gaulle-Anthonioz) ; lettre de Pierre François à l'auteur, le 18 novembre 1994.

64. *L'Evadé*, avril 1994.

65. J. Fosty, « Les réseaux belges en France », dans *Cahiers d'histoire de la Seconde Guerre mondiale*, Centre de recherches et d'études historiques de la Seconde Guerre mondiale, 1972, pp. 80-111.

66. En langue verte, « *Sabot* » est une contraction de « sabotage ».

67. Michel Rousseau, « Deux réseaux britanniques dans la région du Nord : le réseau *"Garrow-Pat O' Leary"* et le réseau *Farmer* », dans *RHDGM*, n° 135, juillet 1984, pp. 87-108.

68. Nous entendons les lignes de démarcation entre la zone rattachée au commandement allemand de Bruxelles, entre la zone interdite et le reste de la zone occupée et entre celle-ci et la zone non occupée. Parfois, il y a franchissement clandestin de la frontière entre l'Alsace-Lorraine annexée et la zone interdite.

69. Hastings Ismay sera le premier secrétaire général de l'OTAN de 1952 à 1957.

70. Cité par Jean-Louis Crémieux-Brilhac, dans *La France Libre, op. cit.*, p. 231.

71. Témoignage épistolaire de Hugh Verity, pilote de la RAF, décembre 1990. Nous nous référons également à l'un de ses ouvrages, *Nous atterrissions de nuit...*, Paris, Editions France-Empire, 1982.

72. Les missions étaient dirigées par le *Special Operations Executive (SOE)*. Les résistants français étaient tenus au courant de l'imminence d'une opération nocturne aérienne en écoutant les messages diffusés par la BBC.

73. Per Hysing-Dahl, *Vinger over Europa*, Oslo, 1963 (traduction du titre norvégien : *Les ailes au-dessus de l'Europe*).

74. Entretien au domicile d'André Postel-Vinay, Compagnon de la Libération, enregistré le 16 décembre 1996. Nous avons également pu recourir à l'ouvrage publié par le témoin, *Un fou s'évade. Souvenir de 1941-1942*, Paris, chez l'auteur, 1996.

75. Archives privées d'André Postel-Vinay : Souvenirs de Ron Christensen, membre de l'équipage d'un bombardier Wellington, non publiés, sans date, 50 pages, p. 22, traduction : « *We stayed two nights at Dr. Cliquet's house and once again he and the other people in that Vierzon underground group gave us a warm welcome, sheltering us and sharing their rationed food with us.* »

76. André Postel-Vinay, « La Résistance en zone occupée, d'octobre 40 à octobre 42 », dans *Voix et Visages, Bulletin de l'ADIR*, n° 214, mars-avril 1989.

77. William Moore, *The long way round. An escape through occupied France*, London, Ed. Léo Cooper and association with Secker and Warburg Ltd, 1986.

Chapitre 5

1. AN, 3 AG II/332, Forces navales françaises libres, EM, 2e bureau, n° 560, le 24 juin 1941, extrait d'une lettre envoyée de Limoges, sans date.

2. Jacqueline Sainclivier, *La Bretagne de 1939 à nos jours*, Rennes, éditions Ouest-France Université, 1989 ; Christian Bougeard, « Les Côtes du Nord », dans Dominique Veillon, Jean-Marie Flonneau (dir.) « Le temps des restrictions en France (1939-1949) », *Les Cahiers de l'IFTP*, n° 32-33, mai 1996, pp. 343-363.

3. AN, 3 AG II/332, déjà cité.

4. MAE, Vichy-Europe, série Y, vol. 70, Note de la DSA au MAE sur les rapports établis par les préfets de zone occupée pendant le mois de janvier 1941, 11 mars 1941. Les rapports préfectoraux des départements suivants ont été consultés par la DSA – ceux signalés en gras ont également été étudiés par nous-même : Seine-et-Oise, Yonne, Aube, **Nièvre, Doubs, Haute-Saône,** Vosges, Meuse, Nord, Pas-de-Calais, Vendée, **Indre-et-Loire, Loir-et-Cher,** Charente-Inférieure, **Charente** et **Vienne.**

5. Roland Lamouret, *Une fleur bleue au fusil*, Château-Renault, chez l'auteur, 1987.

6. *Ibidem*, p. 49.

7. *Ibidem*, p. 51.

8. AN, AJ 41/339, Rapport du secrétaire général pour la Police au général d'armée, ministre secrétaire d'Etat à la Guerre, « état des meurtres survenus sur la ligne de démarcation », avril 1942, n° Cj/2641.

9. AN, AJ 41/339 et F1 C III/1132, Rapport mensuel du sous-préfet de Saône-et-Loire, 28 mars 1941.

10. *Ibidem*.

11. AD Lot-et-Garonne, 2 W 5, circulaire de la direction de la Police nationale, 11 avril 1941.

12. *Ibidem* et MAE, Vichy-Europe, série Y, vol. 56-59, Bulletin de la DSA n° 6, 1er juin 1941.

13. CAGN, Le Blanc, brigade de Sancoins, rapport n° 77/4, 4 septembre 1941.

14. *Ibidem*, rapport n° 7/4, 13 janvier 1942.

15. AN, AJ 41/337, DSA, « cahier secret : régime de la ligne de démarcation et des lignes qui sont venues découper arbitrairement la zone occupée », 1er avril 1942, 60 pages, paragraphe « e ».

16. AD, Saône-et-Loire, cote 120025.

17. AD, Saône-et-Loire, cote 108877.

18. SHAT, carton 3 P 116, dossier n° 2, « renseignements fournis à la DSA sur les étrangers se rendant en zone libre, d'après le contrôle dans les trains », du 5 au 9 juin 1942.

19. MAE, Papiers « 1940 », Bureau d'études Chauvel, pièce n° 75, « Ligne de démarcation, rapatriement », 2 juin 1940-28 février 1943.

20. AD, Saône-et-Loire, cote 120034 ; cité également par Thierry Bonnot, *La ligne de démarcation en Saône-et-Loire, op. cit.*, p. 157

21. AD du Lot-et-Garonne, Rapport du commissariat spécial de La Réole du 19 août 1941, cote 2 W 5, et Philippe Souleau, « La ligne de démarcation en Gironde », *Les Cahiers du Bazadais*, 1998, n° 21.

22. AN, AJ 41/339, Dossier « incidents sur la ligne de démarcation ».

23. CAGN, Le Blanc, Rapport confidentiel n° 59/4 de la brigade territoriale de Saint-Aignan-sur-Cher, 8 juillet 1942.

24. AD, Saône-et-Loire, cote 108877, contrôle des passages inter-zones opérés par les postes de police spéciale, entre janvier et le 19 juillet 1942.

25. Entre autres sources, AN, AJ 40/1363, *Oberkommando des Heeres (OKH), Befehl den Einsatz des Zollgrenzschutzes (VGAD) an des Demark*, 23 janvier 1941.

26. AN, F 60/1506 et AJ 40/1768.

27. AN, AJ 41/1768, DSA, 31 décembre 1941.

28. AN, AJ 41/337, Lettre n° 33732/FT du général Beynet au général Vogl, 10 mars 1942.

29. *Ibidem.*

30. AN, AJ 41/339, Bordereau d'envoi du secrétariat d'Etat à la Guerre, EMA, section d'armistice, n° 1914, à la DSA, 30 avril 1942.

31. AN, F 60/1506, Circulaire du ministère de l'Intérieur aux préfets de la zone non occupée, 10 mai 1941 : « *Aucun individu ne sera remis à la ligne de démarcation, qu'il s'agisse de personnes en liberté, d'internés, d'hébergés ou d'étrangers servant dans une unité de travailleurs sans instructions des services de l'armistice transmises par mes soins.* »

32. AN, AJ 41/339, Dossier « incidents sur la ligne de démarcation », note de service de la 9e division, n° 310, Châteauroux, 23 juin 1942, et rapport des RG de Tours.

33. *Ibidem.*

34. AN, F1 C III/1151, Rapport mensuel du préfet, 11 novembre 1940.

35. *Ibidem.*

36. *Ibidem*, Rapport mensuel, 11 décembre 1940.

37. AN, F1 C III/1151, Rapport mensuel du 11 avril 1941.

38. *Ibidem.*

39. AN, F1 C III/1180, Rapport mensuel de mars 1941 et AJ 41/669.

40. *Ibidem*, Rapport du sous-préfet des Basses-Pyrénées, 12 mars 1941.

41. *Ibidem*, Rapport du 10 mai 1941.

42. AD d'Indre-et-Loire, cote 120 W 4, prisons annexes de la maison d'arrêt de Tours, 1940-1941.

43. CAGN, Le Blanc, Rapport quotidien R 2 de la 18e légion d'Aquitaine, n° 546/2, 1er avril 1941.

44. 3 AG 2/332, BCRA, censure, France libre, messages venant du monde entier : extrait d'une lettre adressée depuis Vichy, datée du 11 mars 1941, document n° 604, FFL, EM/CM.

45. G. Rougeron, *Le département de l'Allier sous l'Etat français (1940-1944)*, Moulins, Presses de l'Allier, 1969, pp. 298-299.

46. Commission indépendante d'experts, *La Suisse et les réfugiés à l'époque du national-socialisme*, Paris, Fayard, 2000, p. 155.

47. CDJC, XL VI, Chemise I-J, communications de l'Abwehr à Paris et du service *Ic* du *MBF* au *Bds* au sujet d'un réseau d'évasion des Juifs depuis Paris vers la zone sud, du 29 juin 1942 au 5 février 1943, nr 3153/42, « *Geheim !* ».

48. Paul Lévy, *Elie Bloch…*, *op. cit.*, p. 223 ; l'historien cite une source du centre d'archives de *Yad Vashem* à Jérusalem, YV, 09.255-lettre n° 5 d'Hanna-Hélène Goldberg à sa mère, ainsi que la lettre n° 8.

49. AN, BB 30/1708, Secrétariat général du ministère de la Justice, dossier classé « très secret », août 1942.

50. CDJC, XXXIII-23, Note du commissaire de police judiciaire au commissaire de police judiciaire pour le SEC, Lyon, 20 octobre 1942.

51. CDJC, XXXIII-18, CGQJ, Lyon, Rapport du commissaire de police judiciaire au commissaire principal, 18 septembre 1942.

52. AN, BB 30/1708, paragraphe 3, « trafics illicites ».

53. AD, Saône-et-Loire, cote 120019, lettre du préfet, 25 mars 1941.

54. *Ibidem*, Réponse du directeur des services vétérinaires de Saône-et-Loire au préfet, le 31 mars 1941.

55. *Ibidem*, Constat du directeur des services agricoles de Saône-et-Loire.

56. F1 C III/1164, Rapport du préfet du Lot-et-Garonne, 11 mars 1941.

57. *Ibidem.*

58. AD, Saône-et-Loire, cote 120037, Note du secrétaire général pour la police, 20 octobre 1941.

59. AD, Saône-et-Loire, 120010, Lettre du secrétaire général pour la police aux préfets et aux sous-préfets de la zone libre, n° 241 Pol./4, Vichy, 6 mai 1941.

60. AD, Saône-et-Loire, cote 120037, Lettre de René Bousquet aux préfets de zone libre, 11 mai 1942 ; citée également par Thierry Bonnot, *La ligne de démarcation en Saône-et-Loire…*, *op. cit.*, p. 161.

61. AN, AJ 41/1768, Notes de la DSA, février 1941. Les notes résument une série d'incidents survenus sur la ligne de démarcation depuis le début de l'Occupation. Parmi les incidents graves, relevons les suivants : 9 mars 1941, une personne poursuivie avec coups de feu loin en zone non occupée à Trouy (Cher) ; le lendemain, près de Morthommiers (Cher), trois passagers sur vingt sont blessés ou tués ; le 27 mars, en Indre-et-Loire, un inspecteur des eaux minérales de Vittel est abattu, alors qu'il a déjà rejoint la zone non occupée ; le 28 mars, à Saint-Thorette (Cher), un coup de feu est tiré en zone non occupée ; 2 juillet, explosion de deux mines allemandes au sud de Selles-sur-Cher (Loir-et-Cher), en zone non occupée.

62. AN, F1 C III/1151, Rapport du préfet du Doubs, 11 novembre 1940.

63. AN, AJ 41/1566, Lettre du général Doyen au général Vogl, 20 juillet 1941.

64. Jean-Claude Catherine, *La ligne de démarcation en Berry-Tourraine, op. cit.*, p. 81.

CHAPITRE 6

1. CDJC, XXIV-1 et LXXXV-68, Note de Best (référence : W 160, pour le Groupe 1), 19 août 1940.

2. ADAP, *Aufzeichnung des Leiters der Abt. Deutschland, Berlin, den 15 August, D III/2298 : « Mitteilung für Herrn Legationssekretär Rademacher »*, vol. X, n° 345, p. 399. Rademacher était l'expert aux questions juives au ministère des Affaires étrangères du Reich, sous les ordres directs de Luther, sous-secrétaire d'Etat du ministre Ribbentrop. CDJC, LXXV-72 et XXIV-5, Note manuscrite de Best, dossier v. 160, 30 août 1940 : dans cette note, Best dévoile qu'Abetz l'a informé la veille d'un ordre du Führer prévoyant l'interdiction totale faite aux Juifs de revenir en zone occupée.

3. SHAT, carton 1 P 9, « Note pour le franchissement de la ligne de démarcation », 9e région militaire, état-major, Châteauroux, 14 septembre 1940.

4. *Ibidem*.

5. *Ibidem*.

6. CDJC, XXIV-12, Télégramme du 20 septembre 1940.

7. MAE, Papiers 1940, Bureau d'étude Chauvel, pièce n° 75, « ligne de démarcation, rapatriements », 2 juin 1940 au 28 février 1943, extrait du quotidien *Le Journal*, 21 septembre 1940.

8. CDJC, XXIV-5a, 6 à 12, LXXV-73 à 80, Note de Speidel, 20 septembre 1940.

9. CDJC, XXIV-5 a, Note de Speidel, 20 septembre 1940.

10. Nous retenons le chiffre donné par Jean-Pierre Azéma dans *De Munich à la Libération..., op. cit.*, p. 180. Renée Posnanski livre un chiffre inférieur : 6 504 Juifs expulsés, dans *Etre juif en France pendant la Seconde Guerre mondiale*, Paris, Hachette, coll. « La vie quotidienne », 1994, p. 262.

11. Anne Grynberg, *Les camps de la honte.* Les internés juifs des camps français (1939-1944), Paris, La Découverte, 1991, p. 144.

12. Robert O. Paxton, « La spécificité de la persécution des Juifs en France », *Annales ESC*, mai-juin 1993, n° 3, p. 612.

13. *La DFCAA, op. cit.*, Lettre du général Doyen au général von Stülpnagel, n° 13199/AE (DFCAA 788), 10 février 1941, vol. IV, p. 98.

14. *Ibidem.*

15. Par exemple, à l'automne 1940, de nombreux Juifs belges, qui ne savent pas où aller, décident de rester à Toulouse, Lyon, Marseille, Vichy, Nice, Cannes, Périgueux, Limoges. De nombreux petits villages plus ou moins proches de la démarcation comptaient parfois une forte proportion de réfugiés juifs.

16. Léon Poliakov, *L'auberge des musiciens*, Paris, Mazarine, 1981, p. 79.

17. *Ibidem*, pp. 82-84.

18. AIU, CC 1, Registre des délibérations, séances plénières des 25 et 26 mai 1941.

19. Toutes les informations de cet exemple sont extraites des archives du BCRA qui a compilé des centaines de comptes rendus d'interrogatoire de jeunes gens qui souhaitaient rejoindre les rangs de la France Libre : AN, 3 AG II/286, compte rendu d'interrogatoire de Gilbert Leibovici, 1944.

20. Robert Debré, *L'Honneur de vivre, op. cit.* p. 214.

21. *Ibidem.*

22. Philippe Erlanger, *La France sans étoile. Souvenirs d'avant-guerre et du temps de l'Occupation*, Paris, Plon, 1979, p. 176.

23. Léo Hamon, *Vivre ses choix,* Paris, Robert Laffont, 1991, p. 90 ; cité par Renée Poznanski dans « Avant les premières grandes rafles. Les Juifs à Paris sous l'Occupation (juin 1940-avril 1941) », *art. cit.*, p. 10.

24. Léo Hamon, *Vivre ses choix, op. cit.*, p. 104.

25. François et Renée Bédarida, « La persécution des Juifs », dans Jean-Pierre Azéma, François Bédarida, *La France des années noires, op. cit.*, vol. 2, p. 150.

26. L'« Etude sur la situation des Juifs en zone occupée », attribuée à Léo Hamon et étudiée par Renée Poznanski dans *Les Cahiers de l'IHTP*, décembre 1992, n° 22.

27. Léo Hamon, *Vivre ses choix, op. cit.*, p. 99.

28. Edgar Faure, *Mémoires*, Paris, Plon, p. 105.

29. *Ibidem*, p. 106.

30. AIU, CC 1, registre de délibérations, 16 mars 1941-6 mai 1943, séance de la délégation permanente du 4 mai 1941.

31. AIU, CC 1, déjà cité, séances plénières des 25 et 26 mai 1941.

32. Renée Poznanski, *Etre Juif en France…, op. cit.*, p. 310.

33. BA-MA, Freiburg, RW 35/6, Rapport de situation du *MNF*, avril-mai 1941, p. 55.

34. AN, 3 AG II/286, compte rendu d'interrogatoire de Léon Kahn de Nanteuil, né le 24 juillet 1892 à Paris. Jusqu'à la guerre, Yvon Morandat a été secrétaire permanent de la CFTC de la Savoie. Après avoir été caporal des chasseurs alpins, rescapé de la campagne de Norvège, sous l'Occupation, il a été l'un des plus efficaces agents politiques de la France Libre.

35. Un mois après, une centaine était décédée ; les autres sont quasiment toutes parties pour Auschwitz.

36. Entretien avec Claude Lévy, à son domicile parisien, 15 janvier 1998.

37. Archives privées, Jacques Delarue : ministère de l'Intérieur, Direction générale de la Police nationale, lettre de Rivalland, n° 132 aux préfets, Paris, le 15 décembre 1941.

38. Archives de la Gendarmerie nationale, CAGN, Le Blanc (36) : Rapport 3/4 confidentiel de l'adjudant X, commandant la brigade de Montpon, 18e légion, « *sur une organisation clandestine de passages d'israélites sur la ligne de démarcation* », 15 décembre 1941.

39. AN, AJ 38/123, Dossier « Circulation-séjour des Juifs » : lettre du commissaire général aux Questions juives à monsieur le ministre secrétaire d'Etat à l'Intérieur (Direction générale de la Police nationale), Vichy, 4 février 1942.

40. *Ibidem*.

41. *Ibidem*.

42. Anne Grynberg, *Les camps de la honte…, op. cit.*, p. 277.

43. AN, AJ 38/258, Procès-verbaux des brigades de gendarmerie proches de la ligne de démarcation en Charente et dans la Vienne sur les « Juifs ayant passé clandestinement la ligne » et lettres du ministère de l'Intérieur, police des Questions juives pour le fichier central. Voir CDJC, XXVI-51 : câble du poste douanier SD de Vierzon au *Bds*, 30 juillet 1942.

44. *Ibidem.* Il s'agit du terme employé dans les procès-verbaux, car il ne s'agissait pas dans ce cas d'arrestations en flagrant délit. Les Juifs repartaient librement après avoir consenti à répondre aux questions des gendarmes.

45. Procès-verbal sans précisions, seulement daté du 10 janvier 1942.

46. AN, AJ 38/258, Procès-verbal dressé par la brigade de Chasseneuil, 19 février 1942.

47. AN, AJ 38 et CDC, série des circulaires de la CDC, 1941-1945, 551 à 651, circulaire du secrétaire général de la CDC au receveur central des Finances de la Seine, au payeur général de la Seine ; aux trésoriers payeurs généraux, receveurs particuliers des Finances et percepteurs de la zone occupée, « *opérations concernant les Juifs* », IV : « *Domaine territorial d'application de l'ordonnance du 28 mai 1941, de la note du 25 août 1941 et des dispositions subséquentes* », 30 juin 1642, 28 pages.

48. CDC, Circulaire citée précédemment.

49. CDJC, LXXV-60, Traduction de la lettre du *MBF* à Xavier Vallat, le 25 novembre 1941, 5 pages.

50. CDJC, CX-148, Note pour Monsieur X du SCAP, Paris, 30/101941 : « *Situation des entreprises de négoce de tissus en zone libre* ».

51. M. Marrus et R.O. Paxton, *Vichy et les Juifs, op. cit.*, pp. 217 et s.

52. AN, F 7/14929, Synthèse des interceptions postales, du 10 juillet au 10 août 1942.

53. CDJC, LXI-74, Ministère de l'Intérieur, Direction générale de la Police nationale, Direction de la police du territoire et des étrangers, 4e Bureau, note pour le chef de la PQJ (z.n.o.), Vichy, 2 avril 1942.

54. AIU, CC 17, Circulaire non datée accompagnant la lettre du 8 août 1942 et télégramme du 29 juillet 1942 intitulé

« *Sort des israélites étrangers qui ont franchi ou franchissent clandestinement la ligne de démarcation* ».

55. *Ibidem.*

56. Document traduit et reproduit par Serge Klarsfeld dans *Vichy-Auschwitz, op. cit.*, p. 310.

57. CDJC, C II-64, Directive de la direction de la Police nationale, le conseiller d'Etat secrétaire général à la police aux préfets régionaux de Clermont-Ferrand, Limoges, Lyon et Toulouse, en communication aux préfets de la ligne de démarcation, Vichy, 8 août 1942 ; AIU, CC 17, délégation du consistoire de Toulouse. Nous avons tiré l'extrait suivant : « *[...] Israélites ayant franchi irrégulièrement ligne démarcation depuis 5 septembre doivent, comme jusqu'à ce jour, être dirigés sur Rivesaltes.* »

58. AIU, CC 21, Fonds du Consistoire central, dossier « arrestations et déportations », témoignage manuscrit de Simone C., « Petites promenades à travers les prisons militaires allemandes de Paris », daté du 5 octobre 1942, p. 4.

59. *Ibidem.* Rapport du Consistoire central, 14 août 1942.

60. *Ibidem*, p. 331 : Lettre du préfet régional de Limoges n° 837/III au chef du gouvernement, le 13 août 1942.

61. AN, AJ 38/60, Lettre de la direction de la police du territoire et des étrangers, 3 octobre 1941.

62. AN, F1 C III/1151, Rapport du préfet de la Dordogne, 9 mai 1941.

63. AN, F1 C III/1128 (Jura), 1132 (Saône-et-Loire), 1145 (Charente), 1151 (Dordogne et Doubs), 1155 (Gers), 1157 (Indre) et 1174 (Nièvre) ; AD, Indre-et-Loire et Cher. En revanche, d'autres préfets et sous-préfets, s'ils mentionnent parfois le reflux des expulsés allemands du Palatinat, en novembre 1940 (F1 C III/1180 – Basses-Pyrénées) ou l'arrivée d'étrangers début 1941, n'évoquent l'opinion que dans ses déceptions et ses attentes en ce qui concerne les restrictions alimentaires.

64. AN, F1 CIII/1164, Rapport du préfet du Lot-et-Garonne, 1er février 1942.

65. AIU, CC 17 : d'après le compte rendu de la délégation de Toulouse, le 25 juillet 1942.

66. AIU, CC 9, « documents concernant René Bousquet », extrait du rapport de Darquier de Pellepoix à Pierre Laval, 23 juillet 1942.

67. AN, F1 a/3705, Synthèse des rapports des préfets de la zone libre pour le mois de juillet 1942, 14 août 1942.

68. *Ibidem.*

69. AN, F1 C III/1157, Préfecture de Châteauroux, rapport du 1er août 1942.

70. *Ibidem*, Rapport du 1er octobre 1942.

71. *Ibidem.*

72. CDJC, XLVI, chemise I-J et AIU, CC 22.

73. *Ibidem.*

74. AIU, CC 22, Dossier « assistance aux réfugiés et internés », CAR, Commission de l'assistance et de l'aumônerie des camps, compte rendu de la séance du 26 juillet 1942.

75. AIU, CC 21, Rapport du Consistoire central, 14 août 1942, déjà cité.

76. Le Comité d'Assistance aux Réfugiés a été créé en 1936 afin de venir en aide aux réfugiés de l'Europe centrale en France sans distinction d'origine ni de confession. En juin 1940, le CAR s'est replié en zone non occupée et a aidé les internés et les réfugiés répartis dans plusieurs villes françaises. En zone « libre », le CAR disposait de vingt-cinq sous-comités ou correspondants.

77. L'Œuvre de Secours à l'Enfance comptait onze maisons d'enfants en novembre 1941, dont huit en zone non occupée et elle hébergeait 1 200 enfants ; d'après AIU, CC 44.

78. Créée en 1880 en Russie, l'*Organisation for Rehabilitation and Training of Jews* a effectué du reclassement et a aidé les internés dans les camps.

79. Terme souligné dans le texte.

80. AIU, CC 17, Lettre reçue par la Délégation régionale de Toulouse, le 30 juin 1942, déjà citée.

81. *Ibidem.*

82. AIU, CC 67, Fonds Kiefe, Note de R. Kiefe sur sa conversation avec Jardin, le 3 juin 1942.

83. *Ibidem*, entrevues Jardin/Kiefe des 22-23 octobre 1942 et conversation avec M. Aube, le 7 novembre 1942.

84. En zone non occupée, il existait sept délégations régionales : Brive, Clermont-Ferrand, Grenoble, Limoges, Lyon, Marseille et Toulouse.

85. AIU, CC 17, dossier « délégations régionales », délégation du Puy-de-Dôme, le 30 juin 1942.

86. Terme souligné dans le texte original.

87. AIU, CC 2, Procès-verbal de la section permanente, 27 juillet 1942, paragraphe II du chapitre intitulé « *relations entre le CC et l'UGIF* », p. 2.

88. AN, F1 C III/1151, Tableau sur les arrestations à la ligne de démarcation, septembre-octobre 1942, 4 décembre 1942. Au total, 88 personnes ont été arrêtées sur la ligne de démarcation. Pour 16 d'entre elles (18 %), les motifs sont inconnus.

89. AIU, CC 17, délégations régionales, séance des secrétaires régionaux, intervention du docteur Gluck du 1er décembre 1942.

90. Commission d'experts suisses, *La Suisse et les réfugiés à l'époque du national-socialisme*, Paris, Fayard, 1999.

91. AN, BB 30/1708, Synthèse des rapports mensuels des commandants de légion de gendarmerie (zone libre), novembre 1941-octobre 1942.

92. *Ibidem*, Lyon, avis du 25 juillet 1943.

93. AIU, CC 67, Fonds Kiefe, chemise « crimes de guerre », document du 13 février 1942.

94. CDJC, XXVI-51, Câble n° 171 du poste douanier *SD* de Vierzon au *Bds*, 30 juillet 1942 : il signale que « des milliers » de Juifs essaient de passer clandestinement en zone non occupée, provenant de zone occupée, de Belgique et des Pays-Bas. Cela fait suite à la rafle du Vél'd'Hiv' des 16-17 juillet 1942 (« *sich tausende von Juden illegal in das unbesetzte Gebiet begeben* »).

Chapitre 7

1. AN, AJ 40/1354, DGTO, Lettre du général de La Laurencie au chef du *MBF*, Paris, 8 septembre 1940 (lettre française traduite de l'allemand).

2. *Ibidem*.

3. Archives du Conseil d'Etat SG (d) et SG (b) et Jean Massot, « Le Conseil d'Etat et le régime de Vichy », *Vingtième siècle. Revue d'Histoire*, avril-juin 1998, n° 58, pp. 83-99. Consulter plus brièvement *Le Conseil d'Etat. Son histoire à travers les documents d'époque (1799-1974)*, Editions du CNRS, 1974 (préface d'Alexandre Parodi).

4. Archives du Conseil d'Etat, carton SG (b) 6, Lettre du vice-président du Conseil d'Etat au garde des Sceaux, Royat, le 25 novembre 1941 ; AN, BB 30/1717.

5. AN, BB 30/1712, Note datée du 21 septembre 1941 du secrétaire d'Etat à la Justice au secrétaire d'Etat à la Défense nationale, DSA n° 4294.

6. AN, BB 30/1712, Lettre du secrétaire d'Etat à la Défense nationale au maréchal de France, n° 820 DN, Vichy, 7 août 1940 ; la suggestion de modifier les limites des circonscriptions administratives pour les faire coïncider avec la ligne de démarcation est faite à Pétain, mais aussitôt écartée, car ce serait reconnaître la ligne de démarcation comme une frontière et la perte de la souveraineté en zone occupée.

7. AN, BB 30/1712, Lettre du général de la 9e division au secrétaire d'Etat à la Guerre, cabinet n° 1000/2, Châteauroux, 3 septembre 1940.

8. AN, BB 30/1712, note citée du 21 septembre 1941.

9. Philippe Souleau, *La ligne de démarcation en Gironde*, Périgueux, Fanlac, 1998, pp. 60-64.

10. La majorité des rattachements est officielle dans la première quinzaine du mois d'août 1940, sauf pour la partie occupée de la Saône-et-Loire. Le sous-préfet d'Autun a dû attendre jusqu'au mois de décembre 1940 pour que son ressort sur la partie non occupée de la Saône-et-Loire fût confirmé. Initialement, les Allemands ont voulu greffer cette zone à Moulins (rive droite de l'Allier), la préfecture du département de l'Allier. Se reporter, pour plus de détails, à Thierry Bonnot, *La ligne de démarcation en Saône-et-Loire, op. cit.*, pp. 75 et s.

11. AN, BB 30/1712, Rapport du ministre secrétaire d'Etat à l'Intérieur au garde des Sceaux, 14 septembre 1940.

12. Archives municipales de Morez.

13. AN, F1 C III/1157, Préfecture de l'Indre, Rapport n° 3554 C, 30 octobre 1941.

14. Michel Cépède, *Agriculture et alimentation en France durant la Seconde Guerre mondiale*, Paris, Editions M. Th. Génin, 1961, p. 112. L'auteur a retracé la réorganisation des circonscriptions administratives des eaux et forêts. Tous les fonctionnaires du département ont été placés sous le commandement du préfet ; mais dans ce cas précis, les agents ont pris leurs ordres directement auprès du ministère de l'Agriculture.

15. Joseph Billig, *Le Commissariat général aux questions juives*, Paris, Centre de documentation juive contemporaine, 1955, 3 vol., vol. 3, p. 167.

16. AN, 2 AG/640 et 642, Dossiers par région. Ce sont les chiffres donnés lors des travaux de délimitation des futures régions par le Conseil National à Vichy et *Annuaire statistique abrégé*, Paris, Imprimerie nationale, 1943, vol. 1.

17. Le 16 juin, Keitel a cependant envisagé l'occupation totale de la France, malgré les souhaits inverses de Hitler qui la considère comme trop coûteuse. Voir également à ce sujet Hans Umbreit, *op. cit.*, p. 317.

18. BA-MA, Freiburg, RH 1, OKH/GenStd/Gen.Qu.Nr. 800/40 g.

19. Michel Margairaz, *L'Etat, les Finances et l'Economie, op. cit.*, pp. 615 et s.

20. INSEE/SGF, *Annuaire statistique 1940-1945*, Paris, Imprimerie nationale, 1946, vol. n° 56, pp. 151 et s.

21. AN, 3 W/352 (*Archives dites de Berlin* qui sont celles de la Haute Cour de justice), bordereau 1601, *Der MBF, Wil 580/42 geh, Paris*, 1er février 1942.

22. MAE, Papiers Baudouin, vol. 13, pièce 1, « *note de Barnaud : mesures à prendre pour remédier à la paralysie économique et sociale du pays faute de mise en vigueur des clauses de l'armistice* », 6 juillet 1940.

23. AN, F1 C III/1147, Rapport mensuel du 15 janvier 1941 et ADBF, rapport du directeur de la succursale de Bayonne, article 4, 30 octobre 1940, pp. 6-7.

24. AN, F1 C III/1157, Rapport hebdomadaire du préfet de l'Indre, 27 janvier 1941 et rapport bi-mensuel n° 488-c du 14 mai 1941.

25. *Le Petit Journal*, 31 octobre 1940.

26. AN, BB 30/1712, Rapport du 6 décembre 1940 concernant l'activité de la DGTO, ministre de la Guerre au garde des Sceaux, p. 13.

27. CAGN, Le Blanc, Rapport du 21 janvier 1941 ; aucune marchandise ne passe vers la zone non occupée.

28. CAGN, Le Blanc, Rapport n° 129/3 de la brigade territoriale de Langon, 16 octobre 1942 ; les gendarmes signalent que Langon est coupé de son arrière-pays producteur situé en zone non occupée, d'où d'importants problèmes de ravitaillement.

29. CAGN, Le Blanc, Rapport n° 76/4 de la brigade territoriale de Sancoins, 14 juin 1942.

30. AN, AJ 41/177, Note de la Direction de l'administration générale des expositions et des transports, 29 novembre 1940.

31. AN, F1 C III/1147, Rapport mensuel du préfet du Cher, Bourges, 14 novembre 1940.

32. AN F 60/1506 et MAE, Guerre 1939-1945, Vichy-Europe, série Y, vol. 56, Bulletins de la DSA, n° 1-10, du 20 novembre 1940 au 31 janvier 1942.

33. Philippe Burrin, *La France à l'heure allemande, op. cit.*, p. 171.

34. AN, BB 35/97, DFCAA, Note de Huntziger au général d'infanterie von Stülpnagel, n° 327/EG, 9 juillet 1940.

35. *Ibidem.*

36. BA-MA, Freiburg, RW 34/v. 11, Lettre de von Stülpnagel à Jodl, n° 207/40, Wiesbaden, 14/09/1940.

37. BA-MA, Freiburg, RW 34/v. 11, déjà cité.

38. ADBF, Résumé des rapports des directeurs des succursales sur la situation économique pendant les mois d'août et de septembre, zone occupée, vol. de l'année 1940.

39. ADBF, Archives du secrétariat général, versement n° 1080199201.

40. ADBF, *Ibidem*, Note n° 59, du 1er octobre 1940.

41. ADBF, Secrétariat général, versement 1080199201/45, note n° 108.

42. Archives du Crédit Lyonnais, direction générale, cote 16 AH 33 (transferts entre les deux zones), 2 septembre 1940.

43. AN, AJ 40/400 (cote sous laquelle nous retrouvons l'ensemble des ordonnances du *MBF*).

44. Groupe de mots soulignés dans le texte original.

45. ADAP D/XI-II, n° 574, Note de Clodius, Berlin, 28 décembre 1940, pp. 807-809.

46. Martin Broszat, *L'Etat hitlérien. L'origine et l'évolution des structures du Troisième Reich*, Paris, Fayard, 1986 (première édition : Munich, 1969).

47. *La DFCAA, op. cit.*, Compte rendu n° 3 (181/EM) des réunions tenues du 2 au 4 juillet inclus, vol. 1.

48. Yves Bouthillier, *Le drame de Vichy*, Plon, 1950, 2 vol., p. 166.

49. *La DFCAA, op. cit.*, Compte rendu du 17 juillet, n° 6 (730/EM), vol. 1 ; ADAP, le représentant des Affaires étrangères de la Commission d'Armistice au ministère des Affaires étrangères du Reich, n° 348, Wiesbaden, 17 juillet 1940, vol. X, n° 184, pp. 196-197.

50. ADAP, Note de Wiehl, Berlin, 19 juillet 1940, vol. X, n° 192, p. 207.

51. *La DFCAA, op. cit.*, Compte rendu pour la période du 17 au 20 août 1940, vol. 1.

52. AN, AJ 41/1566, Lettre du ministre de la Production industrielle et du Travail au maréchal Pétain, Vichy, 7 août 1940.

53. Yves Bouthillier, *Le drame de Vichy, op. cit.*, vol. 1, p. 35.

54. AN, 3 W/347, Bordereau 132, pièce n° 25, 27 septembre 1940.

55. DFCAA, Rapport Bérard (?), DE 58, 11 octobre 1940. Armand Bérard était secrétaire d'ambassade et secrétaire général de la délégation économique.

56. Jean-Pierre Azéma, *De Munich à la Libération, op. cit.*, p. 118.

57. *La DFCAA, op. cit.*, Conclusion de la note de la DFCAA à la DSA sur les rapports établis par les préfets de zone occupée pendant le mois de février, 7 avril 1941, vol. 4, pp. 298-299.

58. ABDF, DGE (études)-collège d'experts de la Défense nationale, boîte n° 7 ; pour l'heure, nous n'avons retrouvé que les procès-verbaux n° 7 (08/07/1940), 8 (10/07/1940), 14 (26/07/1940), 15 (30/07/1940) et 17 (08/08/1940).

59. Dans les années trente, Jacques Barnaud, ancien élève de l'Ecole polytechnique, a été le principal animateur des *Nouveaux Cahiers*. La recherche d'une troisième voie entre capitalisme et socialisme était au centre de ses réflexions. En juillet 1940, il est l'adjoint de l'ambassadeur Léon Noël ; il est l'expert qui s'occupe de toutes les affaires économiques, dans le cadre des relations franco-allemandes.

60. MAE, Papiers Baudouin, dossier 13, pièce n° 1, note de Jacques Barnaud, « mesures à prendre pour remédier à la paralysie économique et sociale du pays faute de mise en vigueur des clauses de l'armistice », 6 juillet 1940.

61. MAE, Papiers Baudouin, dossier n° 13, pièce n° 12, note de Barnaud à Laval sur les problèmes économiques et sociaux et les remèdes envisageables, 24 juillet 1940.

62. La DFCAA, *op. cit.*, Procès-verbal de l'entretien Hemmen-Boisanger, DE 115, vol. 2, Annexe V au compte rendu n° 26, pp. 33-34.

63. C'est ce qu'il aurait écrit dans un rapport daté du 19 novembre 1940, afin de préparer une prochaine rencontre entre Pierre Laval et Ribbentrop, dans Otto Abetz, *Pétain et les Allemands, op. cit.*, pp. 37-40.

64. AN, 3 W 348, Bordereau 361/3, pièce n° 31, Télégramme de Hemmen (Del. W. Nr. 41), Wiesbaden, 26 janvier 1941, classé « secret ».

65. AN, 3 W 348, Bordereau 361/3, pièce n° 33, « *Ordre pour les directives concernant les négociations de la CAA* », 8 février 1941 : « *Die Versuche, unter Lockerung der Demark. Eine Aussenkontrolle zu erreichen, sind einzustellen* ».

Chapitre 8

1. Eberhard Jäckel, *La France dans l'Europe de Hitler, op. cit.*, pp. 21-220.

2. AN, AJ 41/177, Rapport secret du ministère de l'Intérieur, 1er avril 1941.

3. BA-MA, Freiburg i-Br., *Lagebericht, September 1940*, p. 6.

4. *Ibidem.*

5. Cité par Otto Abetz dans *Pétain et les Allemands, op. cit.* pp. 96-98.

6. AN, 3 W/348, Télégramme n° 197 de Hemmen aux Affaires étrangères, 6 mai 1941.

7. Otto Abetz, *Pétain et les Allemands, op. cit.*, p. 101 ; la citation rapportée par Abetz a été écrite en juillet 1943.

8. MAE, déjà cité, *Bulletin d'information*, n° 6, 1er juin 1941. Les négociations ont commencé le 9 mai ; le 13, Darlan rencontrait Hitler au Berghof. Le 23, Darlan assurait que la souveraineté nationale ne serait nullement contrariée.

9. Texte français du protocole dans *La DFCAA, op. cit.*, vol. IV, pp. 472 et s., et dans ADAP D/XII. 2, n° 559, « Protocoles de Paris » des 27 et 28 mai 1941. Jean-Pierre Azéma, *De Munich à la Libération, op. cit.*, p. 117 ; Philippe Burrin, *La France à l'heure allemande, op. cit.*, pp. 127-128 ; Jean-Baptiste Duroselle, *L'abîme..., op. cit.*, pp. 367-368 ; Robert O. Paxton, *La France de Vichy, op. cit.*, p. 119.

10. BA-MA, Freiburg, RW 37/v. 14, Délégation économique de la CAA, rapport d'activité, signé Hemmen, période du 1er janvier au 30 juin 1941 (traduit pour cet ouvrage).

11. AN, AJ 40/947, Rapports de la Gendarmerie nationale de 1942 (3e légion, compagnie du Doubs, section de Besançon), envoyés et traduits pour la *Feldkommandantur* n° 560.

12. BA-MA, RW 34/v. 14, troisième rapport d'activités de la Délégation d'armistice allemande pour l'économie, période du 1er juillet au 31 décembre 1941, 31 décembre 1941.

13. BA-MA, RW 34/v. 14, « *Tätigkeitsbericht der deutschen Waffenstillstands Delegation für Wirtschaft* », cinquième rapport d'activité, « *Allgemeiner Überblick* » (« *Aperçu sommaire* »), période du 1er juillet 1942 au 30 juin 1943.

14. *Ibidem.*

15. Raymond Aron, *Chroniques de guerre, La France libre 1940-1945*, Paris, Gallimard, 1990, pp. 94 et s. (15 décembre 1942).

16. Cité par Marc Olivier Baruch, dans sa thèse, *Servir l'Etat français..., op. cit.*, vol. 2, p. 422, (AN, F 60/479, le ministre secrétaire d'Etat à l'intérieur à M. l'amiral de la Flotte, vice-président du Conseil, 15 avril 1942).

17. AN, F 60/479, Lettre de Pucheu à Darlan, citée *supra*.

18. Eberhard Jäckel, *La France dans l'Europe de Hitler, op. cit.*, p. 335.

19. Général Halder, *Journal, op. cit.*, 8 décembre 1940, vol. 2, p. 218.

20. Instruction de Hitler n° 42, le 29 mai 1942, citée par Eberhard Jäckel, *La France dans l'Europe de Hitler, op. cit.*, p. 337.

21. R. O. Paxton, « La coupure décisive pour Vichy (novembre 1942). L'Etat français vassalisé », dans Jean-Pierre Azéma et François Bédarida, *La France des années noires, op. cit.*, vol. 2, p. 23.

22. Extrait de la lettre citée dans Eberhard Jäckel, *op. cit.*, p. 355 ; cette lettre, écrite le 9 novembre, est également reproduite dans ADAP E/IV, n° 159, lettre de Hitler à Pétain, 9 novembre 1942.

23. *Ibidem.*

24. INA, fonds « *Actualités françaises* », 27 novembre 1942, partie « Le monde en guerre ».

25. AIU, CC 67, Fonds Kiefe, chemise « crimes de guerre », rapport d'un nommé Martin sur les zones et la suppression de la ligne de démarcation, 13 février 1943.

26. Eberhard Jäckel, *La France dans l'Europe de Hitler, op. cit.*, pp. 366-367.

27. *Ibidem*, p. 357.

28. AN, 3 AG 2/334, Rapport sur l'opinion publique française, PHX-2784/1, arrivée : 11 janvier 1943.

29. AN, AJ 41/25, Dossier « Contrôles techniques », « synthèse des interceptions des contrôles téléphoniques, télégraphiques et postaux », 10 septembre-10 octobre 1942 ; cité par Philippe Burrin, *ibidem*, p. 190.

30. *Ibidem.*

31. AN, 2 AG 461, Service des contrôles techniques, synthèse hebdomadaire des contrôles télégraphiques, téléphoniques et postaux, n° 210, classé « Secret-Réservé », 24 novembre 1942.

32. AN, F 60/478.

33. AN, 3 W 349, Bordereau n° 857, instructions du 22 novembre 1942, p. 16.

34. AN, 3 W 350, Télégramme de novembre 1942, sans autre date, cité par la Haute Cour de Justice (n° 221, 745-747).

35. MAE, Papiers Rochat, pièce n° 44, vol. 56, lettre adressée à Ribbentrop, le 23 janvier 1943.

36. MAE, Bureau d'étude Chauvel, pièce n° 75, déjà cité.

37. Pendant cette période, *France-Actualités* est une société mixte au capital à 60 % français et à 40 % allemand.

38. INA, Journal n° 8 de *France-Actualités*, 26 février 1943.

39. *Ibidem*, commentaire du film (43.097).

40. *Ibidem.*

41. Eberhard Jäckel, *La France dans l'Europe de Hitler, op. cit.*, p. 372.

42. BA-MA, Freiburg, RW 34/v. 14, cinquième rapport d'activité de la Commission allemande d'armistice pour l'économie, période du 1er juillet 1942 au 30 juin 1943.

43. AN, F 7/14897, Lettre du commandant de la police de sûreté et des *SD* au ministère de l'Intérieur, BNR, s. pol. II Pol 1-111/1, 15 janvier 1943.

44. AN, F 7/14897, Lette de Brinon au chef du gouvernement, 19 juillet 1943.

45. AN, F 7/14897, Lettre de Bousquet à Brinon, PN Cab. n° 1121, 22 juillet 1943.

46. *Ibidem*, Lettre de Leguay à la DGTO, 16 juillet 1943.

47. AN, 2 AG 461, « Synthèse mensuelle des contrôles téléphoniques, postaux et télégraphiques », n° 46, du 10 février au 10 mars 1943.

48. AN, 3 AG 2/334, Rapport n° 1b, France-Politique, rapport du BCRA, date de réception : 10 juin 1943, copie d'une information d'un syndicaliste ouvrier.

49. *Ibidem.*

50. AN, F 1a, Synthèse des rapports des préfets de la zone libre pour le mois de février 1943, 18 mars 1943, p. 1.

51. MAE, Papiers Rochat, vol. 56, projet de lettre de Laval à von Rundstedt, 8 avril 1943.

52. *Ibidem.*

53. AN, 3 W 350.

54. BA-MA, RW 35/v. 244, « *Allgemeiner Rückblick* », *Schlußbericht von Ministerialdirektor Dr. Michel, juni 1944.*

55. *Ibidem.*

56. Par exemple, dans le *Berliner Borsen Zeitung* du 10 avril 1942 : « [...] *l'ensemble de l'économie française, y compris celle*

des territoires non occupés, a été mise à même de satisfaire, dans une large mesure, les besoins de l'économie de guerre allemande. »

57. BA-MA, RW 35/v. 244, déjà cité.

58. BA-MA, RW 34/v. 14, « *Tätigkeitsbericht der deutschen Waffenstillstands Delegation für Wirtschaft* », 1er janvier 1941-1er juin 1942.

59. BA-MA, MSg 2/4102, manuscrit de 168 pages.

CONCLUSION

1. Robert Belot, *Aux frontières de la liberté, op. cit.*

2. Nous pensons notamment aux travaux sur la vie quotidienne de Dominique Veillon.

Chronologie*

1940

JUIN

15 • Sur les ordres de Keitel, le lieutenant-colonel Böhme (état-major de la *Wehrmacht*) prépare un projet de Convention d'armistice franco-allemand, achevé le 16, qui prévoit l'occupation totale de la France métropolitaine.

17 • Le maréchal Pétain demande la cessation des hostilités.

18 • A Munich, Hitler expose à Mussolini l'intérêt de conserver un gouvernement français.

19 • Paul Baudouin réclame la création d'une « zone libre » où le maréchal Pétain pourrait s'installer avec son gouvernement, en toute sécurité.

• Pétain demande que les Basses-Pyrénées ne soient pas occupées.

• Le haut-commandement de la *Wehrmacht* fixe les limites géographiques à ne pas dépasser par ses troupes.

20 • Le général Huntziger, accompagné d'une délégation de plénipotentiaires, arrive à Rethondes, afin de parapher les Conventions d'armistice.

22 • Pétain demande à Hitler l'arrêt de l'avance de ses troupes sur Bordeaux, afin que son gouvernement puisse délibérer librement.

---

* Les dates répertoriées dans la chronologie de ce livre sont très majoritairement extraites de nos recherches, après recoupement des sources.

• Signature de l'armistice franco-allemand : **acte de naissance de la ligne de démarcation (articles 2 et 3, carte annexée au texte)**.

25 • Entrée en vigueur de l'armistice : les troupes allemandes ont atteint la ligne de démarcation prévue et se sont massées derrière.

JUILLET

1er • Le gouvernement commence son installation à Vichy, à une cinquantaine de kilomètres de la ligne de démarcation.

5 • LA SNCF obtient des facilités de circulation inter-zones pour son personnel, en service de chaque côté de la ligne.

8 • Un plan de rapatriement des réfugiés est élaboré entre le délégué du QG de l'armée allemande et le délégué du gouvernement français, réglementant avec rigueur le passage de la ligne de démarcation.

11 • Création de l'Etat français.

15 • *Mémorandum* de la Délégation Française d'Armistice (DFA) remis à la Commission Allemande d'Armistice (CAA) : le quatrième et dernier point réclame que *« nulle entrave à la circulation des personnes, des biens, des valeurs, des transmissions téléphoniques, télégraphiques, postales ne soit imposée entre les deux zones, et à l'intérieur de la zone occupée »*.

16 • Les Juifs d'Alsace-Lorraine sont expulsés en zone non occupée.

• Les autorités allemandes interdisent le trafic postal à la ligne de démarcation.

18 • Ordonnance « von Brauchitsch » qui interdit le trafic inter-zones téléphonique, télégraphique et postal ; seul un courrier administratif très réduit est autorisé, acheminé en zone occupée par des bureaux militaires allemands*.

23 • Le service télégraphique est toujours limité à la zone non occupée où le trafic a dépassé le double du trafic normal.

24 • La Commission allemande d'armistice reconnaît que la ligne de démarcation ne constitue pas une frontière ferroviaire.

---

* *Vobif* n° 5 concernant le service des postes.

27 • Le trafic ferroviaire inter-zones est arrêté dans les deux sens.

Août

1er • La DFA demande des facilités à la ligne pour la reprise de la vie économique entre les deux zones.

• Réglementation très stricte pour le franchissement de la ligne avec des laissez-passer ; ouverture restrictive de la ligne au courrier administratif.

3 • Rencontre Abetz-Hitler. Assouplissement du régime de la ligne de démarcation par Hitler.

• Abetz fait créer des laissez-passer spéciaux plus faciles à obtenir pour les « *cas familiaux graves* ». Il obtient aussi l'autorisation de créer les cartes inter-zones.

8 • Interdiction officielle de tout type de franchissement de la ligne de démarcation (courrier, hommes, marchandises et valeurs) ; en réalité, l'interdiction est effective depuis le 1er août.

12 • Une directive de Hitler demande que la démarcation empêche la diffusion d'informations préjudiciables à la conduite de la guerre ; elle doit également bloquer le passage de matières premières et de produits finis ayant valeur stratégique.

• Arrêt total de la circulation inter-zones des personnes et des informations.

26 • Selon un souhait de Hitler, l'état-major administratif de la *Wehrmacht* recommande l'adoption d'un ordre empêchant la pénétration des Juifs en zone occupée.

• Le général Huntziger dénonce l'étranglement de la vie économique par la ligne de démarcation.

28 • Le général Hemmen renouvelle au général Huntziger la promesse de suppression prochaine de la ligne de démarcation.

Septembre

4 • Après négociations, toujours aucune réglementation définitive pour le passage inter-zones des denrées dans le sens zone occupée/zone non occupée.

10 • Le commandant en chef de l'armée allemande fait apposer aux points de passage officiels de la ligne de démarcation les premières affiches interdisant le retour des Juifs en zone occupée.

17 • Interdiction aux Juifs de la zone non occupée de retourner en zone occupée*.

29 • Rétablissement de la correspondance inter-zones privée : à cet effet, une carte postale avec des mentions pré-imprimées à biffer est mise en circulation.

OCTOBRE

3 • Premier statut des Juifs.

4 • Ordonnance allemande qui interdit le franchissement de la ligne de démarcation sans autorisation et le transfert dans la zone non occupée des marchandises et des moyens de paiement sans autorisation prescrite, sous peine de prison et même de mort en cas de passage clandestin de renseignements**.

15 • Autorisation d'échanges de cartes postales commerciales inter-zones.

21 • Des propositions allemandes envisagent l'assouplissement de la ligne (écrites dans le train qui conduit Hitler à Hendaye). Elles ne furent jamais communiquées aux Français.

22-23 • Transferts des Juifs de Bade et du Palatinat vers la zone non occupée ; violation de l'armistice.

24 • Rencontre de Montoire entre Pétain et Hitler : l'assouplissement de la ligne de démarcation fait partie des concessions envisagées par le IIIe Reich.

30 • Pétain déclare à la radio qu'il fait entrer la France dans la voie de la collaboration « *pour maintenir l'unité française* ».

31 • Entretien Laval-Huntziger/Abetz-Stülpnagel à Paris : en compensation d'une collaboration efficace, Laval et Huntziger réclament la suppression ou l'assouplissement des lignes de démarcation, car la France manifeste la volonté de faire front contre l'Angleterre.

---

* *Vobif* n° 9, datée du 30 septembre 1940.

** *Vobif* n° 11 du 17 octobre 1940.

NOVEMBRE

8 • Allégements partiels du transfert inter-zones des marchandises et des paiements entre la zone occupée et la zone non occupée (produits pharmaceutiques, parfums, produits de beauté, journaux imprimés en Allemagne ou dans les territoires occupés par l'Allemagne, redevances, contributions, etc.).

• Dans une note à Pétain, Darlan réclame une ligne de démarcation militaire et des échanges commerciaux inter-zones plus libres.

11-21 • Expulsion de Lorrains vers la zone non occupée.

21 • Polémique entre la DSA et la CAA au sujet de la création d'une zone neutre entre les deux zones*.

25 • Léger assouplissement qui autorise la communication par téléphone entre les deux zones, « *dans la mesure des lignes disponibles*** ».

DÉCEMBRE

1er • Deuxième assouplissement : un service de laissez-passer allemands est organisé à Moulins-sur-Allier, afin de permettre la circulation des personnes entre les deux zones. Les laissez-passer sont délivrés avec parcimonie.

6 • A Wiesbaden, les Allemands veulent rompre les négociations : ils désirent que « *les Français séparent la question politique concernant l'assouplissement de la ligne des problèmes techniques s'y rapportant**** ».

7 • Hitler signe un projet d'opération préparé par l'OKH, afin d'occuper la zone non occupée, dans le cas où la dissidence française ferait trop de progrès en Afrique du Nord ; de même, il craint que Weygand ne crée un contre-gouvernement.

13 • Renvoi de Laval par Pétain.

16-17 • Dans la nuit, Abetz, accompagné d'une dizaine de SS armés, franchit la ligne de démarcation et se rend à Vichy. La ligne est fermée.

---

* AN, AJ 41/337.

** AN, AJ 41/1766.

*** AN, AJ 41/447, dossier n° 40.

15 • Poursuite des modifications locales du tracé de la ligne de démarcation ; retrait allemand au sud de La Haye-Descartes (Indre-et-Loire) ; Abilly, Barrou, Chambon, La Guerche, Le Grand-Pressigny, Neuilly-le-Brignon et Paulmy sont à nouveau des communes non occupées à la suite d'un retrait ponctuel allemand.

18 • A Wiesbaden, toutes les négociations sont stoppées : « *La question de la ligne de démarcation ne peut plus progresser**. »

25 • Première rencontre Hitler-Darlan.

1941

Janvier

9 • Importante requête du général Thomas, responsable de l'armement à l'*OKW*, qui pense que la ligne de démarcation ne permet pas à l'Allemagne d'exploiter au maximum les richesses économiques françaises.

26 • Resserrement de la surveillance allemande à la ligne. La politique de Montoire est suspendue.

Février

9 • Darlan nommé vice-président du Conseil.

Du 13 février jusqu'à la fin d'avril • Fermeture de la ligne aux hommes, sauf cas exceptionnel.

15 • Les Allemands envoient le *VGAD* (*Verstärkter Grenzaufsichtsdienst*), c'est-à-dire les douaniers, pour assurer la surveillance de la ligne.

Mars

• Rémy crée la Confrérie Notre-Dame.

15 • Un bureau central allemand de laissez-passer est créé à Paris, assurant ainsi un contrôle complet de la circulation inter-zones des personnes.

---

* Halder, *Kriegstagebuch, op. cit.*

• Darlan évoque la ligne de démarcation comme une gêne omniprésente*.

25 • Création du Commissariat général aux questions juives ; Xavier Vallat n'a pas de laissez-passer inter-zones permanent.

AVRIL

10 • A Vichy, travaux préparatoires pour un nouveau découpage régional de la France qui tient compte du tracé de la ligne de démarcation.

15 • Amélioration sensible dans le régime de délivrance des laissez-passer ; l'implantation des bureaux allemands de délivrance est achevée.

19 • Vichy institue la création de dix-huit régions : six en zone non occupée et douze en zone occupée.

23 • Darlan fait passer aux préfets limitrophes de la ligne de démarcation une circulaire destinée à empêcher les Belges, les Hollandais et les Luxembourgeois de se rendre en zone non occupée, car beaucoup s'engagent dans l'armée britannique. Le refoulement en zone occupée est préconisé.

25 • Abetz propose à Hitler un plan détaillé pour la France, dont un assouplissement de la ligne, au moins pour le courrier et les marchandises. En contrepartie, Vichy doit aider les antigaullistes à soutenir les actions allemandes en Méditerranée, livrer des matières premières et des produits industriels.

28 • Les douaniers allemands ont désormais totalement remplacé l'armée pour la surveillance de la démarcation : la surveillance est stricte.

MAI

6 • Davantage de laissez-passer sont accordés, ainsi que la libre circulation des marchandises et des fonds.

11 • Il est encore question de l'assouplissement de la ligne de démarcation, lors de la rencontre Hitler-Darlan à Berchtesgaden.

---

* AN, 2 AG/256 et 258. Darlan réitère ses remarques dans une série de notes adressées à Pétain.

12 • Amélioration du trafic postal : autorisation de faire passer entre les deux zones des cartes postales non imprimées, limitées à sept lignes ; elles n'ont pas beaucoup circulé.

14 • Arrestation de Juifs étrangers à Paris.

16 • Accord entre les délégations d'armistice pour l'économie : sensibles allégements au régime de la ligne.

20 • Circulation autorisée des marchandises dans les deux sens ; les effets de propagande sont quasi nuls.

• Les mouvements des fonds postaux sont libres, mais limités à l'administration des PTT.

21-28 • Négociations Abetz-Darlan à Paris ; marchandage profitable aux Allemands : les « Protocoles de Paris » sont signés. L'assouplissement général de la démarcation est à nouveau évoqué, moyennant de nombreuses concessions françaises, notamment au Levant.

JUIN

2 • Second statut des Juifs.

3 • Darlan propose de supprimer la ligne de démarcation et de rétablir la souveraineté française sur l'ensemble du territoire métropolitain ; c'est une remise en cause des « Protocoles de Paris ».

6 • A Vichy, le Conseil des ministres s'oppose à la ratification des « Protocoles de Paris ».

24 • Conférence interministérielle tenue à Vichy, sous la présidence de Darlan, lequel désire renforcer la surveillance française à la ligne de démarcation. A ses yeux, la France est devenue un « *glacis* » protecteur du front occidental.

• A la fin du mois, des cartes postales « *ordinaires* », sans limitation de texte, peuvent être échangées entre les deux zones.

JUILLET

• Darlan attend toujours les promesses des « Protocoles », alors que la France est tenue d'assurer les siennes.

AOÛT

1er • Les cartes postales inter-zones, avec des lignes de texte en blanc, sont instaurées.

SEPTEMBRE

1er • Les Allemands accordent des laissez-passer spéciaux aux industriels et aux commerçants de la zone non occupée désireux de visiter la Foire de Paris (du 16 au 18 septembre).

OCTOBRE

6 • Le *MBF* adresse une lettre à la DGTO signalant un décret allemand qui codifie la création de la zone côtière interdite à partir du 20 octobre ; elle existe déjà dans les faits depuis avril.

Du 7/10 au 7/11 • La synthèse mensuelle du contrôle postal, télégraphique et téléphonique révèle un « fossé » de plus en plus important entre les deux zones.

15 • Dans une note de Speidel à Brinon, le passage nocturne de la ligne de démarcation est toléré*.

17 • Une ordonnance allemande autorise dix mille envois inter-zones journaliers de courrier administratif et économique, ainsi qu'un nombre illimité de cartes postales, de virements et de mandats.

20 • Mise en place de la zone côtière interdite.

NOVEMBRE

29 • Le ministère de l'Education nationale écrit au *MBF*, afin d'organiser le voyage de nombreux écoliers de la zone occupée jusque vers Vichy pour y rencontrer le maréchal Pétain : le passage de la ligne est soumis à des formalités administratives laborieuses.

DÉCEMBRE

1er • Rencontre Pétain-Goering à Saint-Florentin.

7 • Tensions entre Vichy et les Allemands : menace de fermeture de la ligne de démarcation.

10 • Violation allemande de l'armistice : des soldats allemands pénètrent en zone non occupée, sur une profondeur de un à

* CDJG, IV-64.

deux kilomètres dans les régions de Thénioux et Vierzon (Cher) et de Bléré et La Haye-Descartes (Indre-et-Loire).

12 • Arrestation de 750 personnalités juives de nationalité française à Paris ; première vague significative de passages clandestins de Juifs vers la zone non occupée.

18 • Après dix-huit mois de pourparlers, les postes de contrôle sur la *Nordost Linie* sont supprimés par le *MBF*. La ligne du Nord-Est est supprimée définitivement en mai 1943.

1942

Janvier

• Les fonctionnaires français n'ont plus le droit d'emporter avec eux leurs dossiers lorsqu'ils franchissent la ligne de démarcation*.

Mars

16 • Installation d'un bureau de laissez-passer à Vierzon.

Avril

18 • Laval est nommé chef du gouvernement, il est le seul membre du gouvernement à posséder un laissez-passer inter-zones permanent.

29 • Le ministère de l'Education nationale demande aux Allemands une autorisation spéciale de franchissement de la ligne de démarcation pour les chercheurs en oto-neuro-ophtalmologie de la zone occupée, pour se rendre à un congrès à Lyon, en mai suivant**.

Mai

11 • René Bousquet prescrit aux préfets de zone non occupée des mesures pour arrêter les passages d'Africains du Nord vers la zone occupée, à la demande des recruteurs alle-

* AN, F 60109, circulaire de la vice-présidence du Conseil, 9 janvier 1941.

** AN, AJ 40/561.

mands qui cherchent des ouvriers spécialisés pour aller travailler en zone non occupée.

JUILLET

16-17 • Rafle des Juifs parisiens du Vél' d'Hiv' ; la vague de passages clandestins inter-zones atteint un maximum, entre août et décembre.

AOÛT

20 • Jalonnement d'un glacis de surveillance allemand au détriment de la zone non occupée : les Allemands veulent y avancer la ligne de plusieurs centaines de mètres.

25 • Hitler décrète la mobilisation des Alsaciens-Lorrains dans la *Wehrmacht* : ils sont nombreux à s'enfuir à travers la ligne de démarcation, notamment dans le Jura.

SEPTEMBRE

28 • Laval autorise officiellement l'entrée en zone non occupée de 280 agents de l'*Abwehr* et du service de sûreté de la *SS*, tous munis de faux papiers.

OCTOBRE

1er • Cinq secteurs mobiles de surveillance français de la Police nationale sont créés sur la ligne, équipés de motocyclettes et d'automobiles : Artix (Basses-Pyrénées), Mussidan (Dordogne), Issoudun (Indre), Moulins-sur-Allier (Allier) et Mâcon (Saône-et-Loire). Un poste mobile particulier est créé à Vichy-gare (AD du Cher).

NOVEMBRE

8 • Débarquement allié en Afrique du Nord.

• Laval exige de Pétain la mise à disposition des Allemands de bases aériennes situées en Tunisie et à Constantine, plutôt que de perdre la zone non occupée.

11 • **Invasion de la zone non occupée par les « troupes d'opération » allemandes.** La présence des troupes dans ce qui devient la « zone sud » n'entraîne pas la suppression juridique et matérielle de la ligne de démarcation.

18 • Suppression des premiers postes français. Les douaniers français n'ont plus que des missions économiques.

DÉCEMBRE

• Délimitation de la zone d'occupation italienne ; le Rhône sert de « frontière ».

19 • Deuxième rencontre Hitler-Laval : la suppression de la ligne de démarcation est encore refusée. Cependant, un allégement des règles intervient quelques jours après.

1943

FÉVRIER

Vers le 20 • Les Allemands annoncent l'« *assouplissement général* » de la ligne de démarcation.

23 • Dans un télégramme, Hemmen regrette que l'Allemagne ait abandonné un tel moyen de pression sans contreparties françaises.

MARS

• Création d'une zone interdite jurassienne et d'une zone interdite pyrénéenne.

1er-10 • Les autorités allemandes reconnaissent l'abolition *de jure* de toutes les lignes de démarcation.

• Ouverture de la *Demarkationslinie* à la circulation des personnes, du courrier (le 3) et des marchandises, annoncée à grand renfort de propagande et par Laval.

• La ligne est toujours en vigueur sur les cartes d'état-major allemandes et sa matérialisation peut être réactivée au moindre faux pas du régime de Vichy.

AVRIL

1-4 • Les commissaires allemands aux frontières extérieures du sud de la France font leur apparition.

MAI

5 • Les Allemands ont interdit à plusieurs services ministériels français de téléphoner d'une zone à l'autre, du 27 avril

jusqu'au 6 mai 1943, à cause d'abus de communications privées.

Juillet

22 • René Bousquet s'insurge contre un projet de la DGTO d'instaurer un sauf-conduit français pour franchissement de la ligne de démarcation.

Septembre

8 • Occupation par les Allemands de l'ex-zone italienne.

1944

Mars

• Mise en place d'une zone interdite des Alpes.

Juin

6 • Sur la dernière carte connue des *Kommandanturen* en France, la ligne de démarcation est toujours tracée.

Annexes et atlas

1

Commune de LA CROIX-EN-TOURAINE

AUSWEISS

CERTIFICAT

Le Maire de LA CROIX-EN-TOURAINE certifie que
Es wird hiermit bescheinigt, dass

~~M.~~ Mme ~~Mlle~~ D... , Marcelle
Herr Frau Fraulein

né ~~le~~ 5 janvier 1915 à St Martin le Beau est domicilié LA CROIX-EN-TOURAINE
geboren am ... in Bléré wohnhaft ist.

trois mois

Valable pour ~~4 semaines~~, depuis le jour de la délivrance.
Gültig fuer 4 Wochen vom Tage der Ausstellung.

Außenstelle der Feldkommandantur

LA CROIX-EN-TOURAINE le 24 janvier 1941.

Le Maire,
Der Buergermeister

A. Corfou

MAIRIE – LA CROIX-EN-TOURAINE – RÉPUBLIQUE

IMP. CADET – BLÉRÉ (I.-&-L.)

2

Après avoir complété cette carte strictement réservée à la correspondance d'ordre familial, biffer les indications inutiles. — Ne rien écrire en dehors des lignes.

ATTENTION. — Toute carte dont le libellé ne sera pas uniquement d'ordre familial ne sera pas acheminée et sera probablement détruite.

________ .... le .... 194... ________

.... en bonne santé .... fatigué.

.... légèrement, gravement malade, blessé.

.... tué .... prisonnier.

.... décédé .... sans nouvelles.

de .... La famille .... va bien.

.... besoin de provisions .... d'argent.

nouvelles, bagages. .... est de retour à ....

.... travaille à .... - .... va entrer

à l'école de .... - .... a été reçu

.... - .... aller à .... le ....

....

....

Affectueuses pensées. Baisers. *Signature,*

LAISSEZ-PASSER INTERZONES

I

CAS URGENTS

1 MOTIFS

a) Inhumation ou exhumation d'un proche parent.

Sur production d'un certificat du maire du lieu de destination avec mention du lien de parenté.

b) Maladie grave d'un proche parent.

Sur production d'une attestation du maire du lieu de destination, établie d'après un certificat médical prouvant que la vie de la personne malade est en danger, avec mention du lien de parenté.

Sont considérés comme proches parents : { conjoint, père, mère, enfant, petit-enfant, grand-père, grand'mère, frère ou sœur.

c) Naissance d'un enfant ou d'un petit-enfant : *Exceptionnellement*, seulement en cas d'urgence, naissance prématurée.

Sur production d'une attestation du maire du lieu de destination, établie d'après un certificat médical indiquant la date approximative de l'accouchement.

Nota

1° Provisoirement :
Tous les certificats dont il est question peuvent être remplacés par :
Une *carte postale* datée, signée et appuyée du cachet officiel émanant du maire de la commune de destination.

2° Pour les cas urgents :
Un *télégramme* très court, contresigné par le maire, peut remplacer les certificats demandés.
Le télégramme aura pu être envoyé sur production au bureau de poste d'un certificat du maire (décès) ou d'une attestation médicale (signature légalisée).

Extrait du *Guide pratique des relations inter-zones*, P.U.F., 1941, p. 3

Le rêve pangermaniste :
projets de nouvelle frontière occidentale allemande

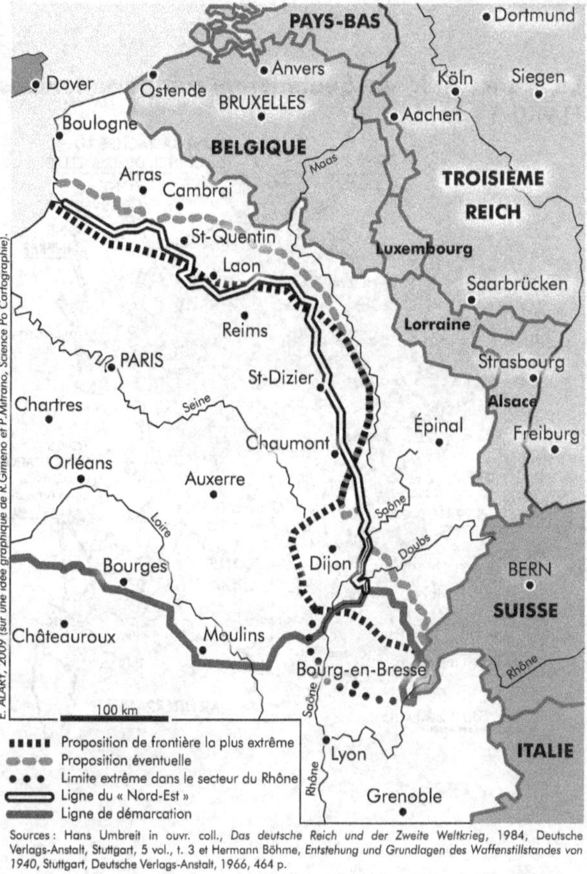

Sources : Hans Umbreit in ouvr. coll., *Das deutsche Reich und der Zweite Weltkrieg*, 1984, Deutsche Verlags-Anstalt, Stuttgart, 5 vol., t. 3 et Hermann Böhme, *Entstehung und Grundlagen des Waffenstillstandes von 1940*, Stuttgart, Deutsche Verlags-Anstalt, 1966, 464 p.

La France et la vie quotidienne compartimentées (1940-1944)

La France compartimentée par les occupants (décembre 1941)

1 ZONE NORD A
2 ZONE NORD B
3 ZONE EST
4 RÉGION PARISIENNE
5 ZONE CENTRALE
6 ZONE SUD-OUEST

Sources : A.N., AJ40 ; BA/MA, RW35.
Institut Géographique National, janvier 1941. Divisions administratives mises à jour en 1931.

Deux lignes de démarcation dans le Jura : une situation singulière

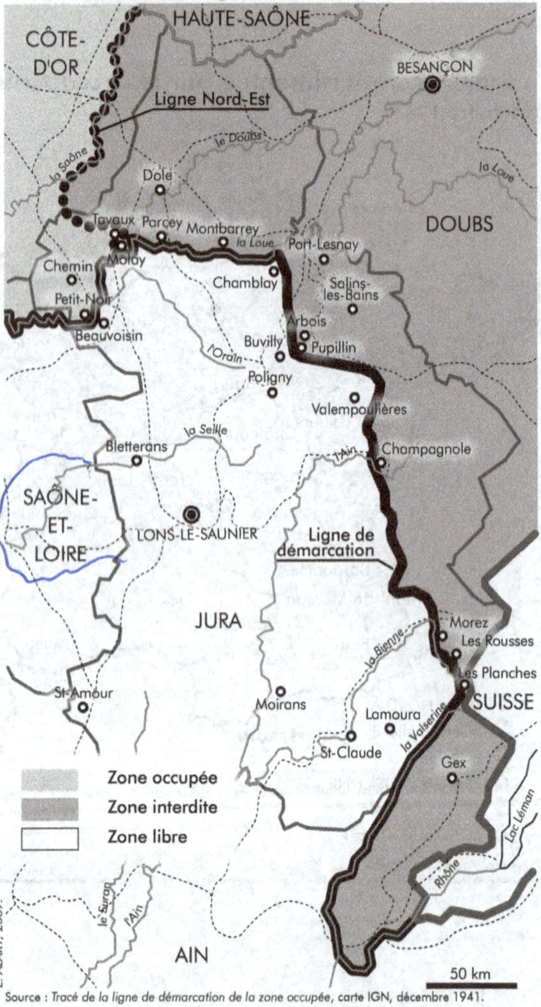

Source : *Tracé de la ligne de démarcation de la zone occupée, carte IGN*, décembre 1941.

La Gendarmerie nationale compartimentée
(Modifications du 1.8.1940 et du 28.8.1940)

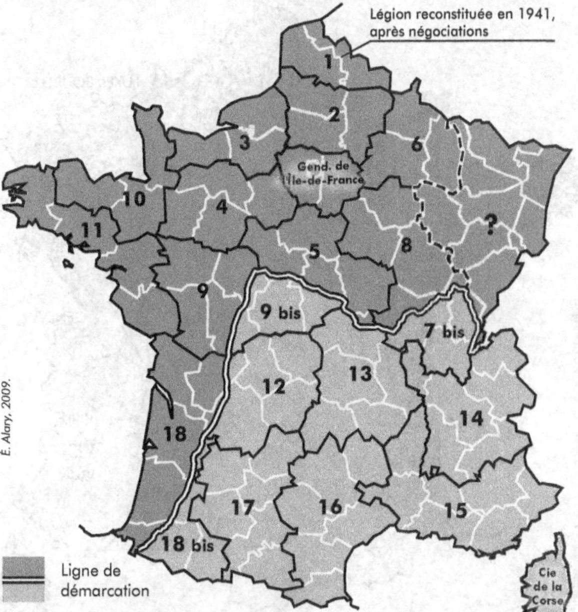

Sources : *Mémorial de la gendarmerie nationale*, 1940,
volume n° 39, pp. 316-319.
D'après : Institut Géographique National, janvier 1941.
Divisions administratives mises à jour en 1931.

200 km

Une ligne de démarcation ferroviaire (1940-1943)

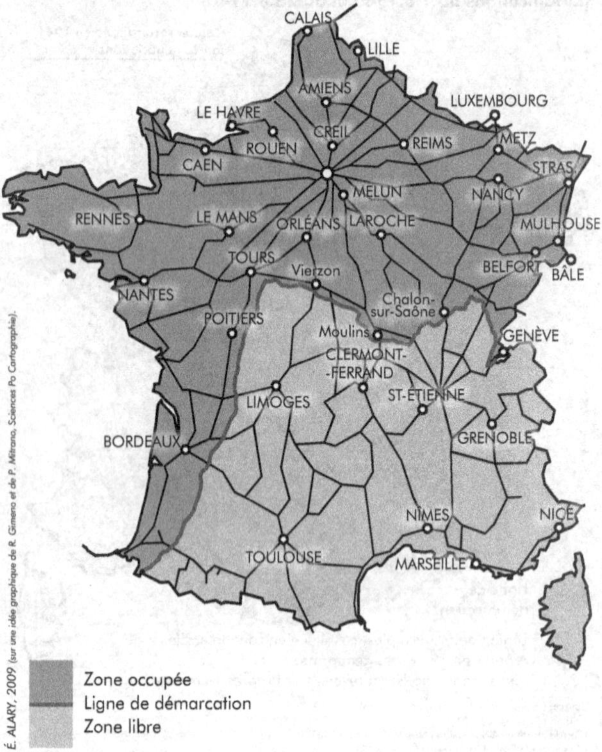

Surimpression de la ligne de démarcation sur la carte du réseau ferroviaire extraite de : P. Durand, *La S.N.C.F. pendant la guerre*, Paris, P.U.F., 1968.

Grands axes du passage clandestin (1940-1943)

Sources : A.N., AJ 38/258, BB 30/1708, F1CIII ; C.D.J.C. et A.I.U. ; S.H.G.N. ; SHAT, 3P116 ; A.D. : Cher, Indre-et-Loire, Loir-et-Cher, Gironde, Dordogne, Saône-et-Loire, Jura, Vienne ; M.R.D. de Besançon.
Institut Géographique National, janvier 1941.
Divisions administratives mises à jour en 1931.

Le passage clandestin entre Touraine et Suisse (1940-1943)

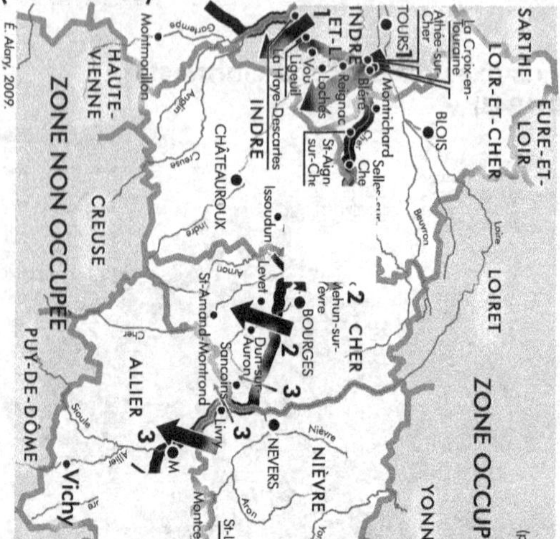

Liste des communes les plus fréquentées :

1 Bléré, La Croix, Cormery, Descartes, Loches, Reignac, Vou (Indre-et-Loire).

2 Vierzon, Thénioux, Levet, Bourges, Dun, Mehun, Châteauroux (Cher et Indre).

3 Moulins-sur-Allier, Nevers (Nièvre et Allier).

4 Chalon-sur-Saône, Montceau, Montchanin, Lux, Navilly (Saône-et-Loire).

5 Dole, Poligny, Champagnole, Les Rousses, Morez, Mijoux, Arbois, Parcey (Jura), Suisse.

Chaque flèche situe un espace plus ou moins large pour le passage clandestin, regroupant plusieurs voies possibles retrouvées dans les archives.

Sources : A.N., AJ 38/258, BB 30/1708, F1CIII ; C.D.J.C. et A.I.U. ; C.A.G.N. ; SHAT, 3P116 ; A.D. : Cher, Indre-et-Loire, Loir-et-Cher, Gironde, Dordogne, Saône-et-Loire, Jura, Vienne ; M.R.D. de Besançon.

Le passage clandestin entre Touraine et Espagne (1940-1943)

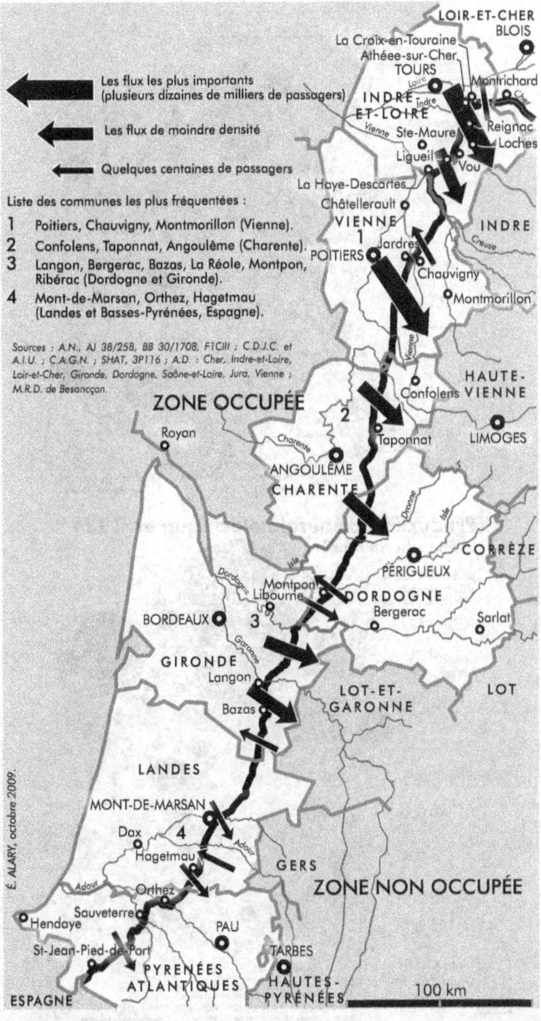

Les déséquilibres économiques interzones

Production du coke disponible pour la vente

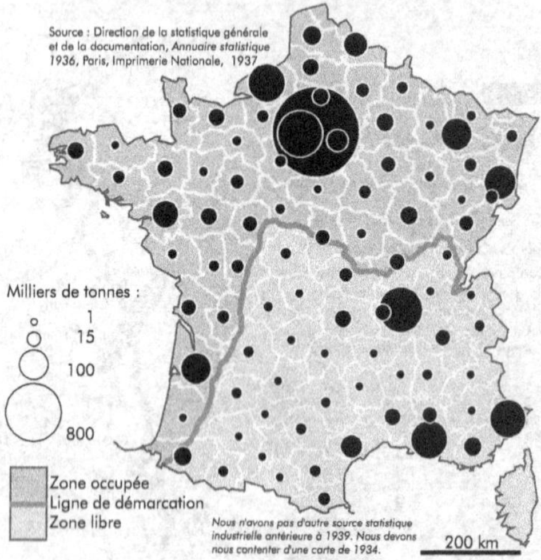

Production d'énergie électrique en 1934 (usines thermiques)

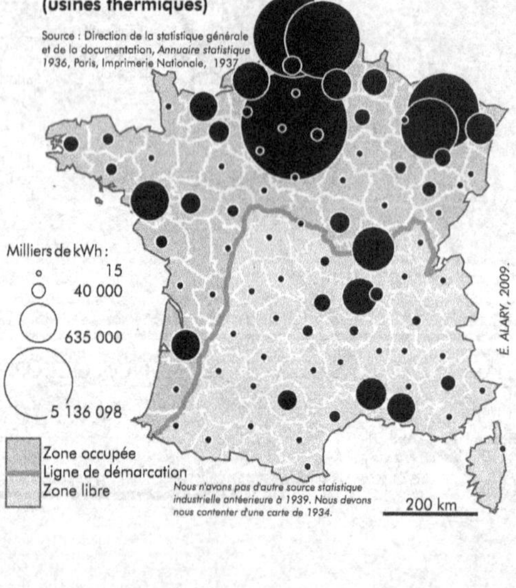

Les déséquilibres économiques interzones

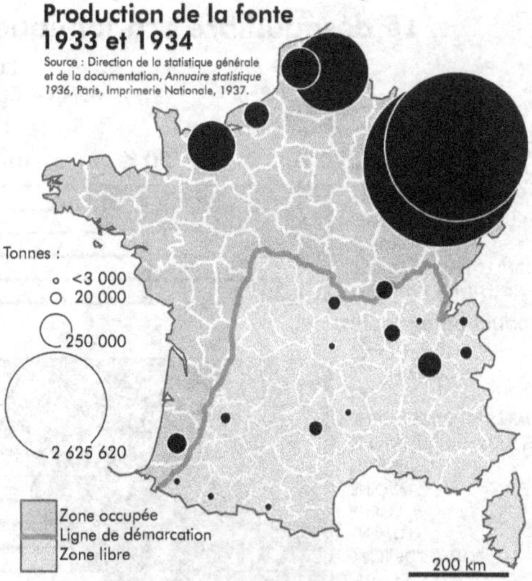

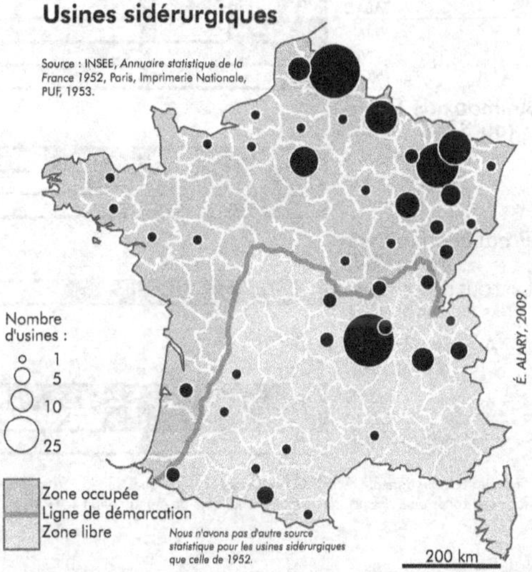

Le déséquilibre économique

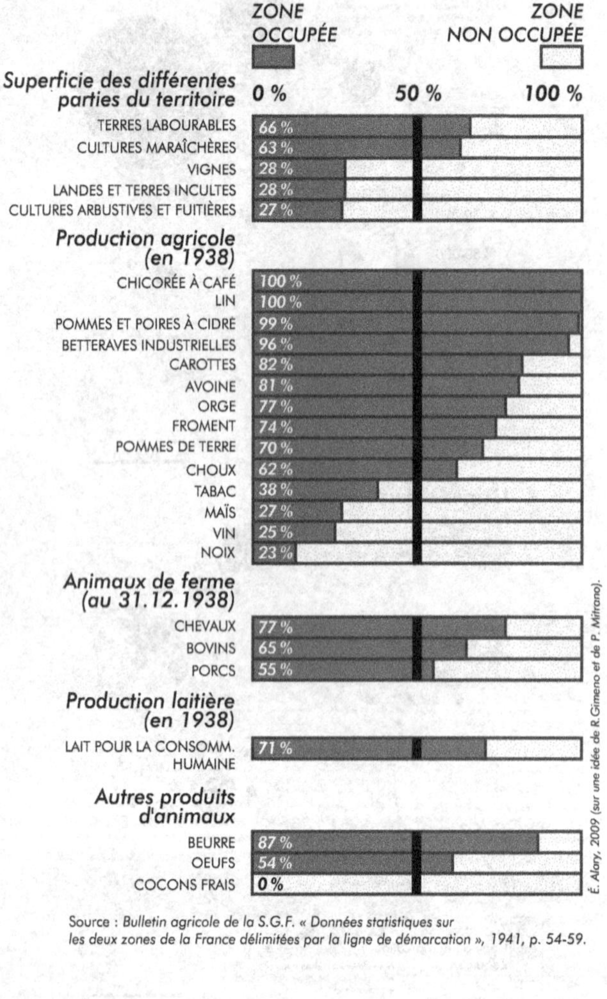

Source : *Bulletin agricole de la S.G.F.* « *Données statistiques sur les deux zones de la France délimitées par la ligne de démarcation* », 1941, p. 54-59.

Lieux de mémoire de la ligne de démarcation

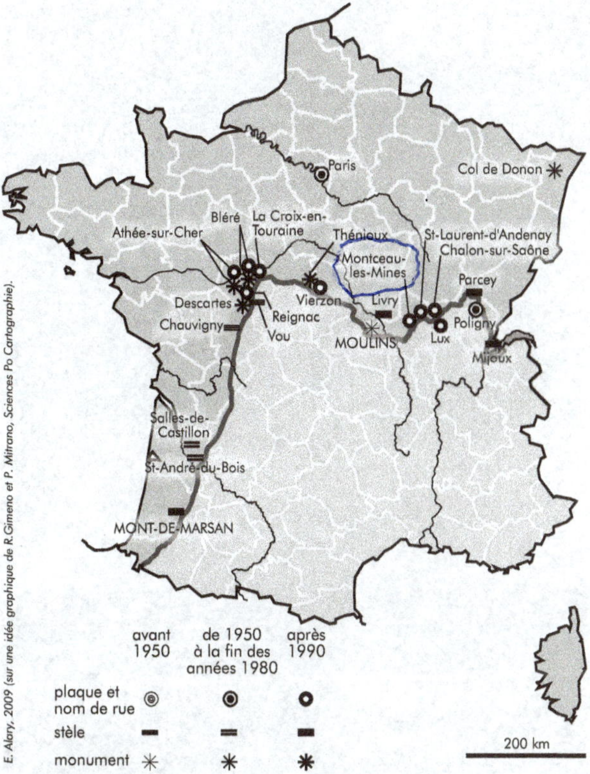

Seuls les sites dont la date d'inauguration a été retrouvée sont localisés sur la carte.

E. Alary, 2009 (sur une idée graphique de R. Gimeno et P. Mitrano, Sciences Po Cartographie).

Sources et documents d'archives

I. INSTRUMENTS DE TRAVAIL

Les Archives nationales, Etat des fonds, Fonds conservés à Paris, 1988, t. V, 1940-1958.

Archives de Paris, Guide des sources historiques 1939-1945, Paris, Editions des Musées de la Ville de Paris, 1994, pp. 355-365.

BLANC Brigitte, ROUSSO Henry, TOURTIER-BONAZZI Chantal de (dir.), *La Seconde Guerre mondiale, guide des sources conservées en France*, Paris, Direction des Archives de France, 1994.

GILLE Bertrand, *Etat sommaire des archives d'entreprises conservées aux Archives nationales*, t. I, 1 AQ à 64 AQ, Paris, Archives nationales, 1957.

GUÉRIN-BROT Isabelle, *Etat sommaire des archives d'entreprises conservées aux Archives nationales*, t. II, 65 AQ à 119 AQ, Archives nationales, 1977.

HILDESHEIMER Françoise et JOLY Bertrand, *Etat sommaire des archives d'entreprises conservées aux Archives nationales*, t. III ; 120 AQ à 215 AQ, Paris, Archives nationales, 1996.

MARTENS Stefan (dir.), *Frankreich und Belgien unter deutscher Besatzung im Zweiten Weltkrieg. Ein Führer zu den Beständen des Bundesarchiv-Militärarchivs Freiburg*, [*Inventaire des* *archives de l'occupation de la Belgique et de la France classées à Freiburg*, en préparation]*.

RADTKE [-DELACOR] Arne, « Les fonds allemands aux Archives nationales. Aperçu sur l'importance des archives des autorités allemandes en France occupée (1940-1944) », *Bulletin de l'IHTP*, décembre 1989, n° 38, pp. 13-18.

STEINBERG Lucien, *Les autorités allemandes en France occupée (inventaire commenté de la collection de documents conservés au CDJC)*, 1966, t. 2.

II. ARCHIVES

ARCHIVES NATIONALES

SÉRIE AJ : FONDS DIVERS REMIS AUX ARCHIVES NATIONALES

Sous-série AJ 40 : archives allemandes de la Seconde Guerre mondiale

Militärbefehlshaber in Frankreich (MBF) :

AJ 40/406 : Journal officiel contenant les ordonnances arrêtées par le gouverneur militaire pour les territoires français occupés (*Vobif*).

AJ 40/408 : Ordonnances du *MBF* concernant l'économie, 10 novembre 1940-30 décembre 1941.

AJ 40/409 : Ordonnances du *MBF,* 22 janvier 1942-20 août 1943.

AJ 40/414 : Comptes rendus d'activité de la délégation économique allemande d'armistice de Wiesbaden, sous la direction du ministre plénipotentiaire Hemmen.

AJ 40/415 (1 à 8) : Cartes diverses de la France avec implantation des services allemands.

---

* En 1997, Stefan Martens, de l'Institut historique allemand, nous a permis de consulter le manuscrit de cet inventaire en préparation ; cela a grandement facilité la préparation de notre visite aux archives militaires de Freiburg. Qu'il soit ici vivement remercié pour son obligeance.

AJ 40/539 : Informations générales sur l'administration française, relations avec les autorités françaises, dont le dossier n° 2, mémorandum de Friedrich Grimm (19 juin 1940), juillet 1940-octobre 1943.

AJ 40/540 : Délégation générale du Gouvernement français dans les territoires occupés.

AJ 40/546 (5) : Administration de la partie occupée des départements traversés par la ligne de démarcation, 30 octobre 1940-18 mars 1944 ; problèmes de ravitaillement du Pays de Gex.

AJ 40/547 (dossiers 1 et 12) : Questions politiques et administratives : retour de la population dans la zone interdite du Nord-Est, mars-avril 1941 ; statistiques des territoires occupés (population, superficie, nombre de communes, arrondissements), janvier 1941-mars 1943.

AJ 40/552 (dossiers 11 et 12) : Restrictions à la circulation des personnes en France ; préparation des expulsions hors des territoires français occupés, octobre 1941-avril 1942.

AJ 40/561 : Laissez-passer inter-zones du personnel de l'Education nationale, des élèves et des étudiants.

AJ 40/562 : Demandes de laissez-passer.

AJ 40/563 : Enseignement (dossier 1) : intervention de Louis Hautecœur, secrétaire d'Etat aux Beaux-Arts, pour le retour des élèves en zone occupée, septembre 1940 ; (dossiers 7-8) libération de bâtiments scolaires [...], laissez-passer pour le retour des enseignants et des élèves.

AJ 40/564 (dossier 7) : Demandes d'autorisation des éditeurs et libraires de faire passer des livres d'une zone à l'autre, août-octobre 1940.

AJ 40/775 (dossier 2) : Trafic postal à travers la ligne de démarcation, avril-juin 1941 ; commerce frontalier entre la France et la Suisse, septembre 1941.

AJ 40/779 (dossier 8) : Trafic des marchandises entre les deux zones, février 1941.

AJ 40/780 (dossier 5) : Arrestations et laissez-passer, sans date.

AJ 40/ 783 : Attribution de laissez-passer à des commerçants ou industriels allemands pour voyages, septembre 1941-août 1942.

AJ 40/821 B (dossier 1) : Circulation monétaire : note de l'Union syndicale des banquiers, règlement des opérations bancaires entre les deux zones.
AJ 40/845 : Transports, laissez-passer pour la zone non occupée des chargés d'affaires français s'occupant des questions allemandes.

Commandants militaires régionaux en zone occupée :
AJ 40/918 : Région d'Angers : commerce inter-zones, rapports économiques de la *Feldkommandantur* au *MBF*.
AJ 40/923 (dossier 1) : Région de Bordeaux : passage en fraude de la ligne de démarcation.
AJ 40/946 : *Feldkommandantur* de Besançon : rapport d'activité des *Kreiskommandanturen*, août-décembre 1942.
AJ 40/947 (dossier 1) : Rapatriement des réfugiés, laissez-passer, passage de la frontière suisse, sans date.
AJ 40/948 : Passage de la ligne de démarcation, sans date.
AJ 40/950 : Transferts de marchandises et de sommes d'argent de zone occupée en zone non occupée, tableaux récapitulatifs, octobre 1940-1941.

Délégation allemande près la Commission d'armistice :
AJ 40/1196 (dossier 1) : Ligne de démarcation (juin-septembre 1940).
AJ 40/1198 (dossier 9) : Inspection de contrôle allemande et franco-allemande en zone sud, janvier-mars 1941.
AJ 40/1205 (dossier 1942-a) : Projet de réorganisation des services allemands d'armistice, organisation de la zone sud nouvellement occupée.
AJ 40/1206 (dossiers 4 et 6) : Correspondance avec le *MBF* : contrôle de la correspondance des Alsaciens-Lorrains ayant passé en fraude la ligne de démarcation ; contrôle d'identité des membres des commissions de contrôle au passage de la ligne de démarcation, mars-juin 1942.
AJ 40/1225 : Convention d'armistice et textes d'application, lieux de stationnement des troupes françaises.
AJ 40/1226 : Rapatriement des troupes belges stationnées en zone non occupée, juillet-octobre 1940 ; incidents sur la ligne de démarcation.

AJ 40/1228, 1229, 1230 : Armée française d'armistice.
AJ 40/1354 : Elaboration de la Convention d'armistice, juin 1940 ; [...] interprétation et exécution de la Convention de La Haye.
AJ 40/1358 (dossier 14) : Passeport et trafic frontalier (dont passage de la ligne de démarcation) ; zones des Pyrénées et des Alpes.
AJ 40/1361 (dossier 20) : Circulation de l'argent, des devises et des biens, dont transfert inter-zones.
AJ 40/1362 (dossiers 4 et 25) : Fermeture de la ligne ferroviaire Genève-Bellegarde ; ligne de démarcation : tracé, contrôle, interdiction de trafic postal, juillet-octobre 1940.
AJ 40/1363 (dossier 1) : Ligne de démarcation : fermeture, incidents, octobre 1941.

Archives du Volksgerichshof (Tribunal du Peuple) :
AJ 40/1500, 1503, 1504 : Opération répressive « Porto » exécutée par l'*Abwehr* de Paris, le 9 octobre 1941. L'étude de cette affaire fut confiée à la *Gestapo* de Düsseldorf.

Sous-série AJ 41 : organismes issus de l'armistice

Direction des Services de l'Armistice (DSA) :
AJ 41/24 et 25 : Contrôles techniques, synthèses hebdomadaires, décadaires, bi-mensuelles et mensuelles des interceptions des contrôles téléphoniques, télégraphiques et postaux, 1941-1942.
AJ 41/26 : Cabinet, 34, comptes rendus hebdomadaires du 14 novembre 1942 au 26 décembre 1943.
AJ 41/27 : Cabinet, *35,* série de bulletins économiques hebdomadaires.
AJ 41/45 : Questions politiques traitées à Wiesbaden (demande de renseignement par la DFA, etc.).
AJ 41/177 : Echanges de marchandises transportées de la zone occupée vers la zone non occupée.
AJ 41/ 252 : [...] Ligne de démarcation (1940-1943), entraves à la circulation inter-zones (1940-1941), accidents.
AJ 41/319 : Régime et fonctionnement de la ligne de démarcation, 1942.

AJ 41/332 : Agriculture et ravitaillement, *Ostland,* ligne de démarcation, incursions militaires allemandes en zone libre.

AJ 41/337 : Service des plans : trente-quatre cartes sur la ligne de démarcation, classées par régions traversées (échelles 1/2500, 1/5000, 1/10000, 1/50000 et 1/200000), définition du tracé, cahier secret sur le régime et le fonctionnement de la ligne de démarcation pour le franchissement.

AJ 41/338 : Service des plans : ligne de démarcation de la Loire à Genève et de l'Allier à la Loire.

AJ 41/339 : Incidents sur la ligne de démarcation, 1940-1944 ; arrestations, 1940-1943.

AJ 41/340 : Ligne de démarcation et organisation du retour des réfugiés.

AJ 41/342 : Ligne du Nord-Est (tracé 1941-1942, conditions de franchissement et incidents ; surveillance de la ligne en 1941-1943) ; zone côtière interdite (création, tracé, modification en 1941-1943, accès, laissez-passer) ; renseignements divers en 1941-1944 ; zone réservée jurassienne (1943) ; Nord et Pas-de-Calais (rattachement territorial et administratif en 1940-1944, immixtions économiques, etc).

AJ 41/400 : *VOBIF (Verordnungsblatt des Militärbefehlshaber in Frankreich)* nos 1, 5, 9, 10, 21, 33 et 45.

AJ 41/425 : Chemise n° 214 : « Atteintes à la souveraineté territoriale ».

AJ 41/435 : Italie, dossier « Circulation 1940-1943 » : communications, entrées, franchissement de la « ligne verte », incidents.

AJ 41/721 : Reprise du service postal : trafic postal inter-zones, cartes familiales, cartes commerciales, 1940-1941 ; courrier officiel inter-zones 1940-1941 ; répartition administrative du courrier officiel inter-zones, 1941-1942 ; transport de dossiers à travers la ligne de démarcation, 1941-1942, franchissement de la ligne par des fonctionnaires porteurs de dossiers, 1942-1943.

AJ 41/722 : Courrier spécial interministériel inter-zones, 1941-1942, régime et fonctionnement de la ligne de démarcation en ce qui concerne les PTT, 1942, ouverture de quatre nouveaux points de la ligne de démarcation au trafic postal, 1943.

AJ 41/968 : Statistiques de laissez-passer obtenus (normaux et urgents) ; communiqué dans la presse sur les modalités de franchissement des différentes lignes de démarcation.
AJ 41/973 : Circulation des membres étrangers et français de la Légion antibolchevique entre les deux zones.
AJ 41/1110 : Dossier n° 2, ligne de démarcation, zones réservées ou interdites.

Délégation Française auprès de la Commission Allemande d'Armistice (DFCAA) ou Délégation Française d'Armistice (DFA) :
AJ 41/1566 : Dossier d'études de négociations, juillet-novembre 1940.
AJ 41/1768 : Ligne de démarcation : tracé, circulation à travers la ligne et le Pays de Gex, incidents.
AJ 41/1769 : Armée d'occupation : définitions, frais, incidents ; relations zone libre-zone occupée.
AJ 41/1776 : Armée d'armistice : stationnement et mouvements des unités dans la 9e division militaire, stationnées à Châteauroux.
AJ 41/1794 : Laissez-passer pour les généraux français désirant se rendre en zone occupée.
AJ 41/2077 : Ligne de démarcation : dossier général, questions territoriales et administratives concernant la zone sud, transfert de poudres, explosifs et produits chimiques à travers la ligne ; visas, retour du gouvernement à Paris.
AJ 41/2123 : Situation des voies ferrées et des voies navigables.

Sous-série AJ 38 : Commissariat Général aux Questions Juives (CGQJ)

AJ 38/4 : Rapport de Clermont-Ferrand du 30 octobre 1942 sur les problèmes liés à l'arrivée massive des Juifs en zone non occupée.
AJ 38/6 : Lettre de Juifs au maréchal Pétain, 1941-1944.
AJ 38/123 : Dossier « Circulation, séjour des Juifs ».
AJ38/258 : Procès-verbaux de gendarmerie dressés à l'encontre de Juifs ayant passé clandestinement la ligne de démarcation, décembre 1941-avril 1942.

AJ 38/297 : Liaison de la Section d'Enquêtes et de Contrôles (SEC) avec la gendarmerie, 1942-1944.

AJ 38/1023 (carton 25) : Transferts de fonds ou titres de la zone occupée en zone libre.

Sous-série 72 AJ :
Comité d'Histoire de la Seconde Guerre mondiale

72 AJ 45 : Ligne *Comète.*

72 AJ 49 : Réseau *Confrérie Notre-Dame.*

72 AJ 59 : Témoignage de Louis Vallon, recueilli le 25 mars 1947.

72 AJ 60 : Témoignage d'André Philip, recueilli le 29 novembre 1946.

72 AJ 80 : Réseau *Saint-Jacques,* réseau *Shelburn,* réseau *Zéro-France* ; témoignage de Olivier de Pierrebourg.

72 AJ 249 : La France sous l'Occupation : le gouvernement de Vichy, divers.

72 AJ 257 : *Idem.* Dossier : opinion publique en France (1940-1942) ; dossier : synthèse des rapports de la zone occupée, novembre 1941-décembre 1942.

72 AJ 260 : *Idem.* Administration allemande en France ; répression allemande ; collaboration policière franco-allemande.

72 AJ 473-508 : Questionnaires et dossiers documentaires réalisés et remis par Paul Durand à l'occasion de son enquête décennale pour la rédaction de son ouvrage *La SNCF pendant la guerre, sa résistance à l'occupant,* Paris, PUF, coll. « Esprit de la Résistance », 1968.

Nous avons été plus attentifs aux dossiers suivants :

72 AJ/495 : 55 dossiers, de « Arthur Adnot » à « André Guyader ».

72 AJ/496 : 56 dossiers de « Marcel Hermerel » à « Léonce Mourgues ». Nous avons retenu essentiellement les dossiers de Laville et *Mercure,* Mazeau (janvier 1961*)*, Lazard, Lecomte, Martinache, Lamiable (novembre 1961*)* et Meuniez (Historique du réseau *Zéro-France,* juillet 1945*)*.

72 AJ/497 : 51 dossiers de « Nicolas René » à « Zerapha » ; nous avons retenu le dossier de M. Pontramon de Dijon.

72 AJ/563 : Fonds André Monnier, dossiers thématiques, dont pour notre ouvrage : « Opinion publique en France », « La vie sous l'Occupation », « Agriculture et Ravitaillement ».

SÉRIE F : VERSEMENTS DES MINISTÈRES
ET DES ADMINISTRATIONS QUI EN DÉPENDENT

Sous-série F1 : Ministère de l'Intérieur,
Administration générale

F1 C III : Esprit public et élections
— Rapports des préfets
F1 C III/1125 : Ain, Allier.
F1 C III/1128 : Jura.
F1 C III/1129 : Loir-et-Cher.
F1 C III/1132 : Saône-et-Loire.
F1 C III/1138 : Ardennes.
F1 C III/1145 : Charente.
F1 C III/1147 : Cher, Corrèze.
F1 C III/1148 : Côte-d'Or.
F1 C III/1150 : Creuse.
F1 C III/1151 : Dordogne, Doubs.
F1 C III/1155 : Gers.
F1 C III/1157 : Indre.
F1 C III/1158 : Indre-et-Loire.
F1 C III/1161 : Loir-et-Cher.
F1 C III/1164 : Lot-et-Garonne.
F1 C III/1165 : Lozère.
F1 C III/1174 : Nièvre.
F1 C III/1175 : Nord.
F1 C III/1180 : – Basses-Pyrénées (zone libre et zone occupée/sous-préfecture de Bayonne).
F1 C III/1181 : Hautes-Pyrénées.
F1 C III/1184 : Haute-Saône.
F1 C III/1187 : Haute-Savoie.
F1 C III/1191 : Deux-Sèvres.
F1 C III/1197 : Haute-Vienne, Vienne.
F1 C III/1198 : Synthèse des rapports des préfets de zone occupée, octobre 1942.

Sous-série F 60 : Secrétariat général du gouvernement

Etat français :

F 60/109 : Cabinet de Lucien Romier, ministre d'Etat, notes et circulaires reçues au secrétariat général auprès du chef du gouvernement, 7 janvier 1942-30 novembre 1943.

F 60/478 : Préfectures, textes officiels et correspondance générale (1939-1944).

F 60/479 : Préfectures régionales ; nomination des préfets régionaux ; délimitation des régions.

F 60/514 : Organisation du service des contrôles techniques.

F 60/569 : Contrôle postal, 1940-1941 : abus dans les télécommunications et l'acheminement de la correspondance interzones.

Délégation générale du Gouvernement dans les Territoires Occupés (DGTO)

F 60/1433 : Dossier n° 1, politique extérieure, sous-dossier n° 3/B, études, traités de paix (dossier économique et presse).

F 60/1479 : Délégation de Fernand de Brinon. Rapports avec les membres du gouvernement, correspondances (Pétain, Darlan, Laval).

F 60/1480 : Rapports avec les ministères et les secrétariats d'Etat.

F 60/1481 : Rapports avec les autorités allemandes. Notes originales adressées par l'ambassade d'Allemagne à Brinon (septembre 1942-octobre 1943).

F 60/1506 : Cabinet militaire : situation militaire en zone occupée (ligne de démarcation, tracé, modifications), juillet 1940-juillet 1942.

F 60/1530 : Service du courrier : organisation des relations postales entre zone occupée et zone non occupée par l'intermédiaire de la DGTO.

F 60/1535 (dossier 8) : Service des laissez-passer étrangers.

F 60/1546 : Section économique : mouvements de marchandises et de fonds entre les deux zones ; transfert de fonds par la Poste entre les deux zones.

Sous-série F 90 : PTT

F 90/21618 : Organisation des contrôles techniques.
F 90/21622 : Incidents entre les PTT et les autorités allemandes.
F 90/21627 : Rédaction d'un historique de la Poste sous l'Occupation.
F 90/21600 à 21627 : Acheminement, poste intérieure et législation.
F 90 bis/2089 : Personnel en fonction pendant l'Occupation, laissez-passer.

Sous-série F^{1a} : Objets généraux

Délégation du ministère de l'Intérieur en zone occupée
F1a 3705 : Synthèses et analyses des rapports mensuels préfectoraux, d'avril 1941 à août 1944, pour la zone occupée et la zone non occupée. **F1a 3786 :** Commission allemande d'armistice : règlement concernant les lois et coutumes de la guerre sur terre annexé à la Convention IV de La Haye du 18 octobre 1907.

Sous-série F 37 : Délégation Générale aux Relations Economiques franco-allemandes (DGRE)

F 37/20 : Economie intérieure : réunion à Paris des présidents des chambres de commerce allemandes et françaises, août-décembre 1941.
F 37/22 : Communications : relations postales inter-zones, transfert de charbon nécessaire en zone non occupée.
F 37/24* : Contrôle allemand, lignes de démarcation :
— laissez-passer, février 1941-janvier 1943 ;
— transfert de marchandises entre les deux zones ; relevés des marchandises ayant franchi la ligne de démarcation, juillet 1940-janvier 1943 ;
— transport de documents à travers la ligne de démarcation, septembre 1940-novembre 1942 ;

* Dans ce carton, il y a peu de documents qui correspondent à l'inventaire des Archives nationales.

— assouplissements apportés aux transferts à travers la ligne de démarcation, septembre 1940-janvier 1942 ;
— passage de zone libre en zone occupée de journaux pour enfants, août octobre 1942 ;
— évacuation des agents des douanes dans les départements côtiers, mai 1941-mars 1942 ;
— retour des chefs d'entreprises en zone interdite, mai-septembre 1941.

F 37/49 : Travail, main-d'œuvre pour l'Allemagne : recrutement clandestin ou officiel d'ouvriers à destination de la zone occupée ou de l'Allemagne, septembre 1941-juillet 1942.

Sous-série F 7 : Police générale

Ministère de l'Intérieur : Direction de la Sûreté, administration du personnel

F 7/14897 : Ligne de démarcation, zones interdites, transport de dossiers administratifs par des fonctionnaires franchissant la ligne de démarcation.

F 7/14925 : Contrôles techniques régions.

F 7/14926 : Direction de Vichy des contrôles techniques, synthèses hebdomadaires des contrôles télégraphiques, téléphoniques et postaux, avril 1941 novembre 1943 ; statistiques hebdomadaires, septembre 1941 mai 1942.

F 7/14927 : Inspection régionale de Clermont-Ferrand, Commission centrale mixte de contrôles techniques de Vichy (télégrammes, téléphone) : rapports de synthèse et, à partir de 1944, rapports statistiques hebdomadaires.

F 7/14928 : Contrôles techniques, Lyon et Marseille, 1941-1942.

F 7/14929 : Direction de Vichy : rapports de synthèse et rapports statistiques, mars, mai, juillet, août 1941 ; avril 1942 à juin 1943.

F 7/14930 : Inspection régionale de Clermont-Ferrand, septembre 1941-1944.

F 7/14933 : Contrôles techniques, dossiers thématiques, 1941-1944.

Sous-série F 12 : Commerce et industrie

Statistiques mensuelles obligatoires de l'activité industrielle, 1941-1944

F 12/11811 : zone occupée, août-novembre 1941.
F 12/11814 : zone occupée, février-juin 1942.
F 12/11815 : zone occupée, juillet-décembre 1942.
F 12/11817 : zone occupée, 1943.

Sous-série F 41 : Information

F 41/332 : dossier « demandes de laissez-passer pour la ligne de démarcation provenant d'artistes lyriques, dramatiques, etc. » (1941).

SÉRIE W : JURIDICTIONS EXTRAORDINAIRES

Sous-série 3 W : Archives de la Haute Cour de justice (Archives dites de Berlin ou dites du Majestic)

3 W 347/12 : Télégramme d'Abetz concernant les modalités de la collaboration décidée à Montoire et des mesures contre la propagande anglaise, 31 octobre 1940.
3 W 347/15 (bordereau 132) : Télégramme n° 480 de Ribbentrop à Abetz concernant le transfert du gouvernement à Paris, 16 août 1940.
3 W 347/37 : Télégramme, compte rendu par Abetz des événements du 13 décembre 1940.
3 W 347/39 : Télégramme en clair, n° 1577, 21 décembre 1940.
3 W 347/42 : Télégramme d'Abetz commentant les conséquences du départ de Laval du gouvernement, 26 décembre 1940.
3 W 348/18 : Télégramme n° 92, non signé, concernant l'assouplissement de la ligne de démarcation et le montant des frais d'occupation, 2 septembre 1940.
3 W 348/28 : Télégramme n° 258, classé « secret », de Hemmen : la conférence prévue au sujet de la ligne de démarcation et qui n'a pas pu avoir lieu.

3 W 348/30 : Mémoire Wiehl exposant certaines demandes allemandes, 22 janvier 1941.

3 W 348/31 : Télégramme de Hemmen n° 41, classé « secret », compte rendu d'un entretien avec Boisanger, 26 janvier 1941.

3 W 348/32 : Télégramme de Hencke relatif à l'assouplissement de la ligne de démarcation, 29 janvier 1941.

3 W 348/39 : Télégramme de Hemmen n° 207, transmettant des projets de notes allemandes auxquelles le gouvernement français a donné son accord (contrôle aux frontières, assouplissement de la ligne de démarcation), 8 mai 1941.

3 W 348/41 : Télégramme de Schöne sans numéro, dressant le bilan des concessions réciproques entre l'Allemagne et la France au-delà des stipulations de la Convention d'armistice, 24 mai 1941.

3 W 348/50 : Télégramme de Keitel sans numéro, sur la mise en application des Protocoles de Paris, 15 juin 1941.

3 W 349/16 : Instructions du général von Stülpnagel concernant les expulsions des territoires vers la zone libre, 22 novembre 1942.

3 W 352/bordereau 1755 (1) : Télégramme de Hemmen : assouplissement de la ligne de démarcation en échange de l'institution de commissaires allemands et d'un contrôle aux frontières, 26 janvier 1941.

3 W 352/1758 (13) : Télégramme de Wiehl à Hemmen, n° 383, 12 septembre 1940 ; **bordereau 1764 (3) :** Instructions de Goering sur l'application de la Convention d'armistice, 5 juillet 1940 ; **bordereau 1799 (13) :** Télégramme de Hemmen concernant les concessions faites par l'Allemagne pour la ligne de démarcation, 23 février 1943.

3 W 353/bordereau 2104 (4) : Note de Schmidt sur l'entretien Hitler-Darlan dans le train du Führer à Beauvais, 24 décembre 1940 ; **bordereau 2356 (1) :** Télégramme concernant la conférence du professeur Grimm à Bordeaux sur le sujet « La France et l'Allemagne hier et aujourd'hui », 8 mars 1941.

3 W 358 : Interrogatoires et rapports de personnalités allemandes : dossier Abetz (2), traduction d'un mémorandum

d'Abetz du 8 octobre 1940 ; traduction d'un rapport d'Abetz pour Ribbentrop du 23 juin 1941.
3 W 359 : Documents divers : télégrammes d'Abetz, entrevues franco-allemandes, divers comptes rendus.

SÉRIE AG : PAPIERS DES CHEFS DE L'ÉTAT

Sous-série 2 AG : Etat français (1940-1944)

Papiers personnels du maréchal Pétain :
2 AG 81 (SP 8-D) : Rapport Sohier, rapports sur la situation politique et l'état de l'opinion dans plusieurs départements (1943-1944).

Cabinet civil :
2 AG 441 : Dossiers « Collaboration » ; « Informations, correspondance, notes » (1940-1944) ; « De l'armistice à Montoire » (1940) « De Montoire au 13 décembre » (1940-1941).
2 AG 447 : Dossier thématique A, « France occupée » (1940-1941).
2 AG 454 : Dossier « esprit public » n° 3.
2 AG 461 : Dossier G, synthèses hebdomadaires et mensuelles des contrôles techniques téléphoniques, télégraphiques et postaux (1942-1944).
2 AG 513 : Dossier B, « Régions et provinces », documentation générale au sujet de la division de la France en provinces (1941-1943).
2 AG 543 : Divers, rubrique « opinion ».
2 AG 546 : Dossier F, opinion, correspondances, rapports, études, notes (1941-1944).
2 AG 571 : Dossier B, propagande régionaliste.

Archives du Cabinet militaire :
2 AG 613 : Dossiers Féat-Pétain (IV), A, a, b, carte des régions économiques de la France.

Papiers de la « maréchale Pétain » :
2 AG 616 : Synthèse hebdomadaire des contrôles techniques, n° 205, 20 octobre 1942, trois pages dactylographiées.

Archives du Conseil national :

2 AG 638 : Première Commission du Conseil national, procès-verbaux des séances des 1re et 2e sessions.

2 AG 639 : Projet de loi portant création des provinces, projet portant délimitation des provinces et des pays.

2 AG 640 : Dossier Darlan, dossier 4, région de Bordeaux.

2 AG 642 : Dossier Darlan, dossier 12, Limousin ; dossier 19, Poitou ; dossier 20, Touraine-Berry.

2 AG 654 : Documentation classée par ministères.

2 AG 656 : Dossier provenant de l'amiral Darlan, négociations avec l'Allemagne (dossier n° 4b : négociations générales, « Note au sujet de la ligne de démarcation » remise par le maréchal Pétain au *Reichsmarschall* Goering à Saint-Florentin, le 1er décembre 1941).

2 AG 658 : Documentation du secrétariat général du chef de l'Etat, dossier thématique n° 84, « Ligne de démarcation » (assez décevant).

Sous-série 3 AG II : Archives du Bureau Central de Renseignements et d'Action (BCRA)

3 AG II/1 : Livre blanc, deuxième et troisième parties*.

3 AG II/29 : Mission et réseau Saint-Jacques.

3 AG II/30 : Confrérie Notre-Dame : généralités, comptabilité, réseaux dérivant de la CND (« *Castille* », « *Andalousie* », « *Mabro* », « *Nautilus* »).

3 AG II/31-32 : « Confrérie Notre-Dame » : courrier en provenance de « Raymond » (Gilbert Renault) et de ses agents (1940-1943).

3 AG II/33 : Courrier à destination de la CND : 1940-1942 ; correspondance et rapports sur la CND, 1942-1944.

3 AG II/117 : Renseignements divers sur la France, 30 juillet 1940-9 septembre 1941.

---

* Le Livre blanc rassemblait tous les éléments d'information dans le but de rédiger un manuscrit sur l'histoire du BCRA. Cette somme a aidé le colonel Passy, lors de la rédaction de ses mémoires.

3 AG II/118 : Conditions de vie en France : PTT, transports par route, transports SNCF.

3 AG II/144 : Informations sur l'armée allemande en Charente-Dordogne.

3 AG II/284 à 287 : Interrogatoires de volontaires et d'évadés de France ; fiches de renseignements sur des agents de la France libre [un certain nombre ont franchi sans aide la ligne de démarcation pour rejoindre le sud de la France, puis l'Espagne et l'Afrique du Nord].

3 AG II/311 : Section E (Evasions) : correspondance, passage par l'Espagne ; opérations maritimes ; aides aux aviateurs alliés.

3 AG II/330 : Synthèse des rapports de gendarmerie, décembre 1942-septembre 1943.

3 AG II/332 : Opinion publique en France (I), censure postale anglaise, extraits de lettres, notamment des membres des FFL (1940-1944).

3 AG II/333 : Opinion publique (II), opinion en 1941-1942 ; état d'esprit, rapports de police ; opinion en France par région.

3 AG II/334 : Opinion publique (III) ; renseignements divers.

3 AG II/340 : Commission d'armistice ; Délégation française d'armistice ; entretiens du Majestic.

3 AG II/352 : Agriculture, ravitaillement, marché noir ; état sanitaire de la France.

3 AG II/397 : Missions de préparation des organismes centraux de la Résistance. Mission « Pedro » (Pierre Brossolette), mai 1942.

SÉRIE BB : MINISTÈRE DE LA JUSTICE

Sous-série BB 30 : Secrétariat général du ministère de la Justice

BB 30/1708 : Synthèses des rapports mensuels de gendarmerie, novembre 1941-octobre 1942.

BB 30/1710 : L'œuvre législative de Vichy : provinces et régionalisme (travaux préparatoires à la réorganisation administrative par régions).

BB 30/1712 : Laissez-passer des magistrats, en particulier pour la zone interdite.

BB 30/1713 : Courrier et communications : liaisons postales, surtout Vichy-Paris et retour, liaisons téléphoniques ; laissez-passer.

BB 30/1717 : Déplacements successifs du Conseil d'Etat, d'abord à Montségur, puis à Royat, Vichy et Paris, 1940-1943.

Sous-série BB 35 : Procès de Nuremberg et de Tokyo

BB 35/97 : Archives de la Délégation économique de la Commission allemande d'armistice : notes et procès-verbaux des conférences, dossiers 3 et 4 (ligne de démarcation).

ARCHIVES ALLEMANDES

Bundesarchiv-Militärchiv, Freiburg-in-Brisgau (BA-MA)

SERIE RW 34 : DEUTSCHE WAFFENSTILLSTANDSKOMMISSION (ARCHIVES DE LA COMMISSION ALLEMANDE D'ARMISTICE)

v. 2 : *Berichte der deutschen Waffenstillstandsdelegation für Wirtschaft, Band 1 (Juli-Dez. 1940), Band 2 (Juli-Dez. 1941), Band 3 (Jan. – Dez. 1942).*

v. 4 : *Kriegstagebuch und Lagebericht : Kontrollinspektion Bourges (mit Geschäftsbereich).*

v. 9 – Bd 1 : *Chefsachen Ia, 1940. Enthält : vorbereitungenfür die Besetzung des unbesetzten französischen Gebietes (Weisung Nr. 19 « Unternehmen Attila »), Dez. 1940.*

v. 10/ Bd 2 : 1941-1943 :

v. 11 : *Politische und wirtschaftliche Maßnahmen gegenüber Frankreich bei längerer Dauer des Waffenstillstandskommissions :* lettre de von Stülpnagel à Jodl, n° 207/40, Wiesbaden, le 14/09/1940, 7 pages.

v. 14 : *Dritter Tätigkeitsbericht der deutschen Waffenstillstands-Delegation für Wirtschaft, Paris-Wiesbaden, für die Zeit vom Juli bis Dezember 1941.*

v. 20 : *« Pariser Protokolle » – 16 juin 1941.*

v. 113 : *KTB der Heereskontrollunterkommission Issoudun, 7 août 1940-31 janvier 1941.*

v. 238 : Note sur le IIIe Reich et sa frontière occidentale, 30 janvier 1941.

v. 242 : *Aufgaben und Tätigkeit der « Delegation Hemmen ». Telegramm des Gesandten Hemmen an das Auswärtige Amt in Berlin (Abschriften), Sept. 1940-Feb. 1943.*

SERIE RW 35 : MILITÄRBEFEHLSHABER IN FRANKREICH (MBF)

v. 4 : *MBF. : Kommandostab, Lagebericht des MBF : 01/08/1940-31/01/1941.*

v. 6 : *idem*, avril-mai 1941.

v. 8 : *idem, Aug.-Sept. 1941.*

v. 9 : *Anlagen zum Lagebericht* [Annexe du rapport précédent], *Aug.-Sept. 1941.*

v. 10 : *Lagebericht (KTB), Okt.-Nov. 1941.*

v. 10 (D) : *idem, Mehrfachausfertigung.*

v. 11 : *Anlagen zum Lagebericht, Okt.-Nov. 1941.*

v. 12 : *Lagebericht für die Monate Dez. 1941-Januar 1942.*

v. 13 : *Anlagen zum Lagebericht, Dez. 1941-Jan. 1942.*

v. 14 : *Lagebericht, Febr.-März 1942.*

v. 15 : *Anlagen zum Lagebericht für die Monate Februar-März 1942.*

v. 16 : *Lagebericht, April-Mai 1942.*

v. 17 : *Anlagen zum Lagebericht, April-Mai 1942.*

v. 82 : *Der Oberbefehlshaber des Heeres, der Chef der Militärverwaltung in Frankreich, Kommandostab Abt. Ic, Paris, 05/08/1940, Befehl über die Ausstellung von Passier Ausweisen und Ausweisen für den kleinen Grenzverkehr,* cahier de 11 pages.

v. 238 : *Die politische Lage in Frankreich Berichte vom dez. 1940 bis dez. 1941.*

v. 244 : *« Allgemeiner Rückblick », Schlußbericht von Ministerialdirektor Dr. Michel, 1944.*

v. 272 : *Aufstellung der Militärverwaltung in den besetzten Gebieten des Westens*

Sammelmappe « Militärverwaltung » (1940).

v. 286 : *Lageberichte, Dez. 1940-Jan. 1941, mit Anlage : Provenienz Reichsministerium des Innern Anlagen vollständiger als bei Nr 4 (1940-1941).*
v. 289 : *Monateberichte (KTB), Juli-Sept. und Dez. 1942. Bem. : Okt.-Nov. Fehlt.*
v. 521 : *Rückherfranzösischer Gerichtsbeamter in die Sperrzone und an ihre Dienststellen in besetzten Gebiet (1940-1941).*
v. 622 : Note, ministère de la Justice française, cabinet du garde des Sceaux, 12 mai 1941.
v. 749 : Confidentiel, service national des statistiques, n° 18 – données statistiques mensuelles relatives à l'économie française.

SERIE RH 31/VII : DEUTSCHER GENERAL DES OBERBEFEHLSHABERS WEST IN VICHY (ARCHIVES DU GÉNÉRAL ALLEMAND DE LIAISON À VICHY)

v. 1 : KTB nr 3, 1/10-31/12/1943, *mit Anlagen. Enthält : Dienstanweisung für den deutschen General des OB West in Vichy ; note an die französische Regierung ; Berichte.*
v. 5 : *Zurückziehung des französischen Zollbeamten von der Pyrenaëngrenze und Pyrenaënsperrzone ; Grenzverkehr an der französisch-schweizerischen Grenze (*1942-1944).
MSg/l/2386 : Manuscrit d'un ouvrage de Alexander Freiherrn von Neubronn, *Ein Soldat blickt zurückt. Errinerungen aus den Jahren 1939-1945,* 1948.
MSg/2/4102 : Dr. Wilhelm Burandt, *Wehrwirtschafts-und Verwaltungspolitik von 1933 bis 1945. Eine Erinnerungsschrift, 1970,* manuscrit non publié, 168 pages.

SERIE RW 4 : OBERKOMMANDO DER WEHRMACHT (OKW) / WEHRMACHTFÜHRUNGSSTAB

v. 32 : *Tagebuch Jodl.*
v. 37 : *Unterlagen Jodl (alle Fronten-Fotokopie von Nürnberger Dokument 1781-PS).*

ARCHIVES DE LA BANQUE DE FRANCE

SECRÉTARIAT DU CONSEIL GÉNÉRAL DE LA BANQUE DE FRANCE

a) Versement n° 1069199311/2, rapports économiques des directeurs des succursales (1939-1944) :

Les articles suivants sont les plus riches pour une étude économique locale, notamment pour la première année d'occupation en ce qui concerne notre sujet. En revanche, ils n'apportent quasiment rien sur les activités financières de la Banque de France et sur les transferts de fonds inter-zones. Ceux-ci sont davantage mentionnés dans les autres sources consultées au siège de la Banque, à Paris. D'une succursale à l'autre, le nombre de pièces conservées varie beaucoup ; la longueur des rapports est inégale. Des succursales font silence sur la ligne de démarcation et ses conséquences, ce qui ne reflète pas toujours la réalité. D'autres préoccupations sont sans doute considérées comme plus essentielles. La subjectivité de quelques appréciations en témoigne. Enfin, dans les départements les plus ruraux, l'information est moins dense. Les rapports montrent clairement que ce sont l'industrie et le commerce qui furent les secteurs économiques les plus durement affectés. Tous les rapports des succursales les plus proches de la démarcation ont été consultés. De plus, il fut nécessaire d'étudier les rapports disponibles de plusieurs succursales, situées dans des villes tests, éloignées de la ligne de démarcation, afin de tenter de mesurer son impact économique à l'échelle nationale et non plus seulement au seul échelon local et « frontalier ».

Article 2 : Amiens (zone occupée), octobre 1940-décembre 1943.
Angers (zone occupée), octobre 1940-décembre 1943, 43 pièces ; Angoulême (zone occupée), octobre 1940-décembre 1943, 43 pièces.

Article 4 : Bayonne (zone occupée), 1939-1943, 39 pièces.

Article 5 : Besançon (zone occupée), 1939-1943, 127 pièces.

Article 6 : Blois (zone occupée), 1939-1943, 49 pièces ;
Boulogne-sur-Mer (zone occupée), 1939-1943, 30 pièces.
Bourg (zone non occupée), octobre 1940-septembre 1943, 30 pièces ;
Bourges (zone occupée), septembre 1939-décembre 1943, 49 pièces ;
Bordeaux (zone occupée), sept. 1939-déc. 1943, 47 pièces, [assez décevant] ;
Brive (zone non occupée), oct. 1940-déc. 1943, 33 pièces, riches.

Article 9 : Châteauroux (zone non occupée), novembre 1939-décembre 1943, 40 pièces.

Article 8 : Chalon-sur-Saône (zone occupée), novembre 1939-décembre 1943, 37 pièces.

Article 10 : Dax (zone occupée), 1940-1943, 45 pièces [riches] ;
Dijon (zone occupée), 1939-1943, 49 pièces [riches].

Article 12 : Limoges (zone non occupée), septembre 1939-décembre 1943, 61 pièces ;
Lisieux (zone occupée), 1939-1943, 32 pièces ;
Lons-le-Saunier (zone non occupée), août 1939-décembre 1943, 48 pièces.

Article 13 : Lyon (zone non occupée), juillet 1940-novembre 1943, 41 pièces ;
Mâcon (zone non occupée), novembre 1939-décembre 1943, 32 pièces ;
Le Mans (zone occupée), 1939-1940, 30 pièces.

Article 15 : Mont-de-Marsan (zone occupée), 1939-1943, 35 pièces ;
Montauban (zone non occupée), 1939-1943, 41 pièces ;
Montluçon (zone non occupée), 1939-1943, 36 pièces ;
Montpellier (zone non occupée), 1939-1943, 45 pièces ;
Morlaix (zone occupée), 1939-1943, 35 pièces ;

Moulins (zone occupée), septembre 1939-décembre 1942, 21 pièces ;
Nantes (zone occupée), 1939-1943, 41 pièces.

Article 17 : Périgueux (zone non occupée), octobre 1939-décembre 1943, 29 pièces ;
Perpignan (zone non occupée), 1939-1943, 40 pièces ;
Poitiers (zone occupée), octobre 1939-décembre 1943, 42 pièces [ce dossier apporte très peu à notre étude].

b) Versement n° 1069199546, boîtes 1 à 25 : Comité permanent d'organisation professionnelle des banques, 1941-1948 :
Résumés des rapports économiques de la Direction des études économiques de la Banque de France pour les deux zones :
Ces volumes sont les synthèses de rapports très précis des directeurs des succursales de la Banque de France. Les volumes de 1940 et 1941 sont ceux qui fournissent la matière la plus abondante pour notre recherche. Les volumes de 1942 et 1943 sont plus laconiques en ce qui concerne la ligne de démarcation.
1940 : un volume.
1941 : deux volumes.
1942 : deux volumes.
1943 : deux volumes.

SECRÉTARIAT GÉNÉRAL

a) Versement du 22 février 1945, administratif :
Deux boîtes, s.n. : Transferts de règlements en zone occupée et en zone non occupée, 1940-1941.
Deux boîtes, s.n. : Demande de transferts de fonds de la zone occupée vers la zone libre, 1940-1941.

b) Versement n° 1080l99201
Boîte 13 : Comptoirs repliés, 1941-1946.
Boîtes 14 et 15 : Evacuation et rapatriement des succursales, 1940-1946.
Boîtes 16 et 17 : Relations postales et évacuation, 1940-1944.

Boîte 45 : Transferts de fonds entre la zone libre et la zone occupée, 1940-1942.

SERVICES JURIDIQUES

Versement n° 1711199003 :
Boîte 1 : Guerre et occupation, interdiction de transfert entre zones, comptes rendus de la Délégation française pour les affaires économiques, 1940-1944.

RAPPORTS DES INSPECTIONS DANS LES SUCCURSALES (MICROFILMS)

Pour les années qui nous intéressent, les lacunes sont très nombreuses. Nombre de rapports semblent avoir été détruits. Par exemple, pour Besançon, Blois et Bordeaux, la série des rapports d'inspection s'arrête en 1938 ou en 1939, puis reprend sa continuité, à partir de 1946, 1947 et 1948. Pour Bourg-en-Bresse, il ne reste que l'année 1943. Les rapports suivants ont pu être consultés :
Cholet, 1941 : Microfilm n° 1038-163.
Clermont-Ferrand, 1943 : Microfilm n° 1039-241.
Limoges, 1941, 1942, 1943 : Microfilms n° 1122-386, – 390, – 402. **Lons-le-Saunier, 1943** : Microfilm n° 1122-1.
Mâcon, 1943 : Microfilm n° 1123-753.

CAISSE GÉNÉRALE

a) **Versement du 2 mars 1953, liasse n° 5** : cession de Vichy (1938-1940).
b) **Versement du 17 janvier 1955, boîtes nos 1 à 3** : transports de fonds par la SNCF (1940-1949).

Demandes de dérogation refusées pour les fonds suivants :

a) Versement du 22 février 1945, administratif :
Boîte « transferts de règlements en zone occupée et zone non occupée » : dossier relatif aux mesures de séquestre frappant

les avoirs israélites (affaires particulières dans le Doubs et le Territoire de Belfort), 1940-1941.

b) Versement n° 01080199201 :
Dans la boîte 45 : dossier de contentieux entre un particulier et la Banque de France, 1940-1948.

CENTRE DE DOCUMENTATION JUIVE CONTEMPORAINE (CDJC)

La plupart des documents des cotes classées ci-dessous ont été traduits par le CDJC. Cependant, certains ont été traduits par nous-même.

III a : Délégation générale du gouvernement français :
6 : Lettre du CGQJ à Hamburger signalant que les autorités allemandes ne délivrent pas de laissez-passer aux Juifs pour se rendre en zone occupée, 9 août 1941.
IV : Etat-Major allemand en France :
4 : Ordonnance signée par le général Hermann von Bittenfeld au sujet du régime des laissez-passer inter-zones, le 21 février 1941.
57 : Note de Speidel à la Délégation générale contre l'insuffisance du service postal inter-zones à Moulins-sur-Allier, le 4 octobre 1941.
60 : Zone côtière interdite : lettre du *MBF* (V pol. 264 1567/41) au délégué général du gouvernement français auprès du commandant en chef, 6 octobre 1941.
64 : Note de Speidel à Brinon sur la tolérance du passage nocturne de la ligne de démarcation, 15 octobre 1941.
92, 112, 126, 154, 155 et 158 : Notes du *MBF* sur le refus de délivrance de laissez-passer à diverses personnalités ministérielles de Vichy désirant se rendre en zone occupée ou dans la zone interdite, 1942-1943.
VIII : Etat-Major allemand en France :
2 (folios 12 ; 15) : Circulaire de l'état-major administratif du *MBF* aux chefs des régions militaires, signée Best, au sujet de l'expulsion de Français indésirables vers la zone non occupée, 2 avril 1941.

XXIV : Etat-Major allemand en France (suite) :
1 : Note de Best, 19 août 1940.
2, 3, 4 : Notes de Mahnke, Bargatzki et Bardenheuer, du 22 au 27 août 1940.
5 : Note de Best, le 30 août 1940.
5a : Note de Speidel donnant le texte bilingue de l'avis interdisant aux Juifs l'entrée en zone occupée, le 20 septembre 1940.
XXV-b : *Gestapo*-France :
6 : *Hagen an die Dienststelle Paris – IVJ (II-Az : 260 Dob/Ac)*, le 4 février 1942 : sur le passage clandestin à la ligne de démarcation.
104 : Télégramme de la Gestapo au *Bds**, Poitiers, le 29 juillet 1942.
115 : Notes de Heinrichsohn pour Lischka et Ahnert à propos d'un convoi de déportés entre la zone non occupée et la zone occupée, le 5 août 1942.
123 : Câble d'Ahnert à Dannecker à Dijon sur le quatrième convoi de zone non occupée arrivant à Chalon-sur-Saône, le 11 août 1942.
133, 139 et 143 : Câbles de Röthke et Ahnert à Dannecker et au *Kds*** Orléans sur plusieurs convois de déportés arrivant à la ligne de démarcation, les 20 et 29 août 1942.
138 : Câble d'Ahnert à Döberschutz, Bordeaux : demande de vérification à propos du possible passage clandestin de Juifs à la ligne de démarcation, le 22 août 1942.
XXVI : *Gestapo*-France :
51 : Câble du poste douanier *SD* Vierzon au *Bds*, signalant que des milliers de Juifs fuient vers la zone non occupée, venant même de Belgique et des Pays-Bas. Des renforts sont demandés, le 30 juillet 1942.
80 : Rapport général de Dannecker sur le problème juif en France, le 22 février 1942.
XXXI : CGQJ-Œuvres juives :

---

* *Bds : Befehlshaber* de la Sipo et du SD : Commandant de la police de sûreté et des services de sécurité.

** *Kds : Kommandos* et *Kommandeurs* de la *Sipo-SD* (de juillet 1942 à août 1944).

50 : Lettre (SEC n° 10060) du directeur de la SEC au directeur du cabinet du CGQJ, Antignac, sur l'afflux de Juifs dans la zone d'occupation italienne et sur leur arrestation dans les trains, le 1er septembre 1943.

XXXIII : CGQJ-SEC :

18 : Rapport d'un commissaire de police judiciaire au commissaire principal à Lyon, sur le trafic de faux papiers français par des Juifs étrangers, afin d'aider le passage clandestin de la ligne de démarcation, le 18 septembre 1942.

23 : Note pour la SEC de Lyon sur une organisation lyonnaise chargée du passage clandestin de Juifs étrangers en Suisse, le 20 octobre 1942.

XLVI : *Gestapo*-France :

chemise I-J : Communications de l'*Abwehr* Paris et du service Ic du *MBE* au *Bds* au sujet d'un réseau d'évasion des Juifs depuis Paris vers la zone non occupée, du 29 juin 1942 au 5 février 1943. Rappels du *MBF,* les 20 octobre et 22 décembre 1942.

LXI : CGQJ :

74 : Note de la Direction générale de la Police nationale (4e Bureau, Vichy) au chef de la Police des Questions juives (zone non occupée), le 2 février 1942.

LXXI : Dossier « Abetz » :

28 : Note d'Abetz intitulée « Travail politique en France », le 30 juillet 1940 ; mémorandum d'Otto Abetz, Salzbourg, 30 juillet 1940.

100 : Câble du *SS HStuf* Freise (*KdS* Poitiers par intérim) au *Bds* sur de nombreux Juifs arrêtés en tentant de franchir clandestinement la ligne de démarcation, le 29 juillet 1942.

112 à 121 : Interrogatoires d'Abetz par des commissaires de police français sur plusieurs thèmes, dont la vision hitlérienne de la ligne de démarcation en 1940, du 20 au 27 novembre 1945.

LXXV : Etat-Major-Majestic :

29 : Correspondance entre le Dr Michel et Xavier Vallat sur les droits des administrateurs provisoires dans les entreprises juives présentes dans les deux zones, du 25 septembre 1941 au 16 février 1942.

60 : Lettre du *MBF* à Vallat sur la souveraineté de la France, le 25 novembre 1941.

62 : Lettre du *MBF* au ministère de la Production industrielle, le 26 février 1941 ; lettre de Bichelonne du 16 avril 1941 ; lettre du *MBF* au ministère de la Production industrielle du 13 mai 1941 ; lettre du *MBF* à Vallat du 25 septembre 1941.

252 et 253 : Note du 19 août 1940, signée Best, sur les directives politiques communiquées par Abetz le 17 août.

CII : CGQJ : arrestations, internement :

64 : directive de la direction de la Police nationale aux préfets régionaux de Clermont-Ferrand, Limoges, Lyon, Toulouse, en communication aux préfets de la ligne de démarcation, Vichy, le 8 août 1942 : les Juifs qui ont franchi clandestinement la ligne de démarcation, depuis le 5 septembre, doivent être dirigés vers le camp de Rivesaltes.

CV : CGQJ, SEC, Police aux questions juives :

78 : lettre du directeur des sections d'enquête et de contrôle au délégué adjoint des SEC, Poitiers, n° D6473, 1942 (date précise incertaine).

CX : CGQJ – Monneray :

148 et 150 : Courrier d'administrateurs provisoires protestant contre deux entreprises juives « à cheval sur les deux zones », octobre 1941.

CXIII : CGQJ – Monneray :

48 : Commissariat Général aux Questions Juives (CGQJ).

CCXIII : Fédération des Sociétés juives de France :

133 : Modèle de notice individuelle à remplir par un étranger qui a franchi clandestinement la ligne de démarcation, Préfecture du Rhône, 1re division, 3e bureau, Lyon, sans date.

CXIV : CGQJ – Statut des personnes :

64 : Note, réponse du service des réfugiés (vice-présidence du Conseil, CGQJ, RU/SY) au sujet des Juifs français fuyant la zone occupée, le 4 octobre 1941.

CXCV : CGQJ :

6 : Réponse de Vallat à la lettre du *MBF* du 25 novembre 1941.

CCCX : Archives de Nuremberg – *Gestapo* :

19 : Extraits de l'interrogatoire de Werner Best par Henry Monneray à Nuremberg : position de la *GFP* en France jusqu'en 1942.

CDXV : UGIF :
38 : Note de l'UGIF sur l'afflux de Juifs en zone sud, lors de l'occupation totale de la France, 2 février 1943.
CDXXXV : ***Bundesarchiv*-Coblence :**
29 : Câble n° 302 du *SS.-Panzer-Grenadier, Div. « Totenkopf »* à Himmler, sur une proposition de suppression de la ligne de démarcation et pour envoyer le personnel de garde sur les frontières, 7 décembre 1942.
CDXC : Justice américaine :
1, 2, 4, 5, 6, 7, 8 et 9 : Les inconvénients provoqués par les lignes.
DCCXXXIV : Divers :
3 : Lettre de B. Picard à Henri Bulawko au sujet du rôle des passeurs juifs pendant l'Occupation, le 26 décembre 1984.

ALLIANCE ISRAÉLITE UNIVERSELLE (AIU)

FONDS DU CONSISTOIRE CENTRAL (CC)

A l'AIU, une partie des archives du Consistoire central est classée et complète celles du CDJC. Cependant, si les cartons sont inventoriés, à l'intérieur, il n'y avait aucun classement des dossiers lors de nos visites. Le classement est parfois arbitraire*. Certains dossiers sont amputés en partie d'éléments retrouvés sous une autre cote. Les papiers de l'AIU ont beaucoup apporté à notre étude sur le passage clandestin des Juifs de la ligne de démarcation. Les autorisations de consultation ont été délivrées sans difficulté, y compris pour le fonds Kiefe.

CC, boîte 1 : Registre de délibérations, manuscrit, 16 mars 1941-6 mai 1943.
CC, boîte 2 : Procès-verbaux, Commission permanente, 1941-1944.

---

* Les archives du Consistoire central ont été rassemblées par Maurice Moch ; elles mélangent des sources primaires, des notes et des copies établies par ce dernier au début des années 1960. Les copies sont assez fidèles aux documents originaux.

CC, boîte 4 : L'« *Etude sur la situation des Juifs en zone occupée* » écrite par Léo Hamon*.
CC, boîte 16 : Dossiers divers.
CC, boîte 17 : Délégations régionales du Consistoire central.
CC, boîte 21 : Arrestations et déportations, dont le témoignage manuscrit de Mme Simone C., à la prison du Cherche-Midi, intitulé « *Petites promenades à travers les prisons militaires allemandes de Paris* », 5 octobre 1942.
CC, boîte 22 : Assistance aux réfugiés et internés.
CC, boîte 25 : Aumônerie générale : rapport, correspondance, arrestations, déportations.
CC, boîte 44 : UGIF, mesures préparatoires, correspondance, historique des œuvres d'assistance juives, 1941.
CC, boîte 49 : CGQJ, dossiers sur Xavier Vallat, Antignac, du Paty de Clam, la Légion des combattants (1942), notes sur les collections artistiques détenues par les Juifs, correspondance sur les problèmes d'unification de l'UGIF et sur la délivrance des laissez-passer pour les membres de l'UGIF.
CC, boîte 64 : Bureau d'études de Lyon : études sur les Juifs de France.
CC, boîte 65 : *Ibidem.*

FONDS KIEFE

(consulté grâce à l'autorisation de Mme Kiefe)

CC, boîte 67 : Notes prises par Me Robert Kiefe, en rapport direct avec les autorités de Vichy ; comptes rendus des rencontres avec Jean Jardin, directeur du cabinet du chef du gouvernement à Vichy, mai-novembre 1942.
CC, boîte 68 : *Ibidem.*

---

* Nous retrouvons ce document au CDJC dans le « Fonds Lubetzki » et dans les archives du *American Joint Distribution Committee* à New York, sous l'appellation « *France, General and Emergency* ».

ARCHIVES DU MINISTÈRE DES AFFAIRES ÉTRANGÈRES (MAE)

SÉRIE « VICHY »

Sous-série Y Internationale

Armistice franco-allemand :

Pièce n° 19 : Préliminaire, 28 mars-23 août 1940.

Pièce n° 22 : Télégrammes explicatifs, 17 juin-2 août 1940.

Pièce n° 23 : Dossier Rochat, 22 juin 1940.

Pièce n° 24 : Réaction de l'opinion, 17 juin-4 août 1940.

Pièce n° 31 : Application de l'armistice (principes et généralités, textes et notes historiques, 20 juin 1940-24 février 1944).

Pièce n° 32 : Perquisitions en zone non occupée (sans date).

Pièce n° 33 : Négociations tripartites de Wiesbaden.

Pièce n° 34 : Comptes rendus d'entretiens et conversations, 8 juillet 1940-25 avril 1941.

Pièce n° 35 *Idem.* Comptes rendus d'entretiens et de conversations, 3 mai 1941-19 juillet 1944.

Pièce n° 36 : *Idem.* Affaires politiques et militaires, 20 juin-22 décembre 1940.

Pièce n° 56 : *Bulletin d'informations de la DSA.*, du n° 1 au n° 10, 20 novembre 1940-31 janvier 1941.

Pièce n° 59 : Articles de la Convention, article 2 : ligne de démarcation de la zone d'occupation.

Pièce n° 60 : *Idem.* Circulation entre les deux zones, affaires générales, 18 juillet 1940-20 mai 1941.

Pièce n° 61 : *Idem.* 6 juin 1941-16 avril 1943.

Pièce n° 62 : *Idem*, circulation entre les zones libre et occupée, affaires particulières, état des laissez-passer délivrés par la délégation générale de Paris, 6 juin 1941-10 décembre 1942.

Pièce n° 63 : Incidents à la ligne de démarcation, 22 octobre 1940-10 juin 1943.

Pièce n° 64 : Ligne de démarcation, contrôle aux frontières, 22 juillet 1940-10 juin 1943.

Pièce n° 68 : Article 3 : occupation, zone interdite et zones réservées (après l'occupation de la totalité des territoires français), 19 juillet 1940-8 juin 1944.
Pièce n° 70 : Article 3 : occupation, rapports des préfets de la zone occupée, janvier 19401-mai 1941.
Pièce n° 71 : Article 3 : rapports des préfets de la zone occupée, juin 1941-septembre 1942.
Pièce n° 107 : Article 3, occupation du Pays de Gex, 29 juin 1940-18 octobre 1941 ; transfert des valeurs et stocks, 11 juillet 1940-septembre 1942.

Sous-série Z Vichy-Europe

Pièce n° 255 : Espagne : frontières (commission des Pyrénées, délimitation de la frontière, incidents de frontière), juillet 1940-août 1944.
Pièce n° 768 : Suisse, frontières, novembre 1940-juin 1944.
Pièce n° 770 : Zones franches, sans date.
Pièce n° 771 : Frontaliers, pacages, biens-fonds riverains, août 1940-mai 1943.
Pièce n° 773 : Suisse, dossier n° 1 : « Situation économique et ravitaillement, juin 1940-mai 1944 ».
Pièce n° 774 : Suisse, commerce, juin 1940-mars1944.
Pièce n° 775 : Chemins de fer, juin 1940-octobre 1943.
Pièce n° 777 : Suisse, chemin de fer, juin 1940-octobre 1943.

Sous-série C Europe

Pièce n° 9 : Direction des affaires politiques et commerciales (19 octobre 1942 et 30 mai 1943).
Pièce n° 30 : Communications télégraphiques, téléphoniques, chiffre (26 mai 1940-27 décembre 1941).
Pièce n° 143 : Questions juives : Israélites envoyés en zone libre (25 octobre 1940-17 novembre 1942).

PAPIERS 1940

Papiers Baudouin :

Pièce n° 1 : Note de Jacques Barnaud, mesures à prendre pour remédier à la paralysie économique et sociale du pays faute de mise en vigueur des clauses de l'armistice, 6 juillet 1940.

Pièce n° 12 : Note de Jacques Barnaud à Laval, sur les problèmes économiques et sociaux et les remèdes à envisager, 24 juillet 1940.

Papiers Brinon :

Pièce n° 1 : Rapports franco-allemands (1942-1944).

Pièce n° 82 : Message n° 97 de Brinon à Laval sur les nouvelles conditions de franchissement de la ligne de démarcation, février 1942.

Pièce n° 84 : Note sur la circulation entre les deux zones.

Pièce n° 97 : Message de Brinon à Laval sur les nouvelles conditions de franchissement de la ligne de démarcation, [...] le rétablissement des communications téléphoniques et télégraphiques entre les zones (février 1943).

Pièce n° 100 : Message n° 112 de Brinon à Laval transmettant une note de l'état-major allemand établissant une zone interdite à la frontière franco-suisse, 17 mars 1943.

Pièce n° 197 : Message de Brinon à Laval sur le régime de circulation des étrangers à travers la ligne de démarcation, 28 juillet 1943.

Papiers Laval ; négociations franco-allemandes :

Pièce n° 135 : Note de l'office des Affaires étrangères auprès du commandant militaire en France au président de la Commission allemande d'armistice à Wiesbaden sur l'assouplissement de la ligne de démarcation et l'établissement d'un service de courrier entre Paris et Vichy, 19 août 1940.

Pièce n° 138 : Note d'Abetz sur le retour à Paris de ministères techniques et de l'agence Havas, ainsi que le contrôle de la ligne de démarcation.

Pièce n° 141 : Note d'Abetz sur le contrôle de la ligne de démarcation et le service de courrier Paris-Vichy, 29 août 1940.

Papiers Rochat :
Pièce n° 44 : Lettre non signée, pour Ribbentrop, Vichy, le 23 janvier 1943.
Pièce n° 47 : Projet de lettre de Laval au maréchal von Runstedt, le 8 avril 1943.

Bureau d'études Chauvel :
Pièce n° 75 : Ligne de démarcation-rapatriements, 2 juin 1940-28 février 1943 : très riche collection d'articles de presse de zone occupée.
Pièce n° 149 : Occupation allemande de la France et de la Belgique : dépêches et notes d'origines diverses (21 août 1940-6 octobre 1942).

ARCHIVES DE LA GENDARMERIE NATIONALE (Centre administratif de la gendarmerie nationale, Le Blanc, Indre)

Un certain nombre de dossiers ont été détruits à l'issue de la guerre ou bien perdus. Par exemple, il ne reste aucune archive sur la brigade de Chauvigny (Vienne), haut lieu du passage clandestin. Parfois, il n'existe que les rapports des années 1944 et 1945. Or, ce sont les années 1940, 1941, 1942 et 1943 qui sont les plus intéressantes pour notre sujet. L'inventaire des archives contemporaines de la Gendarmerie est en cours d'élaboration. Celui en place jusqu'alors est loin d'être idoine. Au moment de leur consultation, les archives de la Gendarmerie étaient classées par brigades, compagnies et légions ; chacune des trois catégories est partagée entre les rapports quotidiens R 2 et les rapports confidentiels R 4. Enfin, la carte administrative de la Gendarmerie française a été réorganisée de part et d'autre de la ligne de démarcation, avec la création de légions-bis. Ces sources sont importantes pour une étude locale et détaillée de certains aspects de la vie quotidienne des Français, mais elles sont essentielles pour une étude du passage clandestin de la ligne de démarcation, à travers les sources de la répression.

SERVICE HISTORIQUE DE L'ARMÉE DE TERRE (SHAT-Vincennes)

1 P 9 : Commissariat général à la Reconstruction nationale : réunions interministérielles.

1 P 51 : Elaboration et texte de l'armistice franco-allemand : conversations entre le général Huntziger et le général Weygand (21 juin 1940) ; conversations entre le général Jodl et le général Huntziger (21 juin 1940) ; *Mémento concernant le franchissement de la ligne de démarcation,* édité par l'état-major de l'armée de l'air, le 15 juin 1942.

1 P 54 : Organisation et mise en place de l'armée d'armistice (dossier 1) ; permissions en zone occupée.

1 P 65 à 1 P 68 : Comptes rendus des travaux de la DFCAA.

2 P 15 : Tracé des lignes de démarcation, rapatriement des fonctionnaires rejoignant leur poste, de militaires en congé d'armistice, de réfugiés ; réglementation de la circulation entre la zone libre et la zone occupée ; relevé partiel des incursions allemandes en zone libre durant le mois de mars 1941.

2 P 117 : Une partie de ce carton comprend des documents sur la mise en place d'agents de surveillance à la ligne de démarcation.

3 P 78 : Passages clandestins.

3 P 116 : Tracé de la ligne de démarcation, surveillance ; régimes des troupes sur la ligne de démarcation.

3 P 117 : Description analytique du tracé de la « ligne verte ».

3 P 146 : Eléments d'information sur le réseau « Comète ».

9 P 49-1 : Cartes du tracé de la ligne de démarcation.

9 P 50-2 à 9 P 53 : Contrôle militaire de la frontière franco-suisse.

9 P 63 : Région de Limoges ; rapport sur des incidents survenus à la ligne de démarcation.

9 P 96 : Notes de service concernant l'entrée des Allemands en zone libre.

9 P 140 : Surveillance de la frontière des Pyrénées.

9 P 166 : Organisation et fonctionnement du 2e bureau ; organisation régionale à la suite de l'établissement de la ligne de démarcation ; notes et correspondances concernant les problèmes de délimitation des zones et incidents.
9 P 167 : Instructions et notes réglementant la circulation entre la zone libre et la zone occupée.

CENTRE DES ARCHIVES ÉCONOMIQUES ET FINANCIÈRES (CAEF, Savigny-le-Temple, Seine-et-Marne)*

Fonds « administrations extraordinaires du temps de guerre » :
B 47357 à 47363 : Vie quotidienne sous l'Occupation.
Papiers Baudet :
B 57046 : Service des investigations financières.
Fonds Trésor, volume 12, Relations bilatérales, Direction du Trésor, « conséquences économiques et financières de l'Occupation (1939-1946) :
B 32450 à B 32454 : Délégation française auprès de la Commission d'armistice, 1940-1944.
Fonds « Corps de contrôle », volume 1, Inspection générale des Finances :
4 A02 : Question fiscale : organisation et fonctionnement des services locaux des contributions, 1941-1943.
4 A03 : Organisation des régions économiques ; situation économique ; mrché noir et fraude.
4 A06 : Occupation allemande.

* Toutes les sources consultées dans ces fonds l'ont été avec une dérogation.

ARCHIVES DE LA CAISSE DES DÉPÔTS ET CONSIGNATIONS (CDC, Gentilly)

Secrétariat général :
Liasse 14, Relations avec la zone libre : réglementation des échanges de correspondance entre les deux zones et instructions du ministère des Finances, notes de service, 1940-1944 ; service de liaison de la CDC ; organisation financière et administrative des départements divisés par la ligne de démarcation, 1940-1943 ; organisation des transferts de valeurs et des opérations de paiement entre les deux zones, 1940-1943.
Liasse 16, questions relatives à l'état de guerre : Correspondance, 1940-1944.
Collection des lettres et circulaires de la CDC, 1941-1945 : Circulaires 551 à 651.

ARCHIVES DE LA SOCIÉTÉ GÉNÉRALE*

Boîte 375 : Notes série « inter-zones » ; circulaires, 1943.
Boîte 996 : Circulaires et notes de la Direction des services généraux ; circulaires inter-zones, notes diverses inter-zones, divers, janvier 1943-août 1944.
Boîte 1192 : L'action du Comité des banques pendant l'Occupation ; dossier M. Ardant, 1945.
Boîte 1338 : Evénements de guerre, dossiers M. Ardant, décisions du Comité permanent d'organisation professionnelle des banques, activité des banques en temps de guerre 1940-1944.

* CAP 18, 189, rue d'Aubervilliers, Paris.

ARCHIVES DU CONSEIL D'ÉTAT*

Quatre cartons intitulés « Guerre 1939-1945 » : coupures de presse, correspondances entre la DGTO et le Conseil d'Etat, correspondances avec les ministères et le chef du gouvernement (notamment sur les projets et la préparation du retour du Conseil de Royat à Paris) ; assez décevant.

ARCHIVES DU CRÉDIT LYONNAIS

Direction générale

Dossier 16 AH 33 : Transferts entre les deux zones ; Union syndicale des banques de Paris et de la Province, sous-commission de Paris, séances de 1940 ; circulaires septembre 1940-mai 1941.

Liasse 4 A : Dossier « La Bourboule-1942 ».

Liasse 4 C : Série de notes 1941-1943.

ARCHIVES DÉPARTEMENTALES

Ain, Deux-Sèvres, Gironde, Haute-Savoie, Haute-Vienne, Indre, Indre-et-Loire, Landes, Lot-et-Garonne, Nièvre, Saône-et-Loire.

MUSÉE DE LA RÉSISTANCE ET DE LA DÉPORTATION DE BESANÇON

Dossier sur le passeur Paul Kern et ouvrage *Un « toboggan » dans la tourmente en Franche-Comté 1940-1945*, chez l'auteur, 1989.

Dossier du passeur Valnet dit « Francis » : rapport de gendarmerie du 16 septembre 1941 de la compagnie du Doubs sur

* Le Conseil d'Etat a versé une partie de ses archives aux Archives nationales de France dans la série AL.

son activité de « passeur », ensemble de lettres échangées avec François Marcot.

Fonds Gamelon, passeur, garde forestier : témoignage écrit de Jean Gamelon (mai-juin 1994).

Carte réalisée par Paul Kern des principaux trajets du passage clandestin dans le Doubs et dans le Jura.

Témoignage écrit de M. Jaboeuf, 30 juillet 1970, sur les points de passage clandestins dans le Jura.

Cahier d'écolier tenu par le restaurant Aigrot (relais du passage clandestin), Chamblay : liste de soldats démobilisés ou évadés qui ont passé la ligne de démarcation clandestinement. Le restaurant était donc un point de chute ; un officier de l'armée d'armistice venait régulièrement vérifier le cahier. A la date du 14 décembre 1941, est inscrit le nom de François Mitterrand, sergent-chef du 23e BIC, venant du Stalag 9A, matricule 968.

III. SOURCES IMPRIMÉES

DOCUMENTS IMPRIMÉS

Recueil de documents et instruments de travail

Akten zur Deutschen Auswärtigen Politik 1918-1945 (ADAP). Aus dem Archiv des Auswärtigen Amts. Serie D : 1937-1941, Band IX (23/01 bis 31/ 08/1940), Bande XI-II (13/11/1940 bis 31/01/1941), Frankfurt a. M., Bonn bzw. Göttingen, P. Keppler Verlag KG, 1950-1970.

BOBERACH Heinz, *Meldungen aus dem Reich 1938-1945 – Die geheimen Lageberichte des Sicherheits der SS. Herrsching,* Pawlak, 1984, tome IV.

BÖHME Hermann *Der deutsch französische Waffenstillstand im zweiten Weltkrieg,* vol. 1, *Entstehung und Grundlagen des Waffenstillstandes von 1940,* Stuttgart, 1966.

Bottin administratif, 1942, 1943.

Bulletin de la statistique générale de la France, 1941.

DARLAN François, *Lettres et notes de l'amiral Darlan,* Paris, Economica (réunies par Hervé Coutau-Bégarie et Claude Huan), 1992.

DELACOR Regina M., *Attentate und Repressionen. Ausgewählte Dokumente zur Zyklischen Eskalation des NS – Terrors im besetzten Frankreich 1941/1942,* Stuttgart, Jan Thorbecke Verlag, 2000.

La Délégation française auprès de la Commission allemande d'armistice, recueil de documents publiés par le gouvernement français, Paris, Alfred Costes et Imprimerie Nationale, 1947-1959, 5 volumes.

Documents on German Foreign Policy, Etats-Unis, 1918-1945, Séries D (1937-1945). Vol. XI : The War Years (September 1, 1940-January 31, 1941) et vol. XII : The War Years (February 1-June 22, 1941). 1, *Documents on German Foreign Policy (DGFP),* London, Her Majesty's Stationery Office : Series D (1937-1945) : vol. X : The War Years (June 23-August 31, 1940), 1960 ; vol. XI : The War Years (September 1, 1940-January 31, 1941), 1961 ; vol. XII (February, 1, 1941-June 22, 1941), 1962 ; vol. XIII (June 23-December 2, 1941), 1964.

GAULLE Charles de (général), *Discours et messages,* Paris, Berger-Levrault, 1946.

GAY Pierre, *Le Préfet régional*, Paris, Recueil Sirey, 1942.

GOEBBELS Joseph, *Tagebücher 1924-1945*, München/Zürich, Piper, 1992, Bd 4 (1940-1942).

GRIMM Friedrich *Frankreich – Berichte 1934 bis 1944*, Bodensee Hohenstaufenverl., 1972.

HALDER Franz (Generaloberst), *Kriegstagebuch. Tägliche Aufzeichnungen des Chefs des Generalstabes des Heeres, 1939-1942*, Stuttgart, Kohlammer, 1962-1964, 3 volumes.

HALDER Franz (Generaloberst), *Hitler seigneur de la guerre,* Paris, Payot, 1950.

HITLER Adolf, *L'expansion du IIIe Reich*, Paris, Plon, 1961.

HITLER Adolf *Mein Kampf. Mon Combat*, Paris, Nouvelles Editions Latines, s.d.

HUBATSCH Walter (dir.), *Hitlers Weisungen für die Kriegsführung 1939-1945, Dokumente des Oberkommandos des Wehrmacht*, Koblenze, Bernard & Graefe, 1983.

HÉRACLÈS Philippe, *La loi nazie en France,* Paris, Editions Guy Anthier, 1974.

LUBETZKI Joseph, *La condition des Juifs en France sous l'Occupation allemande 1940-1944*, Paris, CDJC, 1945.

Journal Officiel de l'Etat français (décrets et lois), 1940, 1941, 1942.

Mémorial de la Gendarmerie nationale (Décrets et lois concernant la Gendarmerie française), Paris, Editions Charles Lavauzelle, 1940, 1941, 1942, 1943.

Militärgeschichtliches Fortschungsamt, *Das deutsche Reich und der zweite Weltkrieg,* Stuttgart, Deutsche Verlags-Anstalt, 1979-1990. 6 volumes.

Ministère de l'Intérieur, *Annuaire des membres de l'administration préfectorale et de l'administration centrale,* Paris, 1943.

MOLL Martin (dir.) *« Führer-Erlasse » 1939-1945*, Stuttgart, Franz Steiner Verlag, 1997.

PÉTAIN Philippe *Discours aux Français, 17 juin 1940-20 août 1944*, Paris, Albin Michel, 1989 (collectés et annotés par Jean-Claude Barbas).

PÉTAIN Philippe, *Paroles aux Français,* Lyon, Lardanchet, 1941.

PILLET Alain, *Les conventions de La Haye 1899-l907*, *Etude juridique et critique,* Paris, A. Pedone Editeur, 1918.

Service français des crimes de guerre, *Le procès de Nuremberg, 2 : L'accusation française,* Paris, Office français d'édition, 1946, volume 4, 42 volumes.

WISTRICH Robert S., *Who's Who in Nazi Germany,* London, New York, Routledge, 1995.

Statistiques :

Depuis 1936, chaque année, le ministère de l'Agriculture a publié (à l'exception de l'année 1942) une *Statistique agricole de la France,* dont la première a utilisé les résultats de l'enquête de 1929. Ces séries ont permis de réaliser certaines cartes et tableaux de notre ouvrage.

Pour les statistiques industrielles, nous nous sommes référés à la *Statistique annuelle* et à *l'Annuaire statistique.* Des résultats intéressants sont donnés dans *Statistiques industrielles obligatoires en France,* 1941, un volume. Voir aussi la publication du Service national des statistiques, *Annuaire statistique abrégé,* Paris, Imprimerie Nationale, vol. 1, 1943. Il faut cependant rester prudent à l'égard de chiffres qui ont pu être manipulés pour des effets de propagande.

Direction de la statistique générale et de la documentation, *Annuaire statistique 1936*, Paris, Imprimerie Nationale, 1937.

INSEE/ SGF, *Annuaire statistique 1940-1945*, Paris, Imprimerie Nationale, 1946, vol. n° 56.

INSEE, *Annuaire statistique de la France*, Paris, Imprimerie Nationale, PUF, 1953.

MITCHELL B.R., *International Historical Statistics. Europe, 1750-1988*, Etats-Unis et Canada, M. Stockton Press, 1992 (Première édition en Grande-Bretagne par Macmillan Publishers LTD, 1992).

MÉMOIRES, AUTOBIOGRAPHIES, JOURNAUX, SOUVENIRS, TÉMOIGNAGES

ABETZ Otto, *Pétain et les Allemands. Mémorandum d'Abetz sur les rapports franco-allemands,* Paris, éditions Gaucher, 1948.

ABETZ Otto, *Das offene Problem. Ein Rückblick auf zwei Jahrzehnte deutscher Frankreichpolitik*, Köln, Greven, 1951.

ABETZ Otto, *Histoire d'une politique franco-allemande, Mémoires d'un ambassadeur l930-l950*, Paris, Stock, 1953.

ARAGON Louis, *Correspondance générale. Aragon-Paulhan-Triolet. « Le Temps traversé »,* Paris, Gallimard, 1994.

ARMAND Louis, *Propos ferroviaires,* Paris, Fayard, 1970.

ARON Raymond, *Mémoires. Cinquante ans de réflexion politique,* Paris, Julliard, 1983.

ARON Raymond, *Chroniques de guerre, la France libre 1940-1945,* Paris, Gallimard, 1990.

ASTIER Emmanuel (d'), *Sept fois sept jours,* Paris, Editions de Minuit, 1947.

BARDÈCHE Maurice, *Souvenirs,* Paris, Buchet-Chastel, 1993.

BARTHÉLEMY Joseph, *Provinces : pour construire la France de demain,* Paris, Grasset, 1941.

BARTHÉLEMY Joseph, *Ministre de la Justice, Vichy 1941-1943, Mémoires,* Paris, Pygmalion-G. Watelet, 1989.

BAUDOUIN Paul, *Neuf mois au gouvernement. Avril-décembre 1940,* Paris, éditions de La Table Ronde, 1948.

BELIN René, *Du secrétariat de la CGT au gouvernement de Vichy,* Paris, éditions Albatros, l978.

BENOIST-MÉCHIN Jacques, *De la Défaite au désastre. Les Occasions manquées (juillet 1940-avril 1942),* Paris, Albin Michel, 1984, tome 1, 2 vol.

BENTZ Charles, *Le Grand Breuil. De l'Alsace au Berry,* Colmar, Jérôme/Do Bentzinger Editeur, 1994.

BERTHELOT Jean, *Sur les rails du pouvoir,* Paris, Robert Laffont, 1968.

BESSON André, *Une poignée de braves,* Poligny, Les Nouvelles Editions Jurassiennes, 1965.

BIELINKY Jacques, *Journal 1940-1942. Un journaliste juif à Paris sous l'Occupation,* Paris, Cerf, 1992 (présenté par Renée Poznanski).

BOAL David, *Journaux intimes sous l'Occupation,* Paris, Armand Colin, 1993.

BOURDET Claude, *L'Aventure incertaine,* Paris, Stock, 1975.

BOUTHILLIER Yves, *Le drame de Vichy,* tome 1 : *Face à l'ennemi, face à l'allié ;* tome II : *Finances sous la contrainte,* Paris Plon, 1950-1951.

BRINON Fernand de, *Mémoires,* Paris, LLC, 1949.

BRISSON Pierre, *Le journaliste, l'écrivain, l'homme,* Paris, Calmann-Lévy, 1967.

BROSSOLETTE Gilberte, *Il s'appelait Pierre Brossolette*, Paris, Albin Michel, 1976.

BROUSSINE Georges, *L'évadé de la France libre. Le réseau Bourgogne,* Paris, Tallandier, 2000.

BRUSTLEIN Gilbert, *Le chant d'amour,* Paris, chez l'auteur, 1989.

CHARLES-ROUX François, *Cinq mois tragiques aux Affaires étrangères (21 mai-1er novembre 1940),* Paris, Plon, 1949.

CHAUVEL Jean, *Commentaire*, tome I : *De Vienne à Alger (1938-1944)*, Paris, Fayard, 1971.

CARCOPINO Jérôme, *Souvenirs de sept ans (1937-1944),* Paris, Flammarion, 1953.

DEBRÉ Robert, *L'honneur de vivre,* Paris, Stock-Hermann, 1974.

DUBOIS André-Louis, *A travers trois républiques. Sous le signe de l'amitié.* Paris, Plon, 1972.

DUMÉRIL Edmond, *Journal d'un honnête homme pendant l'Occupation (juin 1940-août 1944)*, Thonon-les-Bains, L'Albaron, 1990.

ERLANGER Philippe, *La France sans étoile, Souvenirs d'avant-guerre et du temps de l'Occupation,* Paris, Plon, 1979.

FABRE-LUCE Alfred, *Journal de la France (août 1940-avril 1942)*, Paris, Imprimerie JEP, 1942.

FAURE Edgar, *Mémoires*, Paris, Plon, 1982, tome 1.

FRENAY Henri, *La nuit finira, Paris,* Robert Laffont, 1973.

FRIEDMANN Georges, *Journal de guerre 1939-1940*, Paris NRF-Gallimard, 1987.

GAULLE Charles de (général), *Mémoires de guerre,* tome I : *L'Appel,* Paris, Plon, 1954.

GEORGES-PICOT Jacques, *Souvenirs d'une longue carrière,* Paris, Comité pour l'histoire économique et financière de la France, 1993 (introduction et notes établies par N. Carré de Malberg et Hubert Bonin).

GERVAIS-MARX Danièle, *La ligne de démarcation,* Aigues-Vives, H.B. Editions, 1997.

GOETZE Roger, *Haut fonctionnaire des finances, Rivoli-Alger-Rivoli, 1937-1958*, Paris, Comité pour l'Histoire économique et financière de la France, 1997 (texte établi, présenté et annoté par Nathalie Carré de Malberg).

GRENIER Fernand, *Journal de la drôle de guerre*, Paris, Editions sociales, 1968.

GUÉHENNO Jean, *Journal des années noires*, Paris, Gallimard, 1947, réédition « Folio », 1973.

HAMON Léo, *Vivre ses choix*, Paris, Robert Laffont, 1991.

HESSEL Stéphane, *Danse avec le siècle*, Paris, Le Seuil, 1997.

HOUDART Jean, *La guerre buissonnière 1936-l946*, Paris, L'Harmattan, coll. « Mémoires du XXe siècle », 1995.

HYSING-DAHL Per, *Vinger over Europa,* Oslo, Aschehung, 1963.

HYSING-DAHL Per, *Fracokpiten presidentplasse*, Oslo, Aschehung, 1990.

KEITEL Maréchal, *Souvenirs, lettres, documents*, Paris, Fayard, 1963 (présentés par Walter Gorlitz).

KERN Paul, *Les jours de notre mémoire (1940-1945),* Paris, La Pensée universelle, 1975.

KRIEGEL Annie, *Ce que j'ai cru comprendre,* Paris, Robert Laffont, 1991.

LANDRE Louis, *La véritable résistance clandestine jurassienne,* Dole, Presses Jurassiennes, 1970.

LIMAGNE Pierre, *Ephémérides de quatre années tragiques 1940-1944,* Paris, La Bonne Presse, 1945, 4 vol., réédité en 1987, Villeneuve-de-Berg, Editions Candide, 3 vol.

MARTIN DU GARD Roger, *Journal,* Paris, NRF-Gallimard, tome III : *1937-1949,* 1993.

MITTERRAND François, *Mémoires interrompus,* Paris, Editions Odile Jacob, 1996.

MOORE William, *The long way round*, Londres, Léo Cooper et Secker/ Warburg Ltd, 1986.

MOUNIER Emmanuel « Journal des témoins : les deux zones », in *Esprit,* mars 1941, n° 98.

NICOLLE Pierre, *Cinquante mois d'armistice, Journal d'un témoin,* Paris, éditions André Bonne, 1947, vol. 1 (2 juillet 1940-31 juillet 1942), 2 vol.

NOËL Léon, *Un témoignage, le diktat de Rethondes et l'armistice franco-italien de juin 1940,* Paris, Flammarion, 1945.

PASSY (colonel), *Souvenirs,* tome 1 : *2e Bureau Londres*, Paris, Monte-Carlo, Raoul Solar, 1947.

PAULHAN Jean, *Choix de lettres,* Paris, Gallimard, 1992, vol. 2, 2 vol.

PINEAU Christian, *La simple vérité 1940-1945,* Paris, Editions Phalanx, 1983.

POLIAKOV Léon, *L'Auberge des musiciens*, Paris, Mazarine, 1981.

POSTEL-VINAY André, *Un fou s'évade. Souvenirs de 1941-1942,* Paris, Editions Transfaire, 1996.

RAOUL-LAMBERT Raymond, *Carnet d'un témoin, 1940-1943*, Paris, Fayard, 1985 (présenté et annoté par Richard I. Cohen).

RÉMY colonel, *On m'appelait Rémy,* Paris, Plon, 1951.

RÉMY colonel, *Comment meurt un réseau (fin 1943),* Monte-Carlo, Raoul Solar, 1947.

RÉMY colonel, *Mémoires d'un agent secret de la France Libre,* t. 1 : *18 juin 1940-18 juin 1942,* Paris, France-Empire, 1998, 2 vol. (1re édition : Monte-Carlo, Raoul Solar, 1946).

RÉMY colonel, *Mémoires d'un agent secret de la France Libre,* t. 2 : *Juin 1942-novembre 1943,* Paris, Editions France-Empire, 1960 (réédition en 1998).

RÉMY colonel, *La ligne de démarcation,* Paris, Librairie Académique Perrin, 1964-1976, 22 vol.

RÉMY colonel, *Comète,* Paris, Librairie Académique Perrin, 1967, 3 vol.

SACHS Maurice, *La chasse à courre,* Paris, Gallimard, 1948.

SAINT-MARC Hélie de, *Mémoires. Les champs de braises,* Paris Perrin, 1995.

SILLARD Gustave, *Le rendez-vous du Mont-Saint-Michel.* Marigny, Editions rééditions du patrimoine normand, 2002.

TRIOLET Elsa, *Ce n'était qu'un passage de ligne*, Paris, Seghers, 1945.

VALLOTON Gritou et Annie, *C'était au jour le jour. Carnets (1939-1944)*, Paris, Payot, Coll. « Documents », 1995.

VEGH Claudine, *Je ne lui ai pas dit au revoir ; des enfants de déportés parlent*, Paris, Gallimard, 1979.

VERITY Hugh, *Nous atterrissions de nuit,* Paris, France-Empire, 1982.

VISTEL Alban, *La nuit sans ombre,* Paris, Fayard, 1970.

VOMECOURT Philippe de, *Les artisans de la liberté,* Paris, Editions PAC, 1975.

WARLIMONT Walter, *Im Hauptquartier der deutschen Wehrmacht, 1939-1945. Grundlagen, Formen, Gestalten,* Francfort, Bernard & Graefe Verlag für Wehrwesen, 1962.

WEILL Joseph, *Déjà !.... Essai autobiographique,* dactylographié, s.d.

WEISS Louise, *Mémoires d'une Européenne : la résurrection du Chevalier (juin 1940-août 1944),* Paris, Albin Michel, 1974.

WERTH Léon, *Déposition, Journal 1940-1944,* Paris, éditions Viviane Hamy, 1992 (1re édition Grasset, 1946), (texte de Lucien Febvre, présentation et notes par Jean-Pierre Azéma).

WEYGAND Maxime (général), *Mémoires. Rappelé au service,* Paris, Flammarion, 1950, vol. 3, 3 vol.

QUELQUES ROMANS AUTOUR DE LA LIGNE DE DÉMARCATION

CLAVEL Bernard, *Les fruits de l'hiver.* Paris, Robert Laffont, 1968.

CLAVEL Bernard, *Le soleil des morts,* Paris, Albin Michel, 1998 [l'action se déroule dans la région de Dole, sur la ligne de démarcation. Bernard Clavel a vécu une partie des faits relatés dans ce roman très largement autobiographique].

CURTIS Jean-Louis, *Les forêts de la nuit,* Paris, Julliard, 1947, rééd. J'ai lu, 1974.

KOVALTCHOUK C., *Drame sur la ligne de démarcation,* Salins, Imp. Salinoise, 1946.
LAMOURET Roland, *Une fleur bleue à mon fusil,* Château-Renault chez l'auteur, 1987.
LAURENT Jacques, *Les bêtises,* Paris, Grasset, 1971.

PRESSE

Périodiques nationaux
Aujourd'hui, 1941, 1942.
L'Illustration, édition de Clermont-Ferrand, 13-20 juillet 1940, n° 5080, à 14 septembre 1940, n° 5088.
L'Illustration, 1940, 1941.
Périodiques régionaux
Le Berry républicain, 1945, 1947.
La Dépêche du Centre, 1940, 1941, 1942, 1943.
La Nouvelle République du Centre-Ouest, 1945.
La Petite Gironde, 1940, 1941.

IV. SOURCES AUDIOVISUELLES ET DOCUMENTS SUR LE CINÉMA

ARCHIVES DE L'INSTITUT NATIONAL AUDIOVISUEL (INA)

Fonds des Actualités françaises :
Film du 27 novembre 1942 qui porte sur le franchissement de la ligne de démarcation par les troupes allemandes qui entrent en zone non occupée, le 11 novembre 1942 ; durée : 14 minutes.
Film du 26 février 1943 qui montre, entre autres, la suppression de la ligne de démarcation (24 secondes) ; durée : 14'56".

BIBLIOTHÈQUE DU FILM (BIFI)

Sources :
Scénario multigraphié, *La ligne de démarcation,* SCEM n°l 546, 1966, 136 pages.
Ouvrages consultés :
Histoire du cinéma français, Paris, Pygmalion, 1992.

FORD Charles, *Histoire du cinéma français contemporain (1945-1977)*, Paris, Editions France-Empire, 1977.

Périodiques consultés :

Coupures de presse sélectionnées par la bibliothèque et rassemblées pour notre ouvrage :

Combat (27 mai 1966), *France-Soir* (29 mai 1966), *La Croix* (4 juin 1966), *Le Canard enchaîné* (1er juin et 15 juin 1966), *Le Figaro* (30 mai 1966), *Le Monde* (31 mai 1966), *Populaire* (7 juin 1966).

Arts, n° 26, 23-29 mars 1966 et n° 36, 1-7 novembre 1966.

Les Cahiers du Cinéma, 1966, 1967.

Le Film fançais, 1966, 1967.

Les Lettres françaises, 1966.

ARCHIVES SONORES DE LA PHONOTHÈQUE
DE LA MAISON DE LA RADIO

Message du Nouvel An prononcé par Pétain, le 30 décembre 1941 ; durée 41'42" : un passage est consacré à l'incompréhension entre les deux zones (Radiodiffusion nationale, fonds Vichy, disques de la BDIC, copie).

Discours de Pétain lors d'un voyage à Thiers, le 1er mai 1942 ; durée 28' 3" : il évoque la parole qu'il porte « *jusqu'aux extrémités de la France* » (fonds Vichy, disques de la BDIC, copie).

Journal parlé et message du général de Gaulle, à l'occasion de l'occupation de la zone non occupée par les Allemands, daté du 11 novembre 1942 ; durée 1'8" (disque, équipe française de la BBC).

Audience des maires de Bourgogne par Pétain et le préfet Donati, 12 juin 1943 ; durée 29'5" : pour la première fois, il reçoit des maires de la zone occupée qui lui parlent des difficultés du ravitaillement ; un maire se plaint de la division de sa ville (fonds Vichy, disques de la BDIC, copie).

Bibliographie

Travaux sur l'Occupation

Ouvrages de synthèse sur la guerre de 1940, l'armistice et l'Occupation

AZÉMA Jean-Pierre, *De Munich à la Libération,* 1938-1944, Paris, Le Seuil, coll. « Points-Histoire », 1979.

AZÉMA Jean-Pierre, *1940, l'année terrible*, Paris, Le Seuil, 1990.

AZÉMA Jean-Pierre et BÉDARIDA François (dir.), *La France des années noires*, tome I, *De la défaite à Vichy*, tome II, *De l'Occupation à la Libération*, Paris, Le Seuil, 1993 (réédition : Paris, Le Seuil, coll. « Points-Histoire », 2000).

BURRIN Philippe, *La France à l'heure allemande, 1940-1944*, Paris, Le Seuil, 1995.

DEJONGHE Etienne, LE MANNER Yves, *Le Nord-Pas-de-Calais dans la main allemande (1940-1944)*, Lille, Editions La Voix du Nord, 1999.

DOISE Jean, VAÏSSE Maurice, *Diplomatie et outil militaire (1871-1991)*, Paris, Le Seuil, coll. « Points-Histoire », 1992 (1re édition, Paris, Imprimerie nationale, 1987).

DURAND Yves, *La France dans la Deuxième Guerre mondiale 1939-1945*, Paris, Armand Colin, 1989.

FRIESER Karl-Heinz, *Blitzkrieg-Legende, der Westfeldzug, 1940*, Munich/ Oldenbourg, 1995.

JÄCKEL Eberhard, *Frankreich in Hitlers Europa*, Stuttgart, Deutsche Verlags-Anstalt, 1966, traduction française : *La France dans l'Europe de Hitler,* Paris, Fayard, 1968.

LAUNAY Michel, *L'armistice de 1940*, Paris, PUF, 1972.

« Les occupations en Europe, 1914-1949 », *Relations internationales,* automne 1994, n° 79, et hiver 1994, n° 80.

SIMONNOT Philippe, *Le secret de l'armistice,* Paris, Plon, 1990.

UMBREIT Hans, *Der Militärbefehlshaber in Frankreich 1940-1944*, Boppard am Rhein, Harald Boldt Verlag, 1968.

VAÏSSE Maurice (dir.), *Mai-juin 1940, Défaite française, victoire allemande, sous l'œil des historiens étrangers,* Paris, Autrement, coll. « Mémoires », 2000.

VERNOUX (général), *Wiesbaden 1940-1944*, Paris, éditions Berger-Levrault, 1954.

VIDALENC Jean, *L'exode de mai-juin 1940,* Paris, PUF, 1957.

Travaux sur le régime de Vichy et sur l'administration française

ARON Robert, *Histoire de Vichy, 1940-1944*, Paris, Fayard, 1954.

AZÉMA Jean-Pierre, BÉDARIDA François (dir.) *Vichy et les Français,* Paris, Fayard, 1992.

AZÉMA Jean-Pierre, WIEVIORKA Olivier, *Vichy 1940-1944,* Paris, Perrin, 1997 (réédition en 2000).

BARUCH Marc Olivier, *Le régime de Vichy*, Paris, La Découverte, coll. « Repères », 1996.

BARUCH Marc Olivier, *Servir l'Etat français. L'administration en France de 1940 à 1944,* Paris, Fayard, 1997.

CATOIRE Maurice, « La Direction des Services de l'Armistice à Vichy », *Revue d'histoire de la Deuxième Guerre mondiale,* janvier 1955, n° 17, pp. 15-34.

COINTET Michèle, *Le Conseil national de Vichy 1940-1944,* Paris, Aux Amateurs de livres, 1989.

COINTET Michèle, *Le Conseil national de Vichy, vie politique et réforme de l'Etat en régime autoritaire (1940-1944),* thèse de doctorat d'Etat en histoire, soutenue à l'Université de Paris X-Nanterre, 1984, 3 vol.

DOUEIL Pierre, *L'administration locale à l'épreuve de la guerre (1939-1949),* Librairie du recueil Sirey, 1950.

HIRSCHFELD Gerhard, MARSH Patrick (dir.), *Collaboration in France : Politics and culture during the nazi occupation,*

1940-1944, Oxford-New York-Hambourg, Berg éditeur, 1989.

HOFFMANN Stanley, *Essais sur la France. Déclin ou renouveau*, Paris, Le Seuil, 1974.

MASSOT Jean, « Le Conseil d'Etat et le régime de Vichy », *Vingtième Siècle, Revue d'histoire*, avril-juin 1998, n° 51, pp. 83-99.

ORY Pascal, *Les collaborateurs (1940-1945), Paris*, Le Seuil, coll. « Points-Histoire », 1976.

PAXTON Robert O., *La France de Vichy, 1940-1944*, Paris, Le Seuil, coll. « Points Histoire », 1974 (édition américaine, 1972).

RÉMOND René (dir.), *Le gouvernement de Vichy et la Révolution nationale. 1940-1942*, Paris, Armand Colin, 1972.

ROUQUET François, *Une administration française face à la Deuxième Guerre mondiale : les PTT*, thèse de doctorat d'histoire, soutenue à l'université de Toulouse-Le Mirail, 1988, 3 vol.

Travaux sur la vie quotidienne et l'opinion

LABORIE Pierre, *L'opinion française sous Vichy*, Paris, Le Seuil, coll. « L'Univers historique », 1990 (réédition, Le Seuil, coll. « Points-Histoire », mars 2001).

LAZAR Judith, *L'opinion publique*, Paris, Sirey, 1995.

LEFÉBURE Antoine, *Les conversations secrètes des Français sous l'Occupation*, Paris, Plon, 1993.

ROUSSO Henry, *Les années noires. Vivre sous l'Occupation*, Paris, Gallimard, coll. « Découvertes », 1997 (1re édition, 1992).

SWEETS John F., *Clermont-Ferrand à l'heure allemande*, Paris, Plon, 1996.

VEILLON Dominique, *Vivre et Survivre en France, 1939-1947*, Paris, Payot, 1995.

Travaux sur les relations internationales, les questions frontalières et juridiques

Ouvrages généraux sur les relations internationales

DUROSELLE Jean-Baptiste, *Politique étrangère de la France. L'abîme, 1939-1944*, Paris, Imprimerie Nationale, 1986 ; réédition : Le Seuil, coll. « Points-Histoire », 1990.

DUROSELLE Jean-Baptiste, *Histoire diplomatique de 1919 à nos jours,* Paris, Editions Dalloz, 1993.

Sur l'Allemagne nazie et Hitler

BROSZAT Martin, *L'Etat hitlérien. L'origine et l'évolution des structures du Troisième Reich,* Paris, Fayard, 1986 (1re édition : Munich, 1969).

JÄCKEL Eberhard, *Hitler idéologue,* Paris, Gallimard, 1995.

STEINERT Marlis, *Hitler,* Paris, Fayard, 1991.

Sur les frontières, le droit de frontières, les conventions internationales

ANCEL Jacques, *Géographie des frontières,* Paris, Gallimard, 1938.

BOTTIN Michel, « La frontière de l'Etat », *Revue Sciences de la société,* « Territoires frontaliers, discontinuité et cohésion » Toulouse, Presses Universitaires du Mirail, fév. 1996 (n° 37), pp. 15-25.

DUROSELLE Jean-Baptiste, *Tout Empire périra,* Paris, Armand Colin, 1992.

FISCHER Fritz, *Les buts de guerre de l'Allemagne impériale 1914-1918,* Paris, Editions de Trévise, 1970.

FOUCHER Michel, *Fronts et frontières. Un tour du monde géopolitique,* Paris, Fayard, 1988.

FOUCHER Michel, *L'invention des frontières,* Paris, Fondation pour les études de Défense nationale, 1986.

Les Frontières, Paris, Editions A. Pedonne, 1980 [Actes du 13e colloque de Poitiers de la Société française pour le droit international, Poitiers, 17-19 mai 1979].

Frontières et limites de 1610 à nos jours, Paris, Bibliothèque nationale, 1978, tome 1 [Actes du 101e congrès des sociétés savantes, Lille, 1976].

« La frontière », *Relations internationales,* automne 1990 (n° 63) et hiver 1990 (n° 64).

GRAS Christian et LIVET Georges (dir.), *Régions et Régionalisme en France du XVIIIe siècle à nos jours,* Paris, PUF, 1977.

GRAS Christian et Solange, *La révolte des régions d'Europe occidentale de 1916 à nos jours,* Paris, PUF, 1982.

GUICHONNET Paul, RAFFESTIN Claude, *Géographie des frontières,* Paris, PUF, coll « Sup », 1974.

LAPRADELLE Paul de, *La frontière. Etude de droit international,* Paris, Les Editions internationales, 1928.

PILLET Alain, *Les conventions de La Haye 1899-1907, étude juridique et critique,* Paris, Editions A. Pedone, 1918.

PRADEAUX Christian, *Jeux et enjeux des frontières,* Bordeaux, Presses universitaires de Bordeaux, 1994.

RATZEL Friedrich, *La géographie politique,* Paris, Fayard, coll. « Géopolitiques et Stratégies », 1987, 3e édition (1re édition : 1923).

RICHARTE Marie-Pierre, « La ligne verte du partage de Chypre », *International Political Science Review,* Londres, IPSR, 1996, vol. 17, pp.55-66.

ROUSSEAU Charles, *Les frontières de la France,* Paris, Editions A. Pedone, 1954.

SCELLE Georges, *Précis du droit des gens,* Editions du CNRS, 1984, réédition (1re édition, 1932).

THEVENAZ Henri, « Les zones franches de la Haute-Savoie et du Pays de Gex », *Annuaire suisse de droit international,* Genève, Ed. Polygraphiques, publié par la société suisse de droit international, 1957, vol. XIV, pp. 69-88,

WINKIN Yves (dir.), « Penser la frontière », *Quaderni,* automne 1995, n° 27.

Pangermanisme, nationalisme allemand, images de la France, fictions allemandes et régionalisme

BARRAL Pierre, « Idéal et pratique du régionalisme dans le régime de Vichy », *Revue française de science politique,* octobre 1974, XXIV (5), pp. 911-939.

BERSTEIN Serge, RUDELLE Odile, *Le modèle républicain,* Paris, PUF, 1992.

BOURDIEU Pierre, « Le Nord et le Midi : contribution à une analyse de l'effet Montesquieu », *Actes de la recherche en sciences sociales,* novembre 1980, n° 35, pp. 21-25.

BRAUDEL Fernand, *L'Identité de la France. Espace et histoire,* Paris, Flammarion, coll. « Champs », 1990, tome 1, 3 vol. (1re édition, 1986).

CHARTIER Roger, « Science sociale et découpage régional. Note sur deux débats 1820-1920 », *Actes de la recherche en sciences sociales,* novembre 1980, n° 35, pp. 27-36.

GEIGER Wolfgang, *L'image de la France dans l'Allemagne nazie 1933-1945*, Rennes, Presses Universitaires de Rennes, 1999.

KORINMAN Michel, *Deutschland über alles. Le pangermanisme 1890-1945*, Paris, Fayard, 1999.

SCHÖNWÄLDER Karen, *Historiker und Politik – Geschichtswissenschaft im Nationalsozialismus,* Frankfurt a. M., Campus, 1992.

SCHWABE Klaus, « Deutsche Hochschullehrer und Hitlers Krieg (1936-1940) », in BROSZAT Martin, SCHWABE Klaus (dir.), *Die deutschen Eliten und der Weg in den Zweiten Weltkrieg,* München, Beck, 1989, pp. 291-333.

Sur la Suisse

BONJOUR Edgar, *Geschichte der schweizerischen Neutralität,* Bâle, Helbing und Lichtenbahn, 1970 ; *Histoire de la neutralité suisse pendant la Seconde Guerre mondiale,* Neuchâtel, La Baconnière, 1970 (traduction de Charles Oser).

BONJOUR Edgar, *La neutralité suisse,* Neuchâtel, La Baconnière, 1979.

BOUDOT François, « Aspects économiques de l'occupation allemande en France », *Revue d'histoire de la Deuxième Guerre mondiale,* 1964, n° 54, pp. 41-62.

FUHRER Hans Rudolf, « Renseignement et plans d'opération "Suisse". L'espionnage allemand contre la Suisse pendant la Deuxième Guerre mondiale », *Relations internationales,* été 1994, n° 78, pp. 215-239.

HOMBERGER Heinrich, *Schweizerische Handelspolitik im Zweiten Weltkrieg,* Erlenbach-Zurich et Stuttgart, 1970 ; *La politique commerciale de la Suisse durant la Deuxième Guerre mondiale,* Neuchâtel, La Baconnière, 1972 (traduction française de B. Wasserfallen).

JERUSALMI René, *Les relations économiques franco-suisses (1939-1945) : un aspect insoupçonné de la Seconde Guerre mondiale,* Bern, Editions Peter Lang, 1995.

KLAUS Urner, « Economie et neutralité. Neutralité et politique commerciale pendant la Seconde Guerre mondiale », *Revue d'histoire de la Deuxième Guerre mondiale,* 1981, n° 121, pp. 35-39.

Lasserre André, *La Suisse dans les années sombres,* Lausanne, Payot, 1989.

Travaux sur les questions économiques et sociales

Alary Eric, « La ligne de démarcation, une “frontière” économique ? », in Dard Olivier, Daumas Jean-Claude, Marcot François (dir.), *L'Occupation, l'Etat français et les entreprises,* Paris, ADHE, 2000, pp. 53-67.

Andrieu Claire, *La banque sous l'Occupation, paradoxes de l'histoire d'une profession,* Paris, Presses de la FNSP, 1990.

Bachelier Christian, « Le temps des restrictions », *Bulletin de l'IHTP,* juin 1989, n° 36, pp. 19-78.

Bachelier Christian, *La SNCF sous l'Occupation allemande, 1940-1944,* Paris, IHTP/CNRS, Rapport documentaire, 1992, 4 vol.

Beltran Alain, Frank Robert, Rousso Henry (dir.), *La vie des entreprises sous l'Occupation,* Paris, Belin, 1994.

Bonin Hubert, *L'argent en France depuis 1880. Banquiers, financiers, épargnants dans la vie économique et politique,* Paris, Masson, 1989.

Bouvier Jean, *Un siècle de banque française,* Paris, Hachette, 1973.

Cépède Michel, *Agriculture et alimentation en France durant la Seconde Guerre mondiale,* Paris, éditions M. Th. Génin, 1961.

Durand Paul, *La SNCF pendant la guerre, sa résistance à l'occupant,* Paris, PUF, coll. « Esprit de la Résistance », 1968.

Joly Hervé (*Dir.*), *L'économie de la zone occupée, 1940-1942,* Paris, CTHS, 2007.

Kuisel Richard, *Le capitalisme et l'Etat en France,* Paris, Gallimard, 1984.

Lacroix-Riz Annie, « Les grandes banques françaises de la collaboration à l'épuration, 1940-1950. I. La collaboration bancaire », *RHDGM,* janvier 1986, n° 141, p. 32 et s.

Lacroix-Riz Annie, *Industriels et Banquiers sous l'Occupation. La collaboration économique avec le Reich et Vichy,* Paris, Armand Colin, 1999.

MARGAIRAZ Michel, *L'Etat, les finances et l'économie. Histoire d'une conversion (1932-1952),* Paris, Comité pour l'histoire économique et financière de la France, 1991, 2 vol.

MILWARD A.S., *The New Order and the french economy,* London/ Oxford University Press, 1970.

MILWARD A. S., *War, Economy and Society (1939-1945),* Berkeley, University of California, 1987.

ROCHEBRUNE Renaud de, HAZERA Jean-Claude, *Les patrons sous l'Occupation,* Paris, Odile Jacob, 1995.

ROUSSO Henry, « Les comités d'organisation, aspects structurels et économiques, 1940-1944 », mémoire de maîtrise, sous la direction de P. Vilar, université Paris-I, 1976.

ROUSSO Henry, « L'activité industrielle en France de 1940 à 1944, "économie nouvelle" et occupation allemande », *Bulletin de l'IHTP,* décembre 1984, pp. 25-68.

ROUSSO Henry, « Vichy face à la mainmise allemande sur les entreprises françaises », I : *La France et l'Allemagne en guerre, septembre 1939-novembre 1942,* Actes du colloque franco-allemand à l'Institut historique allemand de Paris, mars 1998. Paris, IHA, 1990, pp. 469-489.

SAUVY Alfred, *La vie économique des Français de 1939 à 1945,* Paris, Flammarion, 1978.

Travaux portant sur la Résistance, les mouvements, les réseaux et l'historiographie de la Résistance

AGLAN Alya, *Mémoires résistantes. Histoire du réseau Jade-Fitzroy. 1940-1944,* Paris, Le Cerf, 1994.

AGLAN Alya, *La Résistance sacrifiée. Le mouvement Libération-Nord,* Paris, Flammarion, 1999.

AZÉMA Jean-Pierre et BÉDARIDA François, « L'historisation de la Résistance », *Esprit,* janvier 1994, n° 1, pp. 19-35.

BARCELLINI Serge, « Les résistants dans l'œil de l'administration ou l'histoire du statut de combattant volontaire de la Résistance », *Guerres mondiales et conflits contemporains,* avril 1995, n° 178, pp. 141-165.

BÉDARIDA François, « L'histoire de la Résistance. Lectures d'hier, chantiers de demain », *Vingtième Siècle. Revue d'histoire*, juillet 1986, n° 11, pp. 75-89.

CORDIER Daniel, *Jean Moulin, l'Inconnu du Panthéon. De Gaulle capitale de la Résistance, novembre 1940-décembre 1941*, Paris, J.-C. Lattès, 1993, tome III.

COURTOIS Stéphane, *Le PCF, dans la guerre : de Gaulle, la Résistance, Staline*, Paris, Editions Ramsay, 1980.

CRÉMIEUX-BRILHAC Jean-Louis, *La France Libre. De l'appel du 18 juin à la Libération*, Paris, Gallimard, 1996.

DOUZOU Laurent, *La Désobéissance. Histoire du mouvement Libération-Sud.* Paris, Odile Jacob, 1995.

DOUZOU Laurent, FRANK Robert, PESCHANSKI Denis, VEILLON Dominique (dir.), *La Résistance et les Français : villes, centres et logiques de décision*, Paris, IHTP, 1995 [Actes du colloque de Cachan, 16-18 novembre 1995].

FOOT Michael R.D., *Resistance : European Resistance to nazism 1940-1945*, Londres, Eyre Methuen Ltd, 1976.

FOSTY J., « Les réseaux belges de France », *Cahiers d'histoire de la Deuxième Guerre mondiale*, oct. 1972, n° 2, pp.79-111.

GRANET Marie, *Cohors-Asturies, Histoire d'un réseau de résistance 1942-1944*, Bordeaux, édition des Cahiers de la Résistance, 1974.

GUILLON Jean-Marie, LABORIE Pierre (dir.), *Mémoire et Histoire : la Résistance*, Toulouse, Privat, 1995 [Actes du colloque de Toulouse, 20-22 décembre 1993].

KEDWARD Harry R., *Naissance de la Résistance dans la France de Vichy. Idées et*
motivations, 1940-1942, Paris, Seyssel/Champ Vallon, 1989.

MARCOT François (dir.), *La Résistance et les Français : lutte armée et maquis*, Besançon, Les Belles Lettres/Annales littéraires de l'Université de Franche-Comté, 1996, vol. 617, série historique n° 13 [Actes du colloque international de Besançon, 15-17 juin 1995].

MICHEL Henri, *Histoire de la Résistance (1940-1944)*, Paris, PUF, coll. « Que sais-je ? », 1950.

NOGUÈRES Henri, *Histoire de la Résistance en France de 1940 à 1945*, Paris, Robert Laffont, 1967-1981, 5 vol.

Noguères Henri, *La vie quotidienne des résistants*, Paris, Hachette, 1984.

La Résistance et les Français. Nouvelles approches, Cahiers de l'IHTP, décembre 1997, n° 37.

Rousseau Michel, « Deux réseaux britanniques dans la région du Nord : le réseau *"Garrow Pat O'Leary"* et le réseau *"Farmer"* », *Revue d'histoire de la Deuxième Guerre mondiale*, juillet 1984, n° 135, pp. 87-108.

Ruby Marcel, *La guerre secrète*, Paris, France-Empire, 1985,

Sainclivier Jacqueline, *La Résistance en Ille-et-Vilaine, 1940-1944*, Rennes, Presses universitaires de Rennes, 1993.

Sainclivier Jacqueline, Bougeard Christian (dir.), *La Résistance et les Français : enjeux stratégiques et environnement social*, Rennes, Presses universitaires de Rennes, 1995 [Actes du colloque de Rennes, 29 septembre-1er octobre 1994].

Semelin Jacques, « Qu'est-ce que résister ? », *Esprit*, Paris, janvier 1994, pp. 50-63.

Veillon Dominique, « *Le Franc-Tireur* », *un journal clandestin, un mouvement de résistance*, Paris, Flammarion, 1977.

Wieviorka Olivier, *Une certaine idée de la Résistance. Défense de la France, 1940-1949*, Paris, Le Seuil, 1995.

Wieviorka Olivier, « Les avatars du statut de résistant (1945-1992) », *Vingtième siècle. Revue d'histoire*, Paris, Presses de Sciences-Po, avril-juin 1996, pp. 55-66.

Travaux sur la répression policière, la persécution des Juifs et l'exclusion

Alary Eric, *L'histoire de la gendarmerie*, Paris, Calmann-Lévy, 2000.

Alary Eric, *Un procès sous l'Occupation au Palais-Bourbon, Mars 1942*, Paris, éditions de l'Assemblée nationale, 2000.

Alary Eric, « Les Juifs et la ligne de démarcation », *Cahiers de la Shoah*, janvier 2001, n° 5, pp. 13-49.

Belot Robert, *Aux frontières de la liberté*, Paris, Fayard, 1998.

Berlière Jean-Marc, *Le monde des polices en France*, Bruxelles, Complexe, 1996.

Berlière Jean-Marc, *Les policiers français sous l'Occupation*, Paris, Perrin, 2001, tempus 2009.

BILLIG Joseph, *Le Commissariat général aux questions juives (1940-1944),* Paris, Editions du Centre, 1955, 1957 et 1960, trois vol.

BOÜARD Michel de, « La répression allemande en France de 1940 à 1944 », *Revue d'histoire de la Deuxième Guerre mondiale,* avril 1964, n° 54, pp. 63-90.

COHEN Asher, *Persécutions et sauvetages, Juifs et Français sous l'Occupation et sous Vichy,* Paris, Le Cerf, 1993.

DELARUE Jacques, *Histoire de la Gestapo,* Paris, Fayard, 1962.

GRYNBERG Anne, *Les camps de la honte. Les internés juifs des camps français (1939-1944)*, Paris, La Découverte, 1991.

HAMON Léo, POZNANSKI Renée, « Avant les premières grandes rafles. Les Juifs à Paris sous l'Occupation (juin 1940-avril 1941) », *Les Cahiers de l'IHTP*, décembre 1992, n° 22.

« Les Juifs de France dans la Seconde Guerre mondiale », *Pardès,* 1992, numéro spécial, 16.

KASPI André, *Les Juifs pendant l'Occupation,* Paris, Le Seuil, 1991.

KASPI André, KRIEGEL Annie, WIEVIORKA Annette (dir.), « Les Juifs de France dans la Seconde Guerre mondiale », *Pardès,* 1992, numéro spécial, 16.

KLARSFELD Serge, *Vichy-Auschwitz : le rôle de Vichy dans la solution finale,* Paris, Fayard, 1983-1985.

KLARSFELD Serge, *Le Calendrier de la persécution des Juifs en France*, Paris, FFDJF et The Beate Klarsfeld Foundation, 1993.

LÉVY Paul, *Elie Bloch. Etre Juif sous l'Occupation,* La Crèche, Geste Editions, 1999 (préface de René Rémond).

MARCOT François, « Attitudes des autorités allemandes et vichyssoises face au problème du passage de la ligne de démarcation », *Résistance FFI,* 1987, n° 13.

MARRUS Michaël et PAXTON Robert O., *Vichy et les Juifs,* Paris, Calmann-Lévy, 1981 (Paris, Hachette, « Le Livre de poche Biblio », 1990).

MATTÉOLI (Mission), *Synthèse des travaux de la Mission d'Etude sur la spoliation des Juifs de France,* Paris, La Documentation française, 2000.

PAXTON Robert O., « La spécificité de la persécution des Juifs en France », *Annales ESC,* mai-juin 1993, n° 3, pp. 605-619.

PESCHANSKI Denis, *Vichy 1940-1944. Contrôle et exclusion,* Bruxelles, Complexe, 1997.

PESCHANSKI Denis, *Les camps français d'internement (1938-1946)*, thèse de doctorat d'Etat ès lettres (Histoire contemporaine), sous la direction d'Antoine Prost, soutenue à l'université de Paris I – Panthéon/La Sorbonne, 2000, 3 vol.

PESCHANSKI Denis, *La France des camps (1938-1946)*, Paris, Gallimard, 2002.

POZNANSKI Renée, *Etre Juif en France pendant la Seconde Guerre mondiale*, Paris, Hachette, coll. « La vie quotidienne », 1994.

RAVINE Jacques, *La résistance organisée des Juifs de France,* Paris, Julliard, 1973.

RAYSKI Adam, *Le choix des Juifs sous Vichy. Entre soumission et résistance,* Paris, La Découverte, 1992.

ROUSSO Henry, « L'aryanisation économique – Vichy, l'occupant et la spoliation des Juifs », *Yod*, 1983, 15-16, pp. 52 et s.

SCHWARZFUCHS Simon, *Aux prises avec Vichy. Histoire politique des Juifs de France (1940-1944)*, Paris, Calmann-Lévy, 1998.

STEINBERG Lucien, *Les Allemands en France 1940-1944,* Paris, Albin Michel, 1980.

THALMANN Rita, *La mise au pas. Idéologie et stratégie sécuritaire dans la France occupée,* Paris, Fayard, 1991.

VERHEYDE Philippe, *Les mauvais comptes de Vichy : l'aryanisation des entreprises juives*, Paris, Perrin, 1999.

WELLERS Georges, *L'étoile jaune à l'heure de Vichy. De Drancy à Auschwitz,* Paris, Fayard, 1973.

Travaux biographiques

ASSOULINE Pierre, *Une éminence grise : Jean Jardin,* Paris, Balland, 1986.

BLOCH Michael, *Ribbentrop,* New York Krown Publishers, 1992 (Traduction française, Bloch Michael, *Ribbentrop,* Paris, Plon, 1996).

CHAMBRUN René de, *Pierre Laval devant l'Histoire,* Paris, Editions France-Empire, 1983.

COINTET Jean-Paul, *Pierre Laval,* Paris, Fayard, 1993.

COUTAU-BEGARI Hervé, HUAN Claude, *Darlan,* Paris, Fayard, 1989.

FERRO Marc, *Pétain,* Paris, Fayard, 1987.

JOLY Laurent, *Xavier Vallat. Du nationalisme chrétien à l'antisémitisme d'Etat, 1891-1972,* Paris, Grasset, 2001.

KERSHAW Ian, *Hitler,* Paris, Flammarion, 1999 et 2000, 2 vol.

KUPFERMAN Fred, *Laval 1883-1945,* Paris, Balland, 1987.

MARTENS Stefan, *Hermann Göring. « Erster Paladin des Führers » und « Zweiter Mann im Reich »,* Paderborn, Schöningh, 1985.

PÉAN Pierre, *Une jeunesse française, François Mitterrand (1934-1947),* Paris, Fayard, 1994.

PIKETTY Guillaume, *Itinéraire politique et intellectuel de Pierre Brossolette,* thèse pour le doctorat en histoire, sous la direction du professeur Jean-Pierre Azéma, Institut d'Etudes Politiques de Paris, 1997, 2 vol.

PIKETTY Guillaume, *Pierre Brossolette. Un héros de la Résistance,* Paris, éditions Odile Jacob, 1998.

TRIMBUR Barbara, *Francophile contre vents et marées ? Otto Abetz et les Français. 1930-1958,* thèse de doctorat en histoire, sous la direction du professeur Jean-Pierre Azéma, Institut d'Etudes Politiques, 2000, 3 vol.

Travaux d'histoire régionale, monographies (liste non exhaustive)

ALARY Eric, *Le canton de Bléré sous l'Occupation,* Paris, Office d'édition et de diffusion du livre d'histoire, 1994.

AUDOUIN-LE MAREC Michelle, *Hommes et combats en Touraine 1939-1945,* Bar-le Duc, Martelle éditions, 1991.

BARADAT Honoré, *Les Basses-Pyrénées sous l'Occupation 1940-1944, déportations, internements, fusillades, destructions,* Pau, Imprimerie commerciale des Pyrénées, 1969.

BARADAT Honoré, *Le Pays basque et le Béarn sous la botte allemande,* Pau, La République, 1970.

BAUD Henri, *Le Jura sous l'occupation allemande. Rapport départemental du Comité d'Histoire de la Deuxième Guerre mondiale,* 1994.

BAZIN J.-F. et CANAUD J., *La Bourgogne dans la Seconde Guerre mondiale,* Rennes, Ouest-France, 1986.

BECAMPS Pierre, *Bordeaux sous l'Occupation,* Rennes, Ouest-France, 1983.

BLANCHARD Jacques, *Le camp de Douadic,* chez l'auteur, 1994.

BONNOT Thierry, *La ligne de démarcation en Saône-et-Loire,* Génelard, Le Caractère en marche, 1994.

BRIAIS Bernard, *Le Lochois pendant la guerre 1939-1945,* Chambray-lès-Tours, Imprimerie CLD, 1988.

CASAS René et JARDEL Louis, *La Résistance en Loir-et-Cher,* Blois, Associations pour le musée de la Résistance, 1994.

CATHERINE Jean-Claude, *La ligne de démarcation en Berry-Touraine, 1940-1944,* Châteauroux, Le CREDI Editeurs, 1999.

CATHERINE Jean-Claude, « La ligne de démarcation en Berry-Touraine : images et réalités », *L'Indre de la débâcle à la Libération,* Eguzon, Aspharesd, 1995, tome I [article très court et peu documenté ; l'ouvrage consacré à la ligne de démarcation par le même auteur est beaucoup plus important et convaincant].

CHAUNAY Michel, CHAUMET, POUPLAIN Jean-Marie, *La Résistance en Deux-Sèvres,* Niort, Gestes Editions, 1994.

COMBES Jean, LUC Michel (dir.), *La Charente de la préhistoire à nos jours,* Saint-Jean-d'Angély, Editions Bordessoules, 1986.

EYCHENNE Emilienne, « Le franchissement clandestin de la frontière dans les Pyrénées centrales », *Revue d'histoire de la Deuxième Guerre mondiale,* 1981, n° 131, pp. 97-104.

EYCHENNE Emilienne, « *Le passage de la frontière franco-espagnole pendant la Seconde Guerre mondiale dans le département des Hautes-Pyrénées* », thèse de doctorat de 3e cycle, sous la direction de Jacques Godechot, Université Toulouse-Le Mirail, 1978.

EYCHENNE Emilienne, *Montagnes de la peur et de l'espérance : le franchissement de la frontière espagnole pendant la Seconde Guerre mondiale dans le département des Hautes-Pyrénées,* Toulouse, Privat, 1980.

EYCHENNE Emilienne, *Les Pyrénées de la liberté 1939-1945,* Paris France-Empire, 1983.

EYCHENNE Emilienne, *Les portes de la liberté,* Toulouse, Privat, 1985.

EYCHENNE Emilienne, *Les fougères de la liberté. Le franchissement clandestin de la frontière espagnole dans les Pyrénées-Atlantiques pendant la Seconde Guerre mondiale,* Toulouse, éditions Milan, 1987 [les ouvrages de cette historienne reprennent souvent la même approche et les mêmes cartes, mais ils posent une problématique d'ensemble novatrice ; c'est l'une des premières recherches scientifiques sur le passage clandestin].

FARISY Jacques, *La Ligne de démarcation dans la Vienne,* La Mothe-Achard, Geste éditions, 2002.

FOURCAULT Michel, *Bléré et la ligne,* Chambray-lès-Tours, Imprimerie CLD, 1975.

FRANÇOIS Pierre abbé, *Passeurs et déportés, un groupe de la vallée de l'Orne,* Pont-à-Mousson, chez l'auteur, 1994.

GILLOT-VOISIN Jeanne, *La Saône-et-Loire sous Hitler,* Mâcon, FOL, 1996.

HUGUEN Roger, *Par les nuits les plus longues. Réseaux d'évasion d'aviateurs en Bretagne 1940-1944,* Saint-Brieuc, Coop Breizh, 1993 (1re édition 1976).

JACQUEMET Marie-Laure, « Passeurs et passages clandestins de la ligne de démarcation dans le Jura », mémoire de maîtrise sous la direction de François Marcot, Université de Franche-Comté, 1995.

JEANNET André, VELU Marie-Hélène, *La Saône-et-Loire dans la guerre 1940-1945. La vie quotidienne sous l'Occupation,* Roanne, éditions Horvath, 1984.

JOUANNEAU M., *L'organisation de la Résistance dans l'Indre,* Versailles, Imprimerie Aubert, 1975.

MARCOT François, *La Franche-Comté sous l'Occupation : 1940-1944,* Besançon, Cêtre, 1985 et 1989, 2 vol.

MARCOT François, *La Résistance dans le Jura,* Besançon, Cêtre, 1985.

MOLLANS Henri de, *Combats pour la Loire (juin 1940),* Chambray-lès-Tours, Imprimerie CLD, 1985.

MORIN Claude, *Les Allemands en Touraine 1940-1944,* Chambray-lès-Tours, CLD, 1996.

MUNOS Odile, « Les passages clandestins entre la Haute-Savoie et la Suisse pendant la Deuxième Guerre mondiale », mémoire de maîtrise, Université des sciences sociales de Grenoble II, 1984.

PAISOT-BÉAL, Sophie, PRÉVOST Roger, *Histoire des camps d'internement en Indre-et-Loire, 1940-1944,* Joué-lès-Tours, chez l'auteur, 1993.

PENAUD Guy, *Histoire de la Résistance en Périgord*, Périgueux, Ed. Pierre Fanlac, 1985.

PICARD Roger, *La Vienne dans la guerre 1939-1945. La vie quotidienne sous l'Occupation*, Roanne, Editions Horvath, 1984.

POULLENOT Louis, *Basses-Pyrénées, Occupation, Libération, 1940-1945*, Biarritz, J. & D. éditions, 1995.

PRETOT Gaston, *Le Rat blanc*, Belfort, France-Régions, 1990.

RIBAULT Jean-Yves, *La ligne de démarcation : l'exemple du département du Cher*, Note présentée en mai 1976, lors d'une session du Comité d'histoire de la Deuxième Guerre mondiale.

ROUGERON Camille, *Le département de l'Allier. 1940-1944*, Moulins, Presses de l'Allier, 1969.

SOULEAU Philippe, « Résistance et Contre-Résistance dans le sud de la Gironde », *Les Cahiers du Bazadais*, 4e trimestre 1998, n° 123.

SOULEAU Philippe, *La région de Langon sous l'Occupation*, Breil-sur-Roya, Cabri, 1992.

SOULEAU Philippe, « La ligne de démarcation en Gironde », *Les Cahiers du Bazadais*, 2e trimestre 1998, 121, pp. 5-44.

SOULEAU Philippe, *La ligne de démarcation en Gironde*, Périgueux, Editions Fanlac, 1998.

UHART Robert, *Saint-Martin-le-Beau, village de Touraine*, La Roche-Rigault, éditions PSR, 1990.

VIVIER Jack, *Prêtres de Touraine dans la Résistance*, Chambray-lès-Tours, CLD, 1993.

VIVIER Robert, *Touraine 39-45*, Chambray-lès-Tours, Imprimerie CLD, 1990.

Index des noms de lieux

* Vichy n'est pas recensé à chaque apparition – à savoir comme régime politique –, mais seulement lorsque l'on évoque la ville en tant que telle.

TABLE

QUATRIÈME PARTIE

LA LIGNE DE DÉMARCATION,
GAGE DE CHANTAGE ÉCONOMIQUE ET POLITIQUE

collection tempus
Perrin

DÉJÀ PARU

1. *Histoire des femmes en Occident* (dir. Michelle Perrot, Georges Duby), *L'Antiquité* (dir. Pauline Schmitt Pantel).
2. *Histoire des femmes en Occident* (dir. Michelle Perrot, Georges Duby), *Le Moyen Âge* (dir. Christiane Klapisch-Zuber).
3. *Histoire des femmes en Occident* (dir. Michelle Perrot, Georges Duby), *XVIe-XVIIIe siècle* (dir. Natalie Zemon Davis, Arlette Farge).
4. *Histoire des femmes en Occident* (dir. Michelle Perrot, Georges Duby), *Le XIXe siècle* (dir. Michelle Perrot, Geneviève Fraisse).
5. *Histoire des femmes en Occident* (dir. Michelle Perrot, Georges Duby), *Le XXe siècle* (dir. Françoise Thébaud).
6. *L'épopée des croisades* – René Grousset.
7. *La bataille d'Alger* – Pierre Pellissier.
8. *Louis XIV* – Jean-Christian Petitfils.
9. *Les soldats de la Grande Armée* – Jean-Claude Damamme.
10. *Histoire de la Milice* – Pierre Giolitto.
11. *La régression démocratique* – Alain-Gérard Slama.
12. *La première croisade* – Jacques Heers.
13. *Histoire de l'armée française* – Philippe Masson.
14. *Histoire de Byzance* – John Julius Norwich.
15. *Les Chevaliers teutoniques* – Henry Bogdan.
16. *Mémoires, Les champs de braises* – Hélie de Saint Marc.
17. *Histoire des cathares* – Michel Roquebert.
18. *Franco* – Bartolomé Bennassar.
19. *Trois tentations dans l'Église* – Alain Besançon.
20. *Le monde d'Homère* – Pierre Vidal-Naquet.
21. *La guerre à l'Est* – August von Kageneck.
22. *Histoire du gaullisme* – Serge Berstein.
23. *Les Cent-Jours* – Dominique de Villepin.
24. *Nouvelle histoire de la France*, tome I – Jacques Marseille.
25. *Nouvelle histoire de la France*, tome II – Jacques Marseille.
26. *Histoire de la Restauration* – Emmanuel de Waresquiel et Benoît Yvert.

27. *La Grande Guerre des Français* – Jean-Baptiste Duroselle.
28. *Histoire de l'Italie* – Catherine Brice.
29. *La civilisation de l'Europe à la Renaissance* – John Hale.
30. *Histoire du Consulat et de l'Empire* – Jacques-Olivier Boudon.
31. *Les Templiers* – Laurent Daillez.
32. *Madame de Pompadour* – Évelyne Lever.
33. *La guerre en Indochine* – Georges Fleury.
34. *De Gaulle et Churchill* – François Kersaudy.
35. *Le passé d'une discorde* – Michel Abitbol.
36. *Louis XV* – François Bluche.
37. *Histoire de Vichy* – Jean-Paul Cointet.
38. *La bataille de Waterloo* – Jean-Claude Damamme.
39. *Pour comprendre la guerre d'Algérie* – Jacques Duquesne.
40. *Louis XI* – Jacques Heers.
41. *La bête du Gévaudan* – Michel Louis.
42. *Histoire de Versailles* – Jean-François Solnon.
43. *Voyager au Moyen Âge* – Jean Verdon.
44. *La Belle Époque* – Michel Winock.
45. *Les manuscrits de la mer Morte* – Michael Wise, Martin Abegg Jr. & Edward Cook.
46. *Histoire de l'éducation*, tome I – Michel Rouche.
47. *Histoire de l'éducation*, tome II – François Lebrun, Marc Venard, Jean Quéniart.
48. *Les derniers jours de Hitler* – Joachim Fest.
49. *Zita impératrice courage* – Jean Sévillia.
50. *Histoire de l'Allemagne* – Henry Bogdan.
51. *Lieutenant de panzers* – August von Kageneck.
52. *Les hommes de Dien Bien Phu* – Roger Bruge.
53. *Histoire des Français venus d'ailleurs* – Vincent Viet.
54. *La France qui tombe* – Nicolas Baverez.
55. *Histoire du climat* – Pascal Acot.
56. *Charles Quint* – Philippe Erlanger.
57. *Le terrorisme intellectuel* – Jean Sévillia.
58. *La place des bonnes* – Anne Martin-Fugier.
59. *Les grands jours de l'Europe* – Jean-Michel Gaillard.
60. *Georges Pompidou* – Éric Roussel.
61. *Les États-Unis d'aujourd'hui* – André Kaspi.
62. *Le masque de fer* – Jean-Christian Petitfils.
63. *Le voyage d'Italie* – Dominique Fernandez.
64. *1789, l'année sans pareille* – Michel Winock.
65. *Les Français du Jour J* – Georges Fleury.

66. *Padre Pio* – Yves Chiron.
67. *Naissance et mort des Empires.*
68. *Vichy 1940-1944* – Jean-Pierre Azéma, Olivier Wieviorka.
69. *L'Arabie Saoudite en guerre* – Antoine Basbous.
70. *Histoire de l'éducation*, tome III – Françoise Mayeur.
71. *Histoire de l'éducation*, tome IV – Antoine Prost.
72. *La bataille de la Marne* – Pierre Miquel.
73. *Les intellectuels en France* – Pascal Ory, Jean-François Sirinelli.
74. *Dictionnaire des pharaons* – Pascal Vernus, Jean Yoyotte.
75. *La Révolution américaine* – Bernard Cottret.
76. *Voyage dans l'Égypte des Pharaons* – Christian Jacq.
77. *Histoire de la Grande-Bretagne* – Roland Marx, Philippe Chassaigne.
78. *Histoire de la Hongrie* – Miklós Molnar.
79. *Chateaubriand* – Ghislain de Diesbach.
80. *La Libération de la France* – André Kaspi.
81. *L'empire des Plantagenêt* – Martin Aurell.
82. *La Révolution française* – Jean-Paul Bertaud.
83. *Les Vikings* – Régis Boyer.
84. *Examen de conscience* – August von Kageneck.
85. *1905, la séparation des Églises et de l'État.*
86. *Les femmes cathares* – Anne Brenon.
87. *L'Espagne musulmane* – André Clot.
88. *Verdi et son temps* – Pierre Milza.
89. *Sartre* – Denis Bertholet.
90. *L'avorton de Dieu* – Alain Decaux.
91. *La guerre des deux France* – Jacques Marseille.
92. *Honoré d'Estienne d'Orves* – Étienne de Montety.
93. *Gilles de Rais* – Jacques Heers.
94. *Laurent le Magnifique* – Jack Lang.
95. *Histoire de Venise* – Alvise Zorzi.
96. *Le malheur du siècle* – Alain Besançon.
97. *Fouquet* – Jean-Christian Petitfils.
98. *Sissi, impératrice d'Autriche* – Jean des Cars.
99. *Histoire des Tchèques et des Slovaques* – Antoine Marès.
100. *Marie Curie* – Laurent Lemire.
101. *Histoire des Espagnols*, tome I – Bartolomé Bennassar.
102. *Pie XII et la Seconde Guerre mondiale* – Pierre Blet.
103. *Histoire de Rome*, tome I – Marcel Le Glay.
104. *Histoire de Rome*, tome II – Marcel Le Glay.
105. *L'État bourguignon 1363-1477* – Bertrand Schnerb.

106. *L'Impératrice Joséphine* – Françoise Wagener.
107. *Histoire des Habsbourg* – Henry Bogdan.
108. *La Première Guerre mondiale* – John Keegan.
109. *Marguerite de Valois* – Éliane Viennot.
110. *La Bible arrachée aux sables* – Werner Keller.
111. *Le grand gaspillage* – Jacques Marseille.
112. *« Si je reviens comme je l'espère » : lettres du front et de l'Arrière, 1914-1918* – Marthe, Joseph, Lucien et Marcel Papillon.
113. *Le communisme* – Marc Lazar.
114. *La guerre et le vin* – Donald et Petie Kladstrup.
115. *Les chrétiens d'Allah* – Lucile et Bartolomé Bennassar.
116. *L'Égypte de Bonaparte* – Jean-Joël Brégeon.
117. *Les empires nomades* – Gérard Chaliand.
118. *La guerre de Trente Ans* – Henry Bogdan.
119. *La bataille de la Somme* – Alain Denizot.
120. *L'Église des premiers siècles* – Maurice Vallery-Radot.
121. *L'épopée cathare*, tome I, *L'invasion* – Michel Roquebert.
122. *L'homme européen* – Jorge Semprún, Dominique de Villepin.
123. *Mozart* – Pierre-Petit.
124. *La guerre de Crimée* – Alain Gouttman.
125. *Jésus et Marie-Madeleine* – Roland Hureaux.
126. *L'épopée cathare*, tome II, *Muret ou la dépossession* – Michel Roquebert.
127. *De la guerre* – Carl von Clausewitz.
128. *La fabrique d'une nation* – Claude Nicolet.
129. *Quand les catholiques étaient hors la loi* – Jean Sévillia.
130. *Dans le bunker de Hitler* – Bernd Freytag von Loringhoven et François d'Alançon.
131. *Marthe Robin* – Jean-Jacques Antier.
132. *Les empires normands d'Orient* – Pierre Aubé.
133. *La guerre d'Espagne* – Bartolomé Bennassar.
134. *Richelieu* – Philippe Erlanger.
135. *Les Mérovingiennes* – Roger-Xavier Lantéri.
136. *De Gaulle et Roosevelt* – François Kersaudy.
137. *Historiquement correct* – Jean Sévillia.
138. *L'actualité expliquée par l'Histoire*.
139. *Tuez-les tous ! La guerre de religion à travers l'histoire* – Élie Barnavi, Anthony Rowley.
140. *Jean Moulin* – Jean-Pierre Azéma.
141. *Nouveau monde, vieille France* – Nicolas Baverez.
142. *L'Islam et la Raison* – Malek Chebel.

143. *La gauche en France* – Michel Winock.
144. *Malraux* – Curtis Cate.
145. *Une vie pour les autres. L'aventure du père Ceyrac* – Jérôme Cordelier.
146. *Albert Speer* – Joachim Fest.
147. *Du bon usage de la guerre civile en France* – Jacques Marseille.
148. *Raymond Aron* – Nicolas Baverez.
149. *Joyeux Noël* – Christian Carion.
150. *Frères de tranchées* – Marc Ferro.
151. *Histoire des croisades et du royaume franc de Jérusalem*, tome I, *1095-1130, L'anarchie musulmane* – René Grousset.
152. *Histoire des croisades et du royaume franc de Jérusalem*, tome II, *1131-1187, L'équilibre* – René Grousset.
153. *Histoire des croisades et du royaume franc de Jérusalem*, tome III, *1188-1291, L'anarchie franque* – René Grousset.
154. *Napoléon* – Luigi Mascilli Migliorini.
155. *Versailles, le chantier de Louis XIV* – Frédéric Tiberghien.
156. *Le siècle de saint Bernard et Abélard* – Jacques Verger, Jean Jolivet.
157. *Juifs et Arabes au XXe siècle* – Michel Abitbol.
158. *Par le sang versé. La Légion étrangère en Indochine* – Paul Bonnecarrère.
159. *Napoléon III* – Pierre Milza.
160. *Staline et son système* – Nicolas Werth.
161. *Que faire ?* – Nicolas Baverez.
162. *Stratégie* – B. H. Liddell Hart.
163. *Les populismes* (dir. Jean-Pierre Rioux).
164. *De Gaulle, 1890-1945*, tome I – Éric Roussel.
165. *De Gaulle, 1946-1970*, tome II – Éric Roussel.
166. *La Vendée et la Révolution* – Jean-Clément Martin.
167. *Aristocrates et grands bourgeois* – Éric Mension-Rigau.
168. *La campagne d'Italie* – Jean-Christophe Notin.
169. *Lawrence d'Arabie* – Jacques Benoist-Méchin.
170. *Les douze Césars* – Régis F. Martin.
171. *L'épopée cathare*, tome III, *Le lys et la croix* – Michel Roquebert.
172. *L'épopée cathare*, tome IV, *Mourir à Montségur* – Michel Roquebert.
173. *Henri III* – Jean-François Solnon.
174. *Histoires des Antilles françaises* – Paul Butel.
175. *Rodolphe et les secrets de Mayerling* – Jean des Cars.
176. *Oradour, 10 juin 1944* – Sarah Farmer.

177. *Volontaires français sous l'uniforme allemand* – Pierre Giolitto.
178. *Chute et mort de Constantinople* – Jacques Heers.
179. *Nouvelle histoire de l'Homme* – Pascal Picq.
180. *L'écriture. Des hiéroglyphes au numérique.*
181. *C'était Versailles* – Alain Decaux.
182. *De Raspoutine à Poutine* – Vladimir Fedorovski.
183. *Histoire de l'esclavage aux États-Unis* – Claude Fohlen.
184. *Ces papes qui ont fait l'histoire* – Henri Tincq.
185. *Classes laborieuses et classes dangereuses* – Louis Chevalier.
186. *Les enfants soldats* – Alain Louyot.
187. *Premiers ministres et présidents du Conseil* – Benoît Yvert.
188. *Le massacre de Katyn* – Victor Zaslavsky.
189. *Enquête sur les apparitions de la Vierge* – Yves Chiron.
190. *L'épopée cathare*, tome V, *La fin des Amis de Dieu* – Michel Roquebert.
191. *Histoire de la diplomatie française*, tome I.
192. *Histoire de la diplomatie française*, tome II.
193. *Histoire de l'émigration* – Ghislain de Diesbach.
194. *Le monde des Ramsès* – Claire Lalouette.
195. *Bernadette Soubirous* – Anne Bernet.
196. *Cosa Nostra. La mafia sicilienne de 1860 à nos jours* – John Dickie.
197. *Les mensonges de l'Histoire* – Pierre Miquel.
198. *Les négriers en terres d'islam* – Jacques Heers.
199. *Nelson Mandela* – Jack Lang.
200. *Un monde de ressources rares* – Le Cercle des économistes et Érik Orsenna.
201. *L'histoire de l'univers et le sens de la création* – Claude Tresmontant.
202. *Ils étaient sept hommes en guerre* – Marc Ferro.
203. *Précis de l'art de la guerre* – Antoine-Henri Jomini.
204. *Comprendre les États-unis d'aujourd'hui* – André Kaspi.
205. *Tsahal* – Pierre Razoux.
206. *Pop philosophie* – Mehdi Belahj Kacem, Philippe Nassif.
207. *Le roman de Vienne* – Jean des Cars.
208. *Hélie de Saint Marc* – Laurent Beccaria.
209. *La dénazification* (dir. Marie-Bénédicte Vincent).
210. *La vie mondaine sous le nazisme* – Fabrice d'Almeida.
211. *Comment naissent les révolutions.*
212. *Comprendre la Chine d'aujourd'hui* – Jean-Luc Domenach.
213. *Le second Empire* – Pierre Miquel.

214. *Les papes en Avignon* – Dominique Paladilhe.
215. *Jean Jaurès* – Jean-Pierre Rioux.
216. *La Rome des Flaviens* – Catherine Salles.
217. *6 juin 44* – Jean-Pierre Azéma, Philippe Burrin, Robert O. Paxton.
218. *Eugénie, la dernière impératrice* – Jean des Cars.
219. *L'homme Robespierre* – Max Gallo.
220. *Les Barbaresques* – Jacques Heers.
221. *L'élection présidentielle en France, 1958-2007* – Michel Winock.
222. *Histoire de la Légion étrangère* – Georges Blond.
223. *1 000 ans de jeux Olympiques* – Moses I. Finley, H. W. Pleket.
224. *Quand les Alliés bombardaient la France* – Eddy Florentin.
225. *La crise des années 30 est devant nous* – François Lenglet.
226. *Le royaume wisigoth d'Occitanie* – Joël Schmidt.
227. *L'épuration sauvage* – Philippe Bourdrel.
228. *La révolution de la Croix* – Alain Decaux.
229. *Frédéric de Hohenstaufen* – Jacques Benoist-Méchin.
230. *Savants sous l'Occupation* – Nicolas Chevassus-au-Louis.
231. *Moralement correct* – Jean Sévillia.
232. *Claude Lévi-Strauss, le passeur de sens* – Marcel Hénaff.
233. *Le voyage d'automne* – François Dufay.
234. *Erbo, pilote de chasse* – August von Kageneck.
235. *L'éducation des filles en France au* XIX*e* *siècle* – Françoise Mayeur.
236. *Histoire des pays de l'Est* – Henry Bogdan.
237. *Les Capétiens* – François Menant, Hervé Martin, Bernard Merdrignac, Monique Chauvin.
238. *Le roi, l'empereur et le tsar* – Catrine Clay.
239. *Neanderthal* – Marylène Patou-Mathis.
240. *Judas, de l'Évangile à l'Holocauste* – Pierre-Emmanuel Dauzat.
241. *Le roman vrai de la crise financière* – Olivier Pastré, Jean-Marc Sylvestre.
242. *Comment l'Algérie devint française* – Georges Fleury.
243. *Le Moyen Âge, une imposture* – Jacques Heers.
244. *L'île aux cannibales* – Nicolas Werth.
245. *Policiers français sous l'Occupation* – Jean-Marc Berlière.
246. *Histoire secrète de l'Inquisition* – Peter Godman.
247. *La guerre des capitalismes aura lieu* – Le Cercle des économistes (dir. Jean-Hervé Lorenzi).

248. *Les guerres bâtardes* – Arnaud de La Grange, Jean-Marc Balencie.
249. *De la croix de fer à la potence* – August von Kageneck.
250. *Nous voulions tuer Hitler* – Philipp Freiherr von Boeselager.
251. *Le soleil noir de la puissance, 1796-1807* – Dominique de Villepin.
252. *L'aventure des Normands, VIII*e*- XIII*e *siècle* – François Neveux.
253. *La spectaculaire histoire des rois des Belges* – Patrick Roegiers.
254. *L'islam expliqué par* – Malek Chebel.
255. *Pour en finir avec Dieu* – Richard Dawkins.
256. *La troisième révolution américaine* – Jacques Mistral.
257. *Les dernières heures du libéralisme* – Christian Chavagneux.
258. *La Chine m'inquiète* – Jean-Luc Domenach.
259. *La religion cathare* – Michel Roquebert.
260. *Histoire de la France*, tome I, *1900-1930* – Serge Berstein, Pierre Milza.
261. *Histoire de la France*, tome II, *1930-1958* – Serge Berstein, Pierre Milza.
262. *Histoire de la France*, tome III, *1958 à nos jours* – Serge Berstein, Pierre Milza.
263. *Les Grecs et nous* – Marcel Detienne.
264. *Deleuze* – Alberto Gualandi.
265. *Le réenchantement du monde* – Michel Maffesoli.
266. *Spinoza* – André Scala.
267. *Les Français au quotidien, 1939-1949* – Éric Alary, Bénédicte Vergez-Chaignon, Gilles Gauvin.
268. *Teilhard de Chardin* – Jacques Arnould.
269. *Jeanne d'Arc* – Colette Beaune.
270. *Crises, chaos et fins de monde.*
271. *Auguste* – Pierre Cosme.
272. *Histoire de l'Irlande* – Pierre Joannon.
273. *Les inconnus de Versailles* – Jacques Levron.
274. *Ils ont vécu sous le nazisme* – Laurence Rees.
275. *La nuit au Moyen Âge* – Jean Verdon.
276. *Ce que savaient les Alliés* – Christian Destremau.
277. *François I*er – Jack Lang.
278. *Alexandre le Grand* – Jacques Benoist-Méchin.
279. *L'Égypte des Mamelouks* – André Clot.
280. *Les valets de chambre de Louis XIV* – Mathieu Da Vinha.
281. *Les grands sages de l'Égypte ancienne* – Christian Jacq.

282. *Armagnacs et Bourguignons* – Bertrand Schnerb.
283. *La révolution des Templiers* – Simonetta Cerrini.
284. *Les crises du capitalisme.*
285. *Communisme et totalitarisme* – Stéphane Courtois.
286. *Les chasseurs noirs* – Christian Ingrao.
287. *Averroès* – Ali Benmakhlouf.
288. *Les guerres préhistoriques* – Lawrence H. Keeley.
289. *Devenir de Gaulle* – Jean-Luc Barré.
290. *Lyautey* – Arnaud Teyssier.
291. *Fin de monde ou sortie de crise ?* – Le Cercle des économistes (dir. Pierre Dockès et Jean-Hervé Lorenzi).
292. *Madame de Montespan* – Jean-Christian Petitfils.
293. *L'extrême gauche plurielle* – Philippe Raynaud.
294. *La guerre d'indépendance des Algériens* (prés. Raphaëlle Branche).
295. *La France de la Renaissance* – Arlette Jouanna.
296. *Verdun 1916* – Malcolm Brown.
297. *Lyotard* – Alberto Gualandi.
298. *Catherine de Médicis* – Jean-François Solnon.
299. *Le XXe siècle idéologique et politique* – Michel Winock.
300. *L'art nouveau en Europe* – Roger-Henri Guerrand.
301. *Les salons de la IIIe République* – Anne Martin-Fugier.
302. *Lutèce* – Joël Schmidt.
303. *Les aventurières de Dieu* – Elisabeth Dufourcq.
304. *Chiisme et politique au Moyen-Orient* – Laurence Louër.
305. *La chute ou l'Empire de la solitude 1807-1814* – Dominique de Villepin.
306. *Louis II de Bavière* – Jean des Cars.
307. *L'Égypte des grands pharaons* – Christian Jacq.
308. *La Deuxième Guerre mondiale* – John Keegan.
309. *Histoire du libertinage* – Didier Foucault.
310. *L'affaire Cicéron* – François Kersaudy.
311. *Les Gaulois contre les Romains* – Joël Schmidt.
312. *Le soufre et le moisi* – François Dufay.
313. *Histoire des Étrusques* – Jean-Marc Irollo.
314. *Le plaisir au Moyen Âge* – Jean Verdon.
315. *Cro Magnon* – Marcel Otte.
316. *La ligne de démarcation* – Éric Alary.

À paraître

Histoires de Berlin – Bernard Oudin, Michèle Georges.
Histoire de l'armée allemande – Philippe Masson.
La guerre de Cent Ans – Georges Minois.

Composition Nord Compo
Villeneuve-d'Ascq

Cet ouvrage a été imprimé en France
par CPI Bussière
à Saint-Amand-Montrond (Cher)
en novembre 2011

N° d'édition : 2571. — N° d'impression : 113484/4.
Dépôt légal : mars 2010.

267

Ce livre raconte la vie de millions d'anonymes choqués par la défaite, l'Occupation, puis marqués par les libérations et la longue attente des lendemains meilleurs. Il constitue aussi la première histoire systématique de tous les Français, ceux de la métropole et ceux de l'empire colonial – les premiers, obnubilés par le redressement et la modernisation ; les seconds, tiraillés entre misère au quotidien et rêves de liberté.
Il fallait entrer dans les fermes, les cuisines, les paroisses, scruter les rues pour entrevoir de nouvelles formes de sociabilité ; il fallait comprendre comment les Français vivaient avec les occupants, puis avec les libérateurs, comment ils s'aimaient, se rencontraient, se cachaient, faisaient la fête, trafiquaient ; bref, comment ils affrontaient la vie et la mort en cette décennie qui marquait la fin d'une époque.

608 pages – 11 €

[illegible] décoration [illegible] terre [illegible]

[illegible]

[illegible] les [illegible] avec [illegible]

Premier ouvrage exhaustif sur le sujet, *L'Exode* comble un vide de taille sur l'événement emblématique de la débâcle. En dépassant le cadre des quelques mois qui courent de la mobilisation générale en septembre 1939 jusqu'à l'armistice, Eric Alary dévoile aussi l'histoire de ceux qui ne sont rentrés que bien après 1940... et de ceux qui ne sont jamais revenus.

468 pages – 24 €

www.editions-perrin.fr